psychismes
collection dirigée par Didier Anzieu

W0221071

Jean Bergeret

La personnalité normale et pathologique

Les structures mentales le caractère, les symptômes

Dunod

En couverture :
René d'Anjou, *Traité de la forme et devis d'un tournoi* (vers 1460-65), le duc de Bretagne et le duc de Bourgogne affrontés.
Bibliothèque nationale, Paris.
Ph. © Bibl. Nat. Photeb

© BORDAS, Paris, 1985
© Première édition BORDAS, Paris, 1974
ISBN 2-04-016436-7
ISSN 0035-492

" Toute représentation ou reproduction, intégrale ou partielle, faite sans le consentement de l'auteur, ou de ses ayants-droit, ou ayants-cause, est illicite (loi du 11 mars 1957, alinéa 1er de l'article 40). Cette représentation ou reproduction, par quelque procédé que ce soit, constituerait une contrefaçon sanctionnée par les articles 425 et suivants du Code pénal. La loi du 11 mars 1957 n'autorise, aux termes des alinéas 2 et 3 de l'article 41, que les copies ou reproductions strictement réservées à l'usage privé du copiste et non destinées à une utilisation collective d'une part, et, d'autre part, que les analyses et les courtes citations dans un but d'exemple et d'illustration "

Table des matières

HYPOTHÈSES SUR LES PROBLÈMES DU CARACTÈRE

Introduction

Le présent ouvrage constitue la synthèse et le développement des recherches que j'ai entreprises, depuis 1963, sur l'articulation des phénomènes *manifestes* constatés au niveau du caractère ou des symptômes, avec les éléments métapsychologiques, plus stables et plus profonds, situés sur le plan moins visible et *latent* de la structure de la personnalité.

Beaucoup d'auteurs se sont intéressés à des aspects fragmentaires de cette trilogie : *structure — caractère — symptomatologie.* Il semblait opportun de tenter une synthèse s'appuyant sur de si nombreux points de vue et d'émettre des hypothèses nouvelles propres à faire rebondir le débat sur les problèmes, quelque peu négligés de nos jours, de l'abord caractérologique.

La caractérologie, en effet, pourrait être avantageusement considérée comme une science destinée à préciser les carrefours métapsychologiques visibles entre les multiples manifestations relationnelles possibles émanant de telle ou telle structure de base. Chaque type de structure profonde de la personnalité pourrait ainsi donner naissance à différents modèles relationnels, les uns demeurant du domaine caractériel, les autres s'enfonçant plus ou moins radicalement dans le registre pathologique.

Je pense qu'il était nécessaire d'introduire actuellement une conception de la systématique qui tienne davantage compte de la dynamique et de la génétique freudiennes.

Beaucoup de personnalités, en effet, correspondent à des essais de structuration imparfaits ou inachevés ; on rencontre donc, dans bon nombre de cas et pendant fort longtemps, des possibilités, soit de changer encore le cours des choses dans la voie structurelle, soit de voir s'arrêter l'évolution structurelle, pour une durée très variable d'un sujet à un autre, sur le palier d'une simple anégésie latentielle qui n'aurait, en soi, rien de définitif. On peut remarquer aussi des fixations sur le mode d'un fragile arrangement défensif, très coûteux du point de vue économique, mais conservant pourtant toutes sortes de capacités évolutives, dans des directions plus stables et plus solides.

Somme toute, les personnalités nettement structurées, répondant à des fonctionnements économiques à la fois stables et bien intégrés (conditions essentielles au label de « normalité » au sein d'une lignée structurelle définitivement fixée) se trouvent plus rares qu'on ne l'a peut-être pensé jusqu'ici.

De telles personnalités ne pourraient prendre naissance que dans un contexte ontogénétique limité, et à des moments précis seulement de cette ontogenèse. De telle conditions peuvent sans doute se trouver éclaircies notablement par les enquêtes cliniques dont la synthèse est présentée dans ce travail. Ces enquêtes doivent nous permettre de repérer des critères à la fois très profonds et essentiellement polyvalents.

Il devient sans doute possible, ainsi, de mieux situer beaucoup de cas particuliers de personnalités ou de caractères que les anciens systèmes typologiques, trop rigides, ne permettaient pas de rattacher très clairement aux principaux modèles structurels bien définis. Ne plus entendre parler des trop faciles « types mixtes » (dont on ne connaît plus la nature, ni les niveaux du « mélange ») m'a paru un but à viser, sans compromis ni concessions.

La distinction que j'établis entre « caractères » et « structures » pourra apparaître à certains comme assez artificielle puisque, selon la terminologie philosophique ou psychologique, l'appellation de « structure » recouvre le plus souvent tout mode d'organisation quel qu'en soit le niveau : personnalité, caractère, type, etc. Il s'agit d'un terme assez général qu'on peut difficilement opposer à un autre terme définissant une catégorie particulière dépendant du même ensemble.

En psychopathologie au contraire, le vocable de « structure » prend un sens plus précis, limité aux éléments de base de la personnalité, à la façon dont cette personnalité est organisée sur le plan profond et fondamental ; les psychopathologues peuvent donc opposer librement la notion de structure de base, ou de structure de la personnalité (on dit en général « *structure* » tout court) aussi bien aux « *symptômes* » qu'aux « *caractères* » (ce que les philosophes appelleraient plus volontiers peut-être « structures des symptômes » ou « structures des caractères »). Les psychopathologues en effet, s'occupant essentiellement de l'aspect *fonctionnel* de ces symptômes ou de ces caractères, les considèrent comme dépendant avant tout dans leur genèse, leur originalité et leurs limitations, de la nature et de la variété de la structure de base de la personnalité sur laquelle ils reposent.

La structure de la personnalité (dénommée habituellement en psychopathologie « structure » tout court) se conçoit donc, d'une part comme la *base* idéale d'aménagement stable des éléments métapsychologiques constants et essentiels chez un sujet, pendant que le caractère apparaît d'autre part comme le niveau de *fonctionnement* manifeste et non morbide de la structure telle qu'elle vient d'être définie.

Dans une telle optique, la *symptomatologie* devient tout simplement le mode de fonctionnement morbide d'une structure quand celle-ci se décompense, c'est-à-dire dès que les facteurs internes ou externes de conflictualisation ne se trouvent plus équilibrés par un jeu efficace (et non perturbateur lui-même) des mécanismes variés de défense et d'adaptation.

Si je n'ai pas développé de façon spécifique, ni dans des chapitres originaux, le point de vue symptomatologique, c'est parce que seule *la place économique* des symptômes dans l'ensemble de telle personnalité donnée a retenu mon attention au cours de la présente étude.

L'examen phénoménologique des symptômes se trouve copieusement conduit dans les traités de psychiatrie des diverses tendances. Mon but ici se limite à resituer la fonction du symptôme par rapport à la structure de base d'une part et au fonctionnement caractériel d'autre part.

Il est évident qu'une telle conception d'ensemble, essentiellement dynamique, ne peut être développée que dans le cadre d'une position et une réflexion authentiquement et clairement psychanalytiques. A la suite de FREUD, en effet, et des travaux psychanalytiques contemporains, il devient possible de comprendre la structure telle qu'elle se trouve définie plus haut comme l'élément organisateur de base de la personnalité en situation active et relationnelle. On échappe ainsi aux chevauchements habituellement inévitables entre « structures de personnalité », « structures de caractère » et « structures nosologiques » à toutes les hésitations (ou même les contradictions) rencontrées dans les démarches anciennes.

Ma recherche m'a conduit inévitablement à repenser, sur ces bases conceptuelles nouvelles, le problème de la *normalité*.

Au point de vue méthodologique, je me suis efforcé de clarifier le débat (avec les dangers certains de la « systématisation ») par le maximum de planches ou de schémas ; je me suis attaché aussi à insérer, aux moments les plus « théoriques » de mon texte, des observations cliniques, aussi expressives et vivantes que possible, destinées (au risque de friser parfois la caricature) à bien préciser le trait moteur principal de ma recherche.

Mon ambition serait que le clinicien trop peu enclin aux réflexions théoriques, ou simplement le lecteur pressé, puissent trouver, en un premier temps du moins, dans ces observations que j'ai choisies et développées avec un soin tout particulier, l'essentiel du fil directeur de mon propos.

Faute de place, et pour ne pas trop alourdir cet ouvrage, je n'ai pas toujours pu regrouper, systématiser et développer autant que je l'aurais aimé, mes sources de documentation et mes réflexions critiques à cet égard, en particulier dans mes paragraphes « historiques ».

Je ne saurais trop exprimer ma reconnaissance aux chercheurs et aux cliniciens qui m'ont apporté de si nombreux éléments d'élaboration, en particulier D. ANZIEU, M. BENASSY, M. FAIN, A. GREEN, R. GREENSON, B. GRUNBERGER, J. GUILLAUMIN, O. KERNBERG, R. KNIGHT et P. C. RACAMIER.

Je souhaite vivement que ma contribution, malgré ses trop nombreuses imperfections, puisse faire bouger quelque peu les cadres trop rigides ou trop imprécis des positions structurelles ou caractérologiques anciennes, et incite les auteurs contemporains à élargir encore le débat, à reprendre et à développer des études ultérieures fécondes à ces niveaux.

PREMIÈRE PARTIE

HYPOTHÈSES SUR LES STRUCTURES DE LA PERSONNALITÉ

Historique

Le terme de structure est marqué de significations fort différentes selon qu'on se réfère à la Gestalttheorie, aux théories jacksoniennes ou au structuralisme. Il est également employé parfois dans le sens « de structure d'ensemble » et se rapproche alors de l'emploi du substantif anglais « pattern ».

Cependant, dans le langage ordinaire, la structure demeure une notion impliquant une disposition complexe mais stable et précise des parties qui la composent, c'est la manière même dont un tout est composé et dont les parties de ce tout sont arrangées entre elles.

Je me suis assez étendu au cours de mon introduction sur le sens donné en psychopathologie au terme de « structure » pour avoir à justifier à nouveau ici les limites de cette utilisation au niveau de la structure de base de la personnalité.

Je considérerai que « constitution » et « structure » de la personnalité représentent, en gros, un concept identique, celui du mode d'organisation permanent le plus profond de l'individu, celui à partir duquel se jouent les aménagements fonctionnels dit « normaux » comme les avatars de la morbidité.

En dehors des cas où il est employé dans le sens de « tempérament » ou « caractère », le terme de « type » se rapporte habituellement à la structure de base et ne semble pas nécessiter d'être traité dans une optique particulière.

Didier ANZIEU (1965) situe au premier quart du XXe siècle le développement de l'idée de « structure » et pense que cette notion recouvre une prise en considération des symptômes selon la méthode associationniste. Or, pour D. ANZIEU, les symptômes n'ont de sens que liés les uns aux autres ou dans leur rapport avec le caractère ; ce qui reste spécifique n'est pas leur simple présence ([1]) mais leur mode d'arrangement entre eux. De plus il faut tenir compte tout autant des symptômes « négatifs » correspondant aux déficits enregistrés chez les patients que des symptômes « positifs » correspondant aux réactions spécifiques du patient devant l'altération de sa personnalité.

Cependant, depuis les descriptions poétiques ou philosophiques remontant à l'antiquité, le versant pathologique des structures s'est toujours trouvé le plus facilement développé. Nous rencontrons pourtant dans HOMÈRE, la BIBLE, DÉMOCRITE, ASCLEPIADE ou PLATON des références à des types structurels non morbides. Les auteurs du Moyen-Age, puis SHAKESPEARE, puis le classicisme littéraire et combien d'auteurs plus modernes excellèrent dans l'analyse non seulement du caractère, mais de la structure de certains de leurs personnages, et montrèrent même comment pouvait s'effectuer le passage entre sphère psychologique encore adaptée et sphère pathologique déjà décompensée, au sein d'une même organisation mentale.

Depuis le XVIIIe siècle, ce sont les psychiatres qui développèrent davantage leur point de vue sur le terrain structurel. PINEL (1801), ESQUIROL (1838), RÉGIS (1880) en France, TUKE (1892), MAUDSLAY (1867), JACKSON (1931) en Grande-Bretagne, RUSH (1812) et A. MEYER (1910) aux Etats-Unis, GRIESINGER (1865), MEYNERT (1890), WERNICKE (1900), KRAEPELIN (1913) en langue allemande, furent les premiers à se référer à la continuité entre le normal et le pathologique au sein d'une structure profonde de la personnalité. Leur attitude générale foncièrement « humanitaire » est sous-tendue par cette conviction, même si cette dernière ne se trouve pas toujours clairement exprimée. Les périodes dites « sociale » puis « communautaire » de la psychiatrie ne se présentent, dans le fond, que comme la suite logique de la précédente démarche : quels que soient les facteurs déclenchants ou curatifs le plus spécifiquement mis en avant par telle ou telle école, la démarche profonde de chacun conduit peu à peu vers l'idée de la non-spécificité de la nature morbide de telle ou telle structure, de la labilité comme de la curativité de toute structure en soi. L'antipsychiatrie ne pouvait guère aller plus loin que les tendances sociales ou communautaires précédentes sur le plan d'un libéralisme demeuré, volontairement ou non, rationnel ; elle nous propose donc tout simplement le « saut » hors de la logique mais ne renverse rien de nouveau et n'apporte surtout rien de nouveau quant au problème du continuum structurel dont elle ne peut entendre parler, tant elle semble y rester attachée sur le registre de l'angoisse.

Si la classification des données profondes se révéla un besoin et une

([1]) Il existe, par exemple, des obsessionnels sans aucune « obsession » visible extérieurement.

nécessité, il faut bien reconnaître que, faute des moyens métapsychologiques que nous possédons actuellement avec l'apport de FREUD et des post-freudiens, les simples descriptions ne pouvaient suffire en un tel domaine ; aussi n'est-il pas étonnant de constater que nous trouvons dans le domaine structurel beaucoup moins d'hypothèses à passer en revue que dans le chapitre consacré aux caractérologies.

Nous pouvons considérer avec Henri EY (1955) que la « variation mentale pathologique » peut être envisagée selon quatre modèles théoriques : comme aliénation radicale, comme produit des centres cérébraux, comme variation de l'adaptation au milieu, ou encore comme effet d'un processus régressif dans l'organisation psychique. Quelle que soit la réponse choisie, il convient de saisir la condition mentale, en dehors de l'épisode morbide, dans une structure profonde originale et formelle conservant, bien sûr, sa signification existentielle et anthropologique.

En ce qui concerne le point de vue structurel chez l'enfant, Colette CHILAND (1971) a résumé l'opinion de beaucoup de pédo-psychiatres contemporains en montrant la complexité particulière de la notion de structure à l'âge où tout ne semble pas encore joué et tant que les phases d'équilibre et de décompensations peuvent se succéder sans une signification profonde toujours bien évidente.

La structure, pour Colette CHILAND (1967) demeure inspirée de l'opinion de LÉVI-STRAUSS (1961) qui s'intéresse aux modèles prenant en considération non seulement les termes eux-mêmes, mais les relations entre les termes. Pour C. CHILAND il s'agit de rechercher l'explication structurelle, non pas exclusivement au niveau du système de relation, mais au niveau des règles de transformation permettant de passer d'un système à un autre système, en prenant en considération les systèmes réels tout autant que les systèmes simplement possibles.

C. CHILAND se réfère à l'opinion de A. FREUD (1965) pour rattacher la structure au niveau de la deuxième topique par rapport aux pulsions, avec le Moi et le Surmoi, et pour fonder un éventuel diagnostic structurel sur l'étude à la fois de la relation d'objet et des mécanismes de défense.

Avant l'apport freudien, on avait vu proposer d'abord des classifications « *symptomatologiques* » avec KAHLBAUM (1863), MOREL (1851), HECKER (1871 et 1874) et, bien sûr, Émile KRAEPELIN dont les hypothèses ont été reprises dans la classification centrée sur la notion de psychose et proposée par l'Association américaine de Psychiatrie. Ces classifications qui tendent à relier le symptôme au « trouble fondamental » sous-jacent, se limitent à des descriptions cliniques qui, de tout temps, ont séduit les psychiatres. Certaines modifications furent apportées par

E. BLEULER en 1911 dans le sens d'un affinement de la séméiologie, mais dans une toujours grande dépendance des symptômes.

A la même époque on voit apparaître des essais de classifications « *organiques* » avec JACOBI (1830), MOREL (1860), SKAE (1897), CLOUSTON (1904), TUKE (1892). Ces points de vue se trouvèrent repris dans la classification proposée, il y a quelques années, par l'Association médico-psychologique royale de Grande-Bretagne. Il y aurait liaison intime obligatoire entre le trouble psychique et une lésion supposée organique. Nous rencontrons sur le même chemin le point de vue organo-dynamiste de Pierre JANET (1927) reposant en grande partie sur la notion d'évolution, les travaux de H. JACKSON (1931), de MONAKOW et MOURGUE (1928) et enfin les conceptions de H. EY (1958) inspirées de JACKSON. J. ROUART a cherché à préciser, à BONNEVAL en 1946, le rôle possible de toute organicité dans un tel système de classifications.

Les classifications « *physiologiques* » ont été soutenues par MEYNERT (1884), TUKE (1892), WERNICKE (1900), A. MEYER (1910), CONNOLY (1939), LAYCOCK (1945), D. HENDERSON et R.D. GILLESPIE (1950). Elles tentent d'établir les rapports entre le fonctionnement mental observé et des localisations neurologiques diverses qui correspondraient à des centres régulateurs du fonctionnement mental sur tel ou tel registre particulier.

Les classifications « *psychologiques* » correspondent à un souci de rechercher dans le domaine du fonctionnement mental de « l'homme normal » des catégories dans lesquelles on tentera ensuite de faire entrer les troubles psychopathologiques. Un certain nombre d'auteurs ont œuvré en ce sens, tels LINNE (1763), ARNOLD (1782), CRICHTON (1798), PRICHARD (1835), BUCKNILL et HAKE-TUKE (1870), ZIEHEN (1892), HEINROTH (1890).

Le point de vue freudien au contraire s'intéresse à quelques repères fondamentaux permettant de différencier ou de rapprocher les structures, tels le sens *latent* du symptôme (symbole et compromis à l'intérieur du conflit psychique), le degré atteint par le développement libidinal, le degré aussi de développement du Moi et du Surmoi, enfin la nature, la diversité, la souplesse et l'efficacité des Mécanismes de défense.

Les post-freudiens ont poursuivi les recherches sur ces bases : K. ABRAHAM (1924), F. ALEXANDER (1928), E. GLOVER (1932 et 1958), K. MENNINGER (1938 et 1963), J. FROSCH (1957), D. W. WINNICOTT (1959), W. SCOTT (1962).

M. BOUVET distingue en 1950 les modes de structuration génital et prégénital. L. RANGELL (1960 et 1965) se place dans une perspective d'ensemble des différentes fonctions du Moi. A. GREEN (1962 et 1963) a cherché à s'appuyer sur les notions de perte et de restitution de l'objet, de fantasmatisation, d'identification et de défusion, de castration, de morcellement, de sublimation et de refoulement pour rendre compte non seulement des grandes entités nosologiques classiques, mais encore de la diversité des petites entités « intermédiaires » si souvent oubliées ou malmenées par bon nombre d'auteurs. J. H. THIEL (1966), de son côté, s'élève contre l'exclusivité névrotique trop longtemps manifestée par la recherche psychanalytique et estime qu'il faut distinguer entre une théorie du trouble mental d'une part, une certaine philosophie de la nature, des causes et des fonctions de la maladie et, d'un autre côté enfin, un système de classification des désordres entre eux.

1 Structures et normalité

1. La notion de « normalité »

Il est certain que l'utilisation de la notion de « normalité » présente d'incontestables dangers dans les mains de qui détient l'autorité médicale ou politique, sociale ou culturelle, économique ou philosophique, morale, juridique ou esthétique, et pourquoi pas intellectuelle ? L'histoire ancienne ou contemporaine des communautés comme des idéologies grandes ou petites nous en sert de cruels exemples, chacun n'en conservant d'ailleurs en mémoire que des représentations très sélectives, en fonction de ses options personnelles.

Si la « normalité » se réfère à un *pourcentage* majoritaire de comportements ou de points de vue, malheur à ceux qui demeurent dans la minorité. Si, d'autre part, la « normalité » devient fonction d'un *idéal* collectif, on ne connaît que trop les risques courus, même par des majorités dès qu'elles se trouvent réduites au silence par ceux qui se croient ou s'adjugent la vocation de défendre par la force ledit idéal ; ils entendent y limiter le développement affectif des autres après s'y être accidentellement trouvés bloqués eux-mêmes, puis avoir élaboré, secondairement, de subtiles justifications défensives.

De fait, la « normalité » est le plus souvent envisagée par rapport aux autres, à l'idéal ou à la règle. Pour chercher à demeurer ou à devenir « normal » l'enfant s'identifie aux « grands » et l'anxieux les imite. Dans les deux cas la question manifeste posée s'énonce : « Comment font les autres ? » et sous-entend : « Comment font les grands ? »

Or le véritable problème posé par l'éventuelle reconnaissance d'une

« normalité » ne se situe peut-être pas à ce niveau, entre ces deux faux aspects objectifs : les autres ou l'idéal.

La puissance atomique a entraîné le monde dans des catastrophes que l'on sait ; ce n'est pas pour autant qu'il est question, même chez les plus pacifistes, de nier l'existence de l'atome. Pourquoi donc éprouverions-nous le besoin de nier toute notion de « normalité » ?

Si, au lieu de formuler (ou de redouter) à tout moment des jugements de valeur *par rapport aux autres* quant à une éventuelle « normalité » conçue trop souvent et malencontreusement en ce sens, nous mettions avant tout l'accent sur le constat de *bon fonctionnement intérieur* que peut comporter cette notion, en tenant compte des données particulières à chaque individu (fût-il très limité dans ses possibilités personnelles, de façon occasionnelle ou durable), il me semble que nous pourrions envisager les choses tout autrement qu'en simples défenses projectives, ou bien qu'en prosélytisme envahissant et inquiétant.

Mais il ne paraît pas facile de rencontrer des interlocuteurs acceptant de discuter d'un aspect *subjectif* éminemment nuancé et éminemment variable de « normalité » en fonction des réalités profondes de chacun.

D'un côté, la tentation sadique nous entraîne aussitôt vers les statistiques ou vers les idéaux. D'un autre côté, la tentation masochique et « paupériste » déclenche une allergie horripilatoire et immédiate devant tous les composés du mot « norme (1) ».

Dans le premier cas nous nous trouvons prisonniers d'un côté d'un impérialisme qui s'empare de la *notion* pour tenter de sauver les privilèges que cette dernière a si souvent recouverts et dans l'autre cas nous nous heurtons à un refus du *terme* en raison de tous les souvenirs oppressifs et douloureux que celui-ci réveille.

Et notre position de recherche se complique encore quand nous constatons que nombre de ceux qui ne se trouvent pas officiellement engagés dans l'une ou l'autre des deux positions défensives précédentes hésitent souvent et tour à tour entre un raptus sadique du côté des normes « autoritaires » ou un clin d'œil démagogique vers les susceptibilités « contestataires ». Un tel mouvement pendulaire d'annulations successives risque

(1) En latin le terme de *norma* correspond, dans son sens propre, à l'instrument d'architecture appelé en français *équerre* ; ce n'est que dans son emploi secondaire et figuré qu'on retrouve le terme utilisé plus tardivement chez Cicéron, Horace ou Pline le Jeune, avec le sens de règle, de modèle ou d'exemple. Le premier signifié détermine seulement l'angle fonctionnellement le plus avantageux pour articuler deux plans dans une construction et non pas une position idéale fixe de la maison par rapport au sol. Le bâtiment peut se trouver « d'aplomb » (c'est-à-dire en équilibre interne) même sur un sol en pente sérieuse, grâce à l'équerre qui aura justement rectifié les dangers que l'inclinaison primitive du terrain pouvait faire courir à la solidité de l'ensemble de l'édifice.

non seulement de rendre ces gens muets, mais surtout de leur faire perdre tout courage scientifique ou toute puissance de recherche.

Pourtant la notion de « normalité » est tout aussi liée à la vie que la naissance ou que la mort, utilisant le potentiel de la première en cherchant à retarder les restrictions de la seconde, dans la mesure où toute normalité ne peut que coordonner les besoins pulsionnels avec les défenses et les adaptations, les données internes héréditaires et acquises avec les réalités externes, les possibilités caractérielles et structurelles avec les besoins relationnels.

Et le principal danger actuel semble bien moins le risque fort connu d'usurpation de la notion théorique de normalité au profit des puissants ou des rêveurs que la dénégation par les pessimistes, subtilement au service de l'instinct de mort, de l'ensemble des éléments régulateurs internes qui permettent aux humains (toujours limités) de s'arranger intérieurement pour se procurer, non pas l'illusion de la toute-puissance ou de la félicité, mais au moins des zones assez solides et assez constantes d'efficience et de bien-être, au milieu de leurs obligatoires imperfections et de leurs non moins obligatoires conflits intérieurs.

On en arriverait donc à une opinion somme toute assez proche de celle de l'homme de la rue qui estime, fort sagement sans doute, que n'importe quel humain se trouve dans un « état normal », quels que soient ses problèmes personnels profonds, quand il arrive à s'arranger avec cela et à s'adapter à lui-même comme aux autres, sans se paralyser intérieurement dans une prison narcissique, ni se faire rejeter par les autres (prison-hôpital-asile), malgré les inévitables divergences encourues dans les relations avec eux.

Ma tentative actuelle de définition de la notion de « normalité » se trouve loin de me satisfaire entièrement, ne serait-ce que par sa longueur ; mais il m'a paru difficile jusque-là de réduire le nombre de ses paramètres.

Essai de définition :

Le véritable « bien-portant » n'est pas simplement quelqu'un qui se déclare comme tel, ni surtout un malade qui s'ignore, mais un sujet conservant en lui autant de fixations conflictuelles que bien des gens, et qui n'aurait pas rencontré sur sa route des difficultés internes ou externes supérieures à son équipement affectif héréditaire ou acquis, à ses facultés personnelles défensives ou adaptatives, et qui se permettrait un jeu assez souple de ses besoins pulsionnels, de ses processus primaire et secondaire sur des plans tout aussi personnels que sociaux en tenant un juste compte de la réalité, et en se réservant le droit de se comporter de façon apparemment aberrante dans des circonstances exceptionnellement « anormales ».

Il serait donc nécessaire d'insister sur l'indépendance de la notion de « normalité » par rapport à la notion de structure. Il est amplement démontré en effet par l'observation quotidienne qu'une personnalité réputée « normale » peut entrer à tout moment de son existence dans la pathologie mentale, y compris la psychose, et qu'inversement un malade mental, même psychotique, bien et précocement traité, conserve toutes ses chances de revenir à une situation de « normalité ». Si bien qu'on n'ose plus guère opposer maintenant de façon trop simpliste les gens « normaux » aux « malades mentaux » quand on considère la structure profonde. On ne se laisse plus leurrer par des manifestations extérieures, aussi bruyantes soient-elles, correspondant à l'état (momentané ou prolongé) dans lequel se trouve une structure véritable et non pas un réel changement de cette structure en elle-même.

Pour ne se référer, dans un permier temps du moins, qu'à ce que j'appelle, dans mes hypothèses personnelles, des « *structures stables* » (c'est-à-dire psychotiques ou névrotiques), il paraît évident qu'il existe tout autant de termes de passages au sein d'une lignée structurelle psychotique entre « psychose » et une certaine forme de « normalité » adaptée à la structuration de type psychotique qu'au sein d'une lignée structurelle névrotique entre « névrose » et une certaine forme de « normalité » adaptée à la structuration de type névrotique.

Un exemple pourra illustrer sans doute de façon beaucoup plus précise mon propos :

Obs. n° 1

René a 38 ans. Il ne se connaît aucun passé médical notable. Grand, maigre, il ne paraît ni très fort physiquement, ni très soigneux de sa personne, ni très attentif à ce qui se passe autour de lui. René s'est trouvé l'enfant unique d'un père assez âgé et taciturne, notaire dans une petite ville, et d'une mère beaucoup plus jeune, autoritaire et assez agressive.

Il a grandi surtout entre cette mère, sa tante (sœur de la mère) et la grand-mère maternelle chez laquelle il était logé pendant ses années d'études secondaires et ses débuts à l'Université.

De telles études furent excellentes, René étant doué d'un très bon Q.I., mais elles se sont éternisées car René n'arrivait pas à se décider pour une voie définie ni une carrière précise. Rapidement reçu à l'Ecole Normale Supérieure dans la branche littéraire, il n'en poursuivait pas moins les certificats de licence en tous sens, principalement des certificats « scientifiques » qu'il passait facilement et il s'offrit même un moment de détour du côté du Droit. Ayant réussi au concours de l'Agrégation de Lettres, il accepta enfin un poste dans un grand lycée parisien, puis au bout de quelques années, tout en continuant à enseigner encore en classes préparatoires, il fut nommé à un poste important dans l'administration centrale.

Il n'en poursuivait pas moins quelques recherches mathématiques tout en écrivant des poèmes. Il manifestait à la fois un grand éclectisme mais très peu d'éléments passionnels ; il ne s'offrait que peu de distractions, sans s'ennuyer toutefois.

La plupart de ses collègues, mariés et pères de famille, réputés « normaux » du fait qu'ils passaient leurs soirées en cocktails ou spectacles à la mode, leurs dimanches sur les routes de banlieue, Mardi-Gras à Val-d'Isère, Pâques chez leur belle-mère et leurs mois d'août en Espagne, le considéraient *lui* comme un « original » sympathique mais quelque peu inquiétant. Devant lui, en effet, sans que cela soit très conscient bien entendu, tout le monde se sentait plus ou moins mis en cause et chacun s'employait très vite à projeter sur René l'inquiétante étrangeté que celui-ci faisait naître chez l'autre dans le système d'idéal collectif assez fragile adopté par les membres du groupe réputé « normal » pour de simples raisons statistiques ou idéales.

René connaissait des envies sexuelles réelles mais s'arrangeait le plus souvent pour mettre entre la femme et lui de rassurantes distances et d'apaisantes difficultés.

Après bien des hésitations il finit cependant par se marier avec une jeune veuve, intelligente, active et sympathique, mais à laquelle les gens réputés « normaux », à l'époque, reprochaient de ne pas sacrifier davantage aux goûts du jour.

René connut un début conjugal difficile : sa mère n'était pas tellement favorable à ce mariage ; les beaux-parents de leur côté « couvaient » un peu trop le couple ; enfin René s'est mis à ressentir pendant quelques mois une sorte de « boule » qui montait et descendait, le serrait au niveau du larynx. « La pomme d'Adam », sans doute lui disaient en riant ceux de ses amis qui avaient lu des traités de vulgarisation psychanalytique. La plaisanterie paraissait en effet tout indiquée en raison des circonstances matrimoniales difficiles.

Puis le ménage se créa une vie indépendante, peu originale par rapport à ce que les autres appellent « originalité » mais assez originale cependant quand on se réfère à ce que le plus grand nombre dénomme habituellement trop vite « normalité ».

Trois enfants naquirent, élevés d'une façon « curieuse » c'est-à-dire que les voisins, les parents et les amis se déclaraient affolés des libertés dont ils jouissaient. Ces enfants ne se trouvaient pourtant pas délaissés du tout par leurs parents et ne paraissaient nullement souffrir au milieu des attitudes « bohémiennes » de cette famille qui continue à n'avoir qu'un logement ancien (dans un quartier peu prisé), une automobile curieuse (d'une marque étrangère peu connue), une maison de vacances inconfortable dans une campagne charmante mais sans renom, une situation financière toujours étirée malgré un bon salaire et quelques suppléments, etc.

René et son épouse sont souvent invités chez des collègues ou des couples rencontrés dans des voyages ou des activités culturelles diverses non parce qu'ils éprouvent le besoin de briller ou d'amuser en société, mais parce que René surtout se montre intéressé grâce à sa très grande culture et son esprit ouvert par les zones d'investissements narcissiques les plus diverses rencontrées chez ses hôtes.

De leur côté René et son épouse reçoivent facilement et sans nécessité démonstrative particulière les gens qu'ils ont tout simplement envie de voir sans se sentir toutefois particulièrement agressifs s'ils doivent, par nécessité pratique, y mêler un supérieur ou un collègue moins sympathique, mais bien placé.

René est-il « normal » ou non ?

Sans aucun doute, il s'agit d'une structure œdipienne avec une fixation maternelle assez importante ayant figé les investissements affectifs entre certaines limites difficilement franchissables. Mais ceci étant posé, on peut constater d'abord qu'aucune décompensation nette ne s'est produite, puis, ensuite, qu'aucune menace de décompensation ne semble devoir être redoutée car l'ensemble des mécanismes de défense et d'adaptation paraît fonctionner avec une évidente souplesse et une incontestable efficacité en tenant compte certes du réel extérieur, mais aussi d'abord des réalités *internes* du sujet, de ses talents comme de ses secteurs éventuellement menacés.

Je considérerai donc le cas de René comme à la fois une structure névrotique œdipienne et génitale (ce qui n'est pas, bien sûr, une maladie en soi mais une catégorie fondamentale de fonctionnement psychique) et comme un cas *bien adapté* à l'intérieur de ce groupe de structures.

2. Pathologie et normalité

Au cours des dernières décennies, différents auteurs se sont penchés sur la dialectique normalité-pathologie.

E. MINKOWSKI (1938) fait remarquer la subjectivité de la notion de « *norme* » qui semble pourtant aller souvent de soi comme un simple accord avec les nécessités et les réalités de l'existence. L'accent est mis sur la relation aux autres bien que le principal caractère de l'étude demeure dans une optique plus spécialement phénoménologique.

E. GOLDSTEIN (1951) part d'emblée dans une direction assez dangereuse en se référant aux notions « d'ordre » et de « désordre » préparant toute une succession de jugements de valeurs qu'il s'avère toujours fâcheux de formuler ou même simplement de solliciter dans le domaine de la psychopathologie ; en effet l'unité de mesure risque automatiquement d'être considérée davantage en référence aux échelles du groupe des observateurs qu'à une échelle établie en fonction des données *intérieures* du sujet observé.

G. CANGUILHEM (1966) se réfère à divers travaux des années passées : A. COMTE (1842) s'appuyant sur le principe de BROUSSAIS présente la maladie comme un excès ou un défaut par rapport à l'état « normal » ; Cl. BERNARD (1865) pour qui toute maladie n'est que l'expression troublée d'une fonction « normale » ; LERICHE (1953) pour qui il n'existe pas de seuil prévisible entre physiologique et pathologique, la santé pouvant se résumer à l'état de silence des organes ; JACKSON enfin, pour lequel la maladie se trouve constituée par une privation et un remaniement liés à une dissolution et à une régression, idées reprises par H. EY précisant l'ordre de dissolution, dans la maladie, des fonctions mentales à partir d'abord de ce qui a été acquis plus récemment dans la maturation ontogénique du sujet. G. CANGUILHEM définit la maladie comme la réduction de la marge de tolérance par rapport aux infidélités du milieu. « Normalité » serait aussi synonyme « *d'adaptation* » et cette idée comporte des nuances qui permettraient à G. CANGUILHEM de considérer comme demeurant dans les limites du « normal » certains états réputés « pathologiques » par d'autres, dans la mesure où ces états peuvent exprimer un rapport de « normativité » à la vie particulière du sujet.

M. KLEIN (1952) nous propose, dans toute évolution psychogénétique de l'enfant, une position persécutoire primitive suivie d'une position dépressive plus ou moins œdipienne. La première position surtout procéderait obligatoirement de mécanismes économiques de type psychotique et toute pathologie ultérieure ne pourrait que tenir compte des fixations archaïques à ces phases obligatoires pour tous. S'il est bien venu de ne pas envisager de structure « normale » ayant suivi une évolution infantile tout à fait privilégiée, il est tout de même difficile de considérer, quand on soigne des névrotiques ou des états limites, que tout individu aurait connu une période où son Moi se serait d'abord constitué sur un mode psychotique, au sens très précis que nous continuerons à donner à ce terme, c'est-à-dire dans une économie de morcellement authentique, véritable *organisation* structurelle et non seulement étape, lacune ou imperfection évolutive.

A. FREUD (1968) a pensé pouvoir définir la normalité chez l'enfant à partir de la façon dont s'établissent peu à peu les aspects topiques et dynamiques de la personnalité et de la façon aussi dont s'engagent et se résolvent les conflits pulsionnels.

C. G. JUNG (1913) a cherché d'une part à présenter les côtés complémentaires des personnages mythiques de Prométhée (celui qui pense *avant*) et Epiméthée (celui qui pense *après*) c'est-à-dire l'introverti et l'extraverti, en se référant aux œuvres de Carl SPITTELER et de W. GOETHE. La

« normalité » serait liée à l'union de ces deux attitudes que C. G. JUNG approche de la conception brahmanique du symbole d'union. D'autre part, l'auteur compare les notions *d'adaptation* (se soumettre à son entourage), *d'insertion* (liée à la seule notion d'entourage) et de « *normalité* » qui correspondrait à une insertion sans frictions, destinée simplement à remplir des conditions objectivement fixées. Le pathologique apparaîtrait dès que l'individu sortirait du cadre de soumission à l'entourage correspondant à « l'insertion » réservée à ce seul cercle. Ceci nous semble à rapprocher de ce que je décrirai par ailleurs, à propos du mouvement de dépression anaclitique de l'état limite, dès qu'il risque de quitter le cercle contraignant mais rassurant du familier phallique.

J. BOUTONIER (1945) a montré le passage chez l'individu devenu « normal » de l'angoisse à la liberté, cependant que la maturation affective, fondement de toute « normalité » authentique est définie par D. ANZIEU (1959) comme une attitude sans anxiété vis-à-vis de l'inconscient tout autant dans le labeur que dans les loisirs, une aptitude à faire face aux inévitables manifestations de cet inconscient dans toutes circonstances où la vie peut placer l'individu.

R. DIATKINE (1967) a proposé un repère d'anormalité dans le fait pour le patient de « ne se sentir pas bien » ou de « n'être pas heureux » et il insiste d'autre part sur l'importance des facteurs dynamiques et économiques internes au cours du développement de l'enfant sur les possibilités d'adaptation et de récupération, la tendance à la limitation ou à l'extension de l'activité mentale, les difficultés rencontrées dans l'élaboration des fantasmes œdipiens. R. DIATKINE nous met en garde contre la confusion si fréquente entre le diagnostic de structure mentale et le diagnostic de normalité psychopathologique. Cette précaution paraît on ne peut plus motivée. En effet un diagnostic de structure psychique stable, dans le sens où je la définis tout au long de cette étude, peut être posé en dehors de toute référence à la pathologie alors que le diagnostic de « normalité » implique au contraire un examen de la façon dont le sujet s'arrange avec sa propre structure psychique.

Pour R. DIATKINE, chez l'adulte on ne rencontre pas de structure dite « normale ». Toute situation nouvelle pour un individu remet en cause son équilibre psychique et l'auteur étudie tour à tour les difficultés qui peuvent exprimer cette souffrance chez l'enfant selon les âges et les stades maturatifs. Il cherche à déterminer la fourchette des pronostics relationnels ultérieurs, rangeant du côté des éléments fâcheux toutes les restrictions d'activités et d'opérations mentales nouvelles en particulier les systèmes systématiquement répétitifs, plus ou moins irréversibles.

C. CHILAND (1966) a repris un point de vue parallèle en montrant que les enfants dont le pouvoir normatif est le plus étendu ne sont pas pour autant exempts de certains signes de la lignée névrotique ou phobique. C'est la souplesse du passage d'un bon fonctionnement situé au niveau du réel à un bon fonctionnement situé au niveau fantasmatique qui servirait de critère de normalité plutôt qu'un simple diagnostic de structure, et ce point de vue semble tout à fait productif sur le plan de la réflexion quand on le rapproche des conclusions auxquelles sont arrivés en pathologie scolaire africaine LEHMANN (1972), LE GUERINEL (1970) ou MERTENS DE WILMARS (1968), devant des enfants qui, butant devant l'ambiguïté causée par deux modèles culturels très différents proposés par la réalité, éprouvaient justement de réelles difficultés pour franchir le pas entre une bonne intégration du réel et une bonne élaboration fantasmatique ; les troubles psychopathologiques constatés vont tout à fait dans le sens des hypothèses de C. CHILAND qui précise (1965) :

« *Notre but n'est pas nécessairement de rendre l'enfant conforme à ce que son milieu, la famille, l'école ou la société attend de lui, mais notre but est de le rendre capable d'accéder avec le moins de limitations possibles à son autonomie et à son bonheur.* »

P. BOURDIER (1972) enfin, a opposé ce qu'on pouvait attendre logiquement comme différence entre les « normes » d'une femme et d'un homme par exemple ou d'enfants d'âges différents. Un enfant de quatre ans pouvait se comporter comme un « fou » tout en étant « normal », alors qu'en période de latence les mêmes signes déclencheraient une très vive inquiétude chez le psychiatre. D'autre part devant le décès de la mère un enfant de quatre mois « normal » ne s'en apercevrait même pas si un substitut valable se trouvait interposé, alors qu'un enfant de quinze mois « normal » se trouverait très perturbé de ne pouvoir à la fois agresser et revoir intacte un instant après la même mère ; quant à un enfant de six ans « normal », il se contenterait de la souffrance incluse dans le travail du deuil.

A. HAYNAL (1971) montre la difficulté d'appliquer au domaine psychique les habituels critères de « normalité » se référant à l'adaptation, au bonheur, à l'épanouissement, etc., et l'importance de la relativité sociologique de la notion de « normalité » tout autant chez l'homme que dans les sociétés animales où le plus grand compte doit être tenu des conditions écologiques comme de la densité territoriale de la collectivité en cause.

D'autre part, des comportements rares ne sont pas pour autant anormaux. Comme le fait remarquer J. de AJURIAGUERRA (1971) à propos d'un texte de KUBIE : « *La santé est un état statistiquement rare mais pas anormal du tout pour autant.* »

Mais il me semble bon de revenir maintenant quelque peu en arrière sur les données freudiennes concernant la notion de « normalité » et dont on fait, à notre avis, trop rarement état.

Dans ce domaine, comme dans bien d'autres domaines touchant à la psychologie tant « normale » que « pathologique », S. FREUD a marqué un tournant important dans la façon de penser des psychopathologues. Avant et après ses rapports théoriques et cliniques les conceptions avaient radicalement changé ; ce qui ne veut pas dire bien sûr, comme nous allons le voir, qu'avant S. FREUD personne n'ait écrit sur ces sujets, ni que S. FREUD ait eu la possibilité et le temps d'épuiser une telle étude.

De ses *Trois essais sur la théorie de la sexualité* (1905), de sa *Formulation de deux principes du fonctionnement mental* (1911) et de ses *Cinq psychanalyses* (1905 à 1918) nous pouvons retenir trois postulats :

1. Toute la psychologie de l'adulte tire ses sources des difficultés éprouvées au niveau du développement de la *sexualité infantile.*

2. Ce sont les *pulsions refoulées,* sexuelles et agressives, qui créent les symptômes.

3. La façon dont est vécue *l'étape organisatrice* de la personnalité (c'est-à-dire l'Œdipe) dépend essentiellement des conditions de *l'environnement.*

Les précisions que S. FREUD apporta par ailleurs dans des textes moins connus n'infirment en rien ces trois postulats : dans ses *Psychopathic characters on the stage* (1906), il montre que dans le caractère non pathologique le refoulement doit être réussi et que ce résultat fait défaut dans le caractère pathologique ; mais « pathologique » se trouve limité ici au seul sens *névrotique.* Dans ses *Quelques types de caractère dégagés par la psychanalyse* (1915) c'est encore par référence unique à l'économie œdipienne, surmoïque, génitale et castratrice, donc à la lignée névrotique, que sont étudiées les exceptions, ceux qui échouent devant le succès et les criminels par sentiment de culpabilité. Dans le *Déclin de l'Œdipe* S. FREUD (1923 c) va même jusqu'à déclarer que ce qui distingue normal ou pathologique se situe dans la disparition, ou non, du complexe d'Œdipe, autrement dit il refuse le statut de « normalité » à toute structuration non névrotique et même, semble-t-il, à une structure névrotique dans laquelle le refoulement de l'Œdipe aurait seulement joué de façon partielle. Il exige la disparition complète du complexe. Dans ses *Types libidinaux* enfin (1931 a), il cherche à « combler l'écart qui est supposé exister entre le normal et le pathologique » par la distinction de trois types de base : l'érotique, le narcissique et l'obsessionnel qui se combineraient de manière plus habituelle en sous-types : érotique-obsessionnel, érotique-narcissique et narcissique-obsessionnel ; le type théorique érotique-obsessionnel-narcissique représenterait en fin de compte, dit FREUD, « *l'absolue normalité,* l'harmonie idéale ». Mais FREUD semble se laisser prendre au piège de l'universalité des appellations « névrotiques », car si ses pertinentes descriptions de l'obsessionnel et du narcissique-obsessionnel correspondent bien à des économies de névrose obsessionnelle et le type érotique à des économies névrotiques hystériques, il apparaît que FREUD décrit plutôt des états limites que des névroses sous le couvert du type érotique-narcissique, des caractériels réussis sous le couvert du type narcissique et enfin des prépsychotiques sous le couvert du type érotique-obsessionnel (l'accent se trouvant placé ici sur les défenses antipsychotiques davantage que sur les incertitudes du Moi).

Dans ce dernier article, plus tardif dans son œuvre et plus poussé dans la recherche des éléments dialectiques entre normalité et pathologie, S. FREUD essaie d'aller le plus loin possible dans la reconnaissance de phénomènes non pathologiques qu'impliquent cependant des infléchissements particuliers au mode d'investissement de la libido dans chaque type décrit. Mais FREUD se trouve prisonnier de sa grande découverte : *l'économie génitale œdipienne et névrotique*. Il y ramène, avec une certaine insatisfaction certes, la plus grande part de ses autres descriptions cliniques.

En effet, avant FREUD on divisait habituellement les humains en deux grandes catégories psychiques : les « normaux » et les malades mentaux (dans lesquels on rangeait en bloc névrotiques et psychotiques). Le grand mérite de FREUD c'est d'avoir montré par ses travaux révolutionnaires sur l'économie névrotique qu'il n'existait aucune solution de continuité entre certains fonctionnements mentaux réputés « normaux » et le fonctionnement mental réputé « névrotique ». Tous les degrés existent et les mécanismes demeurent, en gros, les mêmes ; seule l'adéquation et la souplesse du jeu de ces mécanismes diffèrent plus ou moins. Malheureusement S. FREUD ne s'aventure pas beaucoup plus loin que le domaine névrotique. Un incontestable état limite comme « l'homme aux loups » (1918) est décrit comme une névrose et on connaît son peu de goût pour l'approche des psychotiques, ses hésitations dans la discussion des données nosologiques concernant le Président SCHREBER (1911 c).

Bien qu'il ait écrit à la fin de sa vie, dans l'*Abrégé de psychanalyse* (1940 a), qu'il était « *impossible d'établir scientifiquement une ligne de démarcation entre états normaux et anormaux* », S. FREUD a été conduit longtemps à penser, ainsi que ceux qui, clairement ou non, sont demeurés fixés aux seules positions de son époque, que le fossé ne se situait plus entre normaux d'une part et malades (névrotiques ou psychotiques réunis) d'autre part, mais d'un côté entre névrotiques et normaux (correspondant aux mêmes mécanismes conflictuels et défensifs) avec d'un autre côté le groupe des « non-normaux » renfermant tout le reste ; ce « reste » se trouvant soit de façon imprécise dénommé psychotiques et prépsychotiques divers, soit davantage diversifié en psychoses certes, mais aussi en états limites, caractériels, pervers, etc.

Mon propos conserve l'ambition d'aller plus loin encore : elle part du point de vue qu'il y a lieu de distinguer d'une part les structures authentiques, solides, fixes et définitives (psychotiques ou névrotiques) et d'autre part les organisations intermédiaires (états limites) moins spécifiées de façon durable et pouvant donner naissance à des aménagements plus stables (maladies caractérielles ou perversions).

En ce qui concerne le premier groupe, on peut considérer qu'il existe autant de termes de passage entre « normalité » et psychose décompensée au sein de la lignée structurelle fixe psychotique qu'entre « normalité » et névrose décompensée au sein de la lignée structurelle fixe névrotique. Par contre en ce qui concerne le deuxième groupe défini comme intermédiaire, nous verrons tout à l'heure qu'il ne semble pas facile d'envisager une *réelle « normalité »* à cause de la mise en jeu d'énormes contre-investissements énergétiques antidépressifs et permanents (en raison de la précarité justement de l'adaptation aux réalités internes et externes) et de l'instabilité en fin de compte de telles organisations, non réellement structurées au sens définitif et plénier du terme.

La notion de « normalité » serait ainsi réservée à un état d'adéquation fonctionnelle heureuse au sein seulement d'une structure fixe, qu'elle soit névrotique ou psychotique, alors que la pathologie correspondrait à une rupture d'équilibre au sein d'une même lignée structurelle.

Un exemple clinique semble utile à notre réflexion :

Obs. n° 2

Georges a 42 ans. Il est proviseur dans un lycée. On sait peu de choses de sa petite enfance, car il ne désire pas en parler et déclare s'en souvenir très mal. Il fut orphelin de mère, puis de père, assez tôt, adopté par une famille amie de ses parents dont la femme se trouvait autoritaire, rigide et peu affective.

Fort bien éduqué sur le plan fonctionnel, il fit de très bonnes études. Il se révéla comme un adolescent assez précoce sur le plan intellectuel, comme un étudiant méticuleux, puis comme un enseignant très attentif et très rationnel. Les qualités de précision, d'ordre, de raisonnement théorique, son sens de l'autorité, du droit, de la méthode, lui valurent un avancement administratif rapide malgré quelques duretés dans les relations avec ses élèves ou ses collègues.

Il épousa à 25 ans une femme du même âge et également enseignante, également autoritaire et également assez rigide. Ils eurent deux enfants qui semblent en bonne santé, mais furent placés très tôt en pension et assez loin « pour leur plus grand bien » apparent et rationnel.

Le couple évolua dans des groupes de recherche professionnelle et même philosophique assez hardis (mais demeurant spécifiquement bourgeois), occupant souvent leurs soirées, leurs dimanches ou leurs loisirs sous des prétextes de réunions ou de stages divers orientés vers des techniques, des positions ou des idées soigneusement choisies pour se trouver toujours en opposition avec la pensée commune des collègues du même établissement.

On pourra voir en Georges un exemple de sujet « original » certes mais d'apparence normal, bien adapté à ses réalités internes et externes. Les principaux mécanismes de défense mis en avant jusque-là peuvent être considérés comme de type obsessionnel.

Mais voici qu'au cours d'une session de « dynamique de groupe » organisée par son Académie, Georges se trouve le sujet le plus âgé et le plus élevé en grade dans le groupe auquel il participe. L'animateur connu pour son ambivalence à l'égard de l'Université, en partie le croit capable de se défendre et en partie, sans doute, n'est pas trop mécontent non plus de le voir vaciller quelque peu sur ses bases. Le modérateur, beaucoup plus caustique encore à l'égard de l'autorité et soucieux de ne pas déplaire aux agressifs, se garde bien d'intervenir. Aussi Georges reçoit sans précaution particulière (ni préparation bien entendu) toute la décharge agressive du groupe. Il se sent aussitôt pris d'un malaise interne, ne sachant plus très bien qui il est, où il est, ce qu'il fait. Il fuit cette assistance et, très excité, parcourt la petite ville où se déroule la session en se croyant persécuté par quiconque porte un uniforme.

Au moment où l'on vient d'appeler un médecin, un ami résidant dans les environs intervient ; il ramène Georges chez lui et le confie à un psychiatre de ses amis qui met le patient au repos et le soigne, d'abord par voie médicamenteuse et sédative, puis l'adresse à un psychanalyste.

Georges aujourd'hui va bien. Il a repris toutes ses activités professionnelles, mais ses relations sociales sont meilleures, ses côtés revendicatifs se sont amendés.

Pourtant, il s'agit sans aucun doute d'une structure psychotique ; le traitement analytique l'a montré avec un transfert fusionnel, une angoisse de morcellement, d'importants dénis de la réalité. Cette structure, jusque-là non décompensée et demeurée dans les limites d'une incontestable « normalité », a soudain « éclaté » sous le coup d'une agression externe trop forte pour les défenses habituelles du sujet. Ceci a donné naissance à la dépersonnalisation et au délire. Georges est passé de l'état « normal » à l'état « pathologique » sans changer pour autant de structure profonde. Les défenses de mode obsessionnel ont momentanément cédé devant l'intensité de l'agression par le réel ; il a fallu dénier ce dernier, car les annulations obsessionnelles des représentations pulsionnelles ne pouvaient plus suffire. C'est ainsi que Georges est devenu « malade » sans changer de forme structurelle du Moi. C'est toujours sans varier d'état profond du Moi, donc de lignée structurelle, qu'il a « guéri » depuis, grâce à une cure ayant permis le rétablissement de défenses meilleures sans modifier pour autant son mode d'organisation mentale sous-jacente.

3. La « normalité » pathologique

Nous venons de voir comment il serait possible de considérer d'une part une certaine « normalité » et d'autre part des manifestations pathologiques en fonction d'un mode de structuration fixe et précis.

Mais la chose semble se compliquer quelque peu lorsque nous nous trouvons amenés à décrire des personnalités dites « pseudonormales » au contraire et qui ne correspondent justement pas à une structure stable ni définitive comme nous l'avions envisagé pour les structures de la lignée névrotique ou de la lignée psychotique. A l'intérieur de ces dernières lignées, bien définies dans leur évolution, les sujets se défendent contre la décompensation par une adaptation à leur économie propre comme à leurs différents facteurs d'originalité, ce qui colore, ainsi que nous le verrons plus loin, leurs comportements relationnels d'éléments singuliers constituant de simples « traits de caractère ». Par contre les personnalités « pseudo-normales » ne se trouvent pas tellement structurées dans le sens névrotique ou dans le sens psychotique ; elles se constituent, de façon parfois assez durable mais cependant toujours précaire, selon des aménagements divers, pas tellement originaux, qui contraignent ces sujets, afin de ne pas se décompenser dans la dépression, « à jouer aux gens normaux », souvent même davantage à « l'hypernormal » qu'à l'original. C'est, en quelque sorte, un besoin protecteur d'hypomanie permanente. J'en reparlerai à propos des états limites et des névroses de caractère en particulier. Mais le bon sens détecte facilement, après un certain temps de supercherie réussie et dans des circonstances sociologiques diverses, ces leaders aux moyens constructifs réduits auxquels tant d'autres gens déçus narcissiquement, s'agrippent le temps plus ou moins long d'une illusion. Ces personnages luttent, avec fougue, au nom d'un quelconque idéal ou d'un quelconque intérêt plus ou moins idéalisé, tout simplement contre leur immaturité structurelle et leurs frustrations et contre la dépression dont le danger ne se trouve jamais écarté pour autant à tout coup. Ce sont même parfois, et de façon passagère, de véritables « petits génies » pour leur famille, pour leur quartier ou leur village, ou bien pour leur milieu de vie ou de travail tant leur hypomanie peut correspondre aux besoins narcissiques du contexte social. Mais ils résistent mal à une épreuve durable de confrontation avec les autres ou avec le réel.

J'aurai l'occasion de préciser à nouveau, à propos de la notion de « structure », qu'en psychopathologie on ne peut confondre les divers modes de fonctionnement mentaux en ne s'attachant qu'à leurs aspects manifestes phénoménologiques et superficiels. Il y a lieu d'opposer les véritables *structures* (névrotiques ou psychotiques avec ou sans statuts pathologiques) aux simples *organisations* moins solides et luttant à tout moment contre la dépression grâce à des ruses caractérielles ou psychopathiques diverses dépassant le cadre de ce que nous avons défini antérieurement comme répondant aux paramètres de « normalité », c'est-à-dire d'adaptation économique interne à la réalité intime du sujet.

Les véritables structures ne donnent pas naissance à des personnalités « pseudo-normales », mais, selon qu'elles demeurent ou non en dehors des ruptures pathologiques, elles peuvent conduire tour à tour à ce qu'avec CANGUILHEM (1966) nous définissons comme des états successifs d'adaptation, de désadaptation, de réadaptation, etc.

Les simples organisations par contre se comportent de façon fort différente : en cas de traumatisme affectif plus ou moins aigu, ces organisations peuvent soit (le plus habituellement) sombrer dans la dépression, soit, parfois, évoluer vers une structuration plus solide et plus définitive de type névrotique ou psychotique. Mais en dehors de tels accidents affectifs leur état courant ne peut sans restriction être appelé « normal », car il semble correspondre à une défense énergétique psychique beaucoup trop importante et beaucoup trop coûteuse sur le plan des contre-investissements exigés pour rassurer le narcissisme.

En effet, ce genre d'organisations ne bénéficie ni du statut névrotique des conflits entre Surmoi et pulsions avec tous les compromis stables possibles, ni comme dans la lignée psychotique d'une opération de clivage du Moi apportant aussi une relative stabilité. Dans nos organisations « limites » nous constatons une lutte incessante pour maintenir dans un anaclitisme obsédant une assurance narcissique couvrant les risques dépressifs permanents. De telles exigences narcissiques contraignent l'état limite, les caractériels divers ou le pervers à entretenir la religion d'un Idéal du Moi induisant des rites comportementaux bien au-dessus des moyens libidinaux et objectaux réellement disponibles au niveau de la réalité du Moi. C'est ce qui conduit le sujet, à la fois à imiter les personnages idéaux prototypes de « normalité » sur le plan sélectif, et à la fois aussi à imiter les personnages qui représentent le pourcentage le plus élevé quantitativement de cas semblables entre eux dans le groupe socioculturel visé.

Nous nous trouvons donc très près du mode de fonctionnement mental que D. W. WINNICOTT (1969) désigne sous les appellations de « Self artificiel » ou de « faux Self » et qu'il décrit comme des organisations de défenses les plus réussies contre la dépression. Nous trouvons très près également de ce que, à la suite de la philosophie allemande de « l'Als

Ob » (avec E. VAIHINGER), H. DEUTSCH (1934) a défini sous le terme de personnalités « as if ». Ces descriptions d'un caractère « simili » ou « comme si » ont connu une certaine célébrité parce qu'elles correspondent à une réalité clinique fréquente peu signalée jusque-là, mais aussi, il faut bien le reconnaître, une partie de leur succès provient du manque de référence plus précise à une organisation économique profonde distincte de l'économie strictement névrotique, ce qui n'inquiète pas trop les esprits analytiques attachés défensivement à l'orthodoxie du dogme (attribué à S. FREUD) de l'infaillibilité organisatrice de l'Œdipe.

L'étude présentée par H. DEUTSCH n'en revêt pas moins un grand intérêt sur le plan descriptif : Hyperactivité réactionnelle, attachement aux objets externes, aux pensées du groupe avec dépendance affective sans pourtant permettre un désinvestissement objectial sérieux, grande labilité aux conflits extérieurs, pauvreté affective et peu d'originalité étant donné la mobilité des investissements et leur niveau superficiel.

C. DAVID (1972) a décrit des formes cliniques variées au sein de telles attitudes en mettant l'accent sur la tendance à somatiser, sur les éléments caractériels, sur la survalorisation de l'action, sur l'aspect pathologique inapparent du narcissisme (Surmoi formaliste, Idéal du Moi sadique, nécessité de la réussite à tout prix), sur le besoin d'hyperadaptation de la réalité (encouragé par la société), sur le côté en réalité carentiel de l'adaptation (à un seul but seulement), sur l'abrasion des pulsions, la détresse sous-jacente et le côté artificiel des apparentes sublimations. En résumé, C. DAVID pense que les deux fondements principaux de ces « pseudo-normaux » sont constitués par la défaillance narcissique et l'échec de la répartition entre investissements narcissiques et objectaux.

Une observation clinique me semble correspondre particulièrement à ce genre de description :

Obs. n° 3

Au moment où j'ai connu le cas de *Julien,* celui-ci venait d'avoir 50 ans. Fils d'un artisan modeste et effacé et d'une mère stupide, prétentieuse, inquiétante, Julien fut élevé dans la haine des riches, dans la crainte mais la dévotion à l'égard des gens bien placés, dans l'admiration à la fois de l'oncle chanoine « devenu quelqu'un » et du frère aine ayant épousé la fille du pâtissier dont il était l'apprenti. Comme ce frère aîné et comme les deux sœurs, Julien est mis très tôt « au travail » chez un commerçant du pays. Il s'arrange tout de même, sur les conseils d'un camarade plus âgé, pour suivre les cours du soir et préparer un diplôme de comptabilité, qui lui permet, sur recommandation du père de ce camarade, d'entrer dans une banque. Comme il est jeune, célibataire, inoccupé, idéaliste autant qu'agressif, et n'aime pas se retrouver seul le soir, il devient rapidement le « délégué » de ses collègues pour toutes les tâches paraprofessionnelles auxquelles les autres employés n'entendent consacrer leurs moments de loisirs. Il milite dans un milieu syndicaliste adroitement aussi violent verbalement que conservateur dans ses options latentes. Ce qui lui vaut de nouer des relations sympathiques et rassurantes de divers côtés et de réunir facilement les suffrages de ses collègues tout autant que la complicité tacite de ses directeurs.

Sans cesse en action, en lutte (verbale), en discours, en déplacements, en conférences ou en négociations, il recueille l'admiration de toute sa famille, y compris le frère aîné et l'oncle enviés. Il arrive peu à peu à se faire un nom dans les journaux locaux, aidé par surcroît de quelques libations bien placées dans les cafés situés en face des salles de rédaction et ouverts, pour cela, fort tard dans la nuit.

Si bien qu'il devient conseiller de ceci, délégué de cela, puis entre à la municipalité, puis au conseil général, enfin, à la faveur d'un scrutin en bascule entre un candidat sortant trop marqué quant à sa personne et un adversaire trop marqué quant à ses idées, Julien arrive à se placer dans une position rassurante qui l'avantage au premier tour et lui assure au second tour une confortable majorité.

Le voilà député d'une circonscription obscure mais où il organise si bien sa propagande personnelle qu'aucun parti important n'ose l'inquiéter. C'est le « fief » à Julien dit-on. On compose avec lui, on ne s'oppose pas...

Il ne tient pas davantage en place. La femme qu'il avait épousée, par hasard, au cours de son ascension sociale, à un des brefs arrêts sur un palier (dont il ne se souvient même plus), continue à élever modestement leurs trois enfants et à partager son temps entre le ménage, les coups de téléphone (« *Non Monsieur Julien n'est pas là, appelez le samedi à sa permanence à la mairie* ») et le café pris sur la toile cirée de la cuisine avec les voisines popotantes.

Julien vit à Paris avec sa « secrétaire », veuve d'un ami de Julien ancien militant des premiers jours, et reconvertie dans le sillage de Julien et de ses collègues aux restaurants plantureux, aux théâtres de Boulevard et aux déshabillés vaporeux.

Quel homme serait plus heureux que Julien ? quel être serait déclaré plus « normal » ayant davantage réussi ?

Or voici qu'un de ces raz de marée d'apparence politique mais aux racines plus profondes balaie tous ceux qui n'ont pas su s'engager assez tôt dans un sens ou un autre. Julien n'est pas réélu, malgré ses efforts de dernière heure et les promesses gênées de ses amis de moins en moins chaleureux. Il perd du même coup sa maîtresse qui assure maintenant le « Secrétariat » d'un de ses anciens collègues ayant déplacé à temps ses options et froidement réélu sous sa nouvelle étiquette à la mode.

Il lui faut revenir dans son pays, auprès de son épouse effacée, reprendre un emploi. Lequel ? Les gens le regardent avec une ironie pénible. Même ses enfants l'agressent avec un mépris qu'il supporte mal.

Julien s'effondre. Il s'angoisse, se dégoûte de lui-même, ne mange plus et maigrit. Le sommeil s'altère, le pouls s'accélère. On ne lui trouve rien de médicalement objectivable, mais on le fait tout de même entrer en clinique. Sans succès. La dépression augmente. Un soir on apprend qu'il s'est tué en voiture. Les témoignages concordent : Julien s'est pratiquement jeté contre un arbre en rentrant chez lui après le refus d'un ami de s'associer avec lui dans une entreprise commerciale grâce à laquelle il espérait reprendre (et sous la protection de cet ami) une nouvelle ascension sociale.

De toute évidence Julien n'était pas un psychotique. Mais il n'était jamais parvenu non plus à une véritable structure névrotique, œdipienne et génitale. Il était demeuré bloqué entre ces deux lignées, dans un état assez instable. Il avait besoin de cacher son immaturité affective sous le couvert d'une réussite sociale brillante et sans cesse renouvelée. Il dissimulait aussi du même coup son faible potentiel génital sous des agressivités verbales compensatoires. L'épisode avec sa maîtresse constituait davantage un aspect extérieur de réussite sociale et de pseudo-sexualité qu'un véritable investissement génital adulte.

S'il n'avait pas rencontré soudain une blessure narcissique inattendue, devant laquelle il s'est trouvé trop démuni, Julien aurait pu demeurer longtemps bien adapté. Il est tombé malade quand son décor narcissique a cédé et quand la pauvreté de ses échanges affectifs n'a plus été dissimulable par les mécanismes jusque-là employés.

A ce moment crucial, Julien ne saura plus trouver d'autres moyens de donner le change et il n'a pas pu, non plus, faire *seul* le pas qui l'aurait amené à une plus grande sincérité à l'égard de lui-même.

Si les médecins qui lui ont cherché, en vain, une maladie organique avaient décelé l'immense détresse affective cachée derrière son affolement corporel et l'avaient pris ou fait prendre en psychothérapie, Julien n'aurait eu aucun besoin de disparaître. Il aurait, sans aucun doute, grâce à ses grandes qualités et à son énergie, pu retrouver lui-même des voies nouvelles et plus stables de réalisation de ses besoins affectifs réels, lesquels n'avaient rien de répréhensible, rien de particulièrement épouvantable.

Mais la question reste posée : au temps de ses succès, c'est-à-dire, au temps de la réussite de ses contre-investissements coûteux narcissiques et antidépressifs (et non d'une adaptation à une structure stable), Julien pouvait-il être considéré comme relevant de la « normalité » ? Le prix dont il payait sur le plan énergétique le besoin de se sentir reconnu comme « normal » aux yeux de ses instances *idéales* comme aux yeux du plus grand *nombre* de ses semblables, ce prix, très élevé sur le plan des contre-investissements, peut-il encore être placé dans les limites dépenses « normales » ? La pauvreté de ses investissements objectaux, la précarité du potentiel adaptatif de ses défenses ainsi que les inhibitions touchant à ses satisfactions libidinales permettent-elles de demeurer dans le registre du « normal » ? Julien avait-il à un moment quelconque de sa vie, réalisé une organisation affective centrée sur ses originalités et ses besoins propres au lieu de ne considérer que l'image qu'il donnait au plus grand nombre des autres et qu'il se donnait à lui-même sur le plan d'exigences idéales étouffant ses désirs et ses nécessités économiques profondes ?

Le besoin, ressenti comme narcissiquement essentiel, de se conformer à un idéal ou à une majorité du « groupe-qui-rassure [1] » est-il gage de « normalité » ?

Dans les groupes, D. ANZIEU (1969) pense qu'il est possible de déterminer l'inertie inhérente à la nature de chaque individu, à ses comportements adaptatifs ou non devant une transformation des habitudes, des connaissances, ou des méthodes jusque-là employées. L'anxiété engendrée s'oppose souvent à l'adaptation. L'autorégulation interne nécessaire devant les mouvements de groupe ne peut être obtenue que grâce aux possibilités adaptatives personnelles de chacun des membres en tenant compte des attitudes et des motivations individuelles comme mode de communication de leur potentiel de mobilité.

Chez l'enfant C. CHILAND (1971) confirme qu'elle ne rencontre pas de structure « normale », que les enfants qui « vont le mieux » ont souvent une structure profonde de type névrotique.

Comme le rappelait C. DAVID (1972), il convient de se rappeler du conseil d'Henri MICHAUX : « *Ne te hâte pas dans l'adaptation, garde toujours en réserve de l'inadaptation.* »

Cependant, ne peut-on concevoir une « normalité » se référant tout de même à des critères plus authentiques sur le plan des réalités intimes et à la fois des relations plus diversifiées et moins angoissées avec la réalité externe ? La « normalité » ce n'est surtout pas s'inquiéter avant tout du « comment font les autres ? » mais rechercher simplement tout au long de son existence, sans trop d'angoisse ni trop de honte, comment s'arranger au mieux avec les conflits des autres comme avec ses conflits personnels sans aliéner pour autant son potentiel créateur ni ses besoins intimes.

(1) Bien sûr la valeur sous-jacente demeure liée au registre familial mais la répétition sociale peut fort bien se détacher de la « majorité » d'un ensemble trop important pour se réassurer dans la « majorité » d'un groupe plus petit, particulièrement si ce dernier groupe se situe en position « anti » par rapport à l'ensemble. Ainsi on peut satisfaire (au moins en partie) à la fois la *défense*, c'est-à-dire le besoin de réassurance dans le groupe choisi (même plus petit), image de la famille idéale, et la *tendance* c'est-à-dire l'envie d'agresser le grand groupe, image de la famille oppressante.

4. « Normalité » et standardisation

On est en droit de se demander comment peut s'établir la pathogénie de comportements « pseudo-normaux » trop centrés à la fois sur un idéal et sur une majorité.

On est en droit de se poser également une deuxième question, qui, malgré les apparences, se trouve en étroite liaison avec la première : l'individu n'aurait-il pas en fonction de divers facteurs actuels, tendance à viser davantage de nos jours le « standard » que le « normal » ?

Au moment en effet où le marché commercial remplace peu à peu les anciens produits artisanaux, parfois excellents et parfois très inconstants, par des articles industriels standardisés (alimentation, articles ménagers, ameublement, bâtiment, etc.) dont on peut dire qu'ils tiennent le niveau de l'offre sûrement plus bas que le raffinement mais cependant en général au-dessus de la médiocrité, il ne serait pas étonnant de voir, parallèlement, l'être humain sacrifier au même besoin de sécurité, de conformité, de polyvalence mal différenciée dans sa propre utilisation de soi-même.

Je crois qu'un livre récent de B. BETTELHEIM (1971), *Les enfants du rêve,* semble tout indiqué pour nous fournir des éléments de réponse à ces deux questions. Nous serons du même coup conviés à une réflexion sur les conséquences d'une évolution qui risque fort de se produire chez nous aussi et qui tend à réduire sensiblement les limites inférieures et supérieures de la fourchette des possibilités de maturation affective des individualités dans un groupe éducatif standardisé.

L'ouvrage de B. BETTELHEIM apparaît comme une véritable étude expérimentale de la genèse de la « pseudonormalité » dans un milieu contemporain naturel quoique créé de toutes pièces à partir de données artificielles (aussi bien doctrinales que conjoncturelles) ne tirant certainement pas du seul hasard leur origine et que nous n'avons pas l'intention de juger. Nous pouvons y discerner une anticipation ou une simple caricature de ce qui commence à se rencontrer dans certains de nos nouveaux ensembles suburbains ([1]).

L'expérience se déroule dans les kibboutzim d'Israël. Il s'agit de parents transplantés mais ayant désiré en toute liberté tenter l'expérience d'un

([1]) Malheureusement les choses se présentent chez nous sur le plan expérimental de façon beaucoup moins aseptique en raison de la persistance, à côté des conditions nouvelles, des infrastructures socioculturelles vétustes qui perturbent les données de l'étude des conséquences des facteurs d'acquisition toute récente.

nouveau mode de vie. Le kibboutz, en tant qu'organisation communautaire réussie, exerce sur la vie de ses membres, depuis leur naissance, un contrôle complet. En échange il leur assure une protection et une prise en charge entières. L'éducation se déroule sous une forme communautaire absolue enlevant toute initiative aux parents mais leur évitant aussi toute erreur (1), toute source de frustration ou de conflit familial. Séparés de leur mère dès le cinquième jour, sevrés à dix mois, les enfants du Kibboutz atteignent l'adolescence dans un environnement où leurs compagnons revêtent beaucoup plus d'importance pour leur développement affectif que n'importe quel adulte. Les groupes de vie sont mixtes : garçons et filles vivent entièrement ensemble, dans leurs dortoirs comme à la toilette, mais toute manifestation sexuelle leur demeure totalement interdite jusqu'à leur sortie du kibboutz, à l'âge de 18 ans, début du service militaire dans les deux sexes.

Les témoignages, que nous n'avons aucune raison de suspecter, concordent pour constater qu'un tel système n'engendre ni drogués, ni délinquants et très peu d'enfants caractériels ou précocement perturbés affectivement à un degré sérieux.

Les conclusions d'une enquête menée à l'échelon national en Israël et portant sur le niveau scolaire des enfants des kibboutzim font apparaître des réussites tout à fait « moyennes » avec aussi peu de résultats supérieurs que de résultats faibles. B. BETTELHEIM (1971) pense que l'influence égalisatrice du kibboutz semble avoir maintenu dans un niveau moyen honorable ceux des élèves *(nous pouvons le déduire par la haute performance générale)* qui avaient un potentiel suffisant pour faire partie des meilleurs. De la même façon, il a opéré un nivellement vers le haut pour les moins doués. Une fois de plus il apparaît que le système d'éducation favorise les résultats moyens, autrement dit le groupe.

Sur le plan génital, le kibboutz prend une position assez puritaine non en condamnant la sexualité en soi et par principe, mais en montrant sans cesse au jeune qu'une réalisation de ses désirs sur ce plan de façon trop précoce se trouve de nature à nuire énergétiquement ou affectivement au groupe et B. BETTELHEIM reconnaît que le message reçu par le jeune n'en demeure pas moins qu'il est « mal » d'avoir des relations sexuelles. Les enfants du kibboutz connaissent une beaucoup plus grande liberté que les autres enfants de leur âge dans de nombreux domaines en particulier dans l'éducation de la propreté, mais B. BETTELHEIM estime qu'ils subissent un beaucoup plus grand refoulement sur tout ce qui touche à la sexualité.

(1) Tout du moins toute erreur pouvant être imputée, *après coup,* aux parents.

Il faut remarquer d'ailleurs que la honte (lignée narcissique) par rapport au groupe joue bien davantage dans les descriptions qui nous sont proposées que la culpabilité (lignée œdipienne et génitale) à l'égard des parents ou de leurs substituts.

Un dernier point enfin mérite d'être noté, concernant le comportement militaire des kibboutzniks : B. BETTELHEIM pense « qu'ensemble, ils peuvent tout sentir, tout faire, tout être ; livrés à eux-mêmes, ils en semblent très peu capables ». Pendant les périodes de guerre, ils se battirent de façon très courageuse, cela ne fait pas de doute ; cependant le pourcentage anormalement élevé de pertes dans leurs rangs a attiré l'attention de l'état-major israélien qui les estimait manquer de jugement et de souplesse, de capacité d'adaptation aux situations imprévues et changeantes par rapport à leurs camarades d'autres origines.

Tout ce que nous pouvons puiser dans cette remarquable étude nous permet de réfuter facilement des craintes de pathologie collective ou systématiquement individuelle à l'intérieur du kibboutz. Mais nous ne pouvons nous empêcher de rapprocher, en de nombreux domaines, le fonctionnement mental du kibboutznik de l'organisation psychique de type anaclitique non décompensé que nous avons longuement décrite au cours des autres chapitres du présent travail. Comme en témoigne B. BETTELHEIM, on ne trouve pas chez les enfants du kibboutz ce lourd pourcentage de processus psychotiques plus ou moins précoces qui envahit nos consultations ou nos services hospitaliers de pédopsychiatrie. Certes, il doit bien se trouver parmi les enfants en question quelques sous-équipements affectifs ou sensori-moteurs notables, mais on peut supposer que même dans ces cas (et à plus forte raison devant de meilleures données héréditaires) l'absence précoce des parents, et de la mère en particulier, puis son remplacement par une métapelet [1] neutre compétente et « standard » ne permet pas la constitution autour du jeune enfant de l'indispensable trépied préalable à l'établissement précoce d'une structuration psychotique : déficit personnel + frustrations très précoces + toxicité maternelle importante et prolongée. Les deux derniers facteurs faisant automatiquement défaut, il ne nous paraît pas surprenant de voir le petit kibboutznik connaître très peu de chances de devenir psychotique.

Cependant, la situation d'étayage absolu au sein du groupe qui le situe beaucoup plus tôt que les autres enfants dans une apparente « normalité » va, sur le terrain de l'évolution œdipienne ultérieure, jouer à son encontre pour le maintenir dans une relation d'objet de mode anaclitique assez étroit gênant l'entrée dans une dialectique triangulaire génitale. C'est ce

(1) Nurse collective.

qu'a constaté et décrit B. BETTELHEIM (1971) ; c'est ce que nous rencontrons dans nos organisations « limites ».

La « normalité » de tels sujets correspond sur le plan de l'organisation affective interne à la nécessité de rétablir sans cesse, par appui sur l'autre, un narcissisme vécu comme pouvant défaillir à tout moment si l'autre se dérobe en tant que soutien tout autant que s'il tend à devenir soit un objet sexuel soit un concurrent œdipien.

D. ANZIEU (1971) a montré combien la situation groupale risquait d'entraîner une menace de perte de l'identité du sujet. Inversement, on peut considérer que le groupe opère aussi une sorte de « sauvetage » collectif de l'individu en difficulté d'identification, mais au prix du renoncement à certains aspects originaux ainsi qu'à la solidité des résultats des processus identificatoires individuels tels qu'ils se déroulent habituellement chez le sujet pouvant accepter la responsabilité d'une certaine indépendance.

Il me semble que se situe ici tout le problème économique du « pseudo-normal » : avoir évité des perturbations importantes de l'enfance mais ne pouvoir accéder à un statut d'adulte structurellement assez solide pour le rendre indépendant sur le plan de ses besoins libidinaux et de ses relations objectales ; la conséquence topique de cette carence économique se manifeste dans le surinvestissement d'un Idéal du Moi puéril et la conséquence dynamique dans l'orientation plus ou moins exclusivement narcissique offerte aux investissements pulsionnels ; d'autre part J.-B. PONTALIS (1968) estime que le groupe peut arriver à remplacer l'objet libidinal en devenant lui-même objet libidinal au sens psychanalytique du terme, ce qui, à notre avis, demeure beaucoup moins inquiétant pour le narcissisme individuel mais encourage fâcheusement le sujet à ne plus rechercher d'authentiques objets libidinaux à l'extérieur du cercle trop restreint du groupe.

L'originalité n'est plus favorisée, et sans respect de l'originalité, peut-on encore parler de « normalité » au sens plénier du terme ?

5. Œdipe et « normalité »

Les précédentes réflexions nous conduisent inévitablement à nous poser une question bien embarrassante et à laquelle nous risquerons peut-être de nous trouver incapables de répondre sans faire appel, consciemment ou non, à des jugements de valeur ou à des options idéales.

Si nous prenons comme hypothèse de travail le risque de définir la « normalité » comme une adaptation au moins assez notable à des données structurelles internes stables et extérieures mobiles, nous sommes conduits à considérer comme « normaux » les comportements plus ou moins originaux de toutes structures, névrotique ou même psychotique, non décompensées. Or, si nous acceptons la « normalité » de structures psychotiques bien adaptées, garderons-nous encore la possibilité de refuser le label de « normalité » à tout ce groupe des organisations antidépressives, anaclitiques et essentiellement narcissiques dont nous venons de décrire la supercherie dans les défenses par « pseudo-normalité », « faux self », « personnalités comme si » et anaclitiques divers ne pouvant vivre à l'aise hors du groupe ? En dehors de tout épisode morbide bien sûr, une organisation de type « état limite » serait-elle moins « normale » qu'une structure psychotique ? Moins solide, le fait semble certain pour les cliniciens, mais moins « normale » ?

Les résultats des enquêtes les plus sages portent à penser qu'il y a, en gros, dans les populations de nos villes un tiers de structures névrotiques, un tiers de structures psychotiques et un tiers d'organisations plus ou moins anaclitiques (Cf. C. CHILAND, 1971 a, pp. 180-183).

D'autres estimations concordent sur le chiffre des psychotiques mais varient en moins sur le chiffre des névrotiques (autour de 20 % seulement) et en plus sur le chiffre des organisations intermédiaires (autour de 50 %).

Serions-nous donc conduits à éliminer du champ de la « normalité » certainement plus d'un tiers de nos contemporains ? Bien plus : étant donné que, en dehors même de toute option sociopolitique claire et délibérée, les générations à venir connaîtront en fonction de l'inévitable évolution socio-économique « groupale » et à l'image du kibboutz, moins de risques d'évolutions psychotiques mais plus de difficultés pour accéder à un Œdipe organisateur, nous verrons sans doute le pourcentage des aménagements anaclitiques augmenter d'année en année dans une population moyenne. En conséquence y aurait-il de moins en moins de gens « normaux » ?

L'aspect ironique de la question ne recouvre pourtant rien de léger : c'est en réalité toute la fonction « normative » de *l'organisation par l'Œdipe* qui se trouve posée ; et non pas simplement, bien sûr, la connaissance ou la reconnaissance d'un vécu œdipien dans l'inconscient, mais *la structuration* de la personnalité lors du passage dans la position triangulaire *avec un objet et un rival sexuels* pleinement investis comme tels et les conséquences structurelles irréversibles qui en découlent par la suite.

Ainsi définie dans sa rigueur, l'organisation par l'Œdipe est-elle indispensable ? Peut-on encourager en pleine conscience et en pleine clarté des systèmes éducatifs politiques, économiques, sociaux, voire philosophiques, limitant certes les risques de psychotisation précoce mais rendant aléatoire l'accession à un statut œdipien authentique ?

L'organisation par l'Œdipe s'avère-t-elle nécessaire pour vivre de façon heureuse ?

Le dilemme semble insoluble : peut-on se contenter d'un « *bien* » pour le plus grand nombre, établi à partir d'un plus petit commun multiple situé au-dessous des possibilités de beaucoup, ou faut-il, au contraire, tendre vers un « *mieux* », restant parfaitement conscients que (comme dans le dicton) le « mieux » peut être l'ennemi du « bien » et réservé à quelques-uns, les seuls qui sauront et pourront l'atteindre pendant que se verront sacrifier les plus modestes sur le plan de l'organisation psychique de base ?

A peine avais-je soulevé la question en termes très pragmatiques mais pourtant trop sévères pour être proposés aux pressions mal définies des passions publiques que voici, sous une forme en apparence théorique, se déployer maintenant un féroce mouvement de foules courant à l'assaut de la forteresse œdipienne, fantasmée (telle l'image négativement idéalisée de la Bastille en 1789), comme gorgée des trésors secrets inestimables du Pouvoir, des victimes innombrables de l'Injustice et des plus ardents défenseurs du Capitalisme (ici analytique).

Il serait trop aisé de déclarer, sans en apporter la démonstration, que « l'anti-œdipe », après « l'antipsychiatrie », se limite, comme nouveauté essentielle, à sa façon très violente de présenter le mélange habile, d'une part, de critiques justifiées déjà fort anciennes et, d'autre part, d'erreurs scientifiques non moins anciennes, mais reportées maintenant sur le plan de la sociopolitique, donc plus difficiles à dénoncer par les non-spécialistes.

Je chercherai à me placer à un autre niveau et à demeurer fixé au strict domaine de cette étude en considérant les réflexions que suggèrent, vis-à-vis du concept de « normalité », les positions de G. DELEUZE et F. GUATTARI (1972), dans leur *Anti-Œdipe*.

Il est évident que ceux des psychanalystes qui se voulaient les freudiens les plus fidèles se sont longtemps limités à l'étude et au traitement des « névrotiques ». Mais peut-être aussi, sous ce vocable, décrivaient-ils ou soignaient-ils parfois bien autre chose que des *structures* authentiquement névrotiques ? Cependant il semble plus ennuyeux encore de penser que l'orthodoxie analytique ne considérait souvent comme étalon-or solide de « normalité » que le « capital-œdipien » auquel le sujet était parvenu. Manipuler habilement l'Œdipe devenait chez le sujet comme chez l'analyste l'équivalent d'une bonne opération en bourse. Les valeurs saines et sûres n'étaient qu'œdipiennes.

Pourtant les possédants du savoir et du pouvoir génital-œdipien n'ignoraient pas les difficultés des organisations mentales plus modestes ; mais ils se sentaient moins armés ou moins motivés pour y porter remède dans la mesure où les « normaux » (les « récupérables », somme toute) n'étaient comptés pour eux que parmi les œdipiens (« de sang », ou repentis).

Les réactions devant de tels abus (et un tel manque de prudence) ne devaient pas tarder : un premier lot de contestataires se contenta de profiter des apports socioculturels facilitant l'imitation ; ce furent les « parvenus » à un pseudo-statut génital, ceux qui se sont simplement habillés à la mode œdipienne, les anaclitiques du « comme si »... Les aristocrates de l'Œdipe n'ont pas toujours flairé le piège, la mésalliance. La fausse génitalisation œdipienne n'était bien souvent vécue que comme un hommage apporté à la race des élus de l'Œdipe. De part et d'autre la complicité s'est établie sur la base d'un ordre rassurant et essentiel à maintenir : la primauté de l'Œdipe n'était point contestable comme critère de « normalité ». Pas davantage pour G. DELEUZE et F. GUATTARI (1972) d'ailleurs que pour les freudiens « intégristes », les dépressifs n'ont posé de problèmes sérieux. Les moutons n'inquiètent jamais les bergers.

Mais on avait oublié un deuxième lot de « déviants » par rapport à cette nouvelle bourgeoisie œdipienne de la seconde génération freudienne : les structures psychotiques et les organisations perverses. Les seconds qui dénient farouchement leur attachement aux véritables valeurs œdipiennes et les premiers qui sont sincères quand ils déclarent ne pas ressentir la prééminence de ce genre d'étalon affectif triangulaire, et se trouver parfaitement en mesure de se passer de son aspect relationnel particulier que les girondins de l'Œdipe déclarent obligatoire pour accéder à la « normalité ».

Dans une réflexion limitée aux aspects nuancés de la notion de « normalité », il s'avérerait certainement hasardeux de se laisser entraîner à une querelle ou à une polémique dont les tenants demeurent d'un domaine plus affectif que scientifique.

Si je reste attaché à mes hypothèses proposant une conception de la « normalité » liée au bon fonctionnement et interne et externe de telle ou telle structure, je place du même coup mes critères en parfaite indépendance par rapport aux modes spécifiques de structure, autrement dit je n'ai pas à me soucier à priori de savoir s'il s'agit d'une structure œdipienne ou non.

Cependant, fidèle à ma façon d'envisager la structure, je ne saurais accorder le statut de structure à un mode de fonctionnement mental qui ne serait pas établi sur des bases suffisamment solides et constantes ; je devrais donc assumer les risques de bien des critiques en ne reconnaissant pas une « normalité » de fonctionnement aux simples organisations fragiles et instables de type anaclitique, telles que je les ai décrites par ailleurs dans le cadre du « tronc commun aménagé » des états limites.

L'existence d'une « pseudo-normalité », défensive mais peu sécurisante, ne semble pas faire de doute pour le psychopathologue.

La distinction devient plus délicate quand il s'agit des aménagements soit de mode caractériel, soit de mode pervers, moins fragiles que le « tronc commun ». Il peut paraître fort dangereux de refuser un statut de « normalité » à telles organisations mentales quand on doit tenir compte de la pression des mouvements récents d'opinion qui revendiquent sous des motifs manifestes divers non seulement des libertés devant les Surmois individuels ou collectifs gênants, mais une « normalité » dont le véritable sens latent constituerait un satisfecit accordé de facto à l'échec de la maturité pulsionnelle comme la reconnaissance de jure d'une réussite objectale au simple niveau de l'objet partiel, de la pulsion partielle, et de la relation d'objet partielle.

Je critiquais tout à l'heure les aristocrates de l'Œdipe et je suis assuré de rencontrer de nos jours un succès facile dans une position à allure libérale inverse à la leur en condamnant le principe du primat de l'Œdipe et en incluant pervers et caractériels dans le lot des « normaux » possibles. Une tentation démagogique plus ou moins consciente de s'en tenir là m'épargnerait certainement beaucoup de difficultés auprès des gens turbulents du moment, si je ne dénonçais pas en même temps l'illusion économique de la « pseudonormalité » sous toutes ses formes, même les plus subtiles et les plus raffinées. Le contexte socioculturel en effet apparaît souvent comme complice, tout autant par satisfaction voyeuriste que par faiblesse d'expression d'un Moi individuel et collectif qui n'y trouve, dans le fond, jamais son compte et n'est en réalité pas du tout d'accord avec le paupérisme affectif au goût du jour, quelle que soit la forme militante et rationalisée sous laquelle ce paupérisme se propose au bon cœur des très nombreux indécis.

Le paradoxe de notre position demeure donc d'accepter une possibilité de « normalité » tout autant chez les structures névrotiques non décompensées que chez les structures psychotiques non décompensées, mais de décliner la sollicitation de complicité, le clin d'œil, que nous proposent les fragiles organisations narcissiques intermédiaires pour être admis dans le même cadre des « normaux » possibles dont ils se contentent d'imiter la stabilité au prix de ruses psychopathiques variées, sans cesse renouvelées et profondément coûteuses et aliénantes.

De mon point de vue, une structure psychotique non décompensée (1)

(1) La « décompensation » correspond pour moi à la rupture de l'équilibre original qui a pu s'établir dans tel aménagement particulier, au sein d'une structure stable de base, entre investissements narcissiques et objectaux. Un tel équilibre (tant qu'il n'y a pas décompensation) serait donc tributaire de deux niveaux de limitations : l'économie générale induite d'une part par la structuration de base et d'autre part l'aménagement original particulier au sujet proprement dit à l'intérieur même de son sous-groupe de structure spécifique.

est beaucoup plus *vraie,* beaucoup plus riche en potentiel de créativité, beaucoup moins « aliénée » *par rapport à elle-même* qu'un fragile aménagement caractériel qui se contente de faire semblant de posséder tel mode de structure plus consistante et qui altère du même coup une partie importante de son originalité, c'est-à-dire de ce qui aurait dû constituer une base authentique et solide de fonctionnement mental en rapport avec les nuances, les intérêts comme les déficits naturels des réalités internes et externes sous leurs aspects subjectifs, élaboratifs et intersubjectifs.

De la même façon, une structure psychotique non décompensée serait beaucoup plus « vraie » également qu'un aménagement pervers dont le champ de créativité, le jeu pulsionnel, la palette des relations objectales se trouvent entravés par le féroce déni défensif et offensif du sexe féminin, dans une rigidité des investissements ne permettant aucune nuance, aucune variation, aucune richesse des thèmes fantasmatiques ou des modes relationnels de pensée et d'expression.

Une structure psychotique ne peut connaître la souplesse des économies génitales dans le jeu des investissements libidinaux à ce niveau, mais les investissements narcissiques complémentaires de la structure psychotique se trouvent cependant eux-mêmes beaucoup plus souples que ceux qu'on rencontre dans le même registre chez l'anaclitique « limite », caractériel ou pervers. Cette possibilité de mutations narcissiques variées se reflète, par exemple, dans les mots d'esprit ou les créations artistiques tout à fait particuliers aux psychotiques. Tant qu'il demeure « normal », le psychotique, devant un désinvestissement difficile à supporter, garde des chances de se récupérer dans un autre investissement narcissique tout aussi brutal et total que le premier ; l'économie anaclinique n'a pas de ressources aussi facilement interchangeables.

D'autre part un individu « normal » peut, à tout moment, devenir « anormal » et se décompenser sans que son statut antérieur de « normalité » doive pour cela se trouver contesté ; à condition toutefois qu'il ne s'agisse pas d'une organisation seulement anaclitique. De même qu'en dehors de la lignée anaclitique tout « anormal » conserve la possibilité de redevenir « normal » sans que l'observateur n'ait à se tenir coupable de diagnostics successifs en apparence seulement contradictoires.

Je ne peux, en conclusion, que renouveler mon adhésion à l'hypothèse reprise par R. DIATKINE (1967) selon laquelle toute notion de « normalité » doit se trouver indépendante de la notion de structure. Je me contenterai d'ajouter un correctif précisant que les « aménagements » narcissiques des états intermédiaires ne semblent pas pouvoir constituer une « structure » et, en cela, entrer dans les multiples arrangements fonctionnels de la « normalité » tant que leur Moi ne s'est pas plus solidement établi (par paradoxe, même dans un sens psychotique, à condition qu'il n'y ait pas de décompensation).

Cependant, s'il est possible de reconnaître l'indépendance de la notion de « normalité » par rapport à la notion absolue de « structure », il faut aussi reconnaître l'indépendance de cette même notion de « normalité » par rapport à une idée possible de hiérarchie des structures dans le sens maturatif, élaboratif et relationnel des différentes fonctions du Moi.

On peut être « normal » sans avoir atteint le niveau œdipien mais à condition d'avoir réalisé une structure vraie ; cependant la structure de type œdipien doit tout de même être rangée à un niveau élaboratif supérieur à celui de l'organisation structurelle psychotique.

Toute hiérarchisation structurelle ne peut que reposer sur la complétude des bases narcissiques de la constitution du Moi, l'étendue des possibilités créatrices et relationnelles, le mode principal génital ou non, partiel ou total, de relation objectale, l'intégration *poussée* ou non des pulsions partielles sous le primat du génital, des pulsions agressives sous le primat de l'Eros.

De telles nuances sont indépendantes du statut fonctionnel de « normalité » dans la pratique, mais de ce fait on peut fort bien concevoir des hiérarchies maturatives de « normalités » : une « normalité psychotique » peut paraître moins élaborée sur le plan relationnel qu'une « pseudo-normalité caractérielle » par exemple ; il n'en reste pas moins que le premier mode de fonctionnement mental correspond à une adéquation pulsionnelle plus conforme aux besoins réels, à un fonctionnement assez solide tenant compte de l'authenticité de la structure et que le deuxième exemple ne peut que correspondre à une simple imitation moins stable, même si le jeu opérationnel extérieur en apparaît plus riche en surface.

Mais on quitte ainsi le registre particulier à la « normalité » telle que nous avons essayé de définir cette notion (avant tout d'un point de vue fonctionnel) pour entrer dans le jeu de la comparaison d'éléments qui touchent à d'autres domaines et non spécifiquement à la « normalité ».

La « normalité » d'un sujet de telle structure ne peut pas être comparée hiérarchiquement (en demeurant sur le seul plan justement de la « *normalité* ») à la « normalité », forcément très différente, de tel autre sujet correspondant à tel autre mode d'organisation mentale.

On peut établir une hiérarchie des maturations sexuelles, des niveaux d'élaboration des processus mentaux, des degrés atteints par la force du Moi, des niveaux de constitution du Surmoi, des possibilités de relation ou d'indépendance objectale, etc. Il n'est pas possible de mettre en parallèle deux arrangements fonctionnels originaux ayant atteint leurs possibilités de « normalité » pour en déduire une quelconque ordination. On peut constater les différences, non classer selon un rang de réussite.

Pour clore ce chapitre, je voudrais rassurer tout de même ceux qui pourraient craindre de voir dans le schéma théorique et général de mes hypothèses, une façon trop tranchée, trop radicale et trop systématique de classer les comportements humains en trois catégories étanches et exclusives.

Je pense que mes développements ultérieurs sur la différence par exemple entre traits de caractère, caractère névrotique et pathologie de caractère seront de nature à bien préciser, et surtout à bien nuancer ma pensée : En effet il ne saurait être question de classer automatiquement dans un quelconque « fourre-tout intermédiaire », voire une sorte de chaos informel, toute organisation présentant un soupçon d'aspect dit « caractériel » et de nier du même coup les composantes « caractérielles » obligatoires dans toute structure authentique, soit névrotique, soit psychotique. Mais il n'en demeure pas moins qu'il existe de nombreux déficits narcissiques secondaires en « circuit ouvert », différents de l'organisation génitale du fonctionnement mental névrotique et différents aussi des déficits narcissiques primaires précoces, et « en circuit fermé », rencontrés dans les structures psychotiques.

Ce sont ces organisations dans lesquelles priment avant tout la quête narcissique tendant à maîtriser l'objet, l'anaclitisme et le clivage de l'objet qui ne peuvent, à mon sens, entrer dans le cadre de la « normalité » authentique.

2 La notion de structure de la personnalité

1. Le sens des termes

Il est souvent difficile de communiquer entre psychopathologues en raison de la façon imprécise, et parfois équivoque, selon laquelle sont employés un certain nombre de termes qui ne semblent pourtant pas poser de problèmes particuliers, en apparence.

Les adjectifs « névrotique » et « psychotique » par exemple apparaissent comme créant beaucoup d'ambiguïtés latentes dans leur utilisation courante. La difficulté ne provient d'ailleurs pas tellement d'une incertitude psychiatrique sur les caractéristiques liées à la notion de névrose ou à la notion de psychose, mais surtout d'un manque de rigueur ou de précision sur le *niveau* réel du *plan* auquel on se situe quand on décrit une quelconque entité qu'on qualifie ensuite de « névrotique » ou de « psychotique ». On parle par exemple de « poussée psychotique » ou de « défense névrotique » et les dangers de confusion sont évidents et immédiats : une poussée étiquetée brutalement comme « psychotique » sans prudence ni nuances, ni précisions complémentaires, peut fort bien ne correspondre qu'à un banal incident de déréalisation au sein d'une structure névrotique fortement malmenée par des circonstances dramatiques extérieures ou intérieures ; de même qu'une défense étiquetée comme « névrotique » peut fort bien se rencontrer dans une structure psychotique.

Il semble donc nécessaire de nous mettre d'accord, non pour créer une terminologie nouvelle, compliquée et hermétique, mais pour établir dans quel sens précis et limité les mots usuels peuvent être employés à la fois pour satisfaire les exigences de la rigueur scientifique et les certitudes de compréhension réciproque indispensables à toute communication.

A) Symptôme

On parle habituellement de « symptôme psychotique » en pensant aux comportements délirants, aux manifestations hallucinatoires, aux phénomènes de dépersonnalisation ou aux états de dédoublement de la personnalité. De la même façon on considère le « symptôme névrotique » comme correspondant à une conversion hystérique, à un rituel obsessionnel ou à un comportement phobique.

Cependant, l'expérience clinique quotidienne nous amène à reconnaître qu'un épisode délirant peut fort bien ne pas correspondre à une organisation profonde du sujet de nature psychotique ; la grande variété des manifestations phobiques observées tant chez nos patients que chez l'homme de la rue nous oblige à distinguer nombre de phobies qui n'ont rien de réellement névrotique.

D'autre part, l'importance des données freudiennes citées dans notre première partie, nous conduit à considérer le symptôme avec toute sa dimension *latente* et selon sa valeur à la fois relative (et non suffisante en soi), relationnelle (à l'objet interne) et économique (dans le jeu des pulsions et des défenses par exemple, ou de la dialectique principe de plaisir-principe de réalité).

Certains symptômes de type dit « névrotique » peuvent fort bien servir à camoufler l'origine prégénitale (donc nullement névrotique en soi) des troubles correspondant à une organisation déjà entrée peu ou prou dans le système structurel psychotique. De la même façon, certains symptômes d'allure dite « psychotique », telles, par exemple, certaines formes d'angoisse très aiguës, avec menace de dépersonnalisation, peuvent servir défensivement à masquer l'origine génitale et œdipienne d'un conflit propre à une structure névrotique authentique.

Il pourrait donc sembler quelque peu équivoque de qualifier trop nettement d'emblée un symptôme de « névrotique » ou de « psychotique ». Il semblerait plus prudent et plus précis de ne parler que de symptôme de « *mode* » ou de « *lignée* » névrotique ou psychotique pour bien marquer en cela que notre point de vue qualificatif ne porte que *sur la nature du symptôme* aperçu et n'explique nullement, encore, un jugement sur la nature de la structuration profonde du sujet.

Autrement dit, sur le plan scientifique, il ne convient pas de s'engager plus loin, *avec le seul symptôme,* que l'usage limité mais utile pour lequel ce symptôme a été construit, c'est-à-dire à la fois une manifestation de surface destinée à exprimer la présence d'un conflit, l'expression du retour d'une partie du refoulé par les détours des formations substitutives ou des réalisations de compromis (entre désirs pulsionnels et impossibilité de les réaliser), enfin aussi, très souvent, des formations réactionnelles de contre-investissement pulsionnel lorsque l'élaboration du symptôme se trouve plus poussée, sans constituer toutefois une garantie structurelle névrotique pour autant.

De toute façon, en définitive, le symptôme ne nous permet jamais *à lui seul* de préjuger d'un diagnostic quant à l'organisation structurelle profonde de la personnalité.

B) Défense

En psychopathologie, on range de façon courante parmi les défenses dites « névrotiques » le refoulement, le déplacement, la condensation, la symbolisation, etc. et parmi les défenses dites « psychotiques » la projection, le déni de la réalité, le dédoublement du Moi, l'identification projective, etc.

Cependant il n'est pas rare de rencontrer des organisations structurelles authentiquement psychotiques qui se défendent contre la décompensation grâce à des défenses de mode névrotique, et plus particulièrement de mode obsessionnel par exemple. On peut même dire, après avoir examiné attentivement en consultation psychologique beaucoup de patients déjà étiquetés comme « névrose obsessionnelle » de divers côtés, que la plupart des malades qui nous sont ainsi adressés pour de luxuriantes manifestations défensives avec rituels compliqués et impressionnants, ne se trouvent justement pas du registre névrotique ; souvent ils cherchent tout simplement à lutter désespérément contre l'envahissement de leur Moi par des fantasmes de morcellement psychotique, car leur véritable structure profonde se situe incontestablement dans le registre de la psychose (1).

D'un autre côté, on connaît des structures authentiquement névrotiques qui utilisent abondamment la projection ou l'identification projective en raison de l'échec partiel du refoulement et devant le retour de fragments trop importants ou trop inquiétants des éléments refoulés anciens dont il s'agit d'éponger les effets anxiogènes d'une façon plus archaïque certes, et plus coûteuse, mais également plus efficace.

De la même façon, on peut rencontrer des angoisses de dépersonnalisation ou plus simplement de déréalisation dans une déstructuration a minima (aiguë et passagère), d'origine traumatique (ou éventuellement même thérapeutique) sans que de tels phénomènes constituent l'apanage d'aucune structuration spécifique. Les syndromes anxieux bien connus du post-partum

(1) Il faut d'ailleurs bien se garder de compromettre le succès de telles défenses par une attaque intempestive de leur système de protection sous le prétexte thérapeutique de réduire leur « névrose ».

ou du post-abortum par exemple, peuvent se manifester chez n'importe quelle structure et même si, parfois, on peut distinguer là un signal d'équilibre sous-jacent précaire, ces accidents de parcours surviennent le plus souvent en dehors de toute hypothèque psychopathologique.

Il y aurait donc intérêt à ne parler, avec prudence, dans une description clinique, que de défense de « *mode* » « névrotique » ou « psychotique » sans anticiper inutilement sur l'authenticité de la structure sous-jacente des sujets qui risqueraient autrement de se voir répertoriés torp légèrement et de façon trop systématique, parfois bien pessimiste et sans appel.

C) Signification historique de l'épisode

Sans nous en rendre clairement compte parfois, nous avons tendance à qualifier hâtivement de « névrotique » ou de « psychotique » un épisode passé sur lequel nous ne sommes pas encore assez renseignés, au moment de l'histoire du sujet qui ne peut être compris dans le sens structurel qu'en référence à tout un contexte personnel plus ancien et latent.

Parce que l'on sait, pour l'avoir vérifié, ou simplement lu ou entendu dire, que tels systèmes conjugués de défenses, ou tels états régressifs du Moi ou de la libido sont considérés comme concordant *habituellement* dans tel aménagement structurel *durable,* soit névrotique, soit psychotique, on se sent enclin à parler trop vite de « névrose » ou de « psychose » alors qu'on se trouve simplement en présence d'un état *momentané* de l'évolution (ou de la révolution) d'une personnalité encore bien inconsistante et incertaine quant à son avenir structurel.

En effet, dans nombre de ces épisodes passagers, concernant principalement le registre dépressif (avec ses fréquents corollaires hypomaniaques), le Moi n'a pas encore achevé sa maturation ; il n'a pu établir de façon définitive et complète ses limites (au sens où FEDERN [1926] le conçoit) ; il n'a pas opéré un choix net parmi les mécanismes de défense qu'il entend utiliser de façon spécifique et sélective ; il n'a pas non plus défini selon quel mode de relation d'objet il entendait régler ses rapports avec les réalités internes et externes.

En poussant volontairement les choses à l'extrême, on court le danger de désigner par le terme erroné de « structure » une régressive indifférenciation somato-psychique plus ou mons partielle et mal dépassée. Cette attitude constitue pour le moins une anticipation, parfois même une faute dans le diagnostic ou le pronostic.

Or, nous savons que lorsqu'une étiquette de « psychose » par exemple a été placée à la tête d'un lit ou sur la couverture d'un dossier, il s'avère bien difficile de l'enlever par la suite ; qu'il est bien difficile aussi d'échapper au jeu induit et réciproque auquel participe tout le système environnant à l'égard du patient, y compris, peu à peu, le patient lui-même. A supposer d'ailleurs que ce patient s'oppose à cette manœuvre, ne serait-ce qu'en ne se conformant pas aux prévisions émises, sa légitime protestation serait vite interprétée par l'ensemble du groupe d'observateurs (devenus acteurs) comme une agressivité de sa part, très mal supportée par le groupe.

L'aspect fonctionnel et non structurel de l'épisode d'allure morbide est particulièrement net chez l'enfant et chez l'adolescent où des signes manifestes et apparents d'allure psychotique ne doivent pas être retenus automatiquement par le psychopathologue comme correspondant à une structure psychotique, loin de là.

C'est le cas également chez l'adulte des états passagers dans des moments où les identifications anciennes se voient remises en mouvements par des incidents affectifs imprévus. On observe parfois alors de relatifs et provisoires flottements du sens de l'identité, comme nous l'avons déjà décrit à propos d'un accouchement ou d'un accident corporel ou d'une intervention chirurgicale (à cœur ouvert en particulier : les cardiologues connaissent bien ces genres de difficultés).

On peut assister ainsi à de légères et transitoires modifications du schéma corporel capables cependant de mobiliser des décharges pulsionnelles et anxieuses importantes tout en restant tout à fait en dehors de toute structuration psychotique. Même le terme de « prépsychose » (employé souvent à de tels moments) ne paraît pas pouvoir convenir, car il semble nécessaire de le réserver à des états encore peu avancés certes dans la décompensation, mais faisant déjà partie cependant de la lignée psychotique définitive.

D) Maladie mentale

Dans le cas d'épisodes morbides véritables les termes de « névrotique » ou de « psychotique » désignent un état de désadaptation visible par rapport à la structure propre et profonde. C'est une forme plus ou moins durable de comportement émanant réellement de la structure profonde à la suite de l'impossibilité de faire face à des circonstances nouvelles, intérieures et extérieures, devenues plus puissantes que les défenses mobilisables habituellement dans le cadre des données structurelles, et dans ce cadre seulement. En effet telle maladie ne peut éclore que sur telle structure et telle structure ne peut pas donner naissance à n'importe quelle maladie.

Il y a donc interdépendance et fonctionnelle et foncière entre structure et morbidité et, pour définir un épisode morbide, il devient légitime de se référer aux mêmes qualificatifs que pour les structures homologues : « névrotique » ou « psychotique » par exemple.

E) Structure de la personnalité

En dehors du cas des « maladies » déclarées, examiné au paragraphe précédent, il existe bien entendu une autre façon judicieuse d'utiliser les qualificatifs « névrotique » ou « psychotique ». Cette opportunité se trouve réalisée lorsque, sans être encore décompensée, la personnalité se trouve néanmoins *organisée* de façon déjà stable et irréversible avec des mécanismes de défense peu variables, avec un mode de relation d'objet sélectif, avec un degré d'évolution libidinale et moïque défini, avec une attitude arrêtée de façon répétitive devant la réalité, avec un jeu réciproque assez invarié des processus primaire et secondaire.

Il s'agit alors vraiment d'une structure de la personnalité telle que nous allons la définir plus loin. De la même façon que dans le cas précédent portant sur la maladie déclarée, il devient possible de parler ici de façon judicieuse de structure « psychotique » ou « névrotique » par exemple.

2. Le concept de structure de la personnalité

A) Définition et situation

Il est peut-être intéressant de comparer les définitions générales du terme « structure » : LITTRÉ présente la structure comme « *un mode d'arrangement qui appartient aux corps organisés, grâce auquel ils sont composés de parties élémentaires multiples et diverses par leur nature* ».

ROBERT insiste sur « *la manière dont un ensemble concret est envisagé dans son organisation* » et LAROUSSE, partant de « *la manière dont les parties d'un tout sont arrangées entre elles* », en déduit que « *la structure de l'organisme résulte des multiples corrélations ontogéniques qui se transforment pour donner les corrélations de l'adulte* ».

A. HESNARD (in POROT, 1960) nous précise que le terme de structure implique une disposition définie selon laquelle les parties d'un tout sont arrangées entre elles.

Dans certaines théories philosophiques ou psychologiques, dont la « Gestalt theorie », la structure devient un ensemble indécomposable perçu globalement par l'individu en fonction de sa signification pour lui. Chaque élément ne vaut ainsi que par rapport à l'ensemble.

En psychopathologie, la notion de structure correspond à ce qui, dans un état psychique morbide ou non, se trouve constitué par les éléments métapsychologiques profonds et fondamentaux de la personnalité fixés en un assemblage stable et définitif.

En effet, derrière le jeu caractériel, fonctionnel ou morbide, derrière une symptomatologie éventuelle et toujours superficielle, il convient de rechercher les bases constantes sur lesquelles repose le fonctionnement mental de tel sujet ou de tel groupe de sujets identiques dans leurs mécanismes psychiques fondamentaux.

C'est seulement ainsi que nous pourrons évaluer sérieusement l'importance des signes présents et leurs implications dans la genèse comme dans le pronostic évolutif de l'individu considéré.

C'est en procédant à une recherche des éléments de base (nature de l'angoisse, niveau de la régression de la libido et du Moi, mode relationnel, nature du conflit, défenses principales, etc.) que nous pourrons, devant un délire chronique par exemple, distinguer de façon certaine une structure psychotique de type paranoïaque d'une structure psychotique de type paranoïde, la référence classique au mode « structuré » (ou non) du délire-symptôme s'avérant bien souvent insuffisante pour établir un diagnostic assez précis et assez sûr.

La conception structurelle de JACKSON (1931) se rapportant à des mouvements de dissolution, de reconstruction et de remaniements des éléments de la structure primitive correspond cependant à la même idée d'une organisation primaire de base sur laquelle se solidifie peu à peu un arrangement dont les variations ultérieures ne demeurent jamais réalisables en nombre illimité. La « dissolution » ne peut se produire dans n'importe quel sens ; elle opère un repli sur des stratifications antérieures et sur elles seulement ; elle ne laisse pas découvrir des fonctions nouvelles et inconnues jusque-là mais des éléments qui préexistaient déjà lors de la structuration. Le raisonnement jacksonien respecte toujours le principe d'une structure fixe de base.

Il convient enfin de situer les présents essais de synthèse en face des hypothèses structuralistes. Les structuralistes définissent la relation structurelle comme liée au rôle déterminant jouant au sein d'une organisation donnée. Pour eux, dans chaque ensemble organisé, les éléments se groupent pour constituer ce que cet ensemble constitue — et d'unique et de comparable. Il est difficile de savoir si Claude LÉVI-STRAUSS (1961) songeait à la psychiatrie quand il écrivait « *qu'une discipline dont le but premier est d'analyser et d'interpréter les différences, s'épargne bien des problèmes en ne tenant compte que des différences* ». Les structuralistes s'attachent à comprendre le fond humain non comme une accumulation d'aspects empiriques ou fortuits mais comme un système dont il est nécessaire de déterminer les mécanismes de fonctionnement *d'abord* par l'analyse. Cette analyse doit porter sur les limites comme sur la globalité des organisations dont il convient de pénétrer les modes et les règles, de comprendre comment s'établissent, au sein même de l'organisation, les opérations d'équilibre et de distorsions.

Ce qui frappe aussi dans les hypothèses structuralistes tient à un souci de hiérarchiser les syntaxes, de séparer syntaxes générales et syntaxes particulières. Il ne peut être question de souscrire aux simplifications du positivisme, à des nomenclatures comme nous en rencontrerons par exemple au cours de notre analyse des positions caractérologiques dans notre deuxième partie.

Mais il n'est pas pour autant question de se laisser emporter non plus, clairement ou non, par des mouvements en apparence cliniques et logiques, mais fondés cependant sur les courants philosophiques, anthropologiques ou sociologiques du moment, en se contentant de les épouser passivement, et parfois inconsciemment, au lieu d'en user en toute indépendance, dans un but scientifique exigeant un recul suffisant dans le temps et par rapport aux « pouvoirs de pression » (dont on parle bien rarement) des courants de pensée « à la mode ».

B) Point de vue freudien

D. ANZIEU (1967) constate qu'on ne peut plus composer une œuvre d'art après FREUD comme avant lui ; de la même façon, on ne peut plus concevoir une nosologie après FREUD comme avant lui.

Dans ses *Nouvelles Conférences,* en 1932, S. Freud nous rappelle que si nous laissons tomber à terre un bloc minéral sous forme cristallisée, il se brise ; mais il ne se brise pas d'une façon quelconque.

Dans tout corps cristallisé, en effet, il existe, à l'état d'équilibre normal, des microcristallisations invisibles, réunies entre elles pour former le corps total selon des lignes de clivage dont les limites, les directions et les angulations se trouvent pré-établies de façon précise, fixe et constante pour chaque corps particulier ; il n'existe pour chaque corps qu'une seule façon de se cristalliser et chaque mode de cristallisation demeure le propre d'un seul corps chimique seulement. De plus, ces lignes de clivages demeurent invisibles tant que le corps n'est pas brisé ou bien placé sous un appareil optique particulier ; tout au plus, à l'état d'équilibre, la forme générale de l'échantillon examiné montrera-t-elle à l'observateur quelques figures géométriques spécifiques sur son pourtour, sa périphérie, ses limites extérieures au monde.

Si nous laissons tomber à terre notre échantillon minéral cristallisé, il ne pourra se briser, comme l'explique Freud, que selon les lignes de clivage pré-établies à l'état d'équilibre, selon leurs limites, leurs directions, leurs angulations jusque-là invisibles. De telles lignes de clivage originales et immuables, définissent la structure interne du minéral.

Et FREUD pense qu'il en serait de même pour la structure mentale, que l'organisation d'un individu se trouverait constituée de façon durable, spécifique et invisible dans la situation normale. Il suffirait d'un accident ou d'un examen minutieux pour qu'on en retrouve les lignes de clivage *(et aussi de soudure)* fondamentales entre les éléments primaires.

Que ce soit au niveau de la maladie ou au niveau préalable de la simple structure non décompensée, on ne peut passer du mode de structuration névrotique au mode de structuration psychotique, ou inversement, une fois qu'un Moi spécifique est organisé dans un sens ou dans l'autre. La plus « névrotique » des psychoses et la plus « psychotique » des névroses n'arriveront jamais à se rencontrer sur une lignée commune d'organisation du Moi. Dans la première hypothèse il y a déjà déni net de la réalité gênante, libido narcissique au premier plan, processus primaire qui l'emporte, désinvestissement de l'objet, projection et identification projective comme défenses banales ; dans la seconde hypothèse restent au contraire un conflit entre le Moi et les pulsions, un refoulement des pulsions, une adhésion au principe de réalité, une activité au moins relative de la libido objectale et un jeu important des processus secondaires.

Selon P. JANET (1929) le terme de « névrose » a été introduit dès 1777 par William CULLEN et celui de « psychose » en 1845 par FEUCHTERSLEBEN. Ces deux notions ne correspondaient pas à leur contenu actuel au moment où les mots ont été utilisés pour la première fois. Mais en nous rapportant à la littérature psychiatrique allemande de la fin du XIXe siècle, nous constatons que Freud avait eu connaissance des écrits des auteurs des années 1895-1900 et de la distinction nettement établie entre névroses et psychoses.

Cependant, le souci de FREUD demeure davantage centré sur la découverte des mécanismes psychiques en cause chez les malades, mécanismes vu *in vivo* dans leur dynamisme et leur évolution relationnelle, que sur les distinctions catégorielles entre le groupe des névrosés (dont il pense s'occuper le plus souvent) et le groupe des psychotiques sur lequel on a pris l'habitude, peut-être trop rapidement, de dire qu'il s'est beaucoup moins penché.

Sans s'étendre à nouveau ici sur les positions freudiennes concernant les névroses, l'essentiel peut se résumer à l'expression symbolique des symptômes ainsi qu'à la réalisation d'un compromis entre les pulsions et les défenses qui y sont opposées, au statut intrapsychique du conflit entre le Moi et le Ça, à l'aspect partiel des régressions et des fixations, au caractère objectal conservé à la libido qui n'est jamais beaucoup désinvestie, aux fonctions du fantasme déformant mais ne niant jamais la réalité.

En ce qui concerne les psychoses au contraire, on s'est souvent contenté de penser que Freud acceptait mal le contact des psychotiques et le face à face d'où, justement, il se sentait objectalement exclu et on limite son point de vue à l'exclusion du transfert dans la relation d'objet psychotique. On ne veut connaître en général que l'opposition entre « névroses de transfert » et « névroses narcissiques ». Or la position freudienne, ou plutôt les positions freudiennes successives, au sujet de la psychose, se trouvent beaucoup plus riches et beaucoup plus nuancées :

a) PREMIÈRE POSITION FREUDIENNE

Une première position freudienne correspond aux lettres à FLIESS, Principalement aux Manuscrits D, G, H, et K, (1887-1902), aux *Etudes sur l'Hystérie* (1895 d), aux articles sur les psychonévroses de défense (1894), sur la névrose d'angoisse (1895 b) et à la réponse à LOWENFELD au sujet du même article (1895 f), enfin, sur de *Nouvelles remarques sur les psycho-névroses de défense* (1896).

Pendant toute cette période FREUD oppose les « psychonévroses » au groupe des « névroses actuelles » dans lequel il range, pour le moment du moins, essentiellement la névrose d'angoisse et la neurasthénie.

FREUD n'avait pas encore nettement fait un choix dans les mécanismes qu'il allait décrire. En appréhendant alors en surface l'ensemble du champ psychiatrique il avait, dès ce moment, pressenti des formes étiologiques difficiles à ranger dans des catégories psychotiques ou névrotiques de l'époque quelles qu'en puissent être les appellations.

b) DEUXIÈME POSITION FREUDIENNE

Une deuxième position freudienne correspond à la période de la première théorie de l'appareil psychique. C'est dans l'analyse du cas SCHREBER (1911 c), dans l'*Introduction au Narcissisme* (1914 c), dans la *Métapsychologie* (1915 a), dans l'*Introduction à la Psychanalyse* (1916-1917) et enfin dans *L'homme aux loups* (1918) que nous voyons Freud ranger d'un côté, toujours inchangées, les « névroses actuelles » (Neurasthénie et névrose d'angoisse), tandis que d'un autre côté les « psychonévroses » sont divisées en deux parties : les « psychonévroses de transfert » (hystérie, névrose obsessionnelle et phobies) et les « psychonévroses narcissiques » qui correspondent aux psychoses classiques. A propos de cette dernière catégorie, FREUD nous montre comment, dans les psychoses, la libido reste fixée à un stade autoérotique, perd sa mobilité et ne retrouve plus le chemin des objets. L'accent est mis au contraire, dans les névroses, sur la relation entre les investissements libidinaux et les investissements des pulsions du Moi, entre la libido objectale et la libido narcissique, d'autant plus que, dans l'article sur le narcissisme, FREUD établit en quelque sorte un pont à ce niveau (par l'intermédiaire de l'hypocondrie qu'il se dit « *tenté de considérer comme une troisième névrose actuelle* ») et il montre comment la libido narcissique est justement liée à ces « névroses actuelles » de la même façon que la libido objectale l'est aux névroses hystériques et obsessionnelles.

c) TROISIÈME POSITION FREUDIENNE

Une troisième position freudienne : FREUD s'inscrit dans l'élaboration de la deuxième topique. Ce sont les articles sur *Le Moi et le Ça* (1923 b), *Névroses et Psychoses* (1924 b), *Perte de la réalité dans les Névroses et les Psychoses* (1924 e), *L'économie du Masochisme* (1924 c) et *La Dénégation* (1925 h).

L'opposition s'établit alors toujours d'un côté entre « névroses actuelles » et d'un autre côté maintenant entre trois catégories distinctes : d'une part les anciennes « psychonévroses de transfert » appelées maintenant « névroses » tout court et deux autres catégories : les « psychonévroses narcissiques » (qui ne comprennent plus alors que la dépression et la mélancolie) et les « psychoses » (où sont rangées la paranoïa et la schizophrénie).

Le Moi occupe à ce moment une position intermédiaire entre le Ça et la réalité. Dans les névroses, le Moi obéit aux exigences de la réalité et du Surmoi ; il refoule les pulsions. Dans les psychoses, il y a rupture entre le Moi et la réalité. Le Moi tombe sous l'emprise du Ça puis il reconstruit une nouvelle réalité (délire) conforme aux désirs du Ça.

Dans *Les Névroses de transfert* il y a conflit entre le Moi et le Ça ; dans les psychoses le conflit se situe entre le Moi et le monde extérieur.

Cette notion de « névroses narcissiques » dans la dernière conception de FREUD est à rapprocher de la fixité de l'opinion de FREUD sur les « névroses actuelles ». Le premier groupe, en effet, comprend la dépression et le deuxième la névrose d'angoisse, deux entités qui ne sont pas sans relation étroite entre elles.

C'est à cette période que FREUD, après avoir recherché dans ses deux études à ce sujet ce qui opposait névroses et psychoses, termine son premier article en décrivant une troisième possibilité pour le Moi : « *se déformer* » pour ne pas avoir à se déchirer. Cette hypothèse de 1924 e, semble très importante bien que n'ayant pas été développée par la suite dans l'œuvre de FREUD. Elle paraît avoir été éclipsée trop tôt et trop vite par le seul concept de clivage qui n'en constitue à mon sens qu'une conséquence quand il s'agit du clivage de l'objet.

d) QUATRIÈME POSITION FREUDIENNE

Une quatrième position freudienne, enfin, commence avec le très important travail *Sur quelques conséquences psychiques de la différence anatomique entre les sexes* (1925 j) et se poursuit avec les articles sur *Le Fétichisme* (1927 e), *Les Types libidinaux* (1931 a), *Le clivage du Moi dans le processus défensif* (1938 a) et l'*Abrégé de Psychanalyse* (1940 a).

A partir de ce moment, il n'est plus question pour FREUD d'opposer des entités nosologiques les unes aux autres mais de creuser davantage certains mécanismes, principalement des mécanismes du versant psychotique et en particulier les notions de « Spaltung » (clivage) et de « Verleugnung » (déni d'un fait s'imposant dans le monde extérieur).

Il semble que les psychanalystes s'intéressent peu à l'article sur *Les Types libidinaux* (1931 a). C'est pourtant dans ce travail que nous voyons FREUD nous montrer comment il pressent ce qui sera pour nous, plus tard, une structure névrotique ; comment une structure hystérique ou obsessionnelle, non encore malade, pourra faire éclore en cas d'accident pathologique, soit une névrose hystérique, soit une névrose obsessionnelle. Il semble qu'on ne remarque jamais avec assez d'attention combien FREUD a placé ici dans une position à part ce qu'il appelle le type « narcissique », comment il a précisé l'intolérance de ce type aux frustrations extérieures et sa prédisposition particulière pour la « psychose » *(sic)* ainsi que pour des troubles que nous pourrions appeler actuellement « caractériels » ou « pervers ».

C) Genèse de la structure de base

Nous avons vu plus haut que S. FREUD estimait que lorsque le psychisme individuel avait atteint un degré d'organisation qui équivaudrait à une « cristallisation » définitive, selon des lignes de forces (et de faiblesses) intérieures complexes et originales, il n'y aurait plus de variation possible par la suite : en cas de rupture de l'équilibre antérieur, un sujet de structure psychotique ne pourra développer qu'une psychose et un sujet de structure névrotique ne pourra développer qu'une névrose. De la même façon, inversement, pris à temps et correctement soignés, le premier sujet ne pourra se retrouver en bonne santé qu'en tant que structure psychotique à nouveau bien investie et le second, de la même façon, ne sera « guéri » qu'en tant que structure névrotique à nouveau bien investie comme telle.

En dehors du cas de ce qu'on appelle, trop globalement peut-être, les « psychoses infantiles » (et dont nous reparlerons ensuite), dans le cas général de l'évolution psychique de l'adulte vers une structuration stable, les choses paraissent se passer, en gros, ainsi :

a) PREMIÈRE ÉTAPE

Dans une première étape nous partons des états initiaux du Moi du petit enfant, dans leur indifférenciation somato-psychique. Peu à peu cette différenciation s'effectue et peu à peu aussi le Moi se distingue du non-Moi. Dans cet état initial, le Moi conserverait pendant un temps assez long une certaine plasticité aux influences extérieures toxiques aussi bien que maturatives.

b) DEUXIÈME ÉTAPE

Dans une deuxième étape on assisterait à une sorte de « préorganisation » déjà plus spécifique, en fonction des lignes de force déterminées d'une part par des données héréditaires et congénitales indéniables et d'autre part par les expériences objectales successives touchant des zones érogènes de plus en plus étendues, des pulsions de moins en moins partielles, si bien qu'on pourrait presque décrire selon un mode jaksonien, le jeu progressif des différents niveaux de la structuration du Moi.

Les relations aux parents demeurent capitales bien entendu. S'y ajoutent peu à peu au gré des circonstances les relations aux autres membres du contexte social et éducatif.

Tout ceci se répercute dans le psychisme en formation, par des conflits, des frustrations, des traumatismes, mais aussi des assurances anaclitiques et des identifications positives.

Des défenses commencent à s'organiser de façon de moins en moins fluctuante et interchangeable. Le Moi manœuvre par touches successives, par mouvements d'essais et de retraits, pour faire face aux menaces créées à l'extérieur comme à l'intérieur tant par la réalité que par les pulsions (1).

Progressivement le psychisme de l'individu s'organise, se « cristallise » selon un mode d'assemblage de ses éléments propres, une variété d'organisation interne avec des lignes de clivage et de cohésion qui ne pourront plus varier par la suite.

C) TROISIÈME ÉTAPE

Une troisième étape se constitue donc, aboutissant à une véritable structure de la personnalité qui ne pourra plus se modifier ni changer de lignée fondamentale, mais seulement s'adapter ou se désadapter, ceci de façon définitive ou réversible, selon une ligne d'organisation structurelle inchan-

(1) « Extérieur » n'est pas simplement synonyme de « réalité », ni « pulsion » simplement synonyme « d'intérieur » ; certaines projections pulsionnelles deviennent « extérieures » et il existe une « réalité » intérieure.

geable. Tant qu'un sujet de l'une ou l'autre structure stable, névrotique ou psychotique, n'est pas soumis à de trop fortes épreuves internes ou externes, qu'il ne connaît pas des traumatismes affectifs trop intenses, qu'il ne souffre pas de frustrations trop grandes et ne se sent pas victime de conflits trop intenses, il ne sera pas « malade » tout en restant de structure psychotique ou névrotique. Le « cristal » tiendra bon. Notre chapitre sur la « normalité » a développé longuement ce point de vue.

Mais un événement quelconque survient, de nature à briser le « cristal », cette fêlure ne peut s'opérer que selon des lignes de forces et de ruptures pré-établies dans l'enfance ou dans l'adolescence du sujet.

La structure de base névrotique ne pourra donner naissance qu'à une névrose (hystérique ou obsessionnelle) et la structure de base psychotique ne pourra donner naissance qu'à une psychose dans les différentes variétés habituelles.

Ceci ne nous paraît engendrer aucun déterminisme particulièrement pessimiste : à l'intérieur de chaque lignée structurelle, une variété de possibilités persiste, avec dans chacune leurs formes graves et leurs formes bénignes, en dehors de la réputation classique et pas toujours justifiée, de redoutable pour la lignée psychotique et bénigne pour la lignée névrotique.

Ceci implique qu'il n'existe que deux structures psychiques stables : la structure névrotique et la structure psychotique. Elles seules peuvent répondre dans l'expérience clinique aux définitions contenues dans nos hypothèses de travail.

Et bien entendu les termes de « *structures de base* », névrotique ou psychotique, s'entendent ici aussi bien pour les incidents pathologiques pouvant survenir dans l'axe de telles organisations, que pour le reste de cet axe en entier, en dehors de toute atteinte morbide.

Cependant, il ne peut être question de ramener toutes les variétés psychopathologiques aux deux structures névrotique et psychotique. Entre ces deux *seules structures,* une place est laissée, pour d'autres entités cliniques, moins solidement organisées et qui seront décrites plus loin comme n'ayant justement *pas droit au statut de structures.*

Les chapitres troisième et quatrième de cette première partie seront consacrés à l'étude successive de ces catégories structurées ou astructurées.

D) Remarques sur les structures concernant l'enfance, la latence et l'adolescence

Après avoir exposé les principes généraux de mes hypothèses dans ce travail, à propos de la notion de structure, et avant d'entrer dans le détail des différentes structures ou des divers aménagements, il paraît nécessaire d'exprimer, à ce moment de développement, un certain nombre de remarques plaçant dans des statuts assez particuliers les élaborations structurelles concernant l'enfance, la latence et l'adolescence.

La synthèse envisagée ici sur les problèmes structurels de la personnalité s'intéresse en effet essentiellement à la genèse, à l'évolution et aux avatars des modes de fonctionnements psychiques, morbides ou non, rencontrés chez l'adulte, à ce qui les rassemble ou les sépare, les caractérise ou les spécifie. L'enfance, la latence et l'adolescence seront donc envisagées avant tout comme des étapes vers la maturité et étudiées principalement dans « l'après-coup » de la recherche économique et ontogénétique.

Une tout autre attitude aurait bien sûr été possible : partir de l'observation des données, pathologiques ou non, du fonctionnement psychique de l'enfance, de la latence ou de l'adolescence pour arriver progressivement aux modes divers de fonctionnement du psychisme de l'adulte.

Mon choix méthodologique ne me semble pas avoir été guidé seulement par des motifs fortuits de mode d'exercice professionnel principal ou par des raisons purement affectives non plus. J'ai toujours vécu, en effet, avec beaucoup de désagrément, l'angoisse de voir maltraiter et malmener l'authenticité de l'enfant par une quelconque « mère phallique » (de l'un ou l'autre sexe apparent) quand le présumé thérapeute se limite à une observation « d'en haut » partant en réalité de façon latente de ses vécus personnels infantiles n'ayant pas subi une métabolisation catamnestique suffisante. Un tel mode d'observation me paraît comporter de trop grands risques de projections personnelles adultes inconscientes, d'autant plus difficiles à déterminer objectivement que l'enfant se garde bien de protester lorsqu'il ne s'en rend pas compte ; ou bien, dans les cas où il s'en rendrait compte, il ne protesterait sans doute pas davantage, ravi d'être considéré comme un « grand » par un « grand » sur ce terrain. De la même façon, quand on parle avec abondance et volupté personnelle de l'Œdipe à un enfant dont l'organisation est encore bien loin de se conflictualiser d'abord sous le primat d'impératifs aussi génitalisés, l'évident ravissement en retour ne constitue pas un gage suffisant de compréhension scientifique. Une certaine satisfaction pulsionnelle peut être réalisée sur le plan psychothérapique sans que cela corresponde à une interprétation obligatoirement exacte ; l'enfant peut tout simplement ressentir la félicité d'une banale masturbation de mode narcissique par l'adulte, ce qui, selon l'âge, et le contexte touchant au niveau atteint par le statut fantasmatique, n'est pas forcément vécu comme une excitation du désir libidinal et objectal, qui serait suivie, ensuite, par un mouvement dépressif consécutif à l'absence d'une réponse affective durable. Selon le degré d'élaboration chez l'enfant, et d'absence de trop grande composante perverse chez l'adulte, ce genre de contact peut fort bien conserver simplement des conséquences narcissiques positives mais sa valeur démonstrative risque parfois de demeurer douteuse sur le plan de l'investigation proprement dite.

D. ANZIEU (1969) a montré comment l'enfant en difficulté pour se défendre contre l'envahissement par la parole des grands peut ressentir cette parole du « grand » : les sons entendus deviennent source de plaisir, non par leurs aspects sémantiques ou même phonématiques mais par leur pure mélodie pendant le premier âge. La voix chantée de la mère, dit ANZIEU (1970) caresse la gorge de l'enfant comme une bonne nourriture, le berce et le prépare au sommeil. On peut penser, de la même façon, que, plus tard, la voix érotisée du père (ou du thérapeute) opère une délicieuse caresse masturbatoire phallique dans la mesure où ce qu'il dit ne sera pas (heureusement) compris au niveau où cela se situe chez l'adulte ; sinon il y aurait traumatisme affectif bloquant l'évolution libidinale sur-le-champ (cf. plus loin « Etats limites »).

Il ne saurait être question, certes, d'une quelconque condamnation de l'étude et encore moins de l'approche directe de l'enfant, mais il peut être nécessaire de nous mettre nous-mêmes en garde contre des résultats où nos vécus affectifs se mêlent parfois à nos observations objectives, en raison du parasitage de nos perçus par nos inévitables résidus infantiles personnels, c'est-à-dire par les restes intimes d'un toujours très subtil « polymorphisme pervers » (cf. S. FREUD, *Trois Essais,* 1905).

L'ordre dans lequel on opère semble importer beaucoup. Contrairement à une certaine façon de penser, considérée comme allant de soi, il est peut-être plus sûr de tenir compte d'abord des conséquences chez l'adulte des événements infantiles passés pour se diriger secondairement vers l'observation de l'enfant au lieu de partir de l'observation de l'enfant, effectuée par un adulte n'ayant pas éclairci d'abord tout ce qu'il porte en lui-même comme restes de difficultés internes archaïques, conservant tout leur potentiel projectif dans de telles conditions d'étude.

La psychanalyse personnelle préalable et assez poussée de l'observateur entre dans le sens de ce souci.

S'il s'avère incontestable que, comme le montre Mélanie KLEIN, l'enfant contient déjà *la vérité enfouie et morcelée de l'homme qu'il sera,* il demeure néanmoins tout aussi certain que l'adulte conserve de par lui la vérité enfouie et morcelée de l'enfant qu'il a été, et je dirai même, la nostalgie de « *l'enfant-qu'il-n'aura-pas-pu-être* », également. Cette présence de résidus obscurs pas toujours bien intégrés s'ajoute ainsi, pour constituer une somme projective et explosive peu soupçonnée, aux hypothèques créées par l'hallucination négative d'un bonheur infantile toujours plus complet qu'il n'a été, fantasmes obligatoirement remaniés, bien sûr, *après-coup,* et repotentialisés en même temps, par les expériences comme les frustrations génitalisées de la puberté et de la maturité.

Comme l'a montré J. GUILLAUMIN (1968) le souvenir de notre propre enfance constitue le « noyau de sens » à partir duquel l'enfance d'autrui nous devient intelligible. On ne saurait concevoir de démarche épistémologique touchant à la psychologie de l'enfant ou à la psychologie génétique sans cette assise fondamentale que la psychanalyse considère sous son aspect « didactique » comme le postulat de toute approche clinique sereine et féconde.

En définitive, il semble bien que les deux méthodes, comportant d'un côté une mise à jour chez l'adulte des composantes infantiles résiduelles ou élaborées, et d'un autre côté chez l'enfant la recherche des racines des élaborations ou des conflits post-pubertaires, soient parfaitement complémentaires et que l'abord ontogénétique ait beaucoup à gagner à les utiliser de concert.

Il est seulement permis de craindre que divers psychistes d'enfants qui ont succédé à FREUD et à ses élèves immédiats, en se réclamant de lui et d'eux (tout en estimant pouvoir aller beaucoup plus loin par des voies différentes) n'aient pas trop oublié ce que conserve de fondamentalement freudien et de rigoureusement psychanalytique la démarche partant de l'adulte pour retrouver chez lui l'univers infantile et, *du même coup, d'abord* les difficultés résiduelles de cet univers qui demeurent sur le plan personnel de nature à infléchir notre approche objectale des « petits » comme des « grands »...

L'identification projective, autrement dit l'injection massive d'une partie gênante de soi-même à l'intérieur de l'autre pour le maîtriser et le ramener en état de vassalisation rassurante, ne joue peut-être pas seulement à partir des sujets d'observations...

Peut-être n'est-il pas fortuit que les deux principales écoles de psychanalyse infantile de l'après-guerre aient été dominées chacune par l'image d'une « femme forte », au sens biblique du terme ?

D'autre part, quand on se réfère à certains travaux kleiniens, comme les études de BION sur l'hallucination (dans *Second thoughts,* 1955) où il est sans cesse question de faire « éjecter » par le malade les « mauvaises » parties de lui-même qui l'empêchent d'aimer la mère, on ne peut s'empêcher d'avoir présentes à l'esprit ces images de mères « à la poire à lavement » sans cesse à la main et qui affirment ne pouvoir « aimer » leur enfant que quand il les aura lui-même assez « aimées » pour éjecter tout ce qu'elles auront projeté en lui de ce qu'elles redoutent comme étant la mauvaise partie d'elles-mêmes ([1]).

([1]) La rigueur de l'observation clinique justement effectuée « après coup » nous oblige à reconnaître ici que la « mère phallique » n'est pas la seule « responsable » de la répétition de « l'opération lavement » : si l'enfant en souffre fondamentalement sur le plan narcissique,

De la même façon, la fameuse « envie du pénis », si souvent décrite chez la femme par les hommes, risque de reposer *non seulement* sur des observations cliniques incontestables se référant aux découvertes de ce qui s'est passé *après coup* entre tel psychanalyste-père et sa fille au niveau des échanges tant narcissiques qu'œdipiens, mais *aussi* sur ce qui s'est révélé constituer le processus *inducteur* d'un tel comportement, c'est-à-dire une véritable identification projective concernant le narcissisme-phallique de la part du père et la réponse complémentaire que la fille a cru de son intérêt d'apporter en échos. E. JONES en 1928, n'avait peut-être pas tort quand il affirmait contre l'avis de S. FREUD, que l'attitude phallique chez la fille (telle qu'on la conçoit bien souvent avec plus ou moins de réprobation) pourrait ne pas correspondre seulement à un banal stade du développement libidinal, mais constituer *aussi,* dans d'autres circonstances plus tardives, une réaction secondaire de protection active.

Est-ce *aussi* pour ce motif, en raison de la difficulté rencontrée par l'adulte pour se situer lui-même (positivement ou négativement, cela revient au même en classification) en face de la reconnaissance de ses traits personnels ou de ses vécus projectifs si largement disséminés dans une multitude d'enfants différents, que les psychistes d'enfants font bande à part sur le terrain nosographique ?

Est-ce pour cela qu'il apparaît si difficile de faire dialoguer sur la notion de structure les psychopathologues centrés sur l'enfant avec ceux qui s'occupent habituellement de l'adulte ?

En effet, si les seconds reconnaissent habituellement comme « psychotique » une structure commune, basée sur le morcellement du Moi (achevé ou non), sur le conflit avec la réalité, le primat donné aux investissements narcissiques et au processus primaire, comment discuter de données équivalentes avec les premiers qui ont coutume d'appeler « psychotiques » un ensemble d'entités pathologiques plus ou moins précises rencontrées chez l'enfant, ensemble étendu peu à peu chez certains auteurs jusqu'à englober la presque totalité de la psychopathologie infantile ?

Comment faire accepter à un psychopathologue d'adultes de voir ranger souvent sur un pied d'égalité des troubles hétéroclites allant des grandes organisations déficitaires touchant l'équipement et le somatique jusqu'aux véritables organisations psychotiques précoces spécifiques de l'enfant, en passant par les premiers troubles chez l'enfant de ce qui deviendra une

il ne manque cependant pas d'en jouir en même temps sur le plan pulsionnel ; tout autant d'ailleurs sur le registre sadomasochiste que sur le registre libidinal, selon des modes divers liés aux particularités opérationnelles du lavement. En effet, une mise en scène perverse accompagne toujours le coït anal clystérien accompli sur le mode sadique-actif par la mère, mais sans cesse sollicité habilement sur le mode passif-agressif par l'enfant. (Pauvre mère de fils de mère phallique dès que l'enfant a pris plaisir à ce dialogue !)

psychose de l'adulte, en passant aussi par les grandes immaturités affectives ou les organisations encore indifférenciées de type anaclitique ou déjà plus différenciées de type psychopathique, caractériel ou pervers (groupes qui sembleraient rattachables à notre catégorie des états limites et de leurs dépendances) ou encore en passant par les manifestations déjà spécifiques ou bien simplement encore prodromiques chez l'enfant de statuts profonds névrotique ou psychotique ?

Les psychistes divers travaillant au niveau de l'adulte ont beaucoup appris, sans aucun doute, et ont beaucoup à recevoir encore, de leurs collègues psychistes d'enfants, mais il demeure certain que ces derniers ne peuvent aller maintenant de l'avant sans appliquer à leurs descriptions théoriques et cliniques une rigueur terminologique semblable à celle à laquelle les premiers se sont (enfin) astreints depuis un certain laps de temps, pour rendre compatibles et communicables leurs observations fragmentaires sur chaque catégorie d'organisation mentale. La grande variété et l'importance du champ des découvertes portant sur le fonctionnement mental de l'enfant et sa genèse, obligent à une précision des termes utilisés et de la classification des données nouvellement acquises qui paraissent si riches d'intérêt pour tous les chercheurs ultérieurs.

Il appartiendrait aux psychistes d'enfants de nous préciser si l'autisme précoce de L. KANNER (1943) ou plus précisément encore la psychose autistique précoce de M. MAHLER (1958), incontestables comportements « psychotiques », se situent réellement dans la même lignée structurelle que les *psychoses* de l'adulte et doivent ainsi se trouver définis par le même substantif. Peu importerait d'ailleurs qu'on réserve l'héritage exclusif du terme à la série infantile ou à la série adulte s'il y avait lieu de faire cesser l'indivision de cette propriété commune d'appellation.

Il serait certainement plus facile aux psychistes d'enfant de différencier de la lignée psychotique « orthodoxe » purifiée, la « *psychose* » *symbiotique* de M. MAHLER ou la « *psychopathie* » *autistique* de H. ASPERGER ; à plus forte raison devrait-on certainement classer, de façon particulière et indépendante des psychoses, toute la série des *organisations déficitaires* réparties par J.-J. LUSTIN (1972) en troubles des fonctions psychomotrices, troubles de langage, troubles critiques (épilepsie), débilités et arriérations. Quant aux *organisations* dites « *psychopathiques* » ou « *perverses* » chez l'enfant ou l'adolescent il est évident qu'elles ne constituent, à bien considérer leur ontogenèse, qu'une façon d'organiser relationnellement, sous le primat de l'agir et de l'agressivité, certaines de ces fameuses « dysharmonies évolutives », « immaturités » ou « arriérations affectives » dont on parle de plus en plus avec bonheur sur le plan descriptif mais avec hésitation du point de vue nosologique ; je pense que l'étude constituée par le dernier chapitre de cette première partie et portant sur le groupe des états limites et de leurs organisations annexes pourra constituer une base de réflexions sur la situation structurelle (ou plus exactement sur la situation de non-structuration) de telles entités cliniques.

Il faut également envisager le groupe des *réactions psychosomatiques* précoces au sujet desquelles L. KREISLER, M. FAIN et M. SOULE (1966) ont consacré des travaux récents montrant leur singulière spécificité liée aux fonctions désexualisées et resomatisées du Moi, dans le sens du « Moi autonome » de H. HARTMANN et de son école, et en cela pas tellement différente de la spécificité des fonctionnements mentaux psychosomatiques de l'adulte que nous envisagerons plus loin.

Deux questions demeurent cependant en suspens : comment reconnaître d'une part ce qu'on peut définir déjà comme prodromes, chez l'enfant ou chez l'adolescent, de l'organisation encore provisoire à ce moment mais devant donner plus tard chez l'adulte une structure psychotique de type classique ? D'autre part le même problème se pose en regard des prodromes annonçant des structures névrotiques ultérieures authentiques chez l'adulte.

Ces deux lignes de réflexion s'avèrent bien ardues et peu exploitées encore par les auteurs. Ce que mes propres enquêtes cliniques, quand elles ont pu être assez poussées, m'ont appris c'est que, dans l'un et l'autre cas, il faut tenir à la fois le plus grand compte de tout symptôme *d'allure* dite « névrotique » (phobies, obsessions, manifestations « hystériques »). Le plus souvent ces simples symptômes revêtent une importance diagnostique particulière car ils ne signent bien souvent pas du tout une évolution *structurelle* névrotique ; ou bien il peut s'agir de pures manifestations fonctionnelles peu graves, ou bien dans certains cas au contraire ce sont les premières alertes d'une défaillance assez sérieuse des fonctions adaptatives du Moi risquant d'évoluer bien au-delà de la simple structure névrotique.

Il est bien exceptionnel que d'authentiques structurations ultérieures de type névrotique débutent ainsi. Seul l'examen attentif de l'évolution ultérieure progressive *dans tous les cas* de symptômes dits « névrotiques » notables (sans dramatiser auprès des sujets ou des familles, mais sans aucune attitude non plus trop « rassurante » avant d'avoir obtenu la preuve de la bénignité) peut nous permettre d'espérer éviter de trop nombreuses et de trop fâcheuses erreurs d'estimation pronostique.

Les *réactions « caractérielles »* de l'enfant ou de l'adolescent sont à considérer sous le même angle ; tantôt elles ne signent qu'une tension relationnelle momentanée, physiologique, entre les mouvements de croissance affective parfois mal coordonnés encore entre le Moi hésitant de l'enfant et un milieu extérieur familial ou socio-éducatif ne réagissant pas toujours aussi opportunément qu'il conviendrait ; tantôt, au contraire, ces réactions marquent un début d'organisation anaclitique intolérante aux frustrations évoluant vers le tronc commun des états limites décrit plus loin, ou même parfois, plus gravement encore, elles annoncent une progression dans la ligne structurelle psychotique ; tantôt ce sont justement, enfin, de telles réactions caractérielles qui signent le début d'une structuration ultérieure de type réellement névrotique.

Mais il semble nécessaire de rappeler qu'il demeure abusif de parler à un niveau structurel quelconque de « névrotique » avant l'Œdipe, c'est-à-dire avant quatre ans (chez les *garçons* les plus *précoces*).

En courant le risque de déplaire aux méticuleux de l'observation des signes extérieurs, je dirai que nulle observation clinique, aussi attentive soit-elle, ne saurait permettre de poser avec certitude un diagnostic structurel par la seule mise en évidence *statique* des symptômes les plus fins ; on ne peut apporter encore telle ou telle preuve évolutive sur le plan structurel au moment de l'enfance et de l'adolescence, en dehors du cas des authentiques désorganisations « psychotiques » précoces ou des sous-équipements marqués.

C'est seulement par l'observation *répétée dans le temps* que la compréhension de l'évolution des éléments opérationnels et relationnels (éphémères ou constants) du Moi pourra conduire à une évaluation rassurante ou inquiétante des limites de la fourchette pronostique et des chances ou des risques du sujet quant à son avenir.

En ce qui concerne la période de latence, certains critiqueront peut-être la notion de « silence évolutif » à laquelle il sera fait allusion plus loin, comme le terme de « pseudolatence » (« précoce » ou « tardive ») employé à propos des états limites.

Mon propos n'est nullement de prétendre qu'il ne se passe *rien*, même sur le registre génital, au moment de la latence. Nous sommes tous convaincus de l'importance de la période de latence (vraie) par ses identifications, ses sublimations, ses aménagements socio-relationnels et culturels, ses manifestations sexuelles même (souvent désordonnées d'ailleurs) ; cependant ce n'est pas sans raison que FREUD a parlé d'une « *période* » de latence et non d'un « *stade* » comme pour les moments réellement évolutifs au point de vue structurel et centrés sur des aspects prégénitaux (stade oral, stade anal) ou génitaux (stade phallique pour la génitalité infantile et stade pubertaire pour l'organisation génitale proprement dite). Pendant la période de latence les vécus émotionnels du sujet demeurent certes assez fortement agités mais son organisation structurelle demeure inchangée et ne franchit une nouvelle marche de l'escalier évolutif qu'à l'étape suivante du stade pubertaire. Pour employer des termes imagés, nous pourrions dire que notre « silence évolutif » de la latence a pour but de connoter l'absence de progrès structurel en même temps que la « rumination » par le sujet des si lourdes et si diverses acquisitions opérées au cours des stades précédents. D'autre part, le terme de « pseudolatence » dans les hypothèses émises sur les états limites est destiné à correspondre dans de telles organisations à un état prolongé et figé comportant à la fois un silence évolutif tout autant qu'une intense rumination comme nous le verrons tout à l'heure.

En ce qui concerne l'adolescence, enfin, les cliniciens ne verront pas une découverte dans le point de vue développé ici et portant sur la difficulté à définir valablement une structure durable à ce moment de la vie. Cette difficulté semble, dans notre hypothèse, liée non seulement au flottement légitime des investissements libidinaux et objectaux, souvent décrits par les auteurs, mais surtout à la possibilité pour le sujet de changer, *encore et pour la dernière fois,* de structure à cette période où tout semble pour lui à nouveau remis en question au milieu d'un ouragan pulsionnel et conflictuel. Il semble nécessaire de revaloriser encore plus que cela n'a été fait la valeur du potentiel structurel de l'adolescence.

***

Pour terminer ce paragraphe sur le concept de structure de base, je rappellerai la position prise par H. EY au Congrès de MONTRÉAL en 1961, reconnaissant les difficultés rencontrées pour relier les entités psychiques entre elles chez l'homme normal ou non et constatant qu'un scepticisme systématique avait conduit soit à des réactions antinosographiques, soit à des pseudo classifications pouvant se réduire pratiquement à un ordre alphabétique.

Respecter à la fois l'unité du psychisme et la diversité des fonctionnements mentaux, les similitudes ou les divergences fondamentales, la hiérarchisation des regroupements principaux et des diversifications secondaires, n'a jamais constitué une tâche facile. La richesse des découvertes psychologiques, et en particulier psychanalytiques, de ces dernières décennies semble avoir compliqué encore davantage le débat. Or c'est justement en s'appuyant sur cette richesse de données récentes sérieuses et solides, en les utilisant pour simplifier nos vues, au lieu de les compliquer sans cesse, qu'il m'a semblé bon de faire le point, au moins momentané, de chercher à établir une provisoire synthèse de l'articulation de nos connaissances présentes.

3 Les grandes structures de base

Une conception psychopathologique, courante dans le passé, se décomposait en postulats successifs assez simplistes ayant bloqué toute recherche en psychologie structurelle pendant une certaine période.

Le premier postulat peut se formuler, sans forcer la caricature, par la distinction pratiquement automatique entre « ce qui délire », plus ou moins assimilé à la structure psychotique, et tout le reste, plus ou moins assimilé à la structure névrotique.

Le second postulat, en apparence plus scientifique mais en réalité tout aussi simpliste que le premier, voyait dans le patient « psychotique », en gros, un trouble organique et inguérissable ; qu'on le soumette à un traitement quelconque ou qu'on le laisse sans soins (chez lui ou dans un « asile ») peu importait, car on ne connaîtrait aucun résultat avec un malade de cette nature. De l'autre côté, le patient dit « névrotique » était un malade dit « psychique », et, si l'on atténuait éventuellement dans ce cas la part réservée à l'organicité, c'était pour augmenter aussitôt et dans la même proportion la part « d'imaginaire » (au sens péjoratif du terme) pour ne pas dire de simulation plus ou moins attribuée à la mauvaise volonté du sujet. Un tel malade pouvait donc guérir ; mais « s'il le voulait » ; par contre, si, au contraire, il n'acceptait pas de se montrer enfin gentil et compréhensif, d'obéir à nos ordres de guérison, c'est qu'il manifestait de l'agressivité à l'égard des soignants infaillibles (ce qui a toujours été très mal supporté). On le plaçait finalement en « maison de santé », ou bien on cherchait à le « cacher » dans une alcôve ou un asile, pour masquer l'impuissance des thérapeutes et des proches tout autant que pour satisfaire leur colère.

On comprend facilement, jusqu'à la révolution psychanalytique, le mérite et le courage de certains psychiatres n'acceptant pas un tel scénario mais le peu d'engouement cependant pour les recherches psychopathologiques dépassant les descriptions d'épisodes et de symptômes.

Depuis quelques années nous nous trouvons placés devant une réaction à peu près inverse : combien de substantifs renfermant une quelconque consonance en « psy » ne prennent-ils pas du même coup une auréole survalorisée ?

Les descriptions phénoménologiques faisant revivre, bien souvent sous des vocables ronflants, de banales constatations anciennes, fleurissent de tous côtés. Les notions les plus audacieuses et les plus douteuses, pourvu qu'elles sentent quelque peu le soufre, sont acceptées à main levée par les congrès les plus conservateurs sous la houlette joviale d'un président « conciliateur ». Les termes scientifiques, philosophiques, psychologiques ou techniques ne suffisent plus ; on crée à pleines brassées des néologismes à allure apparemment révolutionnaire, ce qui évite d'opérer une évolution réelle des esprits.

L'authentique psychanalyse viennoise n'a vraiment jamais eu de chance : combattue autrefois comme trop progressiste, elle est condamnée maintenant comme réactionnaire avant même d'avoir connu un véritable droit de cité dans nos institutions soignantes ou universitaires. Un puissant séducteur qui a transposé PLATON en termes psychanalytiques pour les linguistes, et linguistiques pour les psychanalystes, connaît dans les salons philosophiques du moment le même succès que THOMAS D'AQUIN chez les copistes du XIIIe siècle pour son adaptation théologique de la pensée d'ARISTOTE. Nombre de bouillants esprits pensent avoir « dépassé FREUD » alors qu'ils n'ont rien vécu de l'expérience qu'il propose et qu'ils se sont seulement défendus par l'intellectualisation contre les dangers que cette expérience comportait pour leur confort manifeste ou leur angoisse latente.

Comment, devant ces mouvements exagérés contradictoires et passionnés, conserver le désir de faire honnêtement le point de nos connaissances sur le fonctionnement mental *latent* et non seulement manifeste ? Comment oser chercher encore à employer des termes et des notions ayant fait leurs preuves pour distinguer ce qui rapproche ou différencie les humains, ce qui constitue leurs espoirs ou leurs angoisses ? Comment les comprendre et les situer sans les découper de façon léthale ni non plus les abandonner au chaos informel, autre manifestation inapparente mais tout aussi efficace de notre instinct de mort à leur égard...

L'originalité d'un essai de classification vraiment psychanalytique des structures mentales ne peut reposer sur des « super-catégories » *manifestes* mais au contraire d'une part sur les précisions et les nuances apportées à l'examen attentif du mode de fonctionnement des infrastructures psychiques *latentes* aussi bien à l'état normal que dans les évolutions morbides de ces organisations de base, d'autre part la méthodologie utilisée ne doit pas viser au classement de type entomologique mais aux liaisons, aux associations, aux investissements qui régissent les modes d'écoulement, de représentation et de satisfaction pulsionnelle. Autrement dit, toute classification structurelle psychanalytique ne peut que reprendre, au niveau et par les moyens des processus secondaires, l'étude des aléas particuliers, dans tel ou tel cas, des processus primaires fondamentaux.

Je ne chercherai pas à présenter dans ce travail, en des termes simplement différents, les classiques principes de catégorisation structurelle psychiatrique. Mon effort tend au contraire vers une synthèse nouvelle à la fois plus rationnelle, plus profonde et plus globale, tout en m'acharnant à n'employer que des termes déjà connus et éprouvés. Il m'incombe donc la charge non de modifier mais de préciser et d'épurer le sens de ces termes. J'estime possible de ne pas me battre pour des mots à condition d'éviter, justement, d'employer ces mots dans n'importe quel sens.

Le langage psychanalytique, comme le langage psychiatrique, possèdent déjà un vocabulaire assez riche et assez varié pour qu'en l'utilisant avec plus de rigueur on n'éprouve nul besoin de recourir à de supplémentaires néologismes.

Ma recherche personnelle se situe dans le même sens que les préoccupations de A. GREEN (1962) et J. H. THIEL (1966) ; elle s'attache à ne laisser dans l'oubli aucune des modalités psychopathologiques habituellement décrites par le psychiatre classique, mais de façon peut-être trop fragmentaire. Un des plus grands inconvénients d'une telle fragmentation c'est de conduire, sans en prendre toujours pleinement conscience, à deux hypothèses qui me semblent fâcheuses et trop facilement admises : d'une part ne pas reconnaître l'existence de tout un système d'organisations liées entre elles et gravitant de façon autonome entre lignées névrotique et psychotique autour des aléas du narcissisme et, d'autre part, de laisser supposer qu'un même sujet peut successivement passer d'une structure psychique fixe à une autre structure fixe au cours de son existence.

Mon propos consiste à s'appuyer sur des données, et métapsychologiques et génétiques, couramment admises pour montrer en quoi diffèrent sur le plan économique les organisations psychiques (morbides ou non) et comment on peut concevoir des articulations génétiques entre elles, sans admettre pour autant la possibilité, à partir d'un certain niveau de structuration alors réelle, d'un changement de lignée structurelle dans un sens ou dans l'autre.

Enfin, je développerai le point de vue de THIEL (1966) sur l'identité structurelle des états, morbides ou non, au sein d'une même lignée, en m'appuyant sur ma conception très relativiste de la « normalité » telle que je l'ai présentée au chapitre premier de cette première partie.

Mes critères principaux de classification, proche des repères de L. RANGELL (1965), seront semblables pour toutes les catégories examinées et essentiellement centrés sur quatre facteurs :

— la nature de l'angoisse latente ;
— le mode de relation d'objet ;
— les mécanismes de défense principaux ;
— le mode d'expression habituelle du symptôme.

Il sera certes facile et utile de critiquer sur le plan scientifique certaines de mes hypothèses théoriques ou cliniques, mais l'essentiel de mon propos porte sur les conditions de *liaison* des différentes organisations psychiques entre elles, sur leur statut comme *mode de fonctionnement mental latent* et pas seulement sur les aspects apparents des comportements observés de l'extérieur, et ceci déplace sans doute singulièrement l'axe des futurs débats souhaités à propos de ces hypothèses.

1. La lignée structurelle psychotique

Après être partie de l'indifférenciation somato-psychique (dont j'ai déjà parlé à propos de la notion de structure en général) la lignée psychotique prend son départ au niveau des frustrations très précoces tirant leur origine pour l'essentiel du pôle maternel, en ce qui concerne les frustrations les plus primitives du moins.

Un Moi ayant subi de sérieuses fixations et restant bloqué d'emblée, ou bien régressant ensuite à ce niveau, se *préorganise* assez vite, dans une première étape, d'après le modèle déjà exposé antérieurement, selon la ligne structurelle psychotique ainsi amorcée de façon assez déterminante.

Ceci ne peut se passer qu'au cours de la phase orale ou, au plus tard pendant la toute première partie de la phase anale déterminée par ABRAHAM comme la phase anale de réjection.

Les travaux d'ABRAHAM sur la prégénitalité ont constitué les bases des hypothèses exposées ici, ainsi que le schéma réalisé par Robert FLIESS, en 1950, en développant les recherches d'ABRAHAM. Ce schéma a été repris en 1967 par M. BENASSY dans le Bulletin de Psychologie (267, XX, p. 22). Notre figure n° 1 correspond à une simplification de ce schéma, ne conservant que les lignes principales de partage et mettant surtout en évidence la fameuse « divided line » envisagée par K. ABRAHAM comme une frontière entre les fixations et régressions psychotiques d'une part et les fixations ou régressions névrotiques d'autre part *(cf. fig. 1)*. Cette ligne de partage se situe selon ABRAHAM au point de vue du

Age		Tendances	Mode	RELATIONS OBJECTALES Garçons	Passivité — Filles		Moi	Nosologie
1		Sucer					Autoérotisme	Schizophrénie
2	II Oral I	Mordre Dévorer	Incorporation	Identification à la mère active Masturbation infantile primitive		Stade Préœdipien	Narcissisme Magie des gestes	Mélancolie Manie
	II Anal I	Incorporer Expulser	Actif-Passif: Amour partiel + Incorporation (Stade Préœdipien)	Souhait d'enfant passif — plus actif	plus passive		Magie des mots	Paranoïa
		D I	V I	D E	D -		L I	N E
3		Retenir	Amour partiel	Début de l'Œdipe			Principe de réalité	Névrose Obsessionnelle
4 5 6	Phallique	Primauté Phallique	Phallique-Châtré (Stade Œdipien)	Masturbation Phallique Scène primitive Découverte de la castration Dissolution de l'Œdipe	Envie du Pénis Début de l'Œdipe	Stade Œdipien	Formation du Surmoi	Hystérie
7 à 10	Latence	Désexualisation		Inhibition des buts sexuels				
11 12	Génital	Primauté du génital	Amour Objectal		Découverte du vagin		Sentiments sociaux	Santé

FIGURE 1 : Schéma général de la psychogénèse.

développement pulsionnel entre le premier sous-stade anal de réjection et le second sous-stade anal de rétention. Toutes les régressions et fixations placées en amont de cette ligne de séparation fondamentale correspondraient aux structurations psychotiques : la structure schizophrénique se présenterait comme la plus archaïque, la suivante serait la structure mélancolique (ou les comportements maniaques défensifs de la même organisation) puis arriverait en dernière position, tout contre la ligne frontière, la structure paranoïaque, somme toute la moins régressive sur le plan pulsionnel du groupe des structures psychotiques.

Ce qui se situerait par contre en aval de la « divided line » de K. ABRAHAM correspondrait aux structurations de mode névrotique en commençant par la structure obsessionnelle puis en continuant par la structure hystérique qui, comme nous le verrons plus loin, se trouverait constituer le mode de structuration le plus élaboré libidinalement.

L'ébauche d'organisation que nous venons de définir comme « préorganisation » *(cf. fig. 2)* est amenée à subir un silence évolutif pendant la période de latence, ainsi que je l'ai précisé à la fin du chapitre précédent.

L'adolescence qui survient ensuite amènerait dans nos hypothèses, au milieu des bouleversements considérables sur lesquels tout le monde est d'accord, des possibilités évolutives encore multiples sur le plan structurel. En effet tout peut être à nouveau remis en question à cette étape particulièrement importante du développement affectif de l'individu.

Le sujet conserverait, à cette période encore, une petite chance de voir l'axe d'évolution de son Moi quitter la lignée psychotique, pas tout à fait fixée *(cf. fig. 2)* et aller figer sa progression ultérieure dans le cadre d'une structure névrotique, à partir de ce moment-là définitive, et ne pouvant, en cas de décompensation morbide, donner naissance qu'à une névrose classique de type hystérique ou obsessionnel seulement.

De tels cas de déviation éventuelle de la lignée psychotique préstructurée vers une lignée de structuration définitive de type névrotique au moment de l'adolescence (et possible à envisager à ce moment-là seulement) se trouvent malheureusement assez rares quoique réalisables. Des changements de lignée structurelle aussi exceptionnels et aussi radicaux ne sauraient se produire sans raison profonde. Ils ne sont jamais fortuits.

Une première éventualité, facile à comprendre et bien connue des psychopathologues, correspond au cas des adolescents qui ont dû subir, au moment de l'adolescence, une psychothérapie dont les résultats furent heureux. Il faut bien reconnaître cette éventualité comme peu fréquente ; non seulement parce que les psychothérapies d'adolescents s'avèrent difficiles, mais surtout parce qu'à l'heure actuelle on hésite, à juste titre, avant de proposer

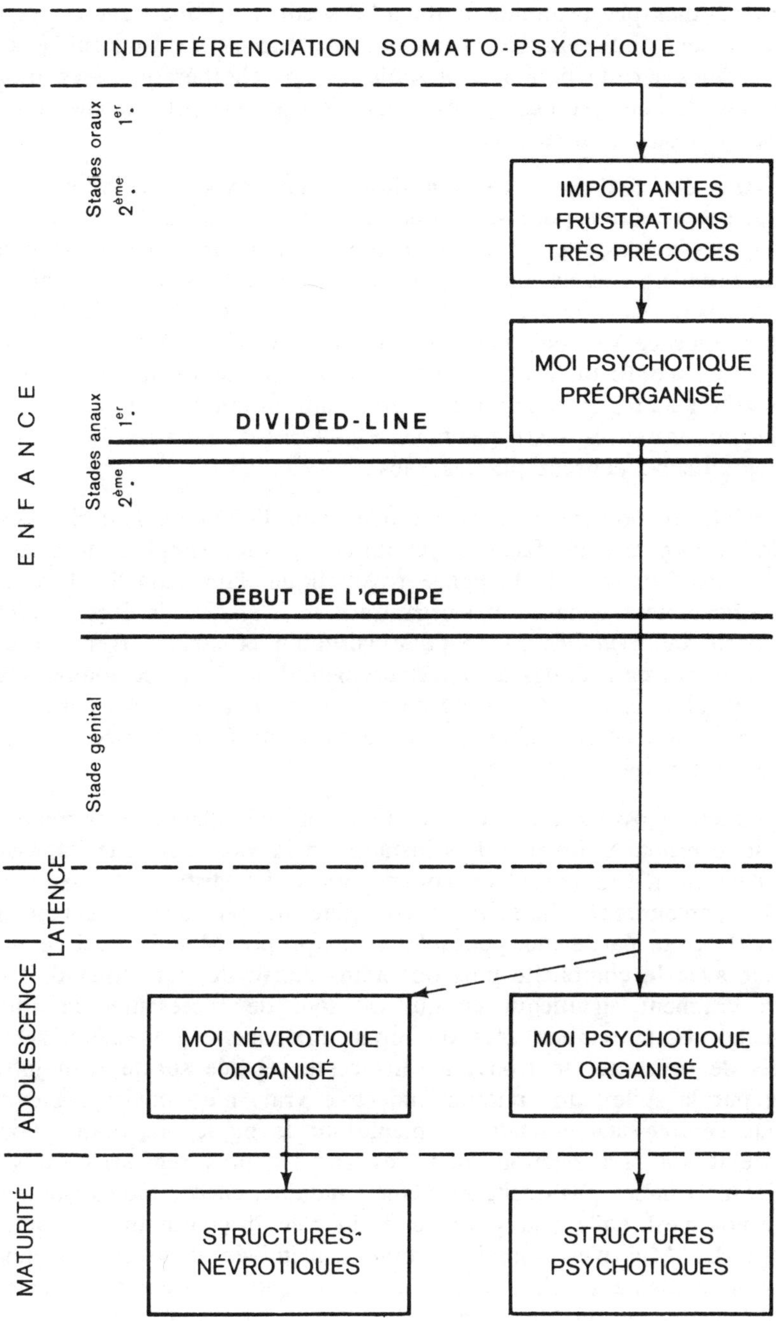

FIGURE 2 : Genèse et évolution de la lignée structurelle psychotique.

une psychothérapie profonde à un adolescent tant que celle-ci n'est pas rigoureusement indispensable, beaucoup de choses s'arrangeant fort bien d'elles-mêmes à cette période ; or seule une psychothérapie assez profonde sur le plan de l'analyse des défenses dans le transfert peut amener un changement de lignée structurelle.

D'autres éventualités se trouvent liées à une expérience affective spontanée et assez intense pour se resituer d'un seul coup, au beau milieu de la tempête de l'adolescence, dans un contexte intérieur et extérieur œdipien, pour la première fois vraiment significatif, en même temps qu'il apporte de façon inespérée des éléments hautement réparateurs de la faille narcissique primaire. Que ce soit une rencontre amoureuse merveilleuse ou seulement une épreuve conflictuelle dramatique induisant une récupération des fantasmes triangulaires et génitaux mal pressentis jusque-là, il faut bien avouer que des circonstances aussi avantageuses ou des objets aussi bénéfiquement représentatifs ne courent pas les rues...

En effet, au moment de l'adolescence, dans l'immense majorité des cas, un Moi préorganisé de façon psychotique va tout simplement poursuivre son évolution au sein de la lignée psychotique dans laquelle il se trouve déjà suffisamment engagé ; il s'organisera *(cf. fig. 2),* de façon définitive, sous forme de *structure psychotique* véritable et stable. Il ne sera plus possible de revenir là-dessus ultérieurement : si le sujet tombe malade, si le « cristal se casse » à la suite d'un accident intérieur ou extérieur, nous ne pourrons voir éclore qu'une *psychose* sous une forme variée certes, mais sans autre possibilité pathologique.

La structure psychotique correspond à une défaillance de l'organisation narcissique primaire des premiers instants de la vie. C'est une impossibilité pour l'enfant d'être considéré comme un objet distinct de la « mère-sujet », personnalité elle-même incomplète ne pouvant concevoir de se séparer de cette partie indispensable à son propre Moi. Et ceci se produit bien sûr avec la complicité plus ou moins active du père (quand il existe à titre vraiment significatif ce qui est loin de représenter la situation habituelle). Cette relation plus ou moins fusionnelle à la mère, selon les variétés de psychose, se trouvera sans cesse répétée sur le plan interpersonnel par la suite ; une relation objectale vraie n'est envisageable ni sur le mode génital bien entendu, ni même sur le mode anaclitique pourtant moins exigeant. La relation, dans les cas les plus régressifs de schizophrénie, n'est même pas duelle ni même triadique, encore moins triangulaire. Le Surmoi n'est nullement parvenu à un rôle organisateur ou conflictuel de base. Le Moi n'est jamais complet ; d'emblée il se trouve morcelé, que ce morcellement soit apparent ou bien que les fragments demeurent (s'il n'y a pas décompensation) collé sentre eux, tant que le « cristal tient ». L'échec du narcissisme primaire se traduit par une attitude autique plus ou moins radicale en fonction du degré régressif des fixations. L'angoisse profonde n'est centrée ni sur la castration génitale ni sur la perte d'objet, mais sur le morcellement, la destruction, la mort par éclatement. Le conflit sous-jacent n'est causé ni par le Surmoi ni par l'Idéal du Moi mais par la réalité en face des besoins pulsionnels élémentaires, ce qui conduit à un déni de toutes les parties de cette réalité devenues trop gênantes, éventuellement au délire si, de trop grands fragments de la réalité ayant été déniés, il devient indispensable au maintien de la vie de reconstruire une néoréalité avantageuse bien qu'aberrante. Plus la structure psychotique se trouve menacée de morbidité, plus le processus primaire prévaut chez elle sur les réserves opérées par le processus secondaire. Les mécanismes de défense psychotiques principaux employés sont : la projection, le clivage du Moi (intérieur au Moi et non par le simple clivage des imagos objectales), le déni de la réalité ; tous ces mécanismes concourent à la naissance de phénomènes de dépersonnalisation, de dédoublement de la personnalité, ou encore de simple déréalisation. L'activité synthétique du Moi se trouve abolie dans les cas extrêmes, ou bien seulement affaiblie le plus souvent, ce qui contribue, paradoxalement en apparence, à libérer des capacités abstraites mathématiques, spéculatives ou dites « intellectualisées » dans la mesure où de tels talents peuvent se donner libre cours justement parce qu'ils n'ont pas à être contrôlés, ni induits par des fonctions régulatrices du Moi dans son placage aux réalités objectales...

Il ne semble pas d'autre part que l'impact des fantasmes « originaires » au sens où l'entendent J. LAPLANCHE et J.-B. PONTALIS (1964) se retrouve dans les structures psychotiques avec les mêmes effets que chez les sujets organisés névrotiquement. Dans le premier cas le père ne tient déjà pas un rôle économique suffisant entre l'enfant et la mère ; à plus forte raison ne peut-il se manifester secondairement, sur le plan de la réalité, dans le rôle d'ennemi sexuel.

Le contexte objectif étant fort différent, l'activité auto-érotique, encouragée par la mère, n'est plus perturbée par le père.

Toute revue des principales caractéristiques du modèle structurel psychotique, tout autant que du modèle structurel névrotique, ne saurait être considérée de nos jours comme complète sans un abord, au moins succinct, de la façon dont se présente, dans l'une ou l'autre éventualité structurelle, l'utilisation du langage par le sujet au sein de la communication relationnelle.

Les aspects positifs d'une telle optique apparaissent comme indéniables malgré les supercheries développées parfois sous le couvert d'une science linguistique présentée par d'aucuns comme magique, inédite, et pouvant tout traduire ou tout remplacer.

Il n'est sans doute pas indispensable tout d'abord de prétendre éclairer les problèmes des échanges interpersonnels en créant pour ce faire un jargon néologique codé nécessitant l'utilisation d'un nouveau dictionnaire et d'une nouvelle grammaire en vue de sa propre communicabilité.

D'autre part il paraît bien facile de se laisser prendre au piège du langage dans ce qu'il comporte de manifeste et de superficiel. Quelques auteurs semblent en effet avoir longuement et brillamment disserté sur les seuls aspects apparents du langage. Or le langage, tout comme les autres « formations de compromis » à la base du symptôme, du rêve ou du fantasme, peut être pris en considération à des niveaux fort différents de profondeur. Pour relier langage et structure la référence doit porter davantage sur la musique profonde de la mélodie verbale que sur le simple aspect visible des mots qu'elle supporte.

La linguistique, enfin, ne constitue qu'un apport supplémentaire et non négligeable à l'étude d'un cas clinique ou d'une catégorie d'individus ; elle ne saurait remplacer les autres abords profonds de la personnalité ; elle est à même d'en rendre compte *aussi,* tout comme la graphologie, par exemple, mais on ne peut en tirer des déductions ou des prévisions valables à la fois dans les multiples directions du fonctionnement mental. Il serait hasardeux d'en déduire un quelconque « horoscope ». On éprouve de l'inquiétude devant l'ambiguïté de certains linguistes à l'égard des données psychanalytiques : ils opèrent comme si ces données allaient de soi mais se réfugient de toute évidence dans le labyrinthe conceptuel et sémantique de leur discipline pour essayer d'éviter à leur angoisse foncière les dangers fantasmatiques d'une investigation plus poussée de leur propre inconscient à travers l'étude de celui des autres.

Pourtant il demeure évident que les modèles linguistiques varient notablement, autant de la structuration psychotique à la structuration névrotique, qu'au sens même des différents modes d'organisation de type psychotique ou névrotique.

P. DUBOR (1971) s'est attaché à établir une synthèse des éléments profonds rencontrés dans le langage du psychotique : la réalité n'est pas pleinement investie ; il existe un degré relatif d'inadéquation du désir à l'objet ; l'affect est plus ou moins dissocié de la représentation ; les mots sont considérés à un certain niveau comme étranges, étrangers et creux ; il leur est difficile en cela de meubler un vide que le psychotique ne situe pas tellement entre l'autre et lui qu'au-dedans même de sa propre personne.

Pour le sujet de structure psychotique, en effet, le contenant arrive à compter davantage que le contenu : le manque porte autant sur « l'être » que sur « l'avoir ».

Le processus primaire entraîne le fonctionnement mental à sortir du contrôle de la réalité pour tendre vers l'hallucination des matérialisations des désirs. Le langage se situe en cela dans le cadre même de l'action et il se manifeste d'abord en support des pulsions agressives.

Sur le plan relationnel, l'expérience thérapeutique nous montre que le schizophrène, par exemple, ne « pense » pas, au sens habituel du terme et qu'il ne « parle » pas non plus véritablement. Il agit avec les mots, comme avec les choses, dans une dialectique où l'objet ne se trouve pas nettement séparé du sujet.

Comme l'ont indiqué LAPLANCHE et PONTALIS (1967), S. FREUD dans *L'interprétation des Rêves* (1900) considérait, en termes de régression, les conditions particulières conférant leurs privilèges à certains symboles linguistiques. Les fausses interprétations manifestes données par le langage du psychotique, relèvent pour D. ANZIEU (1970) d'une altération chez eux de la fonction paradigmatique. De tels sujets confondraient les signes et les codes.

A un homme jouant du violon, le névrotique pourrait donner une interprétation symbolique : « Tu joues du violon avec un plaisir aussi fort que si tu te masturbais », alors que le psychotique perd le sens même de la réalité intermédiaire du violon ; il ne voit plus le violon et s'adresse à l'inconscient de celui qui joue, de façon brutale et directe, à partir de son propre inconscient : « As-tu fini de te masturber ? »

Comme l'ont suggéré FREUD (1900), KRAEPELIN (1910) ou BLEULER (1911), le langage propre à une structure est établi sélectivement dans cette catégorie de façon tout à fait originale et selon le mode même dont sont élaborés dans cette même variété structurelle les contenus fantasmatiques ou oniriques. Tout langage demeure donc, comme concluait P. C. RACAMIER (1955), hermétique, hautement représentatif et *privé*.

FREUD, dans *L'Inconscient* (1915) soutient l'hypothèse que le psychotique est devenu incapable de relations avec les êtres réels et qu'il se croit obligé de lâcher « *la proie pour l'ombre* ». Il reporte donc son intérêt sur la matière inanimée constituant le langage. Le langage, adoré comme objet en soi, cesse du même coup d'être utilisé comme moyen de communication et de se plier aux exigences variables des relations objectales.

« *L'idolâtrie du mot* » (P. C. RACAMIER, 1955) comporte un contexte magique, conjuratoire, initiatique et également essentiellement ludique. Les psychanalystes ont souvent mis en évidence la nature régressive, archaïque et typiquement orale d'une telle activité.

Je serai amené à reprendre le point de vue linguistique lors de l'étude du mode de structuration névrotique, de même que je donnerai, à propos des diverses catégories rencontrées à l'intérieur des structurations psychotiques et névrotiques, quelques brèves indications sur les aspects originaux de la communication à l'occasion de chaque cas particulier de différenciation structurelle.

A) La structure schizophrénique

Parmi les structures psychotiques, la structure schizophrénique se situe dans la position la plus régressive tout autant du point de vue de l'évolution libidinale que du point de vue du développement du Moi.

Pour C. MULLER, L. KAUFMANN et L. CIOMPI (1967), le concept psychodynamique lié au problème schizophrénique se base sur l'étude, à la fois des phénomènes psychologiques, de l'influence de la constellation familiale, et des facteurs socioculturels.

Ces auteurs ont montré comment FREUD, dès 1898, avait découvert l'analogie entre le rêve et l'hallucination en tant que façons de revivre des expériences refoulées de l'enfance sous une forme substitutive. Grâce au délire les objets se retrouvent à nouveau réinvestis.

S. FREUD avait très tôt défini la schizophrénie sous le vocable de « névrose narcissique » pour insister sur l'importance de la régression narcissique massive primordiale dans cette entité. Le fonctionnement mental de mode schizophrénique est guidé par les mécanismes de déplacement, condensation et symbolisation tributaires des processus primaires, ce qui entraîne du même coup une distorsion, au moins partielle, de la réalité, un relâchement des associations et une apparente logique, dite « autistique ». Dans ses conflits avec la réalité, le schizophrène de structure espère que c'est cette réalité qui va pouvoir changer, et non ses besoins, de manière à satisfaire, de façon totale et instantanée, la pulsion prégénitale à prépondérance orale.

On peut dire que la structure schizophrénique correspond spécifiquement à une organisation psychotique du Moi fixé à une économie prégénitale à dominante orale. Le rôle des frustrations précoces, à la fois d'origine maternelle et paternelle, (A. GREEN, 1958), a toujours été mis en avant dans l'économie schizophrénique. P. C. RACAMIER (1954) insiste sur la nécessité du maternage pour le développement de l'enfant. Il définit (1963) la mère comme le « *véritable Moi du nourrisson* » et affirme que si l'objet manque à l'enfant, l'enfant demeure incapable de se reconnaître lui-même et de s'aimer lui-même.

De plus, il apparaît que cette mère de schizophrène n'a pas seulement besoin d'être frustrante, mais qu'elle doit se montrer également *toxique* ;

il est permis de supposer que si elle ne se montrait que frustrante l'enfant se limiterait, plus facilement que dans l'évolution schizophrénique, à une des formes des sous-équipements sensori-moteurs ou affectifs, multiples et précoces, que nous avons évoquées à la fin du chapitre précédent.

Le détachement et l'étrangeté des sentiments sont en rapports étroits, dans la structure schizophrénique, avec l'aspect particulièrement archaïque d'un univers fantasmatique aussi luxuriant que profondément régressif.

On a souvent cherché à établir des rapports entre la déficience de certains milieux socioculturels et le développement d'une structure schizophrénique. De fait il n'est pas rare de rencontrer en pratique quotidienne au sein d'une famille amenant un schizophrène en traitement ou en consultation, d'autres membres de cette même famille structurés (sans se trouver pour autant « malades ») selon un mode schizophrénique d'organisation mentale.

Mais avec un certain recul, et aussi peut-être un mode d'exercice mixte (hospitalier et libéral, rural et urbain), on se rend compte que la structure schizophrénique n'est l'apanage d'aucun milieu social particulier, mais plutôt d'un milieu *affectif* particulier. Rencontre-t-on de préférence des dispositions affectives aussi fâcheuses par prédilection dans les couches dites « basses » de la société ? Je n'en suis pour ma part nullement convaincu. J'aurais plutôt tendance à expliquer cette opinion courante, mais douteuse, par le fait, d'une part que les auteurs possédant les statistiques les plus abondantes opéraient jusque-là surtout en milieu hospitalier et urbain, tandis qu'on hésitait peut-être, dans un autre genre de pratique et de clientèle, à prononcer certains mots et du même coup les « névroses graves » de toutes variétés voyaient s'amplifier leur catégorie plus discrète.

Rien ne nous permet d'avancer que dans les milieux modestes les enfants soient plus cruellement traités et les mères plus toxiques... qu'ailleurs...

Je ne pense pas non plus qu'il faille se demander pourquoi tel ou tel enfant, dans une fratrie, devient « schizophrène » (sous-entendu : malade schizophrène) plutôt qu'un autre. Quand on regarde les choses de près on s'aperçoit qu'en adoptant *d'abord* notre point de vue structurel, et indépendamment de la décompensation morbide dans la même famille, il existe le plus souvent plusieurs structures schizophréniques ; le seul véritable problème psychopathologique se réduit donc, ce qui semble plus précis, à savoir pourquoi tel cas de structure schizophrénique, parmi les autres, au sein d'une même famille, s'est décompensé et pas les autres (de même structure pourtant).

La mère de la famille où l'on rencontre des structures schizophréniques est en général présentée comme autoritaire, surprotectrice, mais en même temps anxieuse et culpabilisée. Mais peut-être est-elle davantage encore marquée par la frigidité affective personnelle en même temps que par le besoin total de dépendance de son enfant à son égard. L'attitude symbiotique, si souvent décrite actuellement, paraît connoter cette absolue nécessité.

Les pères de familles où les structures schizophréniques éclosent commencent depuis un certain temps à intéresser les auteurs, mais les avis semblent singulièrement diverger car les observations semblent davantage porter sur ce que sont devenus plus tardivement les pères de malades schizophrènes que ce qu'ils étaient plus tôt, avant la situation créée ainsi entre la mère et l'enfant déjà malade. Je ne suis pas certain que le mot « père » constitue une véritable valeur dans une telle économie, ni que ces personnages représentent autre chose qu'une pâle duplication d'une image phallique maternelle encore plus défaillante. Nous nous trouvons bien loin encore de l'économie paranoïaque beaucoup plus différenciée.

En ce qui concerne les aspects linguistiques de la structure schizophrénique, on remarque que le sujet ne pense pas et ne parle pas réellement avec des mots, mais qu'il agit avec ces mots comme il le ferait avec des objets.

Le langage se trouve placé le plus souvent au service de la pulsion agressive et cette communication sadique se voit facilitée par le fait que l'objet n'est pas tellement séparé du sujet, étant donné l'aspect unipolaire de l'économie affective. Lorsque nous en arrivons au véritable autisme, l'objet devient tout à fait auto-investi.

P. C. RACAMIER (1955) estime que chez le schizophrène la sémantique, tout autant que la syntaxe, sont sacrifiées au rythme et à la phonétique. Le vocabulaire devient restreint ; certains mots sont expurgés, d'autres répétés sans cesse. Les formes verbales sur le plan esthétique prennent davantage un aspect pseudo-poétique qu'une forme poétique vraie ; elles évoquent les procédés symbolistes et surréalistes, tout en demeurant beaucoup plus limitées dans leur champ comme dans leur pouvoir évocateur, car le psychotique, tandis qu'il se rapproche de la décompensation, régresse progressivement à des parlers infantiles ou primitifs, parallèlement à la régression de la pensée. Toute expression peut ainsi cesser de demeurer « une façon de parler » pour devenir une véritable construction délirante (cf. l'exemple du violon cité plus haut).

B) La structure paranoïaque

Parmi les structures authentiquement psychotiques, la structure paranoïaque occupe la position la moins régressive sur le plan de l'évolution libidinale, bien qu'il ne soit pas certain qu'elle occupe une place plus progressive que la structure mélancolique sur le plan des développements du Moi.

On peut dire que si la structure schizophrénique se trouvait marquée par des fixations prégénitales à dominante orale, la structure paranoïaque, quant à elle, correspond spécifiquement à une organisation psychotique du Moi fixé à une économie prégénitale à prépondérance anale et touchant plus particulièrement le premier sous-stade anal *(cf. fig. 2).*

Si la structuration schizophrénique représentait une opération de sauvetage destinée à maintenir en vie un Moi bloqué au tout début de mon émancipation du non-Moi, le mode de structuration paranoïaque, au contraire, constitue une position de repli devant un échec pour intégrer les apports du deuxième sous-stade anal, lequel se situe juste de l'autre côté de cette « divided-line » décrite par Robert FLIESS (1950). Quand on décrit de façon luxuriante les héroïques efforts du sujet de structure paranoïaque pour se défendre contre la pénétration anale, il y a lieu, certes, de se référer aux mouvements de projection et du double retournement de la pulsion et de l'objet, mécanismes de défense spécifiques de l'économie paranoïaque, mais il convient aussi de tenir compte des investissements fixés au premier sous-stade anal (c'est-à-dire celui où la fermeture et la maîtrise du sphincter ne sont pas encore totalement assurées), avant de se porter trop vite vers des interprétations homosexuelles souvent imprécises et parfois imaginées sur un mode relationnel beaucoup trop génitalisé pour le potentiel libidinal dont dispose un tel sujet.

On reste étonné, en parcourant la littérature psychiatrique « classique » sur les problèmes paranoïaques, de constater qu'avant l'exposé par S. FREUD (1911 c) du cas Schreber l'intérêt des auteurs ne portait guère sur les aspects pathogéniques et économiques des sujets de structure paranoïaque. Cependant, aussitôt après ce magistral travail, les études métapsychologiques se mirent à proliférer, portant sur les divers aspects soulevés dans l'autobiographie du magistrat devenu du même coup, enfin célèbre..., ce qu'il avait toujours espéré, mais peut-être pas pour les mêmes raisons.

Les patients « paranoïaques » ont toujours constitué pour les psychiatres un lot de passionnants mais redoutables malades ; passionnants car ils cherchent à attirer l'attention et la conviction avec de puissants moyens affectifs ; redoutables car ils refusent fougueusement de se plier à la volonté curatrice du thérapeute, plus ou moins clairement imprégnée d'un désir de toute-puissance. L'étymologie de la paranoïa, « para-nous », énonce qu'il s'agit de celui qui a « l'esprit tourné contre ». Effectivement ce sont des individus peu faciles à supporter.

L'abord psychanalytique cependant a fait progresser sensiblement le dialogue. W. G. NIEDERLAND (1951), M. KATAN (1952), F. BAUMEYER (1956), R. FAIRBAIRN (1956), M. FAIN et P. MARTY (1959), Ida MACALPINE et R. A. HUNTER (1963), R. WHITE (1963), P. C. RACAMIER (1966), J. CHASSEGUET-SMIRGEL (1966), J. MALLET (1966), nous ont apporté de nombreux éclaircissements se référant à cette structure.

S. FREUD décrit en trois étapes successives la façon dont le mécanisme fondamentalement paranoïaque traite la pulsion libidinale pour en arriver au sentiment de persécution : la première étape transforme par une négation de l'affect et un retournement de la pulsion le « c'est lui que j'aime » en « non, je ne l'aime pas, je le hais », c'est alors que joue la projection, conjointement à un retournement de l'objet ; cette deuxième étape transforme alors le « je le hais » en « c'est lui qui me hait ». Dans la troisième étape, enfin, le sentiment ainsi aménagé devient conscient et traité comme une perception externe motivant la position affective définitive : « puisqu'il me hait, je le hais ».

S. FERENCZI (1916) a insité sur l'importance de la stimulation de la zone érogène anale dans le point de départ du mécanisme paranoïaque et ceci se rapporte à la première phase anale de destruction. J. CHASSEGUET SMIRGEL (1966) a parlé de « l'introjection dirigée » et des fantasmes « du piège » et « de l'île » dans le besoin de contrôler l'objet introjecté, avatar de la lutte pour éviter la pénétration anale. Elle insiste sur la différence radicale entre le fantasme phobique, où la pulsion hostile est retournée contre soi pendant que la pulsion libidinale se trouve fantasmatiquement réalisée, et le fantasme paranoïaque purement défensif ne permettant pour autant aucune satisfaction pulsionnelle.

De son côté P. C. RACAMIER insiste sur l'aspect spécifiquement psychotique de la projection dans le mécanisme propre à la structure paranoïaque ; il s'agit en effet d'une projection particulière, précédée d'un déni de la réalité et accompagnée d'una annulation rétroactive (*undoing* des auteurs anglo-saxons). Cette projection rassure celui qui projette sur ce qu'il éprouve, et encore davantage sur son existence propre. En effet, toute réalité extérieure devient gênante dès qu'elle montre une indépendance de l'objet par rapport au sujet. L'objet ne peut demeurer toléré que comme instrument à la disposition du sujet, et les objets de cette structure sont toujours des êtres animés vivants, ayant de préférence une fonction sociale.

P. C. RACAMIER (1966) a montré qu'il était d'ailleurs difficile à de tels sujets d'appréhender plus d'un seul objet ou d'une seule idée à la fois. Le sentiment de persécution, bien classique dans ces structures, correspond à un arrangement médian entre solitude et intimité par rapport à l'objet. La mégalomanie, élan dans le sens du rapproché aussi, est vite tempérée par les limites ou les échecs qui rétablissent la distance.

La relation et la pensée sont ainsi rapidement perversifiées (au sens caractériel du terme, que nous reprendrons au chapitre suivant) par l'érotisation, selon un mode relationnel anal de type sadomasochiste, qui constitue également une façon avantageuse de négocier l'échec.

Le hasard, la surprise, l'imprévu, ne sont pas admis dans l'univers structurel paranoïaque qui désire reposer avant tout sur la logique et sur la loi. Un raisonnement qui se veut actif et résolu, lucide et rationnel a besoin d'opérer des interprétations ou des systématisations qui bien souvent en un premier temps sidèrent l'objet ou emportent sa conviction. Le doute vient quand ce dernier s'aperçoit que tout le système proposé, fort logique parfois dans sa contexture, repose en fait sur une base aberrante, comme une pyramide qui serait construite à partir d'un sommet reposant sur le sol et la base tournée vers le ciel.

Or, la structure paranoïaque a besoin de l'adhésion de son objet à son système. Il ne peut se sentir complet qu'à ce prix. L'objet constitue pour lui un complément vital dans son opposition même en tant que fonctionnement mental radicalement différent. A ce sujet, P. C. RACAMIER montre judicieusement combien la structure paranoïaque, devant sa propre pauvreté fantasmatique, a besoin de l'autre pour fantasmer à sa place.

La structure paranoïaque manifeste un système dit « linéaire » de pensée. Il s'opère, comme avec les objets, par utilisation d'une seule idée à la fois, mais il s'y attache avec fermeté et opiniâtreté. C'est son côté inébranlable caractéristique et tellement agaçant pour l'interlocuteur fonctionnel ou thérapeutique.

Bien entendu, tout ce que nous venons de voir dans le fonctionnement mental typique de la structure paranoïaque se trouve inscrit ontologiquement dans la relation aux parents, aux deux parents, car, pour le paranoïaque, le père joue un rôle certain et évident. Cependant les auteurs semblent partagés sur la réciprocité des rôles : pour certains, le père ne joue pas tant comme représentant masculin que comme écran vis-à-vis de la mère. Nombre d'auteurs cependant s'attachent à une relation avec une authentique image paternelle, tempérée parfois (MALLET, 1966) par un relai plus facile au niveau d'un frère aîné.

La structure paranoïaque, selon P. C. RACAMIER, se défend avant tout contre ses désirs passifs dirigés vers la mère et secondairement vers le père. Son agressivité, dans la mesure où elle est exprimée et contrôlée consciemment, serait utilisée comme défense contre l'amour primaire de la mère. Les parents de telles structures formeraient souvent les « couples inversés » avec une apparence de domination paternelle masquant l'autorité réelle de la mère, ce qui nous ramènerait, de fait, assez près de l'autre structure ontologiquement psychotique, la structure schizophrénique, par la puissance effective de la maîtrise objectale maternelle dans les deux cas. Dans l'élaboration structurelle paranoïaque il y aurait, en plus, un père mis en avant, ce qui ne veut pas dire pour autant que ce père ne joue pas, aussi, un rôle spécifique au niveau de l'érotisation anale justement et de l'élan pris par cette structure plus élaborée, vers une génitalisation entrevue inconsciemment mais dont les moyens de négociations demeurent limités, agressifs, passifs, possessifs, avec toutes les défenses secondaires surajoutées à de telles bases.

L'homosexualité tant décrite dans la structure paranoïaque ne peut être comprise sans cette référence à une « *tricherie sur la réalité psychologique* » (RACAMIER, 1966) et A. C. CARR (1963) a montré dans le cas SCHREBER combien le père du patient avait usurpé lui-même une partie des fonctions maternelles au bénéfice réel profond de la mère et avec la complicité sans doute très active de celle-ci.

La façade sociale, la conquête sociale, se réfèrent de façon certaine au narcissisme maternel.

Les identifications chez l'enfant, face à une telle puissance féminine, ne peuvent manquer à la fois de créer des troubles sérieux de l'identité sexuelle de base et aussi de préparer la relation sociale dans des conditions fondamentales particulièrement importantes pour les manifestations homosexuelles réactionnelles constatées par la suite.

Dans le langage de la structure paranoïaque on retrouve la trace du phallisme protecteur contre les dangers des désirs passifs. Le noyau phallique défensif passe sur le plan verbal. La régression de la pensée, aux niveaux oral et anal, se mêle à ce phallisme pour essayer de maintenir l'objet perdu et redouté tout contre soi dans un début de différenciation proximale. Le style s'avère grandiloquent, hautain, réprobateur et démonstratif, tout en restant passablement incohérent. De nombreux néologismes envahissent le discours.

On a souvent cité des états appelés « schizoparanoïaques ». Existe-t-il une « structure », à proprement parler, correspondant à de tels états ?

Il semble difficile de l'admettre. Si nous n'envisageons pas tout au long des présents développements un passage possible entre structure psychotique et structure névrotique (hors des cas rarissimes de l'adolescence), il paraît tout à fait loisible, au contraire, de supposer qu'à l'intérieur de la lignée structurelle psychotique, la barrière entre structure schizophrénique très régressive, et structure paranoïaque beaucoup moins régressive, n'est pas rigoureusement étanche. On pourrait fort bien envisager ainsi toute une série de termes de passages plus ou moins liés à l'exclusivité des fixations orales et se dirigeant peu ou prou vers des modes d'organisations anales de type paranoïaque.

Il n'est donc pas question de défendre ici une stricte rigidité structurelle ni un modèle rigoureusement unique de structure d'un modèle ou d'un autre.

Cependant, en se référant aux fixations ou régressions principales de l'évolution libidinale, comme au degré d'élaboration du Moi, il convient de remarquer que dans toute situation « mixte » de type schizoparanoïaque, du fait même qu'il existe un noyau organisationnel de modèle schizophrénique, on trouve du même coup des fixations et régressions très archaïques et encore un Moi bien mal fondé. Les éléments paranoïaques surajoutés sont de nature, certes, à améliorer le fonctionnement et le pronostic mais non à annuler radicalement les éléments structurels les plus archaïques. De même qu'en algèbre moins par plus donne moins, ce sera ici le côté le plus régressif qui entraînera obligatoirement la balance économique vers la primauté des mécanismes schizophréniques et si, en clinique, il arrive objectivement de rencontrer des *états* schizoparanoïaques, il semble nécessaire de ranger le plus souvent de tels états parmi les *structures* fondamentales de type schizophrénique.

C) La structure mélancolique

Le schéma proposé par R. FLIESS *(fig. 1)* laisserait supposer que la structure mélancolique occupe une position intermédiaire entre la structure schizophrénique et la structure paranoïaque.

Cette hypothèse paraît exacte quant au degré atteint par l'évolution libidinale, mais n'est pas certaine quant à l'état d'élaboration du Moi ; il semble en effet que le Moi mélancolique, bien que fortement régressé, ait atteint un niveau de maturation et d'adaptation antérieure bien supérieur à celui des organisations paranoïaques.

D'autre part il apparaît comme capital dans le présent essai de classification structurel, de se tourner vers la clinique et de considérer que sur ce plan on ne retrouve pas dans l'ontogenèse des états mélancoliques une progression suivant les premiers stades de « préstructure » le long de la lignée psychotique tel que cela a été décrit à propos de la lignée structurelle psychotique en général et des structures schizophréniques et paranoïaques en particulier.

La structure mélancolique apparaîtrait donc comme occupant une place tout à fait à part dans la classification structurelle de mode psychotique.

Si son authenticité psychotique ne fait pas de doute quand elle est établie, cette structure ne peut être comparée semble-t-il aux deux autres structures psychotiques quant à son étiologie.

Il n'apparaîtra pas surprenant pour ceux qui ont eu connaissance des recherches actuelles sur le problème des états limites et de la dépression, que soit envisagée ici l'hypothèse d'une genèse des mécanismes mélancoliques dans la lignée dépressive dont il sera question au chapitre qui va suivre.

Mais il y a lieu de ne réserver, bien sûr, aux seules organisations dépressives ou maniaques réactionnelles de type véritablement introjectif et psychotique, l'appellation de « structure mélancolique », quitte à rattacher à cette structure psychotique particulière d'autres entités proches, de statut maniaco-dépressif, tout en limitant de façon précise ce qui demeure le lot de la catégorisation psychotique de tels mouvements extrêmement variés et extrêmement répandus.

Depuis HOMÈRE, HIPPOCRATE et ARÉTÉE de CAPPADOCE, on a beaucoup discuté de l'alternance des épisodes d'excitation et de dépression. La notion de psychose maniaco-dépressive fut conçue par KRAEPELIN en 1913 comme englobant de nombreuses entités cliniques dont la mélancolie (*melas Khole*, c'est-à-dire la « bile noire » d'HIPPOCRATE).

Dans l'esprit des hypothèses structurelles qui se trouvent présentées dans le présent chapitre, il a semblé opportun de recourir à une méthodologie inverse de celle de KRAEPELIN et de considérer que les mouvements alternatifs constatés dans les descriptions de la « psychose maniaco-dépressive » ne représentent que des avatars actifs ou passifs dépendant sur le plan structurel de ce qui constitue le cadre de la structure mélancolique. L'intérêt de cette façon de voir ne repose ni sur un paradoxe ni sur une subtilité de langage, mais sur la nécessité de séparer ici ce qui est véritablement de structuration *psychotique*, au sein des oscillations entre excitation et dépression, de ce qui demeure de simples mouvements plus modérés et plus superficiellement réactionnels au cours des dépressions dites « névrotiques » ou de leurs défenses hypomaniaques, autrement dit des organisations ni psychotiques ni névrotiques comme nous le verrons plus loin.

Il semble que la notion de structure mélancolique puisse rendre à elle seule compte sur le plan strictement psychotique, et des aspects dépressifs authentiquement psychotiques (et d'eux seuls), et des aspects maniaques défensifs authentiquement psychotiques (et d'eux seuls).

Des travaux nous permettant d'appuyer cette thèse ont été publiés en 1916 par S. FREUD, en 1921 par M. KLEIN, en 1924 par K. ABRA-

HAM, en 1928 par S. RADO, en 1931 par L. BINSWANGER, en 1933 par H. DEUTSCH.

La plupart des travaux psychanalytiques ne séparent donc pas l'étude des mécanismes maniaques de celle du mécanisme mélancolique. Dans *Psychologie collective et analyse du Moi,* S. FREUD (1921 présente le mouvement de type maniaque comme une simple défense contre la dépréciation intime, car pour lui : « *La personne dominée par un sentiment de triomphe et de satisfaction qu'aucune critique ne vient troubler, se trouve libre de toute entrave, à l'abri de tout reproche, de tout remords... L'Idéal du Moi comprenant la somme de toutes les restrictions auxquelles l'individu doit se plier, la rentrée de l'Idéal dans le Moi, sa réconciliation avec le Moi doit équivaloir pour l'individu qui retrouve ainsi le contentement de soi-même, à une fête magnifique.* »

C'est donc dans cette possibilité particulière de libérer ses pulsions que K. ABRAHAM (1912) situe son « orgie cannibalesque » liée à un considérable accroissement des besoins oraux.

M. KLEIN (1921) pense que le mouvement maniaque évite aux objets de blesser le sujet et de se blesser entre eux ; elle parle de « minimisation » et de « dédain » de l'objet pour rendre compte à la fois du besoin de dévoration des objets et du détachement partiel à leur égard quant à l'importance qui leur est en apparence reconnue.

L. BINSWANGER (1931) a mis l'accent sur le versant maniaque, et E. MINKOWSKI (1930) et H. EY (1954) ont insisté dans la mélancolie sur le triomphe passé sur l'arrêt de la vie et du temps.

Tout ce qui se montrait positivement engagé dans l'univers relationnel, positif jusque-là, de la vie du sujet paraît déstructuré et nié au point que le sujet en arrive à se nier lui-même comme sujet propre.

K. ABRAHAM (1912) fut le premier à rapprocher les mécanismes du deuil de ceux de la mélancolie : il s'agit dans les deux cas d'une perte d'objet, mais dans le deuxième cas l'hostilité éprouvée à l'égard de l'objet perdu se trouve retournée contre le sujet lui-même. De plus on assiste à une régression prégénitale de la libido objectale de mode oral anthropophagique et sadique anal en même temps que le Moi opère une régression narcissique intense, les deux mouvements contribuant à constituer lauthenticité de l'organisation structurelle de type psychotique dans la véritable position mélancolique.

S. FREUD a repris (1917 c) les hypothèses de K. ABRAHAM en précisant comment dans le mécanisme mélancolique la personne perdue se voyait incorporée dans le sujet. C'est d'ailleurs à partir de ces conceptions de l'incorporation que furent, par la suite, établis les concepts d « Idéal du Moi » et de « Surmoi », ces deux notions jouant une partie extrêmement importante dans l'économie mélancolique.

K. ABRAHAM (1924) a repris à son tour le point de vue freudien pour préciser le rôle tenu dans les mécanismes maniaco-dépressifs par l'oralité et la réactivation des blessures narcissiques du tout premier âge.

Pour S. RADO (1928) le mécanisme mélancolique correspond à une demande désespérée d'amour, à un effort pour éviter la punition parentale faisant suite à la tension liée au sentiment ancien de frustration (colère, faim, etc.). Mais peut-on parler à ce niveau de culpabilité et de Surmoi ? Il semblerait plus prudent de voir les choses en termes de crainte de perdre l'amour « en ne faisant pas assez bien » (Idéal du Moi) qu'en étant puni de « mal faire » (Surmoi), ce qui, économiquement, ne se situe pas du tout au même degré élaboratif structurel. Pour S. RADO, l'objet incorporé se trouverait clivé en deux parties : une bonne partie, continuant à aimer l'enfant, resterait contenue dans les éléments surmoïques tandis qu'une mauvaise partie frustrante et détestée se verrait intégrée au Moi.

Mélanie KLEIN (1934 et 1952) décrit chez l'enfant des mécanismes retrouvés chez les psychotiques et constituant les positions « paranoïde » et « dépressive ». La position dépressive succède à la position paranoïde et doit se trouver elle-même surmontée avant la fin de la première année, mais elle laisse persister une fixation pouvant se réactiver chez l'adulte dans le deuil ou les états mélancoliques. L'image maternelle n'est plus alors clivée comme chez S. RADO et c'est la mère totale qui serait introjectée avec ses aspects « bons » et « mauvais ». L'objet devient ainsi ambivalent, support à la fois à l'amour et à la haine.

Le maniaco-dépressif, pour Mélanie KLEIN, serait celui qui échoue dans le travail du deuil faute d'avoir pu, dans la prime enfance, établir le lien affectif avec d'assez bons objets internes conduisant à la sécurité intérieure ; la dépression infantile fondamentale n'aurait jamais été dépassée ; il ne peut y avoir de « réparation » profonde de l'objet ; la défense maniaque constitue une récompense à l'angoisse des fantasmes sadiques destructeurs menaçant l'objet.

Les hypothèses kleiniennes ont connu un vif succès, justifié par les constatations cliniques chez l'enfant et l'adulte. Cependant il paraît nécessaire de ne pas confondre les niveaux structurels et il convient sans doute de noter que les fixations causées par des frustrations précoces trop fortes peuvent préluder selon leur intensité d'une part, et selon leur date d'apparition d'autre part, à des conséquences bien diverses allant du simple mouvement superficiel et léger du deuil dans n'importe quelle structure jusqu'au vécu dramatique du mélancolique même non décompensé en passant par tous les états intermédiaires d'organisations antidépressives du Moi (Etats limites, perversions, aménagements caractériels) dont nous nous entretiendrons dans notre dernière partie.

Les travaux récents concernant les mécanismes propres à la mélancolie ont porté à nouveau sur les aspects topiques : F. PASCHE (1963) parle d'un court-circuit entre un Surmoi assez personnifié et un Idéal du Moi au contraire très impersonnel, alors que B. GRUNBERGER (1963) se réfère aux relations entre le Moi et l'Idéal du Moi et que I. BARANDE (1966) estime que c'est la perte de l'estime de Soi qui conduit à un désinvestissement libidinal considérable.

Dans le langage de la structure mélancolique le sujet cherche à retrouver la voie de l'objet perdu et introjecté. A la phase d'excitation la syntaxe est connue comme relâchée, le vocabulaire demeure riche et varié mais s'avère souvent imprécis ; à la phase dépressive, au contraire, c'est l'expression qui devient pauvre, monocorde, indécise.

D) Réflexions différentielles

En conformité avec le propos de ne pas débattre ici des aspects symptomatiques ou phénoménologiques manifestes, mais des aspects métapsychologiques et génétiques permettant de comprendre les modes d'organisations latentes du fonctionnement mental au sein des différentes structures, il semble possible d'établir maintenant un tableau synthétique des caractéristiques profondes des trois grandes catégories psychotiques *(cf. fig. 3)*.

La *structure schizophrénique* correspond à une fixation topique portant sur les hésitations de la dialectique Moi - non-Moi, et à une organisation pulsionnelle fixée à la phase orale, la primauté de cette économie n'ayant jamais été dépassée au milieu de divers apports postérieurs demeurés hétéroclites et non intégrés. L'angoisse de morcellement, commune à toutes les structures psychotiques, tire ici sa spécificité dans une crainte particulière de morcellement liée à l'impossibilité ressentie pour constituer un véritable Moi, assez autonome et unifié. La relation objectale s'oriente vers l'autisme, autrement dit un effort de récupération narcissique primaire. Les mécanismes de défense principaux comportent le déni primaire d'une partie de la réalité ; primaire dans la mesure où certaines parties de cette réalité n'ont jamais été objectivement reconnues ; ce déni est accompagné des mécanismes fondamentaux du processus primaire : déplacement, condensation, et pour une certaine part symbolisation. Les fantasmes, et à plus forte raison le délire, fonctionnent tout comme le rêve ; ils demeurent bien souvent la seule façon de réinvestir les objets. La relation parentale primitive et significative s'avère de type symbiotique à la mère ; il est nécessaire de plus que celle-ci déploie dès les premiers instants de la vie une certaine toxicité affective.

La *structure paranoïaque* comporte des problèmes topiques liés à un Moi nettement distingué du non-Moi mais ne pouvant espérer s'autonomiser que dans une dépendance agressive de l'objet et à un Idéal du Moi non pas seulement naïf, comme dans l'immaturité affective (où il s'agit de l'impossibilité d'atteindre toutes les identifications entrevues) mais inadapté dans la mesure où il poursuit de simples chimères irréelles et défensives. L'évolution pulsionnelle na jamais dépassé le primat de l'économie anale de réjection. L'angoisse de morcellement se centre sur la menace d'éclatement par pénétration sadique de la part de l'objet. La relation objectale est en conséquence faite de crainte de persécution et de besoin de maîtrise résumés dans l'économie homosexuelle passive. En dehors d'un déni également primaire de certaines réalités, le mécanisme de défense principal se trouve être la projection, projection aidée par l'annulation, la dénégation et les deux modes de retournement (retournement des pulsions et retournement contre soi). Les fantasmes sont beaucoup plus univoques que dans la structure schizophrénique ; ils intéressent des images de piège, une nécessité de contrôle, un besoin de l'autre pour fantasmer plus librement à la place du sujet. Dans le contexte familial primitif la mère conserve une importance phallique-narcissique primordiale, mais l'image du père apparaît comme un écran subtil qui l'occulte et la protège.

La *structure mélancolique*, comme nous l'avons vu, se situe dans une optique assez différente par rapport aux deux autres structures psychotiques en raison de l'importance de ses facteurs de détérioration régressive portant à la fois sur le Moi et la libido alors que la structure schizophrénique ou la structure paranoïaque se limitent pour l'essentiel à des fixations archaïques du Moi et de la libido.

C'est pour cette raison qu'il paraît si difficile de situer avec justesse la structure mélancolique dans une classification « linéaire » des trois structures psychotiques de base. La placer en troisième position dans cette énumération ne veut absolument pas dire que la structure mélancolique se trouve à une place plus élaborée sur le plan libidinal que la structure paranoïaque. Il a paru bon de la classer après les deux autres pour marquer sa place quelque peu particulière.

Cette structure mélancolique correspond sur le plan topique à la fois à une faille du Moi et à une faillite de l'Idéal du Moi. L'économie pulsionnelle, qui était autrefois parvenue à un niveau où le phallisme avait pu jouer le rôle organisateur, s'est vue dans l'obligation de régresser, par suite de la réactivation de la blessure narcissique archaïque fondamentale, vers les stades prégénitaux à la fois oral et anal. L'angoisse a fait retour vers une angoisse de morcellement mais qui conserve de son évolution antérieure plus progressive des marques de son anxiété anaclitique et phobique précédente ; nous nous trouvons donc devant une angoisse où le sentiment que l'objet est perdu *maintenant* constitue la menace immédiate de morcellement, alors qu'à l'époque antérieure (non encore psychotique) l'angoisse portait sur le risque de perte de l'objet et la simple dépression consécutive. La relation objectale ambivalente précédente correspondant à la fois à la haine et à l'amour se trouve emportée sous la domination des sentiments hostiles de plus en plus violents. Les mécanismes de défense sont représentés d'abord, bien sûr, par le déni de la réalité, mais un déni *secondaire* d'une partie de la réalité qui avait tout de même pu être reconnue antérieurement avant de se trouver défensivement déniée quand la structuration psychotique s'est, à la phase ultime, avérée complètement achevée ; l'introjection est alors venue appuyer le déni ; il s'agit d'une introjection très archaïque de type dévorateur. Les fantasmes sont liés au deuil de l'objet, deuil impossible à réaliser et aux affects agressifs accompagnant l'introjection. La situation familiale primitive comportait toujours une mère dont l'image se présentait comme ambivalente, sans distinction, ni toutefois (et surtout) unification possible entre ses aspects « mauvais » et « bons » ; ceci tant que les premiers aspects ne l'avaient pas encore emporté, et tant et si bien qu'ils ont fini par l'emporter...

Notre figure n° 3 essaie de rendre compte de façon synthétique de ces différences fondamentales de mode d'organisation latente entre les trois grandes structures psychotiques.

Après avoir cherché à définir des critères fondamentaux et stables permettant de déterminer de grandes catégories structurelles psychotiques de façon précise, un souci de clarté appelle à la prudence, à la nuance et à la netteté, dans le registre de la morbidité afin de ne pas retomber à ce niveau des sous-groupes pathologiques dans les pièges dénoncés à propos des grandes classes d'entités structurelles.

L'attention doit particulièrement porter sur un certain nombre de termes très précis en soi et qui ne peuvent s'accommoder d'une synonymie équivoque : tout d'abord la notion de « *prépsychose* » gagnerait à être réservée seulement à un aspect non encore achevé de la seule lignée structurelle psychotique et à ne pas se trouver confondues avec les « *parapsychoses* » décrites par P. C. RACAMIER comme des formes cliniques cryptiques et focalisées correspondant à une structure psychotique nettement constituée.

De la même façon il existe ce qu'on appelle les « *postpsychoses* », c'est-à-dire des états cliniques succédant à un épisode pathologique, puis correspondant à une bonne récupération au sein d'une structure psychotique unique et inchangée ; il convient de ne pas confondre ces « postpsychoses » avec de simples épisodes passagers régressifs *d'allure* psychotique pouvant survenir même chez des névrotiques de structure et à plus forte raison chez un état limite ou ses dérivés.

	Point de vue topique	Economie pulsionnelle	Nature de l'angoisse	Relation Objectale	Mécanismes de défense	Représentation fantasmatique	Genèse de la relation parentale
Structure Schizophrénique	Distinction Moi et non-Moi	Primauté orale	Morcellement par défaut d'unité	Autisme	Déni primaire + Déplacement Condensation Symbolisation	Mode de réinvestissement des objets	Mère symbiotique toxique
Structure Paranoïaque	Moi incomplet sans l'objet Idéal du Moi inadapté	Primauté du premier sous-stade anal	Morcellement par peur de la pénétration	Persécution Maîtrise	Déni primaire + Projection + annulation dénégation double retournement	Mode de défense utilisation des objets	Mère phallique narcissique occultée par une image paternelle
Structure Mélancolique	Faille du Moi Faillite de l'Idéal du Moi	Régression du phallisme oralité à analité	Morcellement par perte *réalisée* de l'objet anaclitique	Primauté de l'agressivité	Déni *secondaire* + Introjection	Retour sur soi de la haine de l'objet	Mère ambivalente dont les seuls aspects frustrants ont été conservés

FIGURE 3 : Tableau de synthèse des structures psychotiques.

Il existe enfin des « *psychoses pseudo-névrotiques* » dont tout le système superficiel de symptômes et de défenses est de mode névrotique, le plus souvent d'allure obsessionnelle, pour lutter contre les risques de décompensation de la structure profonde authentiquement psychotique ; il suffit d'attaquer les défenses de type névrotique de tels patients pour les laisser seuls avec leur angoisse psychotique et les précipiter dans le délire. Bien souvent les cliniciens reçoivent des patients adressés pour « névrose obsessionnelle grave » et qui, d'évidente structuration psychotique encore assez bien compensée, délireraient aussitôt s'ils se trouvaient placés sur le divan.

De la même façon, on rencontre aussi des « *névroses pseudo-psychotiques* », où, à l'inverse, une structure authentiquement névrotique masque son conflit génital et œdipien par des ébauches de dépersonnalisation ou déréalisation, un sentiment de perte imminente des limites du Moi. Si l'on traite de tels patients comme des psychotiques, c'est-à-dire par voie simplement médicamenteuse ou psychothérapique superficielle, on les prive (parfois irrémédiablement) des bienfaits d'une analyse profonde de leurs conflits et de l'inadaptation de leurs défenses, ce qui permettrait à beaucoup d'entre eux de mieux négocier l'économie génitale sous le primat de laquelle ils sont tout de même organisés structurellement malgré les énormes facteurs prégénitaux qui en obscursissent les manifestations.

Il me paraît utile d'illustrer mon propos, à ce moment du débat, par des exemples cliniques portant sur les cinq catégories de troubles que je viens de citer et pour lesquels le diagnostic structurel paraît particulièrement délicat.

Un cas de « prépsychose » Obs. n° 4

Michèle a 18 ans, elle a été adressée par un confrère qui la traite depuis un an pour une « dépression névrotique » ne cédant pas aux thérapeutiques classiques employées jusque-là.

Michèle arrive à la consultation encadrée par ses parents qui se révèlent d'assez curieux personnages : la mère meuble pratiquement toute la séance sur un ton d'une puérilité qui ne s'avère pas aussi feinte qu'on aurait pu le croire au début ; cette femme de 42 ans, visiblement intelligente et sensible, ne ressemble nullement physiquement au « dragon » décrit à propos des mères d'enfants gravement atteints ; elle ne se présente qu'en douceur, respect, modestie, demande d'aide, de conseils, pour elle tout autant que pour son enfant ; etc... et rien ne paraît cependant subterfuge dans son propos : elle est *réellement* une toute petite fille. On peut se demander, à considérer la place que prend son discours personnel dans ce premier entretien, pour qui elle est venue consulter.
De fait, elle expose, après quelques propos intéressant sa fille, qu'elle se trouve elle-même en traitement psychiatrique depuis assez longtemps avec le confrère qui a soigné celle-ci au cours de ces derniers mois.

De plus cette mère est peintre « de talent », dit son mari à ce moment, en ouvrant la bouche pour la première fois (et nous avons su par la suite que ce jugement était tout à fait exact). Effectivement le père existe tout de même ; il est pharmacien, 50 ans, un accident de guerre lui a laissé un bras légèrement paralysé. Il travaille énormément lui-même, mal secondé, et sans se plaindre, pour faire face aux frais énormes engagés de tous côtés par la mère et les deux enfants.

Car il y a un frère de 12 ans, dont la mère parle maintenant avec volubilité, car il est « l'agressif » de la famille, la terreur de son quartier, le renvoyé de toutes ses écoles, etc.

Mais Michèle ?... effectivement, pris dans le torrent des paroles maternelles on serait arrivé à l'oublier. Elle est là, absente, sur sa petite chaise, entre son père qui se repose, car à la fois il accomplit son devoir et à la fois on ne lui demande rien, et sa mère qui ne parle que d'elle ou du garçon-phallus.

Pauvre Michèle !... Pourquoi l'ai-je exactement acceptée en cure ? Pour son isolement ? pour son allure gentille ? pour l'impression farfelue sympathique qu'en définitive me faisait la famille ? pour tout cela et pour combien de choses encore ?

Il est évident que je ne pouvais pas savoir grand-chose d'elle en cette première séance, sinon, selon la mère :

1°) qu'elle était déprimée ;
2°) qu'elle ne pouvait rester ainsi à empêcher sa mère de peindre ;
3°) que le Dr Z... avait dit que je devais la prendre en charge.

Je n'ai pas cherché effectivement à en savoir davantage, pour le moment, mais cependant je m'étais déjà fait une première idée sur cette « pseudo-dépression », dont tant de gens auraient pensé me gratifier(?) en la rangeant dons la catégorie des « états limites ».

Hélas les choses semblaient beaucoup plus sérieuses et l'avenir devait me confirmer mon impression première, assez réservée.

Cette patiente avait été élevée par une nourrice étrangère à domicile, sous les ordres de la mère, à la fois toujours absente pour les soins, et toujours présente pour les instructions... les plus désordonnées... les relations primitives furent extrêmement frustrantes, et profondément inquiétantes ; la possessivité maternelle s'effectuait sans cris, sans chaleur effective, sans allure gendarmesque mais avec une efficacité dans la maîtrise égale en intensité au désordre dans lequel se trouvait l'ensemble de la famille.

Deux épisodes anorexiques (à 2 et 5 ans), ayant duré chacun six mois, émaillèrent les échecs des relations orales primitives et tardives. Une infection digestive sérieuse se termina par un ictère grave à 12 ans.

Pendant tout un temps il n'y eu aucune scolarisation ; la mère ne permettait pas qu'on lui enlève sa fille dont elle s'occupait si peu, sans accepter pour autant que quelqu'un la remplace valablement.

Aucun contact social n'était autorisé ; pour la mère « les gens du quartier n'étaient pas du même milieu... » aucune identification valable possible... bien plus : aucune identification réellement réalisable.

Toutes les conditions nécessaires à l'éclosion d'une structure psychotique étaient rassemblées.

Et de fait, nous nous trouvions devant une évidente structure de la lignée psychotique, mais non encore décompensée, autrement dit une typique *prépsychose.* La « pseudo-dépression » cachait la perte de contact en profondeur avec la réalité (inapparente sur le plan manifeste puisque la mère pourvoyait à tous les leurres avec l'argent du père).

L'angoisse de morcellement n'émanait que dans les phobies du train, des autobus, etc. : qu'à cela ne tienne, on ne prenait que des taxis et la mère était là.

L'inaptitude à toute tâche scolaire ou professionnelle trouvait une justification immédiate : « une femme de notre milieu ne travaille pas ». Les raptus agressifs étaient normaux : « elle a le caractère soupe-au-lait de son père ». Quant à la relation fusionnelle à la mère, le premier entretien s'en était révélé assez démonstratif...

Tout paraissait donc déjà joué sur le plan structurel mais rien ne semblait encore perdu. La psychothérapie analytique menée de pair avec un co-thérapeute plus directionnel, fut longue et très difficile au début, en raison des incessantes interférences maternelles qu'il fallut déjouer, et en premier lieu en ne tombant pas dans le piège des provocations constantes au sadisme (toujours prêt à « rendre service ») des thérapeutes...

Effectivement le début de l'autonomisation fut plein d'angoisse pour la patiente, plein de souffrance pour la mère, réparateur pour le père... mais ce fut au tour du frère à se décompenser peu à peu.

La pauvre mère avait vraiment tout perdu en apparence. Son médecin personnel fut assez adroit pour bien la soutenir et la raccrocher à sa peinture. Malheureusement celle-ci ne se vend guère, et l'apport narcissique en demeure maigre. Aussi l'étau dans lequel se débat la fille n'a pas été facile à desserrer.

Un cas de « postpsychose » Obs. n° 5

Quand nous le prenons en charge en co-thérapie, un de mes collègues et moi-même, le diagnostic ne fait aucun doute.

Blaise est un psychotique de 34 ans qui, après des études de théologie assez longues et étant prêtre, enseignait depuis trois ans dans un séminaire du centre de la France où il avait déjà présenté quelques signes de désordre mental.

Une première fugue n'entraîna guère de conséquences médicales ni disciplinaires. Par contre, la seconde touchait au sacrilège : comme Blaise était signalé errant et agité dans les rues fort animées de cette grande « petite ville » où tout le monde se connaît et qu'il n'écoutait aucun conseil de modération, ni de retour au séminaire, son évêque pensant sans doute participer à l'infaillibilité du pouvoir qui lui était délégué, se lança lui-même à sa poursuite et le rejoignit sur un marché où le patient haranguait la foule. On assiste à une admonestation discrète, puis plus pressante, de la part de l'évêque. La réponse de Blaise à son évêque s'avère brève et cinglante : « Madame, lui crie-t-il, vous êtes une putain, je vais au bordel, voulez-vous venir avec moi ? »

Le sang épiscopal ne fit qu'un tour ; il est aussitôt fait appel à l'aide des biceps séculiers, et à l'ambulance dans un premier temps, puis dans un deuxième temps on incarcère Blaise dans un service fermé, tenu par des bonnes sœurs, avec la caution médicale d'un psychiatre « bien-pensant » parfaitement inactif, mais heureusement peu toxique.

Comme il se trouvait qu'un frère de Blaise était médecin, une consultation nous fut demandée, en accord avec le médecin traitant, dans le service où nous avions l'habitude de travailler ensemble, ce médecin traitant et moi-même.

La structure n'était pas difficile à préciser et ne faisait de doute pour personne : il s'agissait d'une schizophrénie se décompensant peu à peu par poussées successives et progressives, de type maniaque, depuis l'âge de 23 ans, semble-t-il.

La décompensation actuelle se trouvait en relation directe avec une opération chirurgicale subie dans des conditions brutales par la mère et qui avait fortement inquiété le patient. L'angoisse de morcellement du schéma corporel maternel avait atteint Blaise comme s'il y avait menace de morcellement de son propre corps depuis toujours peu différencié de celui de la mère.

Passons rapidement sur l'anamnèse : un grand-père paternel terrible à tous points de vue, une mère qui recevait de lui pleins pouvoirs sur la famille, un père inexistant et dépressif. Un frère, également dépressif, médecin dans un service administratif, célibataire, et semble-t-il, homosexuel, peut-être même de structure psychotique.

La mère gardait autorité sur tous et ne laissait personne en paix. Elle incarnait de droit divin paternel (et la petite industrie familiale conservait le nom de ce père de la mère) la seule puissance légitime à laquelle se joignait, en plus, du fait de son caractère propre, des exigences et des mises en cause dignes de l'inquisition.

Blaise n'a jamais pu posséder une identité propre. Son narcissisme primaire n'a jamais été complet, achevé, unifié. Il s'est vite retiré dans la rêverie avec quelques échappées compensatoires de type messianique ou cosmique au cours desquelles il affirmait avec une parfaite conviction « avoir tout compris » et se sentir prêt à « sauver le monde ».

Sa « vocation religieuse » s'était trouvée assez longtemps et facilement soustendue par de telles idées, tant qu'elles demeurèrent discrètes.

Mais ce qui nous intéresse surtout ici c'est l'avenir de Blaise : une co-thérapie très attentive fut établie. Mon confrère conservait le pôle directif et médicamenteux ; je conduisais de mon côté une psychothérapie très analytique et très sobre.

Nous avons vu Blaise sortir peu à peu du brouillard de ses pensées et des médicaments anciens. Il commença par accepter, sous le couvert de ce double transfert rassurant, la modestie d'une situation de dépendance chez un de ses anciens camarades de lycée, fabricant de biscuits.

Il nous a semblé d'un excellent pronostic que, pour la première fois de sa vie, il puisse s'accepter dans le rôle de simple manutentionnaire pendant plus d'un an, de coucher dans une chambre de bonne, propre mais triste, de manger maigrement, sans se sentir pour autant persécuté. Puis il aida à la comptabilité de l'entreprise et remplaça l'année suivante le comptable malade, seul, pendant trois mois. Sur le conseil de l'ami qui l'employait et était content de lui, il jugea nécessaire de changer d'entreprise et trouva un emploi de chef de bureau dans une petite société immobilière. Son sérieux, son dévouement, comme ses idées originales pour faire face aux situations inattendues, le firent nommer chef d'agence dans une ville du midi où l'entreprise s'étendait depuis peu. Il se maria alors avec une jeune veuve. Un enfant naquit.

Le traitement fut peu à peu ralenti, mais Blaise revenait voir ses thérapeutes régulièrement, de très loin.

Notre effort n'a cessé de porter sur la nécessité de le maintenir dans une situation et de réalisme périphérique et de satisfaction narcissique suffisante pour lui éviter la tentation maniaque, non pas en tant qu'épisode actif d'une psychose cyclique, mais comme nouvelle plongée schizophrénique possible sur un mouvement agressif.

Il fallait lui éviter à tout prix des accès de mégalomanie projective et l'aider à supporter une modestie salutaire. Trop le gratifier narcissiquement nous entraînerait sur la pente maniaque, trop le frustrer risquerait de le déprimer. Nous ne pouvions que louvoyer entre ces deux balises, le cap mis sur la modestie.

Voici comment nous avons vécu sa « guérison » : une bonne adaptation à son état ; une « normalité » selon ses données spécifiques. Sa structure n'a pas changé. Pour tous Blaise est maintenant « normal ». Pour nous c'est une structure psychotique « normalisée », autrement dit une « postpsychose », et non pas une structure devenue névrotique ni une organisation limite comme on en rencontre chez les « border-lines » et sous la rubrique desquels ces genres de patients se trouvent trop souvent décrits, à tort.

Un cas de « parapsychose » — Obs. n° 6

Ce n'est bien sûr pas le cas d'un « malade » traité par un psychiatre. Ce genre d'organisation ne consulte pas les médecins ; ceci nous limite malheureusement beaucoup dans nos recherches cliniques. En effet, d'une part nous ne voyons que très peu de sujets de cette nature, d'autre part il nous est difficile de nous livrer chez eux à une enquête portant sur le mode d'établissement de leurs premières relations objectales.

Il s'agit ici d'un haut fonctionnaire de l'administration préfectorale dont je m'étais trouvé le voisin de palier pendant quelques années, et qui est décédé depuis, des suites d'un accident d'automobile, dont il n'était point l'auteur.

A l'époque où je l'avais connu il se trouvait autour de la cinquantaine. Chargé de fonctions socialement importantes il était très estimé de ses collaborateurs et parfaitement considéré dans les milieux divers où ses fonctions l'amenaient à prendre des décisions souvent délicates. Ses promotions successives témoignaient de son adaptation aux réalités humaines et économiques.

Il était marié à une femme sympathique qui paraissait parfaitement comblée ; leurs deux fils avaient poursuivi des études sérieuses. Ils venaient de faire des mariages, l'un et l'autre, tout à fait heureux à première vue.

Bien sûr, cet intellectuel était connu dans la ville pour son intérêt à l'égard de la magie ; il fréquentait une société savante en rapport avec l'ethnologie orientale et d'autres groupes réputés comme plus ésotériques que scientifiques. Mais tout ceci semblait pratiqué en « bon père de famille », par simple curiosité d'esprit. Il lui était même arrivé de présenter une ou deux conférences, après des missions effectuées en Extrême-Orient dont il avait profité pour ramener maints documents de valeur sur les pratiques magiques locales.

Qui verrait en cela une quelconque « anormalité » ?

Je le rencontrais un jour, par hasard, dans un train et il m'invitait à déjeuner. Vers la fin du repas, comme nous bavardions librement, étant seuls à notre table, il me posa subitement une première question : « Docteur, croyez-vous à la métempsycose ? » suivie, devant la « neutralité bienveillante » de mon silence interrogateur, d'une affirmation tout aussi inattendue : « Eh bien Docteur, tel que vous me voyez, je peux vous avouer entre nous, à vous qui êtes à la fois averti de ces choses et réservé : je suis la septième incarnation de SCARRON. »

Rien de moins. Ma première réaction intime fut de supposer une plaisanterie ; pourtant on n'en découvrait ni le contexte, ni le ton, ni la mimique et mon interlocuteur n'était point connu comme un esprit farceur. Ses proches collaborateurs et des amis d'enfance me l'ont confirmé depuis.

J'avais fort bien affaire à un *délire,* mais, mon enquête demeurant forcément discrète, il m'a été difficile de savoir, pendant longtemps, si une telle « confidence » était fréquente. J'ai appris, depuis, qu'elle s'était toujours trouvée exceptionnelle, quoique non unique, et jamais proférée dans l'exercice des fonctions officielles, ni même en public. La famille se trouvait au courant mais ne s'inquiétait pas trop, car il n'avait jamais créé de scandale ni de difficulté quelconque avec cette idée aberrante, somme toute assez secrète.

A table je me suis contenté de demander avec sobriété ce qui le portait à croire à une telle opération magique. Les explications devinrent du même coup nébuleuses. Cet homme si sage d'ordinaire se comportait alors comme un autodidacte inintelligent et peu intelligible. Il commença par me citer des « faits », pour lui indéniables, concernant des cas supposés connus et touchant aux mêmes phénomènes. Comme je le ramenais à *son* problème à lui, il se livra à une sorte d'opération algébrique pour modifier par retraits et ajouts successifs le nom de sa mère, en un vocable correspondant à peu près à l'AUBIGNÉ(1) ,selon des mécanismes parfaitement illogiques à visée rationnelle tout à fait particuliers aux organisations psychotiques.

Le serveur apportant l'addition interrompit là son propos insolite. Il ne fut jamais plus question de cet épisode entre nous, malgré d'autres rencontres privées.

Par contre, j'ai pu savoir, de sources diverses, que cet homme avait perdu très tôt son père âgé et paralysé, que sa mère l'avait élevé fort durement avant de se remarier par la suite à un homme d'affaires connu, âgé et puissant, que l'épouse conduisait par le bout du nez.

Le patient lui-même avait toujours vécu dans sa jeunesse (comme actuellement encore dans le cadre familial) selon un mode privé hermétique contrastant avec les bonnes relations entretenues sur le plan « officiel » ; il dormait peu la nuit, lisait beaucoup et principalement des ouvrages consacrés à l'irrationnel ; depuis longtemps il faisait « chambre à part », ne fréquentait régulièrement ni n'invitait lui-même personne tout en se comportant de façon très courtoise avec le grand nombre de gens que son épouse recevait chez eux.

On pourrait facilement douter de la valeur du diagnostic porté sur un cas au sujet duquel nous ne possédons que des renseignements bien fragmentaires. Cependant, par l'absence d'éléments visiblement génitaux en tant qu'organisateurs de la relation d'objet, par l'absence aussi de comportements anaclitiques comme par la perte à certain moment du réel avec reconstruction délirante compensatrice, par le déni de la réalité et les troubles de l'identité comme la nature des projections et l'incohérence des opérations mentales, on doit se référer à une structuration de mode psychotique.

Mais le délire semble parfaitement circonscrit à un secteur délimité dont le patient ne sortait jamais, celui de ses origines et la forclusion du nom du père. C'est ce que nous considérons, avec P. C. RACAMIER, comme le type même des « parapsychoses ».

Un cas de « névrose pseudopsychotique » — Obs. n° 7

Mariée à un homme estimé et jovial de 40 ans, Agathe a deux ans de plus que son époux auquel elle est très attachée et qui semble souffrir beaucoup du mauvais état de santé de sa femme ; il a d'autre part succédé au père d'Agathe à la tête du cabinet d'expertise comptable que celui-ci avait créé, et fait autorité dans la sous-préfecture où le couple réside depuis maintenant douze ans.

(1) Madame de MAINTENON était la petite fille d'Agrippa d'AUBIGNÉ ; elle avait épousé fort jeune SCARRON déjà paralytique, puis, très tardivement, LOUIS XIV, pustuleux et hydropique.

Il y a trois enfants dont l'aîné est fortement dyslexique et la seconde légèrement allergique.

Agathe a connu une enfance à première vue normale et poursuivi des études secondaires classiques, puis elle a commencé des études de droit, interrompues lors du mariage.

Depuis ce mariage, Agathe manifeste une humeur plutôt triste, inhabituelle jusque-là chez elle, elle manque d'entrain ; ses grossesses furent pénibles, un des accouchements nécessita une césarienne.

Vers 38 ans, Agathe est considérée par son entourage comme très « déprimée » et comme elle apporte plus de soucis aux autres que de satisfactions, il est décidé de l'envoyer « bien se reposer » dans une clinique du midi ayant « bonne réputation » auprès d'industriels clients du mari qui furent déjà amenés à y « placer » leurs épouses ou leurs mères devenues trop pénibles.

Cette clinique, très à l'aise affectivement avec la clientèle gérontologique, se serait probablement sentie coupable de ne pas prendre une attitude plus incisive et plus « scientifique » devant une « dépressive » aussi jeune placée d'ailleurs, de l'avis du médecin traitant, « pour un temps limité ».

Agathe fut étiquetée « psychose mélancolique » et on lui administra, avant toute autre enquête, une copieuse série d'électro-chocs. Après quoi Agathe revint chez elle ayant certes gagné quelques kilos, mais toujours aussi déprimée, avec, en plus, de sensibles troubles de mémoire qui la gênaient beaucoup.

Elle fut prise en charge à son retour par un psychiatre ami du précédent qui la déclara « border-line » et la soumit à un traitement antidépresseur dont l'effet immédiat fut une accentuation de l'angoisse et une perte du sommeil.

Un kinésithérapeute qui soignait la scoliose d'un de ses enfants lui donna, à tout hasard, mon adresse et, comme son psychiatre s'était absenté sans la prévenir, elle me demanda un rendez-vous d'urgence.

De toute évidence cette patiente ne correspondait ni à une structure psychotique, ni à une organisation anaclitique ; malgré son allure dépressive elle n'était nullement autique, ni non plus dépendante d'un objet phallique indifférencié.

Toute l'économie profonde se trouvait incontestablement centrée sur une dialectique génitale : Agathe m'explique qu'elle est la quatrième fille d'une famille au sommet de laquelle régnait un père merveilleux et très proche tout autant de la mère que de ses filles. Pourtant Agathe a vécu et cette mère et ses trois sœurs comme lui barrant le chemin du père ; elle n'a pas eu le temps d'en profiter davantage car dès que ses sœurs aînées furent mariées ,elle dut quitter elle-même la maison familiale (où elle aurait pu se trouver « enfin seule » avec le père) pour aller faire ses études à Grenoble, la ville de Faculté la plus proche. Elle devint alors véritablement jalouse de sa mère qui tirait seule avantage de la situation.

Elle se maria donc dès que possible avec un garçon plus jeune et plus pauvre qu'elle, et beaucoup moins brillant que le père, mais de la même profession, et fils d'un ami du père. Elle le ramena à la maison pour « aider le père ». Malheureusement le père devait décéder rapidement, le mari lui succéda, mais elle devait à nouveau le partager avec la mère ; puis (ce qui n'arrangea rien) elle apprit que le partage avec d'autres femmes se trouvait beaucoup plus étendu encore, les liaisons extra-conjugales du dit mari s'avérant peu durables mais nombreuses.

Agathe retrouva un jour une de ses anciennes amies, mariée à un lointain cousin qu'elle avait remarqué et estimé autrefois. Quelques regards, puis quelques propos échangés lui apportèrent la certitude que cet homme avait toujours tenu à elle.

Agathe développa aussitôt des mécanismes de nature névrotique tenant beaucoup plus, au plan économique, à l'hystérie d'angoisse qu'à la dépression véritable. C'était en réalité de multiples petites phobies névrotiques qui l'écartaient de la rue, du monde, des distractions, des déplacements, de la vie en général.

Loin de vivre en autique elle brûlait de fantasmes érotisés qu'elle ne pouvait communiquer, d'où son isolement non sans retrait narcissique. Son angoisse demeurait centrée sur la punition de tels désirs. Ses reproches s'adressaient à ses envies sexuelles et non à la honte de son agressivité comme chez le mélancolique. Son Moi n'était nullement morcelé, mais terriblement tiraillé entre la relation proximale érotisée à l'homme, à l'image du père, et les interdits venant des femmes, rangées du côté de la mère ou des sœurs. L'objet demeurait génital, paternel, masculin et œdipien ; il n'était pas phallique, anaclitique, narcissique et maternel (ni vaguement parental asexué).

Il s'agissait d'une hystérophobique, peu marquée en symptômes, comme le sont souvent les véritables hystérophobiques.

Ce n'était ni une mélancolique, ni même un dépression anaclitique. Seule une psychanalyse conservait une chance de modifier l'attitude devant les authentiques conflits névrotiques en cause.

Un cas de « psychose pseudonévrotique » Obs. n° 8

Le Docteur X... est un ami de longue date.

Après de très bonnes études, il semblait destiné à un avenir brillant, mais, comme il adorait la lecture, la campagne et la chasse, il s'est installé comme généraliste dans une grosse bourgade où il est écrasé de travail, n'a plus le temps de lire, de chasser, de se promener, ni même simplement de penser ; il se sent probablement très coupable de n'adresser au psychiste que les problèmes inextricables et aux divers spécialistes médicaux ou chirurgicaux les nombreux cas de troubles affectifs curables rencontrés à longueur de journée, mais pouvant conserver un quelconque semblant de justification somatisée.

La lettre qui accompagne Martine se veut d'autant plus joviale que le cas est visiblement ennuyeux, qu'on ne m'a pas « envoyé » de patient depuis fort longtemps et qu'on me croit fâché.

... « Mon cher ami, etc. je t'adresse une belle hystérique avec laquelle tu pourras, etc., d'autant plus qu'avec son mari... etc. » Quelques allusions très discrètes au « milieu » sont éclaircies par le début de l'entretien ; j'apprends, en effet, que Martine est la fille du maire du pays (commerce de vins en gros, dans un pays de crus réputés) et l'épouse du notaire local, lui-même lancé dans la politique... autrement dit, on m'annonce d'avance que l'intérêt du médecin traitant local ne peut tolérer aucune fausse manœuvre de la part du consultant.

J'écoute avec beaucoup d'attention le récit de notre « hystérique » : Martine est âgée de 28 ans, elle est née dans le gros village où elle habite et qu'elle n'a quitté que pour une mise en pension, de la classe de sixième à la classe de troisième, dans une ville voisine.

Cet éloignement minime a été très mal supporté ; les études faciles au début, médiocres ensuite, ont été abandonnées après un redoublement inefficace de la classe de troisième.

La patiente a ensuite tenu pendant quelque temps le secrétariat de son père ; elle ne travaillait plus quand elle s'est mariée, à 22 ans, avec un clerc de notaire de 30 ans, assez ambitieux, employé depuis quelques années à l'étude du pays, étude tenue par un notaire âgé, aussi de la famille de Martine et qui décédait deux ans plus tard.

Le père de Martine rachetait alors l'étude pour son gendre. Mais les choses n'allaient pas pour le mieux entre les époux : le mari était souvent absent et bien qu'il proclamât hautement son innocence (le médecin de famille adhère à cette position) Martine se croit trompée. Elle se plaint de maux de tête, de vertiges, de règles irrégulières, de moments dépressifs, les relations sexuelles sont pénibles.

Le médecin traitant ne découvre même pas un « gros foie » ni une « vésicule spasmée » ; le grand patron de l'O.R.L. à la Faculté voisine consulté, reçoit Martine dix minutes, la laisse parler sans l'écouter en lui introduisant dans le noir des instruments bizarres, ne prononce que trois phrases, d'ailleurs incompréhensibles, et griffonne un minuscule papier remis à la patiente pour son médecin traitant, sans même une enveloppe, et limité à un message laconique indiquant la négativité de l'investigation.

Martine a très mal supporté cet examen brutal. Ses malaises et ses sautes d'humeur s'accentuent dans les mois qui suivent. Les relations avec le mari se détériorent.

On adresse alors Martine à un gynécologue qui, lui, se contente d'un examen somatique prudent, d'un prélèvement du col utérin (qui ne montre par la suite aucune anomalie même fonctionnelle) mais reçoit Martine longuement en l'interrogeant de façon très directe sur sa vie amoureuse passée et actuelle, lui reproche de manquer « d'expérience » et lui conseille de prendre un amant.... « *Une jolie femme comme elle... les occasions ne doivent pas manquer... etc.* » Longue lettre pour le médecin traitant ; sans aller jusque-là par écrit, le « refoulement sexuel », « l'aversion pour le mari » sont dépeints en des termes luxuriants et l'invitation à « *faire mieux* » et à « *prendre sur elle* » constitue la conclusion « *logique* ».

Martine revient très éprouvée et très anxieuse de cette consultation. « Pourtant il était si gentil » clame l'entourage (qui n'a pas assisté à la fin de l'entretien...). Le médecin traitant est demeuré pendant deux trimestres d'externat dans un service de neuro-psychiatrie ; il en tire les conclusions qui s'imposent : rien d'organique, donc « affaire psychique ». Pas de délire, donc névrose. Pas d'obsessions, ni de phobies, donc hystérie ; d'autre part, troubles sexuels manifestes, vertiges, migraines, et mouvements d'humeur « immotivés », donc confirmation du diagnostic d'hystérie... On me l'adresse alors.

Ne pouvant me contenter de cet exposé trop rationnel et trop « objectif », je désire en savoir davantage et j'apprends que le père de caractère violent à l'extérieur (et buveur) ne brille pas chez lui ; il a d'ailleurs toujours très peu vécu à la maison et sa liaison ancienne avec la pharmacienne est connue de tout le pays. La mère a décidé d'ignorer cette relation et s'est limitée à un autoritarisme domestique à usage interne reporté sur les domestiques et les deux enfants qu'elle n'a jamais laissés en paix, les harcelant d'obligations, de soupçons, de questions désordonnées.

Le frère cadet de Martine est décrit comme un « caractériel » qui crée bien des soucis à ses parents.

Martine semble avoir présenté en pension, dès la classe de sixième, une véritable phobie scolaire ; elle ne pouvait se passer des conseils et de la protection de sa mère qui pourtant la persécutait déjà à cette époque. Une baisse importante du niveau scolaire a été constatée en classe de troisième. Elle n'a jamais été très adaptée aux tâches pratiques, simples et vivantes, du secrétariat de son père.

Dans le mariage elle ne s'est pas montrée plus pragmatique ; indolente, rêveuse, inefficace, négligée, elle est sans cesse aidée par sa mère qui lui a d'ailleurs délégué finalement à temps complet la plus vieille et la plus « rodée » de ses deux bonnes pour tenir le ménage.

Les troubles sexuels, mis en avant extérieurement, n'apparaissent nullement comme une réalité investie en soi sur le plan authentiquement génital ; ils se présentent comme un aspect non séparable du reste de l'apathie générale, de l'asthénie psychique et du renfermement relationnel.

Il existe de véritables moments de prédéréalisation ; l'entourage, qui ne veut pas voir la gravité de l'état profond, présente cela comme « fatigue » et « dépression ». Le médecin traitant se protège par l'appellation « névrotique ».

L'angoisse de mort (morcellement) est évidente. Les dénis de réalité sont multiples ; les projections persécutoires sur le mari constituent un pré-délire de jalousie se référant à l'attitude paternelle à l'égard de la mère.

La relation d'objet demeure fusionnelle à la mère et à direction autique pour le reste des pôles.

Autrement dit il s'agit d'une structure psychotique se défendant assez bien encore, avec l'aide de mécanismes d'allure névrotique, en apparence érotisés.

Mais la permanence de leur efficacité reste incertaine ; aussi faut-il commencer à la traiter sérieusement, mais pas n'importe comment. Si le psychiste se comporte comme l'O.R.L. entr'aperçu il y a deux ans et se contente de ne « rien voir », Martine descendra peu à peu les degrés de la décompensation psychotique.

Si, au contraire, le psychiste se comporte comme le gynécologue consulté depuis, et vient exciter les pulsions génitales de façon intempestive, Martine sera précipitée encore plus vite dans cette même décompensation.

La marge n'est pas large ; comme tout art, le nôtre est difficile et en plus, de même que l'art abstrait, il ne peut s'accommoder d'interprétations manifestes trop simplistes.

On pourra peut-être s'étonner de ne pas voir exposer ici des catégories structurelles dont les titres correspondraient aux très classiques entités morbides répondant aux appellations de paraphrénie, psychose hallucinatoire chronique, psychoses traumatiques, etc.

Il est bien certain que je conçois la paraphrénie comme se rattachant, pour l'essentiel du moins, à la structure schizophrénique et que, pour une autre part, il y a lieu de distinguer à la fois ce qui, même parfois classé dans cette catégorie morbide, peut tout de même relever soit d'une structuration paranoïaque, soit de manifestations parapsychotiques, soit de réactions psychopathiques ou caractérielles étudiées plus loin.

De son côté la psychose hallucinatoire chronique présente des parentés évidentes avec la structure paranoïaque ; le « cas SCHREBER » a été l'objet de mains débats à ce sujet ; il ne paraît pas nécessaire d'envisager un mode de structuration particulier sous-tendant de tels troubles.

Quant aux « psychoses traumatiques » il en sera longuement débattu à propos du passage dans la lignée psychotique à l'occasion du « deuxième traumatisme » dans notre théorisation au cours du chapitre quatrième de cette même partie.

2. La lignée structurelle névrotique

La lignée structurelle névrotique n'a subi, quant à elle, que des fixations prégénitales modestes en deçà de la *divided line,* de Robert FLIESS (Fig. 1). Le deuxième sous-stade anal sera passé sans trop de difficultés dans un premier temps, ainsi que le stade phallique, cependant que l'Œdipe (Fig. 4) commence à préorganiser la future structure sous le primat de l'économie génitale. C'est là, la première étape dite de préstructuration. Comme pour la lignée psychotique, cette opération se déroule pendant l'enfance ; elle se réalise ici selon l'économie génitale dans la mesure où le jeune prénévrotique a pu, de façon plus heureuse que le jeune préorganisé psychotiquement, accéder à la triangulation génitale sans de trop lourdes frustrations précoces ni de trop sévères fixations prégénitales antérieures.

De même que dans la lignée psychotique, la période de latence va opérer ici un arrêt momentané de l'évolution structurelle, ce qui ne minimise d'ailleurs nullement l'importance des manifestations génitalisées de cette époque mais ne correspond à aucun développement libidinal particulier.

L'adolescence au contraire verra se déclencher les orages affectifs que l'on sait, pouvant aller jusqu'à remettre en question (tout comme ce qui se passe dans la lignée psychotique), le maintien dans la lignée structurelle originelle.

Si, au moment de l'adolescence, les conflits internes ou externes (ou les deux variétés, bien sûr, à la fois) se manifestent de façon trop intense, le Moi peut être amené à se détériorer davantage, à s'adresser à des systèmes relationnels ou défensifs plus archaïques dépassant la simple économie pulsions-Surmoi de type spécifiquement névrotique ; il est conduit à une mise en question plus ou moins sérieuse et plus ou moins durable de la réalité ; le sujet peut se voir alors précipité hors de la lignée névrotique dans la lignée psychotique conduisant à une structuration, à partir de ce moment-là, de mode psychotique définitif ne pouvant donner, en cas de maladie, qu'une psychose, probablement d'ailleurs de mode maniaco-dépressif ou hallucinatoire chronique ; ces deux formes cliniques se situent, la première, près de la mélancolie et la seconde, près de la paranoïa, mais certainement pas une forme schizophrénique car cette forme nécessite des fixations initiales spécifiques faisant obligatoirement défaut à un Moi qui a pu passer, ne serait-ce qu'à titre préorganisé et transitoire, dans la lignée névrotique.

Une telle mutation au moment de l'adolescence de la lignée névrotique préorganisée vers la lignée structurelle psychotique définitive apparaît comme malheureusement plus facile et plus fréquente que le passage en sens inverse, à partir de la préorganisation psychotique vers la structuration névrotique définitive, comme nous l'envisagions au paragraphe précédent. Il suffit d'un traumatisme ou d'un conflit particulièrement intenses, (et nous savons qu'ils ne manquent pas à cette période bien agitée affectivement et socialement) pour opérer un tel changement irréversible, d'où l'importance d'un diagnostic structurel mutationnel précis pour savoir s'il est vraiment inutile ou indispensable d'intervenir psychothérapiquement devant des difficultés

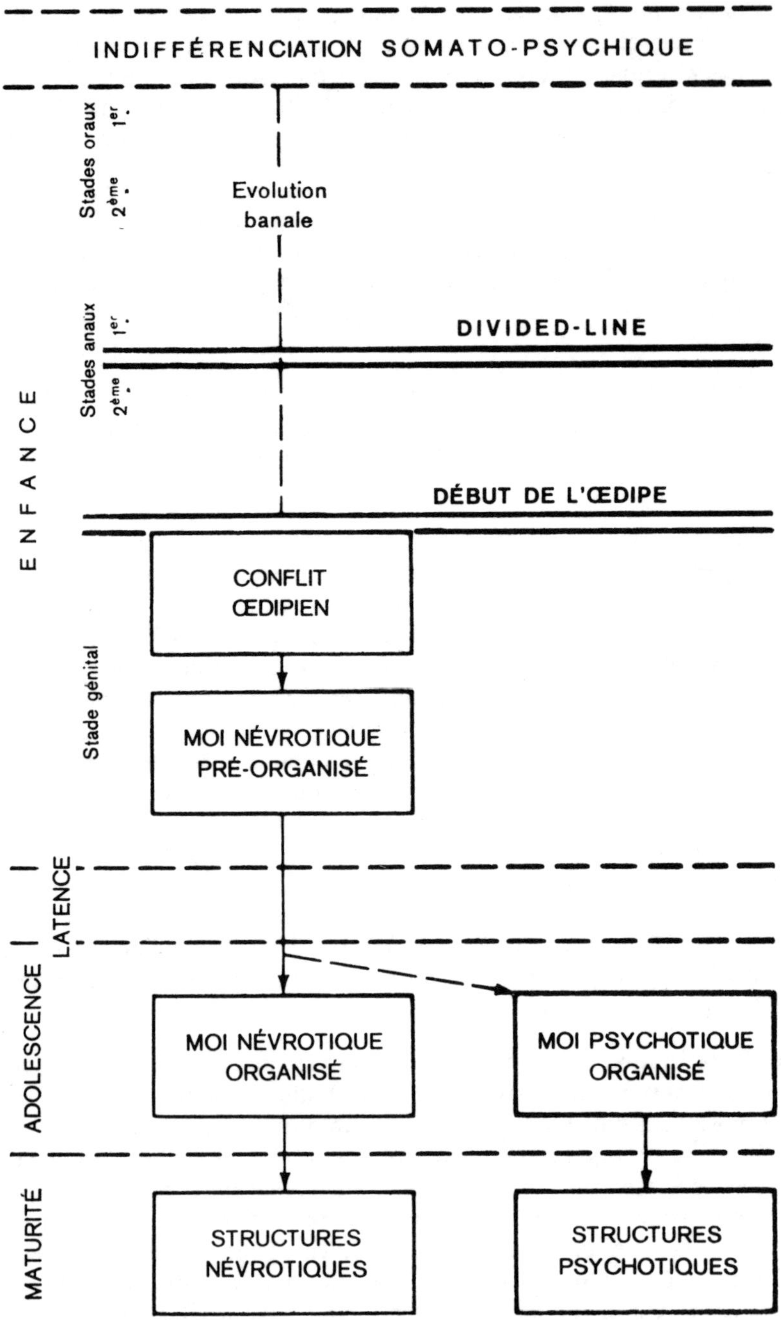

FIGURE 4 : Genèse et évolution de la lignée structurelle névrotique.

survenant chez un adolescent. Les seuls symptômes ne peuvent suffire à nous renseigner ; c'est l'ensemble des éléments topiques, dynamiques, économiques et relationnels qu'il convient de peser et d'évaluer pour déterminer l'état et le sens de l'élaboration structurelle du sujet, son degré de solidité ou l'étendue des menaces de psychotisation.

Cependant, et fort heureusement, dans la grande majorité des cas, et dans des contextes normalement socialisés, au moment de l'adolescence, le Moi névrotiquement préorganisé demeure dans la ligne de structuration névrotique de façon maintenant définitive (Fig. 4).

Cette organisation structurelle ne pourra plus varier par la suite et, si un sujet de cette lignée tombe malade, il ne pourra le faire que selon l'un ou l'autre des seuls modes névrotiques authentiques : la névrose obsessionnelle ou l'hystérie (d'angoisse ou de conversion) correspondant aux deux seules structures qu'il soit possible de rencontrer au sein de la lignée structurelle névrotique en général, la structure obsessionnelle et la structure hystérique.

La lignée structurelle névrotique est avant tout caractérisée par l'organisation de la personnalité sous le *primat du génital.* C'est là ce qui spécifie cette lignée, et corollairement, en retour, il ne peut s'agir de structure névrotique s'il n'existe pas justement de primauté des éléments économiques d'origine génitale.

Les autres caractères de cette structuration découlent de cette position génitale centrale. La façon dont l'Œdipe a été vécu colore toutes les variétés névrotiques au sein de la même lignée. Le Surmoi n'entre en jeu de façon effective qu'après l'Œdipe dont il est l'héritier. On ne peut parler de Surmoi proprement dit que dans les structures névrotiques. Le conflit névrotique se situe entre le Surmoi et les pulsions ; il se joue à l'intérieur du Moi. Le Moi est complet dans l'économie névrotique mais peut demeurer distordu à ses différents niveaux de fonctionnement soit par suite de difficultés survenues au moment de l'Œdipe, soit en raison de fixations prégénitales venant perturber l'élaboration génitale plus tardive ; mais il n'est jamais clivé. L'angoisse spécifique des organisations névrotiques ne touche nullement le danger de morcellement, mais concerne la menace de castration, de même que cette angoisse de castration spécifie, en retour, la lignée névrotique. La régression névrotique, en cas d'accident morbide, concerne davantage la libido que le Moi, mais elle n'atteint jamais le niveau des régressions prégénitales massives des structures psychotiques.

La relation d'objet névrotique se réalise sur un mode pleinement génital et objectal ; l'objet conserve une position proximale, il existe en tant que tel et se trouve recherché en ce sens. La défense névrotique caractéristique a été longuement décrite par FREUD sous le vocable de « *Verdrängung* », traduit en français par « *refoulement* ». Si d'autres mécanismes accessoires viennent aider ce refoulement selon les variétés névrotiques, il n'est cependant jamais fait appel au déni de la réalité, même sous une forme partielle. La réalité peut se trouver transformée par l'élaboration défensive mais elle demeure cependant non déniée. Les exigences du principe de plaisir restent toujours plus ou moins soumises au contrôle du principe de réalité. La fantasmatisation et les rêves névrotiques correspondent aux satisfactions pulsionnelles hallucinatoires interdites par le Surmoi et portent cependant traces du conflit et des défenses ; ce sont des compromis fonctionnels comme le symptôme constitue un compromis pathologique. Le statut des objets fantasmatiques est maintenu. La relation aux parents a été élaborée sur une base triangulaire et sexuelle fondamentale qui, elle aussi, ne peut se rencontrer que dans les organisations névrotiques.

Il semble intéressant, parallèlement aux réflexions formulées à propos des structures psychotiques, de considérer les caractéristiques du langage dans les structurations de type névrotique : P. DUBOR (1971) a insisté sur l'expression symbolisée du désir comme sur la manifestation de la relation objectale porteuse en elle-même de sens ; ce qui sépare l'objet du sujet correspondrait au sens et au symbole. Il s'agirait d'une expression synchronique bipolaire mentalisée, traduisant la bipolarité relationnelle foncière et en réalité diachronique, de l'inconscient.

Comme l'exprimait dans son propos truculent le souffleur d'ANOUILH *(Ne réveillez pas Madame),* on pourrait dire que le langage des organisations névrotiques, tout comme le temps vécu, « c'est tout en même temps ».

Dans la structure névrotique, la cohésion est maintenue entre contenant et contenu. Le contenu représente l'objet même du langage mais la fonction syntagmatique subit une altération ; comme le montre D. ANZIEU (1970) les thèmes apparaissent très souvent comme multiples, sans dénouement choisi, avec une mauvaise organisation du récit.

A) La structure obsessionnelle

La structure obsessionnelle n'a jamais eu, chez les psychopathologues, meilleure réputation du côté névrotique, que la structure paranoïaque du côté psychotique ; affectivement certaines entités passent pour fort « rebelles », ce qui ne veut dire ni qu'elles le soient effectivement toujours, ni qu'elles se trouvent les seules à ne pas se montrer dociles au contact ou à la thérapeutique.

D'autre part, il n'est pas toujours facile de distinguer une structure obsessionnelle à manifestations pseudo-délirantes d'allure psychotique d'une structure psychotique mettant en avant de luxuriantes défenses obsessionnelles. L'ancienne dénomination de psychasthénie englobait pour P. JANET (1908) toutes ces variétés structurellement fort distinctes.

De fait, la structure obsessionnelle occupe dans le tableau de R. FLIESS (Fig. 1) la première place en aval de la « divided line », c'est-à-dire que cette structure se présente comme la plus régressive des structures névrotiques sur le plan libidinal et qu'elle se situe tout contre la moins régressive des structures psychotiques, c'est-à-dire la structure paranoïaque, ce qui ne veut pas dire pour autant qu'elle possède beaucoup de traits communs avec elle ; au contraire, dans son essai nosographique de 1962, A. GREEN range en parallèle de part et d'autre de la ligne correspondant au principe de réalité l'organisation obsessionnelle et l'organisation schizophrénique, toutes deux se trouvant situées dans la zone « pessimiste » en retard de la ligne correspondant au principe de plaisir.

Toute classification comporte des difficultés pour rendre compte des analogies et des divergences. Une conceptualisation exigente, voulant rendre compte de toutes les nuances envisagées, semble peu réalisable dans un espace limité aux deux seules dimensions de la surface plane d'un feuillet, d'un tableau noir, ou d'un écran de projection.

C'est FREUD (1894 et 1895) [1] qui a montré le rôle actif du sujet obsessionnel dans la négociation des représentations gênantes : dans le cas de structuration de mode hystérique, la représentation gênante détachée de l'affect correspondant subit une « conversion » ayant valeur symbolique dans un registre somatisé alors que dans la structuration de mode obsessionnel, la représentation pulsionnelle conserve toujours une tendance à se détacher de son affect correspondant mais c'est ici l'affect lui-même qui ira secondairement s'attacher à d'autres représentations moins conflictuelles dans lesquelles on ne pourra plus reconnaître la pulsion originelle.

C'est ainsi qu'on semble pouvoir concevoir la mise en place d'un mécanisme obsessionnel ; ce mécanisme demeurera discret tant que la structure obsessionnelle demeure compensée dans les limites des comportements ordinaires de la vie, ou même dans les comportements caractériels ; mais, en cas de réactivation vive du conflit ancien, le même mécanisme donnera naissance à une névrose obsessionnelle classique.

Comme dans toute structure névrotique, c'est l'économie génitale qui domine le mode d'organisation obsessionnelle. FREUD a montré (1915) le rôle essentiel du refoulement et de ses échecs dans de telles organisations.

Le refoulement joue sur les représentations pulsionnelles difficiles à tolérer, principalement celles qui ont trait à des désirs sexuels ou à des

(1) Dans son article, *écrit en français,* FREUD traduit son propre terme allemand de « Zwangneurose » par l'expression française « névrose des obsessions ».

difficultés sexuelles de l'enfance. Le refoulement se fait aider dans son action répressive par l'isolation et le déplacement. Tant que la structure obsessionnelle demeure dans les limites de l'adaptation, c'est-à-dire de la « santé » ou de la « normalité », ces défenses réussissent conjointement à maintenir le sujet en dehors de conflits importants. Les quelques petits rameaux du refoulé qui parviennent à franchir la censure entre l'inconscient et le préconscient laissent apparaître des comportements obsessionnels modérés immédiatement enrobés d'une coloration « normale », tant que cela est possible grâce à la mise en jeu des défenses par rationalisation ou annulation qui constituent les éléments essentiels du caractère obsessionnel dont nous aurons à débattre plus loin.

Mais si les éléments refoulés franchissant la censure s'avèrent trop nombreux, trop importants, ou trop représentatifs, la rationalisation ou l'annulation n'arrivent plus à elles seules à conserver l'allure de légitimité et de banalité ; on est conduit à une décompensation morbide de la structure obsessionnelle, c'est-à-dire à la «névrose obsessionnelle» avec ses doutes et ses angoisses, ses luttes au milieu des contraintes et des répétitions, ses hontes et ses rituels.

A. GREEN (1964 et 1965) a tenté de préciser, toujours au-delà des symptômes, le mode de structuration obsessionnel. La régression est présentée sous son double aspect fondamental : tout d'abord, une régression de structure de la libido affectant les pulsions et correspondant à une régression pulsionnelle, à partir des tendances sexuelles et tendres, en direction des pulsions agressives et sadiques-anales. Il existe donc un certain niveau de défusion des pulsions avec prédominance des investissements destructifs. Au point de vue structurel pur, il paraît nécessaire de noter qu'il s'agit, dans un premier temps, davantage de fixations anciennes que de régressions proprement dites, les régressions véritables ne se produisant de façon massive que dans la période qui accompagne la décompensation morbide.

Une autre sorte de fixation et d'autres mouvements régressifs touchent à l'évolution du Moi, entraînant, sur le plan dynamique et temporel, des manifestations agies vers les manifestations purement mentalisées, ce qui conduit à une surestimation constante et défensive de la pensée.

Les investissements libidinaux ont donc tendance à quitter une plus ou moins grande quantité d'investissements objectaux au profit de la même quantité d'investissements narcissiques.

Cette tendance régressive est considérée comme le résultat du conflit entre éros et thanatos tout autant qu'entre le Moi et son objet ; elle permet du même coup au représentant de se détacher de l'affect auquel il se trouvait jusque-là lié au sein de la même expression pulsionnelle. C'est à ce niveau aussi que le contre-investissement prend sa source (tout comme dans la séparation des éléments d'un atome précédemment unifié) et mettra l'énergie ainsi récupérée au service des formations réactionnelles éventuellement nécessaires au maintien d'une adaptation réussie (propreté, ordre, économie, etc.) ou bien à des efforts moins heureux pour limiter l'angoisse (rituels, activités compulsives, etc.) contribuant ainsi à constituer des symptômes morbides.

Comme dans toute structuration de mode névrotique, le Surmoi aura ici un rôle capital à jouer : l'angoisse demeurant l'angoisse de castration, une double supercherie tentera d'amadouer le Surmoi, d'une part à l'ombre de la régression pulsionnelle, la pulsion agressive (moins coupable) sera mise en avant ; d'autre part, le Moi procédera à un simulacre d'autopunition, beaucoup plus subtile dans son apparence méritoire en pure souffrance, que le masochisme dont chacun connaît, tout autant que le Surmoi, les « liaisons dangereuses » avec le plaisir auquel il parvient à apporter, de surcroît, un raffinement de satisfaction.

La structure obsessionnelle ne peut donc pas engendrer de produits pervers : elle n'autorise aucune trace de satisfaction directe, de même qu'elle ne décolle jamais véritablement, même dans ses avatars pathologiques les plus sérieux, du plan de la réalité. Les fixations anales importantes, portant sur le deuxième sous-stade anal, contraignent le sujet de structure obsessionnelle à une attention tendue vers la maîtrise de l'objet, la constance des investissements, le maintien à une distance optimale (ni trop grande, ni trop réduite) des objets. C'est ce que M. BOUVET (1960) développe dans le sens d'une défense par le « trop comprendre » et par le refus de reconnaître les liens affectifs relationnels à l'autre.

La vie fantasmatique de l'obsessionnel demeure en général pauvre, son univers onirique tout comme ses capacités relationnelles apparaissent comme rigidifiées, desséchées, momifiées, pour une plus ou moins grande part ; le but réel est de conserver à ce prix un investissement objectal, une certaine quantité de libido et le droit à la vie. J. LACAN (1966) a longuement épilogué au niveau des rapports entre réalité, imaginaire et symbolique, à ce niveau : « *C'est la mort qu'il s'agit de tromper par mille ruses... c'est la ruse qui retient le sujet hors du combat, comme Vénus fit à Pâris, le faisant être ailleurs que là où se court le risque et ne laisser sur place qu'une ombre de lui-même, car il annule d'avance le gain comme la perte, en abdiquant d'abord le désir qui est en jeu.* »

C. CHILAND (1967) précise que l'angoisse obsessionnelle est liée à la lutte contre l'idée obsédante et qu'elle demeure ainsi en dépendance du conflit interne même si ce conflit apparaît comme élaboré de façon assez lointaine par rapport au conflit original.

La relation parentale du sujet de structure obsessionnelle n'a pas connu beaucoup de développements. Il est évident que nous trouvons en économie triangulaire et œdipienne des parents non seulement différenciés mais, *déjà et encore,* authentiquement définis quant à leur identité sexuelle.

Les observations cliniques porteraient à croire que le sujet de structure obsessionnelle aurait entretenu autrefois avec ses parents une relation assez particulière portant à la fois de la part des *deux parents* sur une *valorisation* des contrôles et des inhibitions, et sur une *interdiction* des *deux* pulsions agressive et sexuelle. La mère tout comme le père « mettraient en avant » (l'expression est choisie à dessein) la nécessité de *cacher* les relations sexuelles entre eux tout en les laissant supposer et délicieuses et défendues et agressives et érotisées. Les conséquences de ce jeu particulier des interdictions parentales dans la structure obsessionnelle favorisent les attitudes biens connues en clinique chez de tels sujets : le rapprochement avec le parent de même sexe est plus facile parce que moins réprouvé, de même que l'éloignement du parent de sexe opposé, seule solution permise.

D'autre part, la mère établit très tôt les assises des futures formations réactionnelles de l'enfant : elle surinvestit les soins corporels, intestinaux et anaux apportés à l'enfant. L'enfant prend un élan pour satisfaire la mère dont il devine le désir caché répondant à son désir œdipien montant ; mais le père veille, il est là (économie névrotique) tout autant pour menacer le fils que pour satisfaire la mère. Devant cette angoisse et cette déception à la fois, l'enfant trahi et découragé ne peut que développer ses propres fixations anales et « faire le mort » sur le plan génital. Son désir n'aura pas, comme dans la structure hystérique, été éveillé assez fortement pour franchir le cap du maintien de son affirmation génitale. Le primat de l'organisation génitale est maintenu certes, mais mis en veilleuse comme la petite bougie dans la chambre d'un moribond ; seule l'économie anale est placée en avant, et encore seulement sous une forme déguisée tant par les formations réactionnelles que par les comportements autopunitifs.

Le langage obsessionnel est marqué par la rigidité souvent masquée derrière une sobriété en apparence modeste et réservée. Le style est empreint de netteté et de parcimonie. Il se veut précis et au service du raisonnement logique ; en réalité, il demeure coloré de reproches et de sècheresse affective. L'objet est traité dans le discours comme un enfant, et maintenu, pour cela, à une demi-distance, de façon à intéresser sur le plan intellectuel sans jamais séduire sur le plan affectif. On a décrit à ce sujet un style spécialement « administratif », chargé de formules toutes faites, évitant le contact personnel au profit du seul point de vue fonctionnel, du général et du banal.

Il y aurait lieu de tenir compte enfin de ce qu'on appelle souvent « *l'indice d'hystérisation* » de l'obsessionnel qui ne manque jamais quand on a affaire à une véritable structure obsessionnelle et non à de simples comportements obsessionnels de défense au sein d'une structure prépsychotique par exemple. Le terme de « *noyau hystérique* » semblerait plus ambigu en laissant supposer peut-être une certaine incertitude sur le monolithisme structurel de base ; cependant toute structure obsessionnelle authentique conserve assez d'éléments génitaux fondamentaux pour ressentir une hallucination négative de son manque d'hystérisation. Une expression heureuse dit que l'hystérique conserve la nostalgie de l'obsessionnel tout autant que celui-ci aspire à l'hystérie. Cette image d'une dualité complémentaire des structures névrotiques tenant compte aussi de leur aspiration réciproque dans une espérance, et défensive et extensive à la fois, me paraît d'autant plus judicieuse qu'elle exclut en même temps du dialogue l'intrusion factice des pseudo-structures « phobiques » au sein de l'économie névrotique.

B) La structure hystérique

La structure hystérique constitue, dans le schéma auquel nous nous sommes attachés, le maillon le plus élaboré en direction de la maturité.

Le caractère hautement sexuel de ce mode d'économie structurelle n'avait pas échappé aux plus anciens auteurs et ce n'était pas sans raison que sa représentation mentale s'est trouvée si longtemps liée au symbolisme d'un organe génital féminin ainsi qu'à la somatisation utérine.

C'est ainsi que pensaient les anciens depuis le papyrus de KAHUN (xxe siècle avant J.-C.) rappelé par P. PICHOT (1968). HIPPOCRATE fixe le siège de l'épilepsie dans le cerveau et celui de l'hystérie dans l'utérus, point de vue partagé par ARÉTÉE de CAPPADOCE. Il y a lieu de noter la curieuse prémonition rencontrée chez PLATON de la première conception freudienne des dégâts causés par la répression sexuelle ; même si les schémas employés se trouvent grossièrement liés aux images corporelles du temps, on ne peut manquer de se trouver frappé par la similitude latente de pensée : « *L'utérus, dit PLATON dans* le Timée, *est un animal qui désire engendrer des enfants. Lorsqu'il demeure stérile trop longtemps après la puberté, il devient inquiet et, s'avançant à travers le corps et coupant le passage à l'air, il gêne la respiration, provoque de grandes souffrances et toutes espèces de maladies.* » Pour GALIEN, l'hystérie est également un résultat de l'abstinence sexuelle. S. FREUD n'ignorait sûrement pas lors de sa première conception de l'hystérie qu'il possédait des devanciers de cette taille.

Au Moyen Age on ne peut s'empêcher, sous la houlette théologique, de chercher à rapprocher hystérie et maléfices diaboliques malgré les protestations de PARACELSE qui, en 1567, décrit déjà des modes de fonctionnement anticipés et rudimentaires des fantasmes et de l'inconscient : « *La cause de la maladie... est simplement une opinion et une idée assumées par l'imagination, affectant ceux qui croient en une telle chose... (chez les patients) la vue et l'audition sont si puissants qu'inconsciemment ils ont des fantaisies sur ce qu'ils ont vu et entendu. Leur raison est entraînée par de telles fantaisies et pervertie dans la forme que prend leur imagination.* »

La première localisation mentale de l'hystérie se trouve décrite en 1618 par Charles LEPOIS, doyen de l'école de Médecine de Pont-à-Mousson. Ce n'est qu'en 1670 que Thomas WILLIS a réellement défendu cette idée.

Plus près de nous, PINEL a le premier rangé l'hystérie dans les névroses. La fin du XIXe siècle relie trois noms célèbres : CHARCOT, SALPÊTRIÈRE et HYSTÉRIE.

C'est curieusement à la suite de son stage à Paris chez CHARCOT, défenseur de la théorie organique de l'hystérie, que S. FREUD se range à l'opinion de BERNHEIM et LIÉBAULT défendant à Nancy l'origine affective et émotive de la maladie et sa seule possibilité de traitement valable dans la psychothérapie.

L'année même de la mort de CHARCOT, en 1893, FREUD et BREUER écrivaient leurs *Etudes sur l'hystérie* qui marquèrent une évolution capitale dans la manière de concevoir les névroses et en particulier la névrose hystérique. En 1895, FREUD isole la « névrose d'angoisse » et l'année suivante la « névrose obsessionnelle ». En 1908, FREUD sépare divers éléments à l'intérieur de la « névrose d'angoisse » et le premier parle « d'hystérie d'angoisse » dont il démontre la similitude structurelle avec l'hystérie classique dite « de conversion ».

Le modèle structurel de l'hystérie a été évoqué par G. ROSOLATO (1962) d'une part, et d'autre part par A. GREEN en 1964. Leurs conclusions ne convergent pas exactement.

Du point de vue topique, la structure hystérique ne comporte pas de régression du Moi, mais une simple régression topique de la libido sans régression dynamique ni temporelle. L'hystérique de structure présente d'importantes fixations au stade phallique d'ABRAHAM tout en gardant de fortes composantes orales qui pourtant ne deviennent jamais organisatrices chez lui.

La caractéristique principale du mode de structuration hystérique, celle qui ressort de tout l'historique cité plus haut, et qui a justifié la longueur de cet historique, c'est la force de la composante érotique, dont tous les aspects dominent la vie de l'hystérique et les expériences relationnelles diverses.

Les investissements objectaux du même coup s'avèrent facilement mobiles, variables et multiples bien que ne restant pas forcément sur un plan purement superficiel.

Le troisième caractère de la structure hystérique, et commun à ses deux formes, se réfère aux défenses, c'est-à-dire ici à la primauté des mécanismes de refoulement sur les autres procédés. Les traits communs étant établis, il y a lieu de déterminer maintenant les différences nosologiques entre les deux variétés de la structure hystérique :

a) LA STRUCTURE HYSTÉRIQUE D'ANGOISSE

La structure hystérophobique constitue la plus régressive des deux modes de structuration hystérique. C'est donc celle qui se situe, d'après le tableau de R. FLIESS, le plus près de la structure obsessionnelle. D'autre part, l'hystérophobique représente le seul mode de structuration phobique de type authentiquement névrotique dans notre conception puisque, comme nous le verrons plus loin, nous contestons dans ce travail l'existence tout autant d'une « névrose d'angoisse » que d'une « névrose phobique ». Tout en reconnaissant l'évidence clinique de tels « *syndromes* » phobiques nous leur refusons un statut structurel *névrotique*.

Dans l'hystérophobie, comme l'a montré R. DIATKINE (1968), la libido demeure essentiellement génitale et le mécanisme principal reste le refoulement ; les mouvements pulsionnels ambivalents (agressivité à l'égard des objets d'amour et affection pour les objets agressés) conservent une attitude générale incohérente, opposée à la simplicité de la rigidité affective obsessionnelle. Les identifications aux deux parents se révèlent du même coup difficiles et ambiguës.

Ce flottement identificatoire se trouverait à l'origine des états de rêverie que K. ABRAHAM (1911) a rattachés aux états hypnoïdes, décrits par BREUER (1893).

Cependant, contrairement aux déprimés chez lesquels les investissements objectaux se trouvent modifés (cf. au chap. quatrième « états limites ») dans les comportements dépressifs constatés chez les hystérophobiques de structure, on reconnaît facilement la recherche d'un objet *sexuel*. Mais dire simplement qu'il s'agit d'une recherche, d'un « objet » (tout court) ne paraît pas suffire et peut mener à des confusions fâcheuses concernant non seulement un quelconque classement mais touchant aussi aux décisions thérapeutiques : en effet, le dépressif de type « état limite » conserve aussi un « objet » mais un objet *anaclitique* qui n'a rien à voir avec l'objet *sexuel,* sans aller toutefois jusqu'à l'objet *narcissique* internalisé du mélancolique. Ces nuances paraissent capitales en clinique ; elles se détectent bien en deçà des épisodes morbides dans l'étude même de la structure.

Affirmer que les structures du Moi ne sont figées et classables rigoureusement qu'autant que l'observateur désire les trouver immuables semble une attitude intellectuellement confortable sur le plan du diagnostic et rassurante sur le plan de la thérapeutique. Sous un aspect « réaliste et libéral », on risque ainsi de conduire les esprits moins expérimentés à un relativisme de bon aloi, voire à un scepticisme à la mode permettant de justifier les immaturités personnelles de jugement, les prises de positions agressives ou désordonnées que nous avons rencontrées d'ailleurs à toutes les époques, aussi bien chez les trop pacifiques que chez les trop belliqueux, la commune excuse se résumant dans le classique « *tout est dans tout* ».

Si mon travail s'attache aux nuances, aux incertitudes des phases évolutives *préstructurelles,* aux subtilités différentielles, ma conviction demeure centrée sur la distinction de deux niveaux : un niveau latent et profond évoluant vers une structuration du fonctionnement mental de plus en plus précise et inchangeable et d'autre part, toute une série de phénomènes manifestes et superficiels beaucoup moins spécifiques, et, en cela, beaucoup plus modifiables. La thérapeutique toucherait essentiellement ce niveau et le ferait de façon d'autant plus efficace, sans doute, qu'elle tiendrait d'abord compte des fondations structurelles qu'elle renoncerait à modifier, conservant ainsi toutes ses énergies et toutes ses subtilités pour se consacrer à l'aménagement des facteurs plus mobiles. Le but essentiel serait d'amener ces facteurs à une meilleure adaptation aux réalités structurelles profondes internes comme aux exigences extérieures matérielles et historiques, c'est-à-dire de faire atteindre, ou retrouver, au sujet *sa* propre « normalité »...

La structure hystérophobique de base se distingue également par d'autres caractères spécifiques :

Le refoulement, malgré son importance, n'y est pas réussi complètement : il existe un certain degré d'échec de ce mécanisme et appel doit être fait à des mécanismes accessoires et satellites : la pulsion gênante qui réapparaît est d'abord déplacée sur un objet moins évident, les rues par exemple à la place des filles (des rues) ; puis à ce déplacement d'un objet intérieur en objet extérieur s'ajoute alors un évitement (peu facile) de cet objet extérieur : la phobie des rues dans notre cas. Précisons tout de suite que, dans notre optique, cette phobie des rues, qu'elle atteigne un niveau morbide ou qu'elle demeure un simple signe « caractériel » de la structure, ne doit pas être confondue avec la peur des grands espaces, le plus souvent de nature anaclitique, dépressive par peur de perte de l'objet et non par peur de la pulsion sexuelle.

L'évolution libidinale correspond dans la structure hystérophobique à un simple retour d'une partie seulement de la libido sur des fixations antérieures orales et anales précoces. La relation d'objet demeure proximale, cependant un écran est placé entre le sujet et l'objet sous la forme de l'évitement phobique souvent assez subtil quand il ne s'agit pas d'un symptôme morbide tout à fait évident ; cet écran phobique permet de conserver et d'éviter à la fois le contact avec l'objet représentatif.

L'angoisse concerne bien sûr la castration ; dans le mécanisme spécifique de l'hystérophobie, il s'agit d'une angoisse de voir la *pensée* se réaliser ; c'est pourquoi cette pensée se trouve déplacée sur l'élément de défense phobique. La représentation fantasmatique subit les mêmes transformations par refoulement d'abord puis par déplacement et évitement des retours du refoulé.

La relation initiale de l'hystérophobique à ses pôles parentaux tient compte de l'ambivalence des identifications signalée plus haut : les deux parents à la fois opèrent sur l'enfant une excitation et une interdiction sexuelles. Tout en demeurant très sollicité sur le plan érotique l'enfant ne sait plus très bien comment concilier provocations et interdits ni non plus qui attend et qui défend le rapproché érotisé.

Dans les organisations structurelles hystérophobiques il s'agit d'une séduction indirecte et ambivalente à laquelle participe le langage. La symbolisation est poussée assez loin pour maintenir bien cachés le désir de proximité objectale et le mélange d'érotisation et d'agressivité qui s'y trouvent mêlés, ce qui donne au discours de l'hystérophobique cet aspect haché, alternatif, souvent contradictoire. Prisonnier de son système de défense, l'hystérophobique se croit obligé de tenir un langage beaucoup plus agressif en apparence que ne l'est vraiment sa personnalité profonde ; mais il est nécessaire de bien masquer tout ce qui pourrait traduire l'érotisation sous-jacente.

b) LA STRUCTURE HYSTÉRIQUE DE CONVERSION

Il faut d'abord reconnaître, avec les psychopathologues contemporains, que les malades correspondant à une décompensation de structure hystérique de conversion sont beaucoup plus rares actuellement qu'à la fin du XIXe siècle par exemple, au moment où fleurissaient les études sur des cas superbes et célèbres de conversion somatique rangées de nos jours parmi les archives précieuses et les pièces de musée ; d'autre part les formes morbides actuelles de cette structure ne se présentent que très rarement à l'état pur ; il est bien rare de ne pas y rencontrer un élément phobique parasitaire ; il faut savoir enfin que, de nos jours, nombre de données somatisées se trouvent rangées non plus dans les catégories structurelles hystériques, mais dans un champ économique en plein développement théorique, celui de la régression psychosomatique, de même que nous aurons à envisager au chapitre suivant les comportements corporels liés aux mécanismes hypocondriaques.

La conversion somatique de nature authentiquement hystérique est caractérisée par la focalisation, *symbolisée* à ce niveau, d'un investissement *libidinal* retiré aux représentations amoureuses concernant l'image du parent de sexe opposé, donc plus angoissantes parce que plus interdites et plus coupables, et pouvant entraîner la castration punitive de la part du parent de même sexe.

Cette focalisation somatique correspond donc à un déplacement sur une partie du corps non pas choisie au hasard mais désignée, à la fois pour sa valeur symbolique d'une part, et pour son investissement érogène aussi, lors du passage à ce niveau au cours de l'évolution de la sexualité infantile, de même qu'intervient également (mais en toile de fond plus qu'en déterminant le choix direct) l'importance revêtue par cette région corporelle en tant qu'investissement narcissique lors de la constitution du schéma corporel de l'individu.

Dans la localisation corporelle de toute structure hystérique de conversion, malade ou non, tout comme dans les expressions corporelles de la structure hystérophobique, malade ou non (troubles neuro-végétatifs, spasmodiques ou fonctionnels divers), le choix des zones ou des organes investis n'est ni dû au hasard, ni simple. La représentation symbolique joue, comme nous venons de le voir, à divers niveaux ; de même que pour interpréter un rêve il ne peut exister de trop simplistes manuels exposant « la clef des songes », de la même façon, aucun choix somatique dans une structure hystérique ne peut être saisi et analysé sur un seul plan ou à un seul niveau, même en se référant au registre symbolique. Si, en 1895, S. FREUD pouvait se permettre de rendre la possibilité de marcher à Elisabeth VON RITTER par la seule interprétation symbolique du fait « qu'elle ne marchait pas » au sujet des propositions de son beau-frère, on peut penser que cette vue trop fragmentaire des différents niveaux conflictuels de la patiente ne pouvait suffire à la guérir. L'interprétation de FREUD par sa justesse et sa brutalité a agi comme un coup de fouet, telle une interprétation à la mode de J. ROSEN (1960). Ceci constitue une sorte d' « analyse directe », ou du « torpillage » mais sûrement pas de la psychanalyse en soi.

En 1905, FREUD n'aurait certainement pas agi ainsi avec Dora (... et pourtant...), encore moins en 1926 (d) au moment de *Inhibition, Symptôme et Angoisse*. Une analyse ne peut agir vraiment qu'en modifiant profondément non la structure bien sûr, mais le mode de fonctionnement du système de défense, mal adapté, dans les cas morbides, aux réalités internes et externes du sujet ; pour obtenir, quelle que soit la structure, une modification profonde et durable du système défensif, il y a lieu de débusquer les conflits mal engagés à *tous* les niveaux, successivement et dans l'ordre rétrograde si possible. Mais le plus souvent, on opère en ordre plus ou moins dispersé, certes, et surtout comme on peut, au gré des associations ou des manifestations psychiques ; on ne peut confondre la valeur suggestive de l'interprétation vraie d'un seul point des conflits, avec l'analyse d'un système conflictuel et défensif global dont seuls les résultats peuvent s'avérer radicaux et durables.

Dès 1909, Freud décrivait les mécanismes de conversion hystérique de la même façon qu'il avait décrit les mécanismes du rêve : fantasmes projetés et représentés en mascarade, représentations pulsionnelles jouets des mystifications du processus primaire (condensation, déplacement, symbolisation) et maintenues hors des réalités logiques du temps et de l'espace.

La réalisation du désir est envisagée par la mise « hors d'état de nuire » d'une partie du corps qui aurait pu y contribuer. Sa valeur fonctionnelle inhibée protège contre le désir coupable alors que sa valeur symbolisée éveille la satisfaction.

La structure hystérique de conversion est d'autre part nettement spécifiée par la réussite théoriquement totale du refoulement, qui dans les cas les plus « purs » suffit à lui seul à maintenir la représentation gênante éloignée du conscient. La « belle indifférence », si souvent décrite à propos des conversions hystériques, correspond à la fois au succès du refoulement et au succès du symptôme. L'hystérique de conversion regarde son symptôme en toute sérénité, n'étant dérangé en cela par aucun retour intempestif du refoulé qui l'obligerait à mettre en œuvre d'autres dispositifs et d'abord, lui apporterait une souffrance ou une inquiétude, un certain degré de conscience; car, comme le montre C. CHILAND (1969), ce que nie l'hystérique de conversion ce n'est dans le fond que l'atteinte somatisée et non pas le conflit psychologique.

Bien entendu le refoulement, dans l'hystérie comme ailleurs, ne peut se trouver réalisé une fois pour toutes. Il y a lieu de l'alimenter sans cesse en énergie par de perpétuels contre-investissements. Les formations de symptômes agissent aussi à ce niveau, et on peut concevoir que, grâce aux bénéfices secondaires retirés des manifestations de conversion, ces dernières ne jouent pas seulement en consommant de l'énergie, mais qu'elles en restituent aussi, dans un deuxième temps, au système nouveau ainsi créé, contribuant du même coup à le rendre de moins en moins fragile sur le plan économique pur, mais par là même, de moins en moins réversible sur le plan défensif. D'où la nécessité, en cas de besoin thérapeutique, d'intervenir de l'extérieur sur le système protecteur pour y créer en un premier temps une brèche, un déficit compensé d'abord par les apports anaclitiques gratifiants du transfert puis permettant progressivement un aménagement des investissements libidinaux sur une base plus adaptée donc plus « normale ».

Les formations réactionnelles qui contribuent, chez l'hystérique, aux contre-investissements sont dirigées, comme le montre R. DIATKINE (1968), contre les objets internes et externes pour déguiser le sens de l'attachement pulsionnel. FREUD (1895 d) précise que « *dans l'hystérie la formation réactionnelle se cramponne avec ténacité à un objet déterminé sans atteindre le niveau d'une disposition générale du Moi* ». Ceci contribue au succès du refoulement de toute émergence pulsionnelle. Même dans les cas les plus douloureux en apparence, aucune manifestation d'angoisse surmoïque n'apparaît ; le sujet réagit comme si le symptôme ne lui appartenait pas, comme s'il s'agissait d'un véritable corps étranger. Et la souffrance peut même prendre, sur le plan réactionnel, un sens jubilatoire lié au fantasme compensateur permanent et inconscient en relation avec l'objet interne maintenu et ainsi manipulé.

La conversion, dans ses sens et dans ses plans multiples, correspond tout autant à la peur de la castration qu'à une ruse pour l'éviter, à l'objet sexuel interdit qu'à l'objet récupéré, au phallus perdu qu'au phallus récupéré. Tout coexiste dans le même ensemble à la fois fantasmatique, vécu, et symbolisé.

La structure hystérique de conversion correspond, sous l'incontestable priorité du génital, à des fixations cependant prégénitales tout autant orales que phalliques et l'angoisse de castration demeure liée à une réalisation de l'*acte* beaucoup plus qu'à une crainte de la pensée comme dans la structure hystérophobique.

La relation initiale aux parents est marquée par une séparation déjà plus nette des rôles : l'excitation émane davantage du parent du sexe opposé et l'interdiction plus classiquement du parent de même sexe. L'arrêt éventuel du développement libidinal, si près de la maturité affective, peut se comprendre par le fait que l'enfant n'arrive pas tout à fait encore à « décoller » de l'Œdipe : la peur de la castration par le parent de même sexe entraîne le Moi jusqu'à une conviction dans la menace, alors que la satisfaction par l'autre sexe demeure du domaine de la provocation, sans aucune certitude que la réalisation serait réellement acceptée. Le changement d'objet sexuel ne devient possible que sur un mode incomplet, incertain, insatisfaisant ; l'érotisation et la réponse du Surmoi sont intenses, les fantasmes de réalisation toujours inquiets et incomplets.

Quand on parle en termes de structure, on ne peut s'empêcher de se poser la même question que S. FREUD (1910 i) à propos des *Troubles visuels d'origine psychique* : en ouvrant sans cesse des voies nouvelles à la réflexion profonde, la psychanalyse ne nous conduit-elle pas à réfléchir aussi sur les fondements organiques de toute constitution. Le refoulement pulsionnel suffit-il à entraîner des troubles fonctionnels ou somatisés ? n'existe-t-il pas aussi, au niveau de chaque structure, des sensibilités corporelles particulières liées à des prédispositions spécifiques ? Les hypothèses formulées à ce sujet du point de vue des fixations aux diverses zones érogènes et aux pulsions partielles au cours de l'ontogenèse suffisent-elles à rendre compte de tous les problèmes posés ? Nous ne possédons certainement pas encore les moyens théoriques ni cliniques de répondre encore à nombre de questions inévitables.

Dans la structure hystérique de conversion, le langage est utilisé en vue de la séduction directe de l'objet. L'emphase et la richesse apparente dans le maniement des mots constitue un feu d'artifice dont on s'aperçoit cependant assez vite qu'il tire toujours les mêmes pièces. L'expressivité est accrue ; les formules sont parfois remarquables dans leur condensé symbolique proche du langage poétique. Si le code demeure pauvre et si l'information véhiculée s'avère en définitve maigre (HAAG et FÉLINE, 1968), les qualificatifs et les premières personnes abondent, de même que les adverbes de qualification ou les auxiliaires directs ou indirects. Mais on constate que le discours se sature très rapidement en signification purement subjective.

De même que nous avions évoqué à propos de la structure obsessionnelle l'existence d'un certain « indice d'hystérisation », il ne sera pas étonnant de rencontrer dans l'un et l'autre des deux modes de structuration hystérique une certaine nostalgie de l'obsessionnalisation.

En effet, au sein des mécanismes névrotiques, sous le primat commun de l'organisation génitale, toute fixation importante au niveau du conflit œdipien implique l'appel immédiat à la défense essentielle névrotique : le refoulement. Selon les capacités de supporter plus ou moins bien l'érotisation œdipienne, autrement dit selon la rigidité du Surmoi (comme principe « refoulant ») et l'importance des fixations prégénitales (comme principe « aspirant »), le refoulement suffira, ou non, à la tâche de protection contre l'angoisse de castration génitale punitive ; il devra être aidé, ou non, par d'autres mécanismes accessoires de défense, et surtout les mouvements libidinaux se verront dans l'obligation d'opérer des régressions plus ou moins importantes en fonction du lieu et de l'intensité des fixations archaïques coexistantes.

Il en résultera que, si la régression est assez forte en direction du deuxième stade anal (structuration obsessionnelle solide mais rigide) le sujet conservera la nostalgie d'une défense plus malléable de type hystérique, alors que si la régression demeure minime et principalement phallique (structuration hystérique, donc plus souple dans la relation mais laissant davantage apparaître au grand jour l'angoisse latente dès le moindre échec), le sujet de ce type de structure éprouvera parfois un certain regret de ne pas disposer d'un système protecteur plus solide, de type obsessionnel.

D'autre part, l'indice dit « d'hystérisation » de toute structure obsessionnelle comme les aspects « obsessionnels » visibles dans toute structure hystérique peuvent se comprendre, ainsi que nous le verrons dans la troisième partie de ce travail, comme les manifestations des traits de caractère hystérique habituels dans toute structure obsessionnelle et témoins du degré de développement libidinal atteint mais mal investi, de même que dans toute structure hystérique on peut rencontrer de façon banale des traits de caractère obsessionnel, ne changeant rien à l'authenticité de la structure hystérique de base, mais simples reliquats de quelques fixations anales ne s'étant pas trouvées assez significatives pour orienter la structuration dans un sens réellement obsessionnel.

Savoir que l'on peut rencontrer de tout, mais *pas au même niveau,* dans chaque entité clinique, reste le fondement de toute approche nosologique qui se veut objective et prudente. Il n'y a rien en cela qui puisse justifier ou créer la confusion, ou le remoncement à toute synthèse cohérente. Le souci de clarté n'a jamais été l'ennemi de la nécessité des nuances.

C) Réflexions différentielles

Dans l'esprit où nous avions présenté une synthèse des organisations psychotiques, il paraît utile de résumer maintenant, sans entrer dans la description des symptômes qui n'entre pas dans notre propos, les grandes lignes structurelles communes ou spécifiques concernant les modes de struturation névrotique :

La structure obsessionnelle correspond à une régression du Moi de l'acte vers la pensée, à une défusion des pulsions et, tout en conservant le primat du génital, à une régression partielle de la libido vers les fixations établies lors des conflits rencontrés antérieurement au niveau du deuxième sous-stade anal. L'angoisse demeure une angoisse de castration, mais elle concerne la peur de la découverte des pensées et des désirs tant érotiques qu'agressifs. La relation d'objet de mode obsessionnel consiste à maintenir l'autre dans une situation où il se trouve maîtrisé et stérilisé, ni trop près (danger de le perdre) ni trop loin (danger qu'il maîtrise). Le refoulement, bien que constituant la défense essentielle, ne peut suffire à la tâche de protection contre une angoisse jouant sur un registre aussi étendu. Les échecs du refoulement (portant surtout sur les pulsions agressives) sont compensés d'abord par les mécanismes accessoires d'isolation, de déplacement et d'annulation puis, dans une deuxième phase, par d'importantes formations réactionnelles. Sur le plan des représentations fantasmatiques, les affects gênants sont détachés puis secondairement rattachés à des situations protectrices. La relation primitive aux parents comprend une interdiction portant tout autant sur la haine ressentie à l'égard du parent de même sexe que sur l'amour inspiré par le parent de sexe opposé. Il en résulte une plus grande facilité de rapprochement avec le parent de même sexe et une nécessité d'éloignement du parent de sexe opposé.

La structure hystérique d'angoisse ne comporte aucune régression du Moi mais seulement une régression topique et partielle de la libido. Le primat du génital étant respecté, une partie seulement de la pulsion se dirige vers des fixations archaïques aux conflits de l'oralité et de l'analité. L'angoisse de castration se fixe plus particulièrement sur la crainte que la pensée se réalise. Quant aux éléments phobiques rencontrés dans les structures hystériques d'angoisse, ils opèrent une double action : à la fois éviter le contact avec l'objet anxiogène et à la fois le laisser présent « à la portée de la main » ou mieux, à la portée du regard (au sens propre du terme quand il s'agit d'un objet, comme bien souvent, à la fois phobogène et contraphobique). Le refoulement demeure intense mais les retours du refoulé nécessitent la mise en jeu des mécanismes accessoires du déplacement et de l'évitement, spécifiquement phobiques. Les représentations fantasmatiques comportent un compromis entre le désir et son affect et d'autre part l'interdiction portant sur la représentation ; d'où le recours à une représentation substitutive, pénible mais non coupable, et plus facile à éviter au niveau de l'action.

Les parents des hystérophobiques ont opéré tous deux, autrefois, à la fois l'excitation et l'interdiction, d'où l'ambivalence affective, érotique et défensive, dans laquelle se débattent les sujets de cette structure dès que la situation archaïque se trouve trop vivement réactivée par le contexte relationnel ultérieur.

La structure hystérique de conversion repose, comme la structure hystérophobique, sur une régression libidinale très fragmentaire sans régression du Moi. Le primat du génital apparaît évident comme dans toute opération mentale de type hystérique. Les fixations aux conflits oraux et phalliques colorent le système relationnel mais ne le structurent point et lui laissent une importante marge de souplesse. L'angoisse de castration porte sur le danger de voir se réaliser un passage à l'acte interdit, d'autant plus redouté que la relation d'objet est maintenue assez proche de manière à mieux maîtriser l'objet. Dans les cas les plus purs de structuration hystérique de conversion, ce refoulement suffit à lui seul et le sujet perd tout recul devant les phénomènes qu'il éprouve, qu'ils demeurent minimes (structure adaptée à la « normalité ») ou importants (névrose hystérique de conversion).

Les représentations fantasmatiques sont colorées d'une forte capacité symbolique réalisant un écran devant l'angoissante prise de conscience de l'érotisation intense de tels sujets.

Les parents de cette catégorie d'enfants semblent avoir opéré le plus souvent un double mouvement parallèle comprenant l'excitation de la part du parent de sexe opposé et l'interdiction de la part du parent de même sexe mais dans des conditions qui n'auraient pas permis toutefois à l'Œdipe de se résoudre et de se dissoudre dans des conditions normales permettant l'accès à une meilleure adaptation maturative. La capacité du parent de sexe opposé à accepter les désirs tendres, comme la capacité du parent de même sexe à ne prendre ni au tragique ni comme une plaisanterie sans fondement sincère la rivalité éprouvée, n'ont jamais été ressenties comme assurées pour l'enfant qui est demeuré, ainsi, très près du but évolutif libidinal, mais cependant plus ou moins fixé encore au conflit œdipien dans sa phase ultime, selon son degré évolutif.

La figure n° 5 a pour but de schématiser les différences et les ressemblances des divers éléments déterminant l'organisation latente des trois modes de structuration névrotique.

D) Les fausses « névroses »

Quand on consulte le sommaire d'un traité de psychiatrie au chapitre des « névroses », on rencontre un certain nombre de rubriques correspondant à l'hystérie et à la névrose obsessionnelle bien sûr, mais en plus, à des névroses dites « phobique », « d'angoisse », « traumatique », « d'abandon », « d'échec », « hypocondriaque », « dépressive », « de caractère »... etc.

On ne peut trop critiquer les psychiatres de s'en tenir au point de vue descriptif des symptômes et des syndromes qui leur permettent habituellement de classer leurs malades au niveau où ils ont acquis leur langage, leur enseignement, leur théorisation et leur abord thérapeutique dans l'optique de l'observation et de la matérialisation sur le registre des signes, propres à la démarche neurologique, dont I. PAVLOV nous a donné un des plus brillants et plus récents exemples.

Cependant, parti de la même démarche et sans la mettre en cause dans les affections neurologiques, Sigmund FREUD nous a, peu à peu, appris à découvrir que le « matérialisme » psychique se trouvait, lui, d'une tout autre essence. Le fonctionnement mental s'est avéré, à l'ombre des recherches analytiques, dépendre de facteurs relationnels précoces ou tardifs déterminant non seulement les voies ultérieures d'évolution, mais d'abord la fourchette des limites non variables entre lesquelles ces voies du développement éventuel demeuraient seulement possibles.

Même la fameuse « hérédité », sur le plan psychologique, peut être comprise en termes de préhistoire relationnelle, c'est-à-dire se trouve envisagée comme une transmission par les parents des troubles de leurs propres

	Point de vue Topique	Economie libidinale	Nature de l'angoisse	Relation Objectale	Mécanisme de défense	Représentation fantasmatique	Genèse de la relation parentale
Structure Obsessionnelle	Régression du Moi acte ⟶ pensée	Primauté du génital + fixations au 2ème stade anal (défusion des pulsions)	Castration si sont découvertes les pensées : – érotiques – agressives	à mi-distance	Refoulement + Isolation Déplacement Annulation puis : formations réactionnelles	Affect gênant – détaché – rattaché ↓ autre représentation	Interdictions de : Haine du parent du même sexe Amour du parent du sexe opposé
Structure Hystérique	Pas de régression du Moi Régression libidinale partielle	Primauté du génital	Castration		Refoulement +	Représentation détachée de l'Affect	Sexualité
↗ d'Angoisse		+ Fixations – orales – anales précoces	si la pensée se réalise	Ecran phobique pour – conserver – éviter	Déplacement Evitement	Affect (angoisse) rattachée à autre représentation à éviter	– excitation – interdiction par les deux parents
↘ de Conversion		+ Fixations orales phalliques	si l'acte se réalise	proximale pour mieux maîtriser	Seul suffit dans les cas "purs"	Conversion Somatique Symbolisée	– excitation par parent du sexe opposé – Interdiction par parent du même sexe

FIGURE 5 : Tableau de synthèse des structures névrotiques.

relations antérieures à travers les premiers mouvements relationnels dirigés vers l'enfant, tout comme l'hérédité de la tuberculose nécessite la présence et la constance des parents phtisiques auprès de l'enfant.

Si l'on est convaincu de la véracité de cette démarche on ne peut plus s'arrêter aux signes manifestes ; on se doit de rechercher les mécanismes et les lignes de forces latentes, autrement dit bien au-delà des symptômes, des syndromes et même des « maladies » on s'adressera aux caractéritiques des structures profondes.

Nous avons vu que la structure névrotique se trouvait spécifiée par l'organisation du psychisme sous le primat du génital, de la triangulation œdipienne, de l'angoisse de castration, le conflit entre les pulsions et les interdits parentaux internalisés dans le Surmoi et défendus par le refoulement.

Dans notre souci de rigueur d'emploi des termes se rapportant aux structures, il nous faut tout de suite préciser, pour la bonne compréhension, l'exposé de synthèse qui interviendra au cours des chapitres suivants, que dans la structure psychotique se trouvent rangées ici les catégories classiques de schizophrénie, mélancolie et paranoïa par ordre de dégressivité de l'archaïsme des fixations et régressions. Les comportements maniaques ne sont conçus que comme des attitudes fonctionnelles plus ou moins passagères, réactionnelles et non spécifiques d'une catégorie particulière. De même du côté névrotique, deux seules structures névrotiques sont officiellement retenues : la névrose obsessionnelle et l'hystérie (soit d'angoisse, soit de conversion) également par ordre de dégression de l'archaïsme des fixations et régressions. En résumé donc, on pourrait concevoir en partant des régressions les plus orales pour se diriger peu à peu vers l'anal puis le phallique et le génital (avec tous les mixages bien sûr rencontrés) un panorama nosologique comprenant : schizophrénie, mélancolie, paranoïa, névrose obsessionnelle, hystérie (d'angoisse d'abord et de conversion ensuite).

Restent un certain nombre d'entités qui ne constitueraient pas des « structures » au sens propre du terme : perversions, maladies du caractère, états psychopathiques et dépressions (et leurs réactions maniaques défensives). Il leur sera réservé plus loin une étude à part dans le cadre des aménagements situés entre les deux structures névrotique et psychotique.

Quant aux phobies, il convient d'examiner leurs natures diverses de façon plus attentive : les seules phobies à se trouver de structuration névrotique entrent dans le cadre de l'hystérie d'angoisse. La plupart des autres se rapportent à des réactions dépressives non encore structurées. Certaines sont de nature psychotique. Il en est des comportements phobiques comme des comportements homosexuels ou des comportements masochiques : on ne peut se permettre de parler à ces sujets de « structures » ni même d'entités quelconques conçues de façon monolithique.

Pour C. CHILAND (1967) l'angoisse phobique s'avère d'emblée comme sidérante mais elle se trouve secondairement déplacée et projetée sur l'objet phobogène extérieur ; le sujet ne perçoit ni le côté agressif, ni le côté conflictuel de son attitude.

D'autre part, en ce qui concerne le niveau structurel des phobies, il serait aventureux de s'attacher à l'aspect symptomatique des manifestations anxieuses (par exemple : animaux, espaces, rues, transport, situations, impulsions, etc.). Ce qui importe demeure du plan métapsychologique et c'est à ce niveau seulement qu'il est possible de procéder à un diagnostic structurel car les mêmes représentations phobogènes peuvent correspondre à des mécanismes structurels fort différents. Par exemple, certains animaux peuvent avoir selon les cas des valeurs symboliques ou génitales ou protectrices ou agressives.

De la même façon du point de vue génétique, il serait nécessaire d'envisager des distinctions économiques entre les préphobies, les phobies du premier âge, les phobies du deuxième âge et les phobies de l'adulte.

La démarche employée plus haut pour spécifier les structures névrotiques empêche de considérer comme de structuration névrotique toute catégorie (morbide ou non) qui ne saurait répondre à des impératifs structurels ainsi définis.

Par exemple :

La « névrose phobique » n'existe pas sur le plan structurel : il s'agit ou bien de manifestations phobiques de statut authentiquement génital et névrotique, donc d'une structure hystérophobique telle que nous l'avons décrite plus haut, soit de manifestations phobiques (avec déplacement et évitement) mais opérant à des fins défensives limitées, au sein soit d'une structure psychotique, soit d'un état-limite luttant contre la dépression.

La « névrose d'angoisse » n'est ni de statut névrotique, ni même une structure, mais un simple état suraigu, passager, concomitant d'une crise de décompensation brutale au sein d'une organisation jusque-là prédépressive et dont nous reparlerons plus loin.

La « névrose traumatique » ne constitue que le résultat plus ou moins durable sur le plan dépressif (et non génital) de la crise précédente.

La « névrose d'abandon » n'appartient pas (comme Germaine GUEX [1950] l'a d'ailleurs reconnu par la suite) au registre névrotique mais au registre anaclitique que nous traiterons au chapitre suivant.

La « névrose d'échec » constitue une simple manifestation répétitive de type soit masochiste, soit simplement autopunitif (c'est-à-dire non érotisé) et ne se trouve l'apanage d'aucune structure. On devrait normalement parler de « comportement d'échec » et non de « névrose d'échec » ce qui prête fâcheusement à confusion.

« *L'hypocondrie névrotique* » ne se situe pas sur un registre génital, elle signe une économie dépressive et se rattache à de telles organisations.

La « dépression névrotique » doit être examinée sous un double aspect : ou bien il s'agit d'un mouvement dépressif réactionnel dans l'évolution spontanée, ou la cure d'une structure névrotique obsessionnelle ou hystérique (plus rarement d'une structure psychotique), ou bien le plus souvent, il s'agit d'une authentique économie dépressive c'est-à-dire une organisation anaclitique tombant dans le versant dépressif dès qu'apparaît une quelconque angoisse non de castration mais de perte d'objet.

La « névrose de caractère » n'a pas davantage droit à une classification parmi les structures névrotiques. La pathologie du caractère, étudiée dans la deuxième partie de ce travail, ne constitue qu'un aménagement plus stable des organisations anaclitiques. Si le « caractère névrotique » correspond effectivement à des arrangements d'un registre caractériel donné, par-dessus une structure névrotique et en fonction de cette structure, par contre, la « névrose de caractère » s'avère une expression impropre parce que les entités cliniques précises décrites sous ces termes ne correspondent pas plus à une structuration de mode névrotique qu'elle ne concerne réellement le « caractère ».

Les « psychopathies » ont longtemps défrayé les chroniques psychiatriques, psychologiques voire médico-légales. On a même éprouvé parfois l'impression que personne ne cherchait à y voir clair en ce domaine mystérieux et ésotérique plein de projections diverses de la part des psychopathologues.

En réalité, il semble que le problème des psychopathies n'est ni simple, ni univoque : de toute évidence des entités aussi polymorphes n'appartiennent en propre à aucune structure, et ranger tout asocial (à la fois plus ou moins sympathique et plus ou moins inquiétant) dans une telle catégorie fourre-tout, en fonction de notre propre système de références et de valeurs, ne fait guère avancer la connaissance des mécanismes profonds de ces aménagements réactionnels, et, encore bien moins, leur éventuelle thérapeutique.

Au chapitre suivant, nous verrons que les « psychopathes » peuvent être divisés en plusieurs lots : certains sont bien sûr d'authentiques structures psychotiques et, rarement, des structures névrotiques, mais la plupart se répartissent entre les pervers vrais et les trois aménagements caractériels : « névrose » dite « de caractère », « perversion » dite « de caractère » ou « psychose » dite « de caractère ».

La psychose hystérique mérite un dernier et bref paragraphe. En fonction du point de vue structurel exposé ici, on ne peut considérer que comme un barbarisme le fait d'accoler les substantifs « hystérie » et « psychose ». Pourtant des descriptions cliniques ont été présentées et correspondent à des cas réels, sur le plan pathologique. Le souci de connaître avant tout le niveau structurel latent et profond sur lequel il sera possible de faire reposer le pronostic et le traitement nous oblige à distinguer dans de telles observations, d'un côté des structures psychotiques diverses présentant au niveau des défenses ou des traits de caractère, des manifestations *d'allure* hystérique et d'un autre côté, des structures névrotiques, de type hystérique grave, présentant des *moments* de déréalisation, sans passage à un mode de structuration psychotique authentique pour autant.

Pour illustrer le présent propos sur la multiplicité structurelle des phobies, examinons maintenant trois observations de patients phobiques correspondant à des organisations économiques différentes. Les cas n° 10 et 11 ont déjà fait l'objet d'une étude conjointe publiée avec J. CALLIER (1969).

Un cas de phobie psychotique **Obs. n° 9**

Patrice vient consulter pour une peur de sortir de chez lui, de s'éloigner de son domicile, une peur de l'hôpital, une angoisse de la nuit, de mourir à l'hôpital ou de mourir la nuit. Il souffre également de vertiges et de troubles fonctionnels divers.

Tout ceci l'a empêché de faire son service militaire, de prendre une situation malgré des études universitaires moyennes, de se marier bien qu'il vive depuis deux ans avec une amie dans des conditions tout à fait satisfaisantes, dit-il. Ces difficultés le gênent également dans sa vie quotidienne, dans ses loisirs, dans son sommeil même.

C'est pour tous ces inconvénients que Patrice vient consulter. Il a 22 ans. Il nous dit que tout a commencé à l'occasion d'une opération chirurgicale portant sur une cloison nasale, il y a deux ans. Le chirurgien, contrairement à ses promesses, ne l'aurait pas anesthésié.

Or, depuis cette intervention, il ne connaît plus de saignements de nez alors qu'il souffrait auparavant d'épistaxis dont l'importance inquiétait beaucoup la famille.

Pour lui, tout vient de l'intervention et de la brutalité du chirurgien. Cette attitude frise le délire de persécution et comporte des menaces de rétorsion.

Patrice n'a aucune activité ; il vit donc en ménage avec une amie d'enfance, dans une maison en banlieue appartenant à ses parents et à leur charge totale. Un jour, il tente de partir dans un chalet de montagne avec sa maîtresse pour skier le lendemain ; mais il doit revenir le jour même, ne pouvant demeurer la nuit seul avec elle, loin des parents et cerné par la neige.

Ses seules occupations sont la mécanique et la peinture abstraite. Il construit des mobiles mais demeure incapable de vendre quoi que ce soit. Il ne peut rien signer de son nom (celui du père) et sa maîtresse n'est qu'un copain... il n'est pas question non plus de lui donner son nom, tout autant par hémorragie narcissique que par défaut d'identité personnelle complètement constituée.

Quand nous lui demandons de nous parler de ses parents, sujet qu'il n'avait nullement abordé de lui-même (au bout d'une demi-heure d'entretien), il passe rapidement sur son père, le décrit comme un homme énergique et travailleur, 50 ans, directeur d'une usine importante, mais jamais au foyer. Par contre, il s'étend longuement sur sa mère et au bout de plusieurs entretiens nous apprenons des détails importants sur la relation ancienne mère-enfant :
La mère est décrite comme une dépressive, anxieuse à tout propos. Elle lui administrait dans son enfance un lavement presque quotidien pour une hypothétique constipation... qu'il n'avait d'ailleurs jamais eu le temps de démontrer.

Cette mère l'angoissait d'autre part beaucoup au sujet de ses épistaxis... elle le surveillait sans cesse à ce sujet, ne le laissant jamais la quitter pendant toute son enfance : « *Il aurait pu mourir, la nuit, dans une hémorragie nasale, sans que personne ne s'en aperçoive.* »

Et cette anxiété de la mère s'est prolongée en lui par une angoisse de la mort dont l'expression manifeste a fait son apparition juste au moment où la motivation rationnelle avait disparu. Nous nous trouvons donc bien en pleine économie psychotique dont l'évidence des dégâts relationnels profonds et irréductibles n'a pu apparaître qu'après la disparition des supports rationnels (épistaxis).

Les rêves et les fantasmes évoquent le morcellement, les enfants estropiés, les accidents, les hôpitaux.

Divers incidents ultérieurs sont venus confirmer la nature psychotique de l'angoisse en cause : les phénomènes phobiques ne constituent que des manifestations extérieures de l'angoisse de morcellement et de mort sous-jacente. La relation fusionnelle à la mère toxique ne fait aucun doute. La génitalité n'a jamais pu atteindre un statut organisateur. Les dénis de réalité, l'apragmatisme sont allés en augmentant mais pendant tout un temps seuls les comportements phobiques dominaient et ce patient avait pu être considéré longtemps comme une « névrose phobique » par un médecin par ailleurs compétent, bien que le mode de structuration psychotique ne fasse aucun doute dans l'état actuel des choses.

Un cas de phobie névrotique — Obs. n° 10

Il s'agit d'un jeune homme de 18 ans venu consulter avec ses parents pour une phobie des rues et plus spécialement des carrefours, de la cour du lycée, des lieux publics, phobie accompagnée parfois d'une angoisse aiguë de ne plus savoir qui il était, ni ce qui était réel et imaginaire. Il ne voyait qu'un moyen de se défendre devant une telle angoisse : se faire admettre à l'infirmerie. Peu à peu, il a dû rester chez lui et abandonner ses études.

Jean-Paul était le 5e enfant, unique garçon, d'un couple en apparence sain. Le père occupe une importante position sociale. C'est un homme fort, équilibré, aimant son fils, idéalisé et craint par ce dernier. La mère est décrite comme très affectueuse, discrètement anxieuse et hyperprotectrice, un peu autoritaire.

La scolarité a été bonne jusqu'en classe de première. Jean-Paul est devenu alors craintif et anxieux. Les masturbations très culpabilisées sont accompagnées de fantasmes agressifs ou de viols. Les rêves traduisent la même impétuosité : l'un nous rapporte une scène de rapport sexuel qui se déroule dans la rue... juste devant l'usine du père... et se termine par un réveil brutal et angoissé.

Le caractère érotisé du désir malgré la couverture agressive et le défi insoutenable en Surmoi signent les difficultés du refoulement et indiquent la cause de l'angoisse des rues.

Nous nous trouvons en pleine économie hystérophobique à un stade où les défenses se trouvent encore heureusement assez souples pour ne pas être considérées comme impossibles à mieux aménager.
En effet, peu à peu des rêves meilleurs apparaissent au cours de la cure tel celui d'un vieux coq qui, attaqué par un mâle plus jeune se sauve et abandonne la place.

De toute évidence nous nous trouvons dans l'Œdipe. L'angoisse est bien liée à la castration et à un conflit latent entre le Ça et le Surmoi. La relation d'objet est proximale et génitale. Le refoulement ne suffit pas au début mais il constitue cependant le mécanisme principal de défense du Moi. Il s'agit de la seule catégorie névrotique de phobie, l'hystérie d'angoisse ; l'évolution ultérieure fut très satisfaisante et confirma le diagnostic.

Un cas de phobie anaclitique — Obs. n° 11

Jérôme est un commerçant de 34 ans ; après des essais médicamenteux divers et inefficaces, il est venu consulter pour des phobies qui l'étreignent lorsqu'il est seul dans la rue. Il ne peut marcher ou conduire qu'en présence de sa femme à ses côtés. S'il part en déplacement sans être accompagné, il revient au bout de quelques kilomètres. Seul dans son appartement, l'angoisse le reprend.

Ces troubles ont commencé il y a quatorze ans, aussitôt après le décès de la mère de Jérôme.

A l'âge de 3 ou 4 ans, il a failli se noyer. Il n'a pu être sauvé que grâce à la présence de sa mère non loin de là ; elle l'a rattrapé de justesse et ranimé.
Ceci semblerait constituer le premier traumatisme dont il sera question plus loin (cf. chap. suivant).

Par la suite, Jérôme présente diverses « crises de nerfs » inexpliquées semblant masquer par un mouvement hypomaniaque, une poussée anxieuse et dépressive.

Sa mère meurt quand il a 22 ans. Il était son enfant unique et choyé. Cela constitue son deuxième traumatisme, au sens où nous l'envisagerons dans l'étude ultérieure des « états limites ».

Des crises d'agoraphobie et de phobie de la solitude se déclenchent aussitôt. Jérôme se marie cependant, cinq ans plus tard, avec une femme énergique et protectrice qui va le soutenir, le stimuler, le suppléer dans ses affaires et lui permettre une belle réussite commerciale. Mais les poussées de phobie se reproduiront dès qu'il sera seul et privé de la présence de cette femme devenue indispensable (tout autant pour le soutenir que pour être agressée par lui).

Les relations sexuelles de Jérôme oscillent entre impuissance et éjaculations précoces. Sa femme ne semble pas s'en plaindre.

Jérôme a toujours été un enfant sage et n'a entretenu de conflit apparent avec qui que ce soit.

Il ne parle pas de son père. Celui-ci existe pourtant et se trouvait aussi gentil que lui et aussi dépendant que lui de la mère.

Jérôme déclare ne jamais « rêver ». Mais il fait dès le premier entretien un rêve de noyade : il est seul dans sa voiture, la route est inondée ; l'eau monte de plus en plus. Il se réveille pris d'angoisse en criant « Au secours ».

Jérôme présente une personnalité assez pathologique : un état limite beaucoup plus qu'une névrose. La relation d'objet apparaît comme tout à fait anaclitique. Il n'existe aucune base relationnelle de type vraiment triangulaire. Le Moi s'avère faible et fragile. Jérôme, dans ses crises d'angoisse, décrit une impression « d'éclater ». Il semble bien, en effet, que son Moi peut éclater, si on ne réussit pas à renforcer rapidement et ses limites et ses défenses. L'Idéal du Moi est demeuré celui d'un enfant sage devant sa maman. L'identification du père ne paraît nullement effectuée et rien ne permet de reconnaître un véritable Surmoi internalisé. Plus que d'un conflit entre les instances, il semble s'agir d'une *astructuration* (cf. au chapitre suivant) avec des aménagements défensifs où la permanence de l'objet contraphobique externe joue le rôle essentiel et protège à elle seule contre l'angoisse très vive de perte d'objet et de dépression.

Jérôme reste lui-même l'objet narcissique complémentaire de sa femme, comme il le fut de sa mère.

Jérôme se trouvait à la limite de l'angoisse de morcellement, de néantisation et de mort sans avoir cependant encore ce niveau donc sans être entré encore dans le registre de la lignée psychotique ; mais il n'en était pas loin quand il est venu nous trouver pour la première fois.

Son angoisse demeurait encore celle de la perte d'objet ; elle ne concernait pas la castration.

La relation d'objet s'était établie non pas sur un registre génital mais sur un mode purement anaclitique.

Le refoulement ne suffisait plus à maintenir le Moi en dehors de la zone d'émergence de l'angoisse. Le contact avec la réalité était encore réservé mais à la condition que cette dernière se trouve sans cesse aménagée par les réassurances narcissiques indispensables à une relative quiétude.

4 Les astructurations

1. Situation nosologique

On estime habituellement que le terme de « névrose » a été introduit en 1777 par William CULLEN et le terme de « psychose » en 1845 seulement par FEUCHTERSLEBEN. Mais ces deux appellations ont été sans cesse l'objet de remaniements et de limitations quant à leur signification propre.

Les diverses écoles psychiatriques, psychologiques ou psychanalytiques n'ont cessé, depuis la création de ces termes, de préciser les entités cliniques ou structurelles auxquelles devaient se trouver réservées de telles catégorisations.

Dans un autre mouvement de recherche, de nombreux auteurs ont tenté d'atténuer au contraire les termes devenus trop tranchés de « névrotique ou psychotique » : les psychiatres en particulier ont créé plus de quarante appellations pour rendre compte de possibilités nosologiques ou structurelles ne pouvant entrer dans le cadre propre des organisations vraiment psychotiques ou vraiment névrotiques : formes atténuées de la démence précoce (KRAEPELIN, 1883), héboïdophrénie (KAHLBAUM, 1885), schizophrénies latentes, organisations psychotiques schizomorphes, schizophrenia simplex (BLEULER, 1911), schizothymie (BLEULER, 1920), schizoïdie (KRETSCHMER, 1921), schizozes (CLAUDE, 1925), schizomanies (LAFORGUE, 1927), formes bénignes de la schizophrénie, organisations schizoïdes de caractère, schizoasthénie, schizonoïa, les fausses schizophrénies à évolution favorable (LABOUCARIE, 1958) et toutes les schizophrénies dites pseudo-névrotiques, pseudo-psychotiques (des auteurs américains), pseudo-caractérielles, mitis, polymorphes, légères, mineures, chroniques, incipiens, frustes, affectives, apsychotiques, en puissance, larvées, ambulatoires ; de même que les états psychotiques intravertis (JUNG, 1907), ou pseudo-schizophréniques, les processus psychotiques incipiens, les psychoses marginales (« randpsychoses »), etc.

On peut ajouter à cette liste le groupe des appellations « prépsychotiques » diverses, des psychopathes (E. DUPRÉ, 1925) et personnalités psychopathiques (K. SCHNEIDER, 1955), des délires névrotiques de compulsion, des paranoïdes avortés, la paranoïa sensitive, les apathiques, les personnalités hébéphréniques, certaines personnalités perverses, les « rêveurs éveillés », les boudeurs, les réactions psychogènes, les personnalités « as if » ou « simili » (Hélène DEUTSCH, 1945), les déséquilibres psychiques (J. BOREL, 1947), les mythomanes (DUPRÉ, 1925), les déséquilibres caractériels, les caractériopathes, etc.

Nous pouvons comprendre aussi dans cette position nosologique incertaine, nombre d'état dits « mixtes », ou « dépressifs », d'états d'angoisse diffuse de toute évidence non névrotiques, un grand nombre des fameuses « névroses de caractère » et de situations d'apparence perverse, de toxicomanes ou de délinquants, d'alcooliques ou de pseudo-mélancoliques.

Qu'il s'agisse de la première attitude accentuant la rigueur des termes pour en exclure ce qui n'appartient ni à la structure psychotique ni à la structure névrotique, ou de la seconde attitude diluant ces mêmes termes pour en étendre l'application à d'autres catégories voisines mais distinctes, dans les deux cas il y a lieu de rendre compte de l'existence d'une série d'entités cliniques ou de modes de fonctionnement mental auxquels les deux grands cadres structurels que nous venons d'étudier au chapitre précédent ne peuvent convenir.

Constatons tout de suite que la majorité des auteurs se trouve d'accord sur un point de départ, ou de rencontre. Depuis les travaux de EISENSTEIN en 1949 principalement, on groupe la plupart de ces entités sous le vocable anglaise de « border-lines » traduit en français par « cas limites » ou le plus souvent « états limites ». C'est ce dernier terme que nous employons de façon courante dans les recherches personnelles publiées depuis 1966.

Par contre les travaux des différentes écoles divergent encore quant à la position nosologique précise devant être accordée à de telles organisations.

Pour certains il semble s'agir de *formes mineures de psychoses* et, en particulier de formes mineures de schizophrénie. C'est un point de vue développé en partie par H. EY et ses collaborateurs (1955 et 1967). Or les critères nosologiques de la schizophrénie varient d'une école à une autre, M. POROT (1965) rappelle qu'il y a lieu de se montrer très prudent quant aux formes atypiques de cette affection...

Le même problème a été soulevé à partir de la paranoïa et de ses formes larvées ou mineures ou aussi en ce qui touche aux formes non achevées de psychotisation du type mélancolique.

Le problème paraît plus délicat encore dans le domaine des prépsychoses : sommes-nous déjà, ou non, en économie psychotique ?

Quand on examine de très près les observations présentées par les auteurs qui soutiennent cette première position on s'aperçoit que certains cas paraissent correspondre à des structurations authentiquement psychotiques, très cryptiques, assez focalisées, du type parapsychotique décrit plus haut, ou encore peu décompensées, alors que d'autres cas semblent nettement ne pas reposer sur une structuration psychotique en fonction de leurs données économiques de base, telles que nous les avons définies au chapitre précédent.

Une deuxième position, moins répandue, et citée également par H. EY (1955) considère ce groupe de catégories atypiques comme pouvant constituer des *formes majeures de névrose*. De nombreuses manifestations phobiques sont rangées dans de telles positions, situées très près des psychoses, tout en conservant un statut névrotique. Mais nous n'avons cessé d'attirer l'attention des cliniciens sur les dangers de ne s'attacher qu'aux signes extérieurs ou de leur conférer une valeur nosologique en soi. S'il existe, bien sûr, des formes graves de névrose, on ne peut confondre avec celles-ci des organisations d'allure extérieure voisine mais ne reconnaissant pas le primat du génital.

Une troisième position théorique a connu un succès assez grand en défendant l'existence de *formes de passages entre névroses et psychoses*. H. CLAUDE (1937) a développé ce point de vue. En 1964, A. GREEN a évoqué l'éventualité d'une continuité possible entre structures névrotiques et psychotiques mais n'a pas précisé s'il s'agissait d'une véritable mutation struturelle ou d'états cliniques rencontrés de fait dans une situation intermédiaire. Pour MARKOVITCH (1961), il s'agirait réellement d'une métamorphose de la structure.

Il est possible de répondre que la conception défendue ici ne suppose de tels « passages » qu'au moment de l'adolescence, ou à quelques moments ultérieurs pouvant correspondre à des retards d'adolescence. Par contre, on peut concevoir au sein d'une même structure des variations de défense ou de symptômes sans variation de l'organisation de base pour autant : par exemple, une structure psychotique non décompensée se défendant parfaitement à l'aide de défenses de type obsessionnel, peut être prise pour une structure névrotique jusqu'au jour où elle se décompense, perd ses défenses obsessionnelles, et entre dans le délire ; de la même façon, une structure hystérique peut présenter, pendant tout un temps, des poussées aiguës d'allure délirante et psychotique avant de se décompenser de façon névrotique évidente sous la forme d'hystérie de conversion ou d'hystérophobie ; sur le plan latent, les structures de base n'auront pas varié pour autant.

Un quatrième groupe d'auteurs, de plus en plus nombreux à l'heure actuelle, considère les états limites comme constituant *une entité nosologique indépendante*. Les psychanalystes anglo-saxons ont les premiers défendu ce point de vue : V. W. EISENSTEIN (1956), M. SCHMIDEBERG (1959), A. STERN (1945), R. KNIGHT (1954), O. KERNBERG (1967), ont mis en évidence des arguments économiques déterminants. En Europe M. BOUVET (1967) s'attacha à la rigueur descriptive des différentes relations d'objet. Par la suite se succédèrent les travaux de MALE et GREEN (1958) sur les péschizophrénies de l'adolescence, de LEBOVICI et DIATKINE (1955 et 1956) et MISÈS (1968) sur les dysharmonies évolutives et les prépsychoses chez l'enfant, de A. GREEN (1964) sur les limites entre névroses et psychoses, de NACHT et RACAMIER (1959) sur les états dépressifs, de GENDROT et RACAMIER (1967) sur la « névrose d'angoisse », de GRUNBERGER (1958) et PASCHE (1955) sur le narcissisme, de MARTY, FAIN, DE M'UZAN et DAVID (1963) sur les régressions psychosomatiques, les synthèses présentées par M. GRESSOT (1960) et B. SCHMITZ (1957) sur le véritable problème des états limites.

C'est dans la ligne à la fois des auteurs américains et européens que j'ai développé ma recherche, en essayant de définir avec le plus de rigueur possible les bases métapsychologiques et génétiques spécifiques d'une organisation mentale comportant justement de fluctuations et d'imprécisions.

2. Le tronc commun des états limites

De même que la figure 2 nous montre l'évolution de la lignée structurelle psychotique et la figure 4 l'évolution de la lignée structurelle névrotique, la figure 6 correspond à l'évolution du « tronc commun » des états limites.

Le Moi, dans le cas des états limites, a dépassé sans de trop grandes frustrations, ni de trop grosses fixations le moment où des relations initiales et précoces très mauvaises à la mère aurait pu opérer une préorganisation de type psychotique. Ce Moi continue donc, sans trop d'encombres, son chemin vers l'Œdipe quand subitement, au moment du début de l'Œdipe le plus souvent, cette situation relationnelle triangulaire et génitale ne peut s'aborder dans des conditions normales ; un fait de réalité du contexte, qui dans d'autres circonstances structurelles n'aurait peut-être pas eu le même impact significatif, est ressenti par le sujet comme une frustration très vive, un risque de perte d'objet ; c'est ce que j'appellerai le « *traumatisme psychique précoce* ».

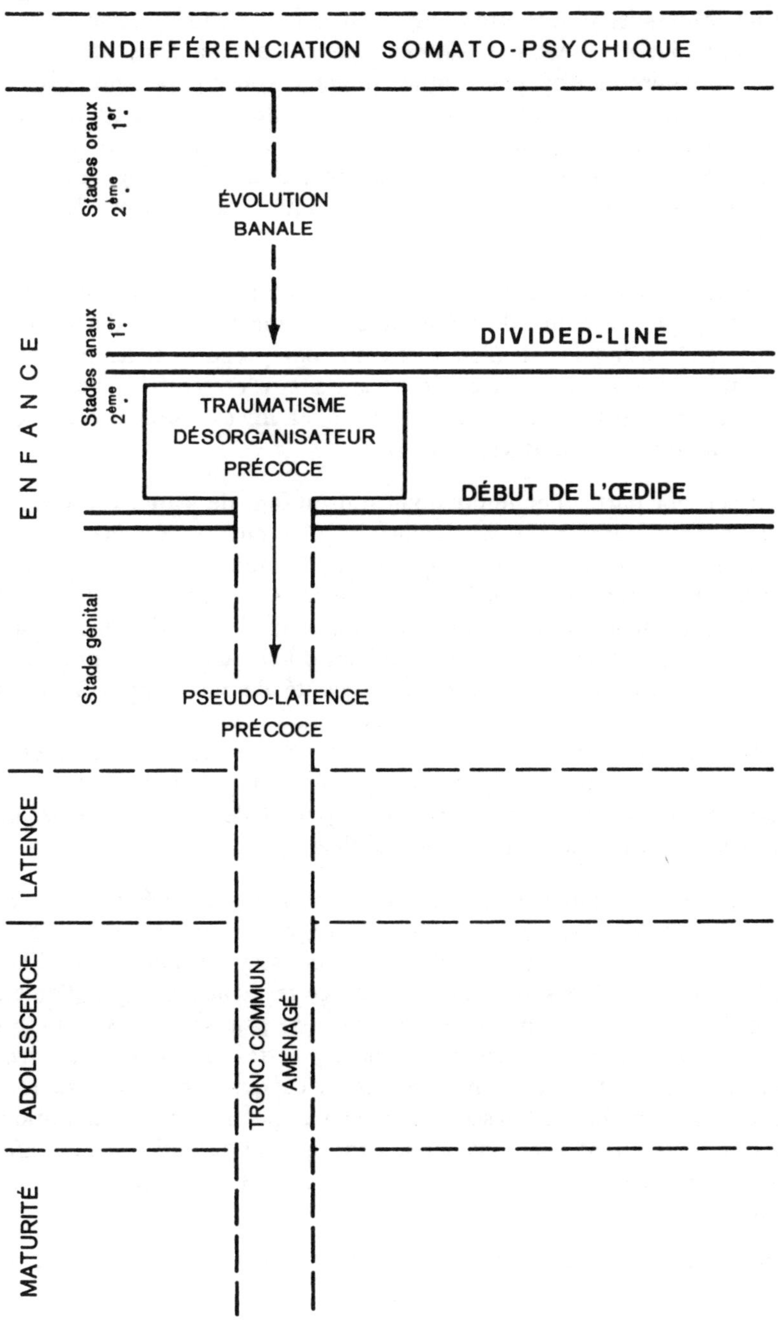

FIGURE 6 : Genèse du tronc commun des états limites.

Un tel traumatisme doit être compris au sens *affectif* du terme ; il correspond avant tout à un émoi pulsionnel intense survenu dans un état encore trop mal organisé et trop peu mature quant à son équipement, ses adaptations et ses défenses, pour y faire face dans des conditions inoffensives : par exemple, il s'agit comme dans « l'homme aux loups », d'une tentative de séduction sexuelle quelconque de la part d'un adulte, tentative le plus souvent *réelle* et non seulement fantasmatique comme c'est le cas dans l'Œdipe véritable.

On peut considérer que l'enfant est entré d'un seul coup, trop brutalement et trop précocement, de même que trop massivement, dans une situation œdipienne à laquelle il n'était pas du tout préparé. Il ne lui sera donc pas possible de négocier une relation triangulaire et génitale avec ses objets comme pourrait le faire un peu plus tard, et mieux équipé, *(cf. figure 4)* un sujet de statut « prénévrotique ».

Il lui sera en particulier impossible, tout autant de s'appuyer sur l'amour du père pour supporter ses sentiments hostiles envers la mère, qu'inversement, à un autre moment, de s'appuyer sur l'amour de la mère pour négocier sa haine du père. De la même façon il lui sera difficile d'utiliser pleinement le refoulement pour éliminer du conscient l'excès de tension sexuelle ou agressive. Les imperfections et les échecs du refoulement seront fréquents. L'enfant se trouvera placé devant la nécessité de faire appel à des mécanismes de défense plus archaïques, plus coûteux pour le Moi, plus proches aussi de ceux qu'emploient le psychotique, tels le déni de représentations sexuelles (et non de la réalité), le clivage de l'objet (et non du Moi), l'identification projective ou le maniement omnipotent de l'objet en général, sous ses formes les plus variées et les plus subtiles [1].

Ce premier traumatisme affectif ou « traumatisme précoce » jouera le rôle de *premier désorganisateur* (ou « désorganisateur précoce ») de l'évolution du sujet. Son effet immédiat sera de stopper l'évolution libidinale ultérieure du sujet. Nous trouverons donc cette évolution figée d'emblée, et pour parfois très longtemps, dans une sorte de *pseudo-latence* plus précoce et plus durable que la latence normale ; cette pseudo-latence recouvre ensuite la période de latence normale, puis ce qui aurait du être le bouillonnement affectif de l'adolescence, avec ses possibilités de mutations, de transformations, d'intenses investissements et désinvestissements affectifs, remettant en jeu et en cause aussi bien les débuts de la génitalité que tous les acquis (ou les manques) prégénitaux.

Cette pseudo-latence se prolongera bien au-delà de ce qui aurait dû être

(1) Cf. BERGERET, « Le Problème des défenses », in *Abrégé de Psychologie pathologique*, Masson, Paris, 1972 (principalement p. 104).

l'adolescence pour couvrir toute une partie de l'âge adulte, parfois même la totalité de la période adulte du sujet jusqu'à sa mort.

Ce blocage évolutif de la maturité affective du Moi au moment où celle-ci n'est pas davantage différenciée sexuellement, constitue ce que j'ai appelé « *le tronc commun des états limites* » *(cf. figure 6).*

Contrairement à ce qui se passe dans la lignée psychotique *(figure 2)* ou dans la lignée névrotique *(figure 4)*, ce tronc commun ne peut être envisagé comme une véritable structure au sens où nous l'entendons dans notre conception, c'est-à-dire qu'il ne bénéficie pas, comme nous allons le voir dans un instant, de la fixité, de la solidité, de la spécificité définitive des organisations vraiment *structurées*. Le tronc commun des états limites ne peut que demeurer dans une situation « *aménagée* » mais non fixée. Il s'agit d'une « organisation » au statut provisoire, même si un tel aménagement peut se prolonger assez longtemps, sans trop de modifications.

C'est un effort coûteux du Moi, nécessitant sans cesse la mise en jeu de contre-investissements ou de formations réactionnelles onéreuses, dont le but est de demeurer à égale distance des deux grandes structures dont l'une s'est trouvée heureusement dépassée (la structure psychotique) et l'autre malheureusement pas atteinte (la structure névrotique) par l'évolution tant pulsionnelle qu'adaptative du sujet.

Ces deux structures véritables vont rester d'ailleurs un « point de mire » ambigu pour le Moi : d'un côté angoisse de tomber dans le morcellement psychotique mais envie des défenses plus solides qui s'y rencontrent ; et de l'autre côté envie et angoisse de la génitalité névrotique et des plaisirs qu'elle pourrait procurer.

C'est au milieu de tous ces problèmes que, tel le roseau de la fable, le « tronc commun » essaie de se plier et de se livrer à maintes contorsions, de manière à ne pas rompre au cours des orages affectifs.

3. L'organisation limite

Le propre de l'état limite c'est de se présenter, au point de vue structurel, comme en tous points, intermédiaire entre névrose et psychose. Nous savons que le propre de la structure névrotique repose sur un aménagement des conditions d'armistice dans le conflit latent qui oppose le Ça au Surmoi à travers le Moi. Un tel conflit ne peut se concevoir que comme génital et œdipien. La structuration psychotique de son côté correspond à un conflit entre pulsions et réalité, conflit dont le Moi arrive à se trouver exclu.

L'organisation limite quant à elle, ne se situe ni dans l'une ni dans l'autre de ces dialectiques. Il s'agit avant tout d'une maladie du narcissisme. Ayant dépassé le danger de la psychogenèse de type psychotique, le Moi n'a pu cependant parvenir à une psychogenèse de type névrotique ; la relation d'objet est demeurée centrée sur la dépendance anaclitique de l'autre ; le danger immédiat contre lequel *toutes les variétés* d'états limites luttent, c'est avant tout la *dépression.*

A) Le Moi anaclitique

Les auteurs qui se sont intéressés à l'économie des organisations limites comme W.D. FAIRBAIN (1952), Robert KNIGHT (1954), EISENSTEIN (1956), Heinrich HARTMANN (1956), Michel GRESSOT (1960), A. GREEN (1962) et Otto KERNBERG (1967), ont toujours plus ou moins insité sur la coexistence au sein de la personnalité limite de deux secteurs opérationnels du Moi, l'un demeurant dans le cadre d'une classique adaptation aux données de la réalité extérieure et l'autre fonctionnant sur un mode beaucoup plus autonome par rapport à la réalité, et essentiellement fixé aux besoins narcissiques internes, à l'anaclitisme rassurant. Cette dualité des secteurs opérationnels ne peut être confondue avec un clivage véritable du Moi comme on en rencontre dans les structures psychotiques. Il ne s'agit nullement d'un éclatement, même partiel, du Moi mais d'une simple réaction défensive dans les activités du Moi, destinée à éviter justement la menace d'éclatement, ainsi que FREUD l'a fort bien décrit luimême en 1938 dans son article sur le *le clivage du Moi dans les mécanismes de défense.* Le noyau même du Moi n'est pas touché par cette défense. Le Moi se déforme dans certaines de ses fonctions et va opérer sur deux registres différents : d'une part un registre adaptatif dans tout le champ relationnel où il n'existe pour l'individu aucune menace, sur le plan narcissique, tout autant que sur le plan génital ; d'autre part un registre anaclitique, dès qu'une menace de perte d'objet apparaît, à la suite de dangers se plaçant tout aussi bien sur le plan narcissique que sur le plan génital.

Tout le problème économique de l'organisation limite se jouerait dans les rapports entre ces deux systèmes adaptatifs et défensifs à la fois, permettant au Moi une certaine sécurité et une certaine mobilité mais ne constituant jamais une solidité véritable ; le sujet demeurerait trop massivement dépendant des variations de la réalité extérieure et des positions des objets comme de leur distance à son égard.

Toutes les organisations limites, tant qu'elles se situent dans l'axe du « tronc commun », ne peuvent constituer que des états indécis du Moi qui ne se trouvent pas encore réellement structurés de façons formelle et définitive. Ces états se contentent, comme nous l'avons vu plus haut, d'être « *aménagés* » ; en général « pas trop mal » aménagés. Sous leur aspect général, les défenses employées par un tel Moi se présentent comme ni trop fixées, ni trop solides, ni trop spécifiées, ni trop interchangeables. Elles conservent un certain degré de fluctuation, mais malheureusement cette possibilité se paie au détriment de leur robustesse.

Les sujets en question manifestent un immense besoin d'affection ; ils s'arrangent donc pour se montrer séduisants. Leur lutte sans fin contre la dépression les oblige à une incessante activité. Leur difficulté à s'engager les place dans la nécessité de se rendre à tout moment disponibles et adaptables, faute de pouvoir être réellement et durablement adaptés.

Le Moi de l'état limite conserve dans ses fixations un regard encore tourné vers l'ancienne indistinction somato-psychique (P. MARTY, M. de M'UZAN et C. DAVID, 1963) et peut faire partiellement retour à un moment particulièrement angoissant à ce mode archaïque d'expression utilisant le langage corporel.

Les organisations limites résistent mal aux frustrations actuelles qui réveillent les anciennes frustrations infantiles significatives ; ces sujets, souvent perçus comme « écorchés vifs », utilisent facilement des traits de caractère paranoïaque (Cf. III 2) pour tenter d'effrayer celui qui pourrait les frustrer.

Leur narcissisme est mal établi ; il demeure fragile. Il existe un évident et excessif besoin de compréhension, de respect, d'affection et de soutien, comme l'a bien montré Adolphe STERN (1945). Leur objet est ressenti comme persécuteur mais jamais autant (ni autant analement) que chez le paranoïaque ; cet objet joue le double rôle de Surmoi auxiliaire et de Moi auxiliaire, il se situe donc, avec une importante ambivalence dans le même moment, à la fois comme interdicteur et comme protecteur.

La régression constatée dans l'aménagement limite ne correspond pas, comme dans la plupart des cas de structuration névrotique, à une simple régression pulsionnelle portant surtout sur les représentations. Tout comme dans la névrose obsessionnelle, mais beaucoup plus loin en arrière encore, nous constatons qu'il existe une dégradation partielle de la pulsion elle-même.

C'est ce qui nous a amené à considérer que nombre de comportements phobiques dans lesquels la régression se trouve engagée sous cette forme (par exemple « l'homme aux loups » par rapport au « petit Hans ») ne constituent pas de simples « névroses phobiques », mais doivent être rangés résolument du côté des organisations limites.

B) La relation d'objet anaclitique

Comme l'indique l'étymologie du terme grec « anaklitos », il s'agit de se trouver renversé en arrière, couché sur le dos, de façon essentiellement passive. L'expression grecque « anaklitos thronos » correspond à ce qu'actuellement on dénomme une chaise longue. Les sens dérivés du terme « anaklitos » rendent compte des mouvements de « se replier sur », « incliner vers », « se coucher contre ». Et c'est bien là le propre de l'organisation limite. Il faut s'appuyer sur l'interlocuteur, tout aussi bien en attente passive et en quémande de satisfactions positives, qu'en manipulations beaucoup plus agressives, évidentes ou non, de ce partenaire indispensable. La relation d'objet anaclitique constitue en effet une relation de grande dépendance qui demeure vécue et jouée à deux, mais de façon fort différente que dans la partie fusionnelle du psychotique avec sa mère.

Pour l'anaclitique, c'est tout autant de l'un que de l'autre des deux parents qu'il s'agit d'être aimé et aidé ; Béla GRUNBERGER a montré (1958) que ces parents ne se trouvaient pas encore situés dans une économie authentiquement génitale ; c'est donc ces deux parents à part égale qu'il s'agit d'agresser et de maîtriser analement.

L'interlocuteur de l'anaclitique ne représente pas encore un parent œdipien ; l'élaboration génitale n'est pas assez avancée pour le permettre ; mais d'autre part ce n'est plus une mère de schizophrène ; les fixations aux stades très précoces n'ont heureusement pas atteint une intensité suffisante. Les frustrations subies par l'anaclitique se situent plus tardivement que chez le psychotique ; elles s'avèrent aussi beaucoup moins massives ; sans se trouver liées déjà à un choix sexuel elles ne dépendent cependant plus du seul pôle maternel ; elles concernent tout autant le père que la mère, mais en tant que « grands » et non comme parents sexués. Maurice BOUVET (1967) montre que le « parent » représente toujours une image phallique-narcissique asexuée avec laquelle il convient de conserver un mode de relation de type prégénital.

L'image du « compagnon » de Hélène DEUTSCH (1945) traduit le besoin de dépendance de l'objet, la nécessité vitale de sa proximité. Nous nous trouvons très près de la classique relation d'objet de type contraphobique.

En nous référant à la figure 7, on peut considérer d'une part que les structures psychotiques (correspondant aux appelations par S. FREUD de « psychonévroses narcissiques » en 1914) présenteraient une relation d'objet de type essentiellement et exclusivement narcissique, que les structures névrotiques d'autre part (conflit d'objet œdipien) manifestent une relation de mode génital tandis que les organisations limites du tronc commun

	Instance dominante dans l'organisation	Nature du conflit	Nature de l'angoisse	Défenses principales	Relation d'objet
STRUCTURES NÉVROTIQUES	Surmoi	Surmoi avec le Ça	de castration	refoulement	génitale
STRUCTURES PSYCHOTIQUES	Ça	Ça avec la réalité	de morcellement	déni de la réalité dédoublement du Moi	fusionnelle
ORGANISATIONS LIMITES	Idéal du Moi	Idéal du Moi avec : — Ça — réalité	de perte d'objet	clivage des objets forclusion	anaclitique

FIGURE 7 : Comparaison entre les lignées structurelles.

(correspondant en psychopathologie aux « névroses actuelles », « névroses d'abandon », « névroses traumatiques », etc.) demeureraient en partie bloquées dans leur évolution affective à une relation d'objet de type principalement anaclitique, témoignant d'un attachement particulier à l'objet, qui, comme tous les attachements de ce genre, place les deux partenaires tour à tour dans le rôle de grand ou de petit, de persécuteur ou de persécuté.

L'image du petit chien, de la laisse, et de la dame qui le promène est souvent évoquée : lequel, du chien ou de sa « patronne », sous la neige, dans la rue, à 23 heures, pour l'ultime et obligatoire sortie du soir, tient l'autre en son pouvoir ?

C) L'angoisse dépressive

En ne considérant l'organisation limite qu'au stade du tronc commun aménagé, le seul aspect clinique décelable correspond aux modes de réactions manifestes déployés pour lutter contre l'angoisse sous-jacente jamais très profonde, même dans les moments d'apparente hypomanie et d'assez bruyante euphorie.

Cette angoisse particulière à l'organisation limite, c'est l'angoisse de dépression. Elle survient dès que le sujet imagine que son objet anaclitique risque de lui faire défaut, de lui échapper.

C'est donc en réalité une *angoisse de perte d'objet* car sans l'objet, l'anaclitique va sombrer dans la dépression. Il ne s'agit bien entendu pas d'une dépression de type mélancolique car, justement, à ce stade « limite », l'objet ne peut encore se trouver introjecté. Mais le deuil demeure tout aussi impossible.

L'observation n° 11 constitue un exemple clinique assez caractéristique d'une telle variété d'angoisse.

L'anaclitique a besoin de l'autre à ses côtés ; s'il redoute les dangers de l'intrusion dans la trop grande proximité, il ne peut se résoudre à demeurer seul ; c'est pourquoi il recherche volontiers le groupe, s'y sent davantage rassuré. Nous avons envisagé, à l'occasion de la « pseudo-normalité » (cf. II, 1), comment le groupe agissait pour rassurer l'immature tout autant que pour le limiter dans son développement affectif.

La dépression qui guette éventuellement l'organisation limite se trouve le plus souvent décrite sous le vocable de dépression « *névrotique* ». Un certain nombre de psychopathologues n'ont cessé de protester contre cette qualification de « névrotique » attribuée à une économie qui ne se trouve nullement organisée sous le primat du génital, ni à l'ombre de la triangulation œdipienne et dans laquelle le Surmoi ne joue qu'un rôle modeste.

Cette angoisse de dépression caractérise l'organisation limite et la spécifie à côté de l'angoisse de morcellement de la structure psychotique *(figure 7)* comme de l'angoisse de castration de la structure névrotique.

Il paraît beaucoup plus important qu'on ne semble le considérer habituellement en psychiatrie, de bien distinguer ces trois formes très différentes d'angoisse. Avec moins de risques de confusion qu'au niveau des symptômes superficiels, c'est à partir d'un tel élément, essentiel sur le plan économique et profond, qu'il semble préférable de faire porter un diagnostic se référant du même coup à la nature du mode de structuration (ou d'astructuration) de la personnalité. Il s'agit ainsi beaucoup moins de « classer » que de « comprendre » ; la réponse, relationnelle ou thérapeutique, s'en trouvera grandement facilitée.

Tout comme le mode de constitution du Moi ou le système des défenses ou le mode de relation d'objet, la nature authentique de l'angoisse profonde ne doit pas être estimée de façon approximative, ni considérée comme allant de soi dans le sens de la castration.

La façon d'écouter sur le plan relationnel, d'utiliser sur le plan scolaire ou professionnel, d'aider sur le plan thérapeutique, les sujets que nous rencontrons dans nos différents rôles ne peut être uniforme ni laissée au hasard. L'angoisse spécifique de chacun signe sa position dans le monde : l'angoisse de morcellement est une angoisse sinistre, de désespoir et de repli. L'angoisse de castration est une angoisse de faute, dirigée vers un futur anticipé sur un mode érotisé. Entre ces deux positions extrêmes l'angoisse de dépression se situe comme concernant à la fois le passé et le futur. Elle rappelle, comme le dit Ralph GREENSON (1959), un passé malheureux mais elle témoigne cependant, en même temps, d'une espérance de sauvetage investie dans la relation de dépendance féconde à l'autre.

D) Les instances idéales

Nous retrouvons, à propos des instances idéales, la même nécessité de différencier sans ambiguïté l'organisation limite des modes de structuration psychotique ou névrotique.

Du côté des structures psychotiques, le fossé demeure assez grand sur le plan des instances idéales, celles-ci se trouvant réduites à l'état de noyaux épars dans l'organisation psychotique, ainsi bien en ce qui concerne le Surmoi qu'en ce qui concerne l'Idéal du Moi. Des éléments de ces deux instances se trouvent incontestablement présents dans la lignée psychotique mais de façon très focalisée et strictement circonscrite à des secteurs restreints, sans valeur organisatrice générale, alors que dans l'organisation limite si le rôle du Surmoi demeure encore bien imparfait, l'Idéal du Moi au contraire se comporte en véritable pôle autour duquel s'organise la personnalité.

Les différences entre structure névrotique et organisation limite par contre nécessitent une réflexion plus attentive : il est nécessaire tout d'abord de nous référer à la distinction établie par Béla GRUNBERGER (1958) entre les différents repères métapsychologiques spécifiques des fonctionnements névrotiques ou narcissiques et qui a été complétée ici. La lignée névrotique correspondrait donc à l'articulation des facteurs : *Œdipe — surmoi — conflit génital — culpabilité — angoisse de castration — symptômes névrotiques*, alors que la lignée narcissique répondrait à la succession : *narcissisme — Idéal du Moi — blessure narcissique — honte — angoisse de perte d'objet — dépression.*

Tant que l'aménagement du tronc commun persiste, le mouvement dépressif demeure très limité et très discret ; dans la période qui devrait marquer le début de l'Œdipe classique, on assiste à la congélation, décrite plus haut, de l'évolution libidinale sur les positions de la partie la plus élaborée des fixations prégénitales, c'est-à-dire celles qui touchent à la phase phallique.

Puis l'Œdipe se trouverait en quelque sorte « sauté », *(en tant qu'organisateur)* pour arriver dans la période de pseudo-latence dont il a été parlé précédemment. Le fait que les aspects organisateurs de l'Œdipe n'aient pu entrer en action dans l'organisation structurelle, ne veut pas dire qu'aucun acquis œdipien ne se retrouve dans la personnalité limite. Il existe des éléments œdipiens et surmoïques dans de tels aménagements bien davantage encore que dans une structuration psychotique, cependant ces éléments, ici comme là-bas, ne constituent pas le rôle principal d'organisation.

D'autre part, tous les sujets dépendant de notre « tronc commun » n'en sont pas au même degré d'acquis œdipiens : l'importance de tels apports génitaux dépend des conditions d'impact du traumatisme désorganisateur précoce : de l'intensité absolue de l'affect qui y est lié, sans aucun doute, mais aussi de l'intensité *relative* du mode de réception de cet affect, c'est-à-dire du degré d'immaturité du Moi au moment dudit traumatisme et des moyens dont ce Moi disposait alors pour y faire face.

Le Surmoi classique de la structure névrotique, défini sans compromission possible dans le fondement même de la théorie psychanalytique comme l'héritier et le successeur du complexe d'Œdipe, ne saurait se constituer de façon complète chez le sujet limite dans la mesure même où les vécus œdipiens se seront trouvés sensiblement escamotés.

G. L. BIBRING (1964) a montré que la régression préœdipienne réalisée devant la peur de conditions œdipiennes survenues trop précocement au sein d'un Moi encore mal équipé pour y faire face, entraîne avec elle les premiers éléments surmoïques déjà constitués vers les fixations, très importantes chez de tels patients, au niveau d'un *Idéal du Moi* puéril et gigantesque.

On peut dire que la fonction de l'Idéal du Moi se trouvait déjà très fortement investie antérieurement pendant la période prégénitale et que le repli des premiers éléments surmoïques va développer encore cette inflation de l'Idéal du Moi qui, à partir de ce moment, occupera la plus grande partie de ce qui devait normalement revenir au Surmoi dans l'organisation de la personnalité. Bien entendu, comme cet Idéal du Moi se trouve du point de vue maturatif bien plus archaïque que le Surmoi, on comprend que de telles personnalités demeurent incomplètes, fragiles et imparfaites ; des « organisations » ou des « aménagements », pas encore des « structures ».

C'est donc, de notre point de vue, avec des ambitions héroïques démesurées de *bien faire* pour conserver l'amour et la présence de l'objet, que ces sujets vont aborder leur vie relationnelle, beaucoup plus qu'avec des culpabilités d'avoir « mal fait » sur le mode génital et œdipien et d'en être puni par la castration.

La constatation de leur échec dans leurs ambitions idéales sans commune mesure avec leurs possiblités personnelles, n'amènera pas des sujets limites à la simple modestie ni, en cas de conflits trop aigus, à la culpabilité (lignée névrotique) ; tout échec trop cruellement enregistré agira de manière à créer une honte ou un dégoût (lignée narcissique) de soi-même, éventuellement projetable sur les autres.

Si ces sentiments, de façon consciente ou non, arrivent à perturber trop vivement l'aménagement établi au sein du tronc commun de façon encore assez incertaine, nous verrons naître, chez le sujet limite demeuré à ce niveau, des risques de manifestations dépressives.

Les parents des sujets limites ont encouragé les fixations à une relation étroitement anaclitique. Le plan apparent est rassurant : « *Si tu restes dans mon orbite, il ne t'arrivera rien de fâcheux* » mais le plan latent demeure assez inquiétant : « *Ne me quitte pas, sinon tu vas courir de grands dangers.* » De tels parents se montrent en général insatiables sur le plan narcissique : « *Fais encore mieux, et,* demain, *tu recevras ta récompense car je ne pourrai que t'aimer davantage.* » Malheureusement « les lendemains » merveilleux ne surviennent jamais...

Devant de telles exigences, souvent contradictoires, et sans contrepartie gratifiante, l'enfant voit se battre à l'intérieur de lui-même les deux Moi idéaux parternel et maternel ; il revit, comme le montre A. FREUD (1952), le conflit parental introjecté et il n'introjecte pas seulement comme dans l'établissement du Surmoi les interdits parentaux. Il en résulte, comme chaque fois où le Surmoi n'est pas assez bien constitué, une intolérance aux contradictions, comme aux incertitudes.

Une autre conséquence de la faiblesse du Surmoi se situe au niveau de la facilité avec laquelle la représentation mentale, ou l'expression verbale, passent *dans l'acte,* de façon inattendue et souvent incompréhensible. Il est plus facile parfois de communiquer sous le prétexte des nécessités de l'action que par le moyen d'expressions verbalisées ou, à plus forte raison, que de laisser s'élaborer des fantasmes ou des idées, de les reconnaître, de les manipuler et de les intégrer.

Le Surmoi, dont on met souvent en avant une réputation redoutable, ne revêt pas que des aspects négatifs. Si le Surmoi trop rigide porte en lui des germes de conflits sérieux, un Surmoi trop inexistant oblige l'Idéal du Moi archaïque, dont le statut relationnel est dépassé, à reprendre la principale fonction organisatrice dans les processus mentaux, ce qui ne peut aller sans un certain anachronisme et une notable inadaptation.

E) Les mécanismes de défense

A ce niveau également, les organisations limites doivent être comparées tant aux structures névrotiques qu'aux structures psychotiques.

Le principal mécanisme de défense névrotique demeure de toute évidence le *refoulement,* même s'il est aidé, comme nous l'avons vu plus haut, par d'autres mécanismes accessoires. Mais le refoulement constitue un mécanisme assez tardif et assez élaboré ; il joue dans les organisations limites un rôle bien moindre que dans les névroses.

L'organisation limite doit donc recourir à des mécanismes de défense moins élaborés, donc moins efficaces, mais aussi moins coûteux en contre-investissements que le refoulement ; ce sont principalement l'évitement, la forclusion, les réactions projectives et le clivage de l'objet.

L'évitement de l'organisation limite se trouve du même type que celui habituellement décrit sous le registre phobique, il s'agit pour le sujet d'éviter la rencontre avec la représentation même quand elle se trouve isolée ou déplacée antérieurement par des mécanismes annexes préalables.

La forclusion concerne également une forme de rejet de la représentation gênante et se situe très près du déni du sexe féminin rencontré dans l'aménagement pervers et dont nous parlerons plus loin. La forclusion s'adresse à une image davantage paternelle dont il est nécessaire de rejeter la représentation symbolique.

Si la forclusion est envisagée parfois comme pouvant faire le lit de certains processus délirants, il semble s'agir seulement de cas où le Moi devient la proie d'une désorganisation plus poussée que celle rencontrée dans le banal tronc commun aménagé.

Les *réactions projectives* s'apparentent aux mécanismes d'identification projective de Mélanie KLEIN (1952) de même qu'aux identifications à l'agresseur décrites par S. FERENCZI (1952) et A. FREUD (1949). Bien entendu la classique projection sert à l'aménagement limite, comme au phobique, pour situer à l'extérieur la représentation pulsionnelle intérieure, mais les deux procédés précédents coordonnent leurs efforts pour se rendre maître de la représentation externe, ils permettent des récupérations fantasmatiques rassurantes de toute-puissance sur l'autre. Mais ces phénomènes projectifs, dans leur répétition et leur intensité souvent croissantes (par nécessité défensive de plus en plus serrée) vont limiter de plus en plus les expériences relationnelles authentiques et le Moi ira, en risquant de s'appauvrir, peu à peu vers la claustrophobie ou en direction aussi des déréalisations.

Le clivage qui joue dans les organisations limites n'est pas le véritable clivage du Moi lié à l'éclatement, ou au simple dédoublement du Moi, mécanismes de défense psychotique contre l'angoisse de morcellement et de mort. Il s'agit ici d'un clivage des représentations objectales, d'un simple dédoublement des imagos, destiné à lutter contre l'angoisse de perte d'objet et le risque d'arriver ainsi au deuxième mode de clivage, par dédoublement véritable du Moi.

Sous des appellations diverses, ce clivage des imagos a été mis en évidence par l'école kleinienne principalement à propos de la relation à l'objet partiel (phase schizoparanoïde) et à l'objet total (phase dépressive).

L'état limite, dans sa lutte contre la dépression par perte d'objet, ne s'adresse plus simplement au refoulement, qui demande une élaboration génitale meilleure, ni non plus au dédoublement du Moi, trop coûteux régressivement. Comme l'a montré S. FREUD en 1924, pour ne pas avoir justement à se dédoubler, le Moi « *se déforme* ». Il va fonctionner en distinguant deux secteurs dans le monde extérieur : un secteur adaptatif où le Moi joue toujours librement sur le plan relationnel et un secteur anaclitique où le Moi se limite à des relations organisées selon la dialectique dépendance-maîtrise. Sans avoir à opérer de déni de la réalité, dans ce dernier secteur, le Moi va cependant distinguer à propos du même objet, tantôt une imago positive et rassurante, tantôt une imago négative et terrifiante sans possibilité de concilier à la fois les deux imagos contradictoires.

Nous nous trouvons donc placés très près de la conception kleinienne du « bon » et du « mauvais » objet et O. KERNBERG (1967) pense qu'on arrive ainsi à ce qu'il appelle « l'idéalisation prédépressive », c'est-à-dire à une situation à trois facettes où une partie du Moi demeure organisée autour d'introjections positives pendant qu'une autre partie du Moi, tournée vers l'extérieur, considère d'une part comme réalité extérieure les aspects positifs de cette réalité, bien investis par la libido, et d'autre part, rejette, dès que perçus comme tels, les objets externes frustrants et menaçants.

Un tel mécanisme utiliserait donc davantage la forclusion que le déni (psychotique) comme mécanisme auxiliaire à son profit.

4. Evolutions aiguës

L'aménagement du tronc commun limite s'avère comme assez peu solide du fait qu'il ne s'agit pas d'une véritable structuration.

Cependant, au prix de bien des renoncements, de compromis, de déguisements, d'évitements, de défenses énergétiques considérables et de ruses diverses, certains aménagements limites réussissent à se maintenir pendant toute leur vie dans une situation certes inconfortable, mais cependant habilement agencée.

Comme nous l'avions déjà énoncé plus haut, un certain nombre des fameux « psychopathes », dont on parle si souvent et avec si peu de précision, se rangent dans cette catégorie organisationnelle peu constante mais également peu exigeante sur le plan structurel.

A un moment quelconque de la vie du sujet on peut assister à une décompensation morbide de l'organisation limite, ce qui donne naissance à des formes cliniques particulières :

A) Décompensation de la sénescence

Comme je l'ai déjà décrit dans deux articles antérieurs (J. BERGERET, 1968 et 1971), il existe toute une catégorie de sujets ayant passé leur vie adulte comme le chêne de la fable, sans fléchir ni plier, et qui, d'un seul coup, tout à fait imprévisible, arrivent à « rompre », à « casser », brutalement et dramatiquement, à une période, souvent assez précoce, de leur sénescence.

Il m'a semblé intéressant de me pencher, il y a quelque temps, sur le problème de ces cas relativement fréquents en pratique gériatrique, et cette étude m'a conduit, par étapes successives, à des constatations assez inattendues au départ.

Il s'agit de patients qui jouissaient d'une réputation de gens « hypernormaux ». Cet aspect de défense contre ce qui pourrait ne pas paraître normal ne saute pas toujours immédiatement aux yeux des psychiatres, plus habitués à remarquer les degrés du pathologique que les nuances du « normal ». Cependant, le bon sens de l'entourage, sans en avoir toujours saisi la signification défensive, a fort bien remarqué cette notion, importante à nos yeux, d'un excessif besoin d'adaptation chez ces sujets toujours actifs et, sans échec important (ni réussites spectaculaires d'ailleurs, si l'on examine les choses de près), assez connus socialement (fortes attaches sociales ou culturelles) et jouissant d'une réputation d'assez grande sympathie.

Subitement, au moment de leur sénescence physique, intellectuelle, sociale ou affective, il survient un accès pathologique dramatique, brutal, inattendu, très grave.

Cet accès pathologique se déclenche sans traumatisme apparent, car la sénescence à elle seule peut constituer ce traumatisme, cette perte des possibilités indispensables d'aménagement.

Ou bien on peut constater un traumatisme réel qui suractive ce vécu affectif angoissant de la sénescence : décès d'un proche parent, allié ou ami fortement investi, mariage et séparation d'un « fils chéri », blessure narcissique importante par ennuis financiers, mise à la retraite, et en général tout ce qui peut rompre, sans préavis (réellement envisagé de façon consciente comme inéluctable), une relation aux autres, de mode essentiellement anaclitique, c'est-à-dire dans la dépendance trop étroite d'un autre qui dépend aussi étroitement de soi.

Cette rupture soudaine d'un tel mode d'équilibre, somme toute assez peu mature et assez peu génital (comme disent les psychanalystes), entraîne en un temps très bref un « *épisode d'angoisse aiguë* » qui peut être assimilé à la fameuse « névrose d'angoisse » classique quand ce terme est réservé (comme chez les premiers auteurs qui l'avaient décrite) à un épisode aigu très intense, transitoire et proche de la dépersonnalisation, comme nous le verrons au paragraphe suivant.

Cet épisode d'angoisse aiguë va évoluer ici selon des modes particuliers :

1) Mort subite : il s'agit le plus souvent d'un faux infarctus du myocarde, mais plutôt d'une vasomotricité paroxystique coronarienne ou cérébrale, au point de départ du moins.
2) Démence sénile : souvent elle est relativement rapide et précoce.
3) Affections psychosomatiques diverses selon le niveau du désinvestissement mental et le mode d'excitation somatique.
4) Certaines névroses assez focalisées mais très intenses.

Quand on se penche sur le passé de ces patients, on ne trouve pratiquement aucun signe réel de la lignée psychotique dans l'adaptation au réel ni aucun signe de la lignée névrotique classique dans une relation conflictuelle aux autres.

Par contre, on remarque toute une série « d'aménagements » dont la multiplicité, comme l'habileté pour éviter l'échec, pourront attirer l'attention du psychiatre averti.

On remarquera aussi, si l'on regarde de très près, malgré une vie sexuelle réelle, bien « aménagée » aussi, une certaine « limpidité libidinale » tout au long de leur existence. Leur vie sexuelle (bien que présente dans ses manifestations) paraît cependant *figée* dans son mode évolutif, comme chez les enfants en période de latence qui n'arrivent pas à assumer leur puberté et les modifications qu'elle implique dans les relations aux autres.

Leur mode de relation aux autres a pu sembler normal parce qu'il y a relation souvent bonne avec des partenaires bien choisis. En réalité, il s'agit (relation anaclitique) d'une dépendance réciproque trop étroite pour être assez mature. Sa rupture entraîne, non le deuil normal ou la tristesse légitime, mais une véritable panique comme s'il s'agissait de l'amputation d'une partie indispensable de soi.

Les investissements affectifs de tels sujets étaient demeurés désexualisés, les conflits génitaux soigneusement évités. L'érotisation apparente demeurait vécue sur un mode narcissique avec un objet beaucoup plus « fonctionnel » que réel et sexuel. Finalement la dépendance demeurait servile à l'égard des objets plus proximaux et entremêlée d'une dose égale d'agressivité à leur encontre.

Tout cet arrangement s'est trouvé brisé un jour et il est difficile de prévoir où cette décompensation peut s'arrêter.

Depuis longtemps on connaît l'évolution rapidement fâcheuse de tout « vieux caractériel » placé par sa famille (ou par son village ou par son immeuble) dans un établissement hospitalier parce qu'il a fini par se rendre insupportable. Le plus souvent il s'agit d'organisations limites de cette nature qui auraient pu poursuivre une vie relativement heureuse si leur narcissisme avait pu continuer à être entretenu par les autres, ne serait-ce que dans les satisfactions narcissiques obtenues par l'agacement que de tels vieux tyrans font supporter aux autres.

B) Eclatement du tronc commun

Une décompensation de même type peut survenir de façon beaucoup plus aiguë encore à tout moment de la vie du sujet à l'occasion d'un deuxième traumatisme psychique désorganisateur *(cf. fig. 8).*

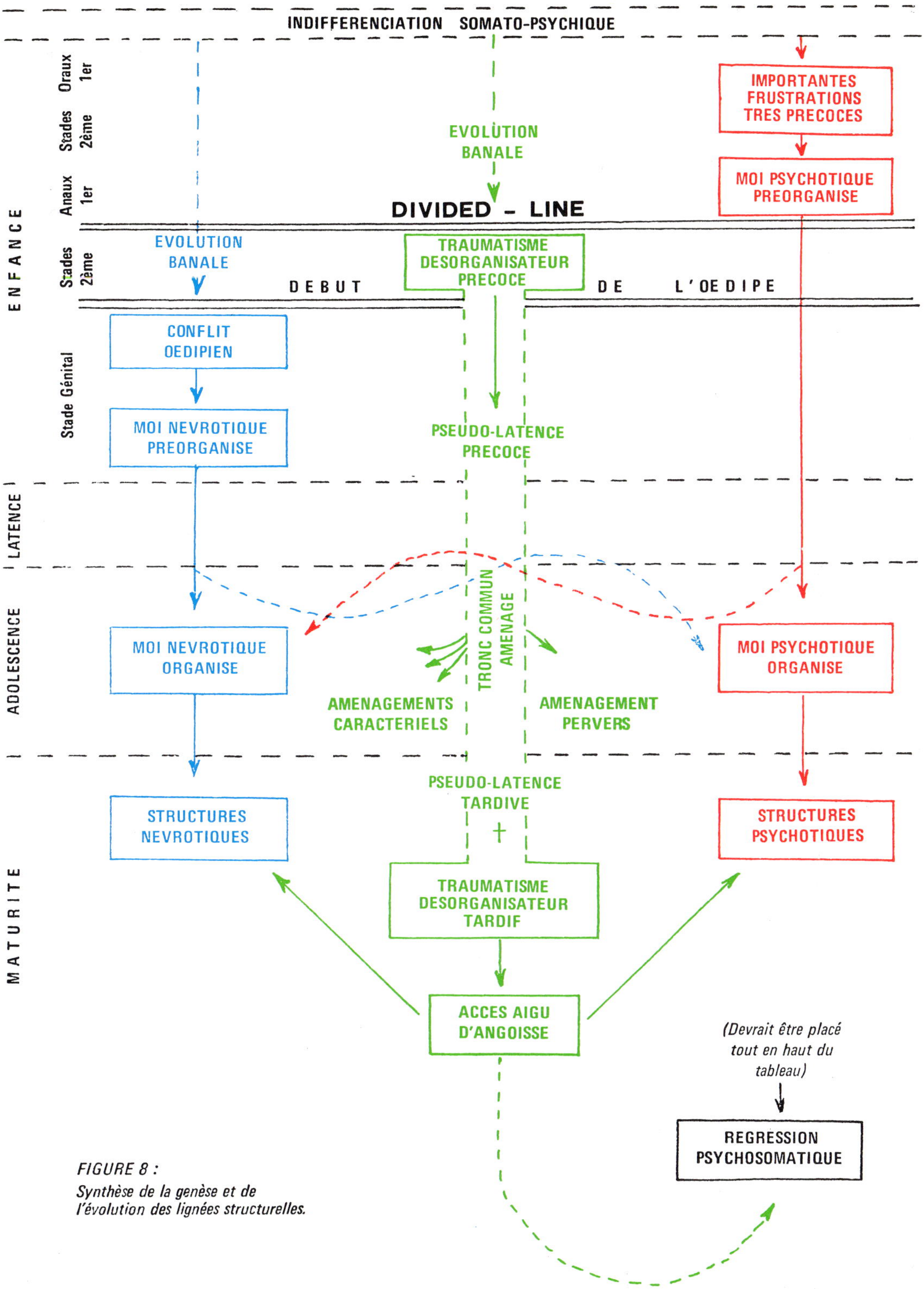

FIGURE 8 :
Synthèse de la genèse et de l'évolution des lignées structurelles.

Il s'agit d'une grande crise d'angoisse aiguë improprement appelée *névrose d'angoisse* et décrite par J. A. GENDROT et P. C. RACAMIER (1967) comme un état paroxystique et transitoire à la fois prépsychotique, prénévrotique et prépsychosomatique, c'est aussi un état régressif du Moi, très proche des ébauches de dépersonnalisation décrites par M. BOUVET (1967).

La cause extérieure déclenchante peut se trouver de nature extrêmement variée : post-partum, mariage, deuil, bouleversements sociaux, accidents affectifs ou corporels ([1]). Ce traumatisme réveille par son vécu intime une ancienne frustration narcissique prédépressive correspondant au premier traumatisme désorganisateur dit « précoce » et soigneusement évitée jusque-là.

Devant un tel excès de surcharge pulsionnelle, et devant cette situation réactivant le premier traumatisme, l'aménagement provisoire et imparfait du Moi se trouve bouleversé de fond en comble ; les défenses assez peu spécifiques employées jusque-là deviennent totalement impuissantes et l'angoisse s'écoule ainsi maintenant librement au registre conscient, liées à des représentations anxiogènes les plus diverses.

On pourrait se considérer comme en pleine « crise d'adolescence », une caricature de la crise d'adolescence, une crise d'adolescence à la fois brutale, intense, tardive, raccourcie, remettant en cause toute l'organisation profonde du Moi et ses aménagements provisoires antérieurs.

A partir de ce moment-là, il n'existe plus aucun aménagement médian possible : il faut trouver au plus vite un système défensif plus efficace, sinon le sujet sera conduit à la mort soit par *suicide* évident, soit par suite d'un *quelconque collapsus* favorisé par une faiblesse organique localisée à tel ou tel organe. Le cas de Julien (observation n° 3) correspond à une telle fin.

Habituellement cependant, le sujet s'adresse à l'une des trois voies psychopathologiques bien connues, dès que le « point de non-retour » par rapport à l'ancien aménagement limite se sera trouvé dépassé :

La voie névrotique (cf. fig. 8) si le Surmoi se montre encore assez consistant pour autoriser une alliance avec la partie saine du Moi contre les pulsions intempestives du Ça. Le niveau génital de la structuration œdipienne se réaliserait enfin, à l'occasion d'une meilleure relation possible et en utilisant l'énergie accessoire libérée par le traumatisme psychique. L'entrée dans la lignée névrotique semble se produire plus facilement au niveau de l'hystérophobie ou des mécanismes obsessionnels.

La voie psychotique, au contraire, si les forces pulsionnelles balaient la partie du Moi qui était demeurée jusque-là bien adaptée à la réalité

([1]) Les opérations chirurgicales « à cœur ouvert » mettent en évidence un lot important de telles décompensations.

grâce à ses défenses antérieures. Nous entrons alors dans la lignée psychotique *(cf. fig. 8)* mais jamais dans un mode d'organisation schizophrénique trop archaïque. Il semblerait que souvent les éléments dépressifs de statut « limite » conduisent le sujet vers une psychotisation autour du même noyau dépressif dans le registre mélancolique, l'objet anaclitique qui était venu à manquer devenant introjecté et les sentiments de honte et de dégoût en relation avec l'Idéal du Moi antérieur pouvant se donner ainsi libre cours sous la forme des autoreproches caractérisant ce mode d'organisation psychotique.

Mais d'autres formes d'évolution psychotique semblent également possibles, telles des formes hallucinatoires chroniques ou des formes délirantes paranoïdes à évolution tardive, lente et assez focalisée (tel l'exemple classique n° 12 cité plus loin).

La voie psychosomatique, quand les manifestations mentales se trouvent désexualisées, désinvesties et autonomisées au profit d'un mode de régression à la fois somatique et psychique *(cf. fig. 8)* mal différencié quant à l'excitation et à l'expression telle qu'elle a été décrite par A. BECACHE (1972) dans la ligne des travaux de l'école française de psychosomatique (M. FAIN et P. MARTY, M. de M'UZAN, C. DAVID).

Il demeure évident que ce ne sont pas là les modes habituels d'entrée dans de telles entités pathologiques, mais la clinique nous montre la réalité et la fréquence non négligeable de ces sortes d'évolutions.

Il convient également de remarquer que le premier, comme le deuxième traumatisme peuvent parfois se trouver remplacés par une série de « microtraumatismes » répétés et rapprochés dont la somme des effets correspond pratiquement à un traumatisme unique et plus important.

Voici résumée l'observation clinique de la décompensation psychotique d'un état limite :

Obs. n° 12

Albertine a 50 ans. Mariée, sans enfants, elle est entrée à l'hôpital il y a un an pour un épisode délirant focalisé sur un thème unique : « Je veux être enterrée à X... avec mon papa et ma maman. »

Cette patiente conserve un bon état général malgré une cardiopathie mitrale ; très correctement vêtue, elle fait très « dame en visite » quand on lui demande de venir s'entretenir avec les médecins, au bureau.

Elle parle d'une voix de petite fille avec des gestes gracieux, presque précieux. Elle se comporte de façon très adaptée dans le dialogue sur son passé ou la situation actuelle en général.

Par contre elle reste silencieuse dès qu'on garde le silence en face d'elle, et, si nos questions deviennent trop pressantes sur ses problèmes actuels, le thème délirant apparaît aussitôt : « Je veux être enterrée à X... avec mon papa et ma maman. » On n'obtient rien de plus, au maximum un « et puis voilà !... » puis un silence tenace, ou bien elle répète les mêmes propos.

Bien entendu des sujets sexuels se rencontrent dans beaucoup de délires de psychotiques, mais de tels thèmes demeurent des noyaux épars, pas très organisés, et surtout pas très organisateurs du processus délirant. Ici au contraire Albertine organise son délire de façon spécifique autour d'une image en apparence œdipienne, autour d'un noyau en apparence « névrotique » : elle semble rechercher dans la néoréalité rassurante de son thème délirant une satisfaction interdite de petite fille dans le lit des parents, reliant protection narcissique et plaisir érotique à la fois, satisfaction double mais illusoire, dont elle se punit d'ailleurs aussitôt par la représentation de sa propre mort.

Des mécanismes aussi subtils et aussi élaborés ne correspondent pas, en général, à la simplicité et à la brutalité des constructions psychotiques. Tout au plus pourrait-on en voir dans certains comportements paranoïaques ; mais, de toute évidence, nous ne sommes nullement en présence ici de ce mode d'organisation.

Bien entendu il ne saurait s'agir du passage d'une structure névrotique à une structure psychotique, non seulement parce qu'un tel passage se trouve contraire à nos propres conceptions, mais parce qu'il est évident que le passé d'Albertine ne s'est jamais déroulé sous un primat génital d'organisation.

En effet, tout d'abord, si Albertine avait connu un mode de structuration névrotique à un certain moment de son évolution et qu'elle ait connu ensuite une décompensation, ou bien cette décompensation n'aurait revêtu qu'un aspect aigu et épisodique (comme cela se rencontre parfois chez l'hystérique), ou bien, dans le cas d'une organisation obsessionnelle, on aurait trouvé des défenses d'un tout autre ordre que celles qui sont déployées ici.

D'autre part, les vécus passés de la patiente se trouveraient marqués de façon beaucoup plus nette par l'empreinte de l'Œdipe et de la génitalisation.

Or Albertine est née dans un village de campagne ; elle y vécut jusqu'à 13 ans, âge auquel elle partit en pension. Elle fut de nombreuses fois changée d'école et du même coup elle n'a pu se fixer ni sur des images identificatoires stables, ni sur des points fixes idéaux, comme cela se produit bien souvent au moment de l'adolescence.

Elle obtient son brevet puis fait la connaissance d'un pharmacien, plus âgé qu'elle, qui la demande en mariage.

Sa mère s'oppose au mariage en raison de la différence de milieux. Albertine se soumet mais tombe malade (pleurésie). Les hésitations de dépendance entre le pharmacien plus âgé et la mère paraissent évidentes ; il n'y a pas de rivalité œdipienne vécue envers la mère. La sécurité auprès de la mère l'emporte sur une éventuelle rencontre de l'homme.

Cette mère est décrite comme très active, engagée dans la politique locale, écoutée dans le pays et assez sectaire. On parle peu du père, petit cultivateur et petit éleveur, plus âgé, insignifiant mais stable et ayant survécu de dix ans à son épouse.

Il existe un frère, l'aîné d'un an, professeur de langues vivantes, marié à une « étrangère », sans enfant, et vivant au loin, dans l'obscurité tranquille d'un minuscule collège de montagne.

Sur les conseils de sa mère, Albertine accepte de se marier à 22 ans avec (dit-elle) « Monsieur S... [1] un brave paysan, comme ma mère l'avait fait » *(sic)*.

Albertine tombe rapidement malade. Elle entre à l'hôpital puis en maison de repos (salpingite tuberculeuse). Dès qu'elle est rétablie elle prend des cours de comptabilité et occupe ensuite un poste d'aide-comptable dans une petite industrie. Elle y reste cinq ans, très heureuse, dit-elle.

Mais deux événements viennent la perturber quand elle arrive à la quarantaine. L'infidélité du mari et le décès de la mère. Ceci déclenche une impressionnante hémorragie nasale ayant nécessité un tamponnement postérieur et en liaison sans doute avec des troubles cardio-vasculaires non détectés jusqu'à présent.

Le vécu « d'hémorragie » narcissique de cette importante perte de sang s'ajoute aux deuils affectifs de l'amour du mari et de la protection de la mère. Un épisode dépressif sérieux s'ensuit. Elle entra dans un service psychiatrique d'urgence, on lui administra une série d'électro-chocs, ainsi qu'une confortable dose de neuroleptiques.

Une telle thérapeutique vient, de toute évidence, s'ajouter à la somme algébrique des traumatismes désorganisateurs subis en si peu de temps.

Pendant dix ans elle demeure prédépressive, vivant auprès de son père dans le souvenir de la mère et au bout de cette période, à 49 ans, au décès de son père, Albertine se décompense dans un premier tableau psychotique classique avec stérotypies, apragmatisme, maniérisme, sourires immotivés et apparition du thème délirant : « Je veux être enterrée à X... avec mon papa et ma maman. »

Des traitements médicaux nuancés amendent les signes extérieurs. Seul le délire focalisé demeure, la cardiopathie évolue très peu. La malade reste calme dans le service, sort assez souvent pour une promenade ou une visite à son mari (surtout quand celui-ci a besoin d'elle pour la récolte des fruits ou les vendanges). Elle n'accepte aucune autre solution que de rester sous la dépendance et la protection des médecins ; « Ils savent ce qu'il me faut. »

De toute évidence il ne s'agissait ni d'une structure névrotique ni d'une structure psychotique au départ. L'aménagement imparfait de sa personnalité reposait sur une dépendance anaclitique des autres. Un premier traumatisme survient réunissant plusieurs frustrations affectives et une perte de sécurité, puis un deuxième, brisant tout lien avec la mère, ne serait-ce que par l'intermédiaire du père, a fait

(1) Elle cite son nom propre, non son prénom.

sombrer cette pauvre « petite fille » déjà âgée dans la crise d'angoisse aiguë, d'où elle n'a pu sortir que par la voie psychotique irréversible.

5. Aménagements spontanés

Dans de nombreux cas, le tronc commun ne conduit pas les sujets qui ont commencé sous son registre leur pseudo-latence vers de brutales décompensations ; il existe des arrangements particuliers partant du tronc commun, soit en direction de la lignée structurelle névrotique, soit en direction de la lignée structurelle psychotique et conduisant à des solutions beaucoup plus stables et beaucoup plus durables qui vont nous permettre de compléter et de terminer l'ensemble de notre tableau nosologique *(fig. 8).*

A) L'aménagement pervers

L'aménagement pervers correspond à ce qu'on appelle improprement la « structure perverse » en langage psychiatrique. En réalité, il s'agit seulement d'un aménagement particulier tirant directement son origine du tronc commun, beaucoup plus stable certes que les aménagements antérieurement décrits au niveau du tronc commun, et même d'un aménagement tellement stable dans la plupart des cas, qu'il s'avère en général difficilement réversible. Cependant on ne peut lui reconnaître le statut de structure étant donné son essence narcissique anaclitique et antidépressive qui ne permet pas de le ranger dans l'une ou l'autre des structures authentiques, névrotique ou psychotique, et le laisse dans une dépendance lointaine et relative, mais économiquement effective à l'égard de l'organisation limite dont il découle génétiquement.

L'aménagement pervers résulte d'un long cheminement para- et protogénital, sous l'aile et l'excitation parentale (et maternelle le plus souvent), amenant peu à peu l'individu à « jouer au génital » sans avoir, comme la plupart des sujets limites, atteint pour autant un niveau d'organisation réellement génital. De plus, dans ce cas précis, le jeu pseudo-génital prend un aspect et particulièrement bruyant et particulièrement aberrant. Tout se passe comme si l'avantage procuré ici par la solidité inhabituelle de l'aménagement narcissique se payait du prix de bien d'autres complications.

Dans l'organisation perverse, l'angoisse dépressive se trouve évitée par suite de la réussite d'un déni portant sur une partie seulement et très focalisée du réel : *le sexe de la femme.*

Cet objet partiel ne doit pas exister, en même temps que l'objet partiel phallique au manque duquel il correspond se trouve farouchement et complémentairement surinvesti sur le registre narcissique.

Un tel aménagement se situe donc très près de la lignée structurelle psychotique *(fig. 8)* puisque le pervers opère à la fois un déni et une sorte de « délire » tout comme une structure psychotique, mais dans le cas de l'aménagement pervers toutefois cette double attitude de déni et de « délire » se limite exclusivement à un champ sensoriel unique, strictement circonscrit autour du sexe de la femme et de ses représentations symboliques.

Le narcissisme primaire se trouve ainsi mal intégré et figé au niveau de l'attrait pour un objet partiel plein de mystère, dans une évolution affective restée indécise entre un auto-érotisme qui n'a pas été encore complètement dépassé et un stade objectal à peine halluciné et qui ne s'est jamais trouvé réellement atteint.

La précocité de l'excitation libidinale a été telle que pulsion et objet partiel se sont soudés trop tôt et que l'objet total n'a pu se constituer. Il paraît probable, à étudier cliniquement ce genre de cas, que le « traumatisme précoce » inducteur d'une telle déviation dans le mode d'établissement du statut de l'objet ne correspond pas à l'exemple classique intense et brutal habituellement décrit au niveau du tronc commun, mais connaît son équivalent quantitatif dans la somme algébrique des micro-impacts successifs causés par un véritable déconditionnement continu opéré au moment de la poussée œdipienne, déconditionnement opéré le plus souvent par la mère et portant sur les premières représentations génitales triangulées.

L'injection répétée d'un Moi idéal maternel exclusif et angoissant agit sur le sujet, tout comme une injection d'apomorphine, pour le dégoûter (souvent à jamais parce que ce déconditionnement s'avère très efficace et très précoce) de la génitalisation différentielle transformant le phallus en pénis et faisant apparaître du même coup la représentation d'un sexe féminin authentique, à la place de l'ancienne image d'une castration phallique-narcissique. L'enfant acculé à la solution perverse ne peut parvenir à cette image véritablement sexuelle et exaltante du pôle génital féminin. Tout risque d'apparition dans son champ perceptif conscient d'une représentation de cet ordre, crée aussitôt un affect de dégoût. Il se sent comme un apormorphiné devant un verre d'alcool ; mais, en plus, il opère une fuite vers le phallus sécurisant et ces deux mouvements se voient encore considérablement renforcés par le fait que le sujet se sent occuper fantasmatiquement lui-même une délicieuse et épouvantable position féminine-passive, castrée sur le registre phallique-narcissique.

Comme l'a évoqué FREUD dans son article sur *La différence anatomique entre les sexes* (1925 j), chez l'enfant, une partie du Moi reconnaît la castration alors qu'une autre partie du Moi la nie ; cette dualité durera toute la vie chez le sujet développé selon le mode pervers. On se retrouve donc finalement devant deux séries parallèles de défenses : l'une porte sur l'intérieur du sujet (refoulement et mécanismes annexes), l'autre concerne ce qui lui est laissé à l'extérieur (déni et forclusion).

L'aménagement pervers fonctionne donc sur deux registres simultanés : d'une part un registre banal bien adapté à la réalité pour tout ce qui demeure étranger à la représentation du sexe féminin et d'autre part un registre aberrant et déréel pour tout ce qui peut rappeler cette représentation.

C'est à ce propos qu'il convient de manifester un désaccord radical avec une tendance à la mode, qui se voudrait mieux avertie, plus sincère et plus libérale en proclamant que « nous sommes tous des pervers... » (sous-entendu : à égalité de structure). Bien sûr, il existe chez chaque individu un résidu de l'attitude fondamentalement ambivalente de l'enfant décrite par FREUD et citée plus haut. Mais ceci n'oblige nullement le fonctionnement mental de l'homme courant à développer deux secteurs étanches selon la place occupée par la représentation du sexe féminin ; tout au plus, chez l'adulte ordinaire, une réactivation de telles fixations anciennes apporte-t-elle quelques imprévus (pas toujours fâcheux) dans la relation. Tout autre chose est l'aménagement pervers dans lequel le système de défense contre le génital est vraiment *organisé* et *organisateur* et non plus un simple noyau résiduel épars, à côté de bien d'autres noyaux résiduels archaïques contribuant à constituer l'originalité de chacun et se traduisant en traits de caractère, comme nous le verrons dans notre troisième partie (III-2).

Le déni de l'aménagement pervers, dans la mesure où il demeure focalisé à un seul genre de représentations, pourrait être comparé au déni des « parapsychoses » dont nous avons parlé à propos des organisations psychotiques également centrées sur des déréalisations restreintes. La différence essentielle entre un aménagement pervers et une parapsychose, au niveau du déni, réside dans le choix de la représentation sur laquelle s'opère ce déni, dans l'un ou l'autre cas : une parapsychose (cf. observation n° 6) peut faire porter son déni (et son délire) sur n'importe quel point de réalité alors que dans l'aménagement pervers le déni ne porte *que* sur la représentation du sexe de la femme.

Maurice BENASSY (1959) a distingué d'autre part deux modes de dénis possibles : le premier porterait sur la perception des objets et le second sur la signification affective seulement de ces mêmes objets. Le premier mode de déni s'appliquerait donc à l'aménagement pervers ainsi qu'à l'attitude primitive du petit garçon dans cet embryon réversible de perversion constitué par son premier déni de la *perception* du sexe de la femme, tel que l'a décrit S. FREUD dans son article sur *Quelques Conséquences psychologiques de la différence anatomique entre les sexes* (1925 j). Le second mode de déni, au contraire, en tant que déni du *sens* à donner au sexe de la femme, s'appliquerait davantage à l'aménagement caractériel que nous envisagerons plus loin, et, d'une façon plus générale, à ce que FREUD, dans le même article, attribue au comportement spécifique de la petite fille devant sa découverte, une fois pour toute sur le plan perceptif, mais posant des problèmes quant à sa signification de la différence anatomique existant entre les deux sexes.

S. FREUD (1905 d) a parlé de la « *névrose comme négatif de la perversion* » et de « *l'enfant comme pervers polymorphe* » ; il s'est exprimé en termes aussi évocateurs en raison des fixations qui persistent chez le pervers autant au niveau des tendances partielles qu'au niveau des zones érogènes partielles. Ces fixations sont liées aux premières expériences de l'enfant et n'ont pu être intégrées par le Moi ou le primat du génital et dans la totalité du génital, en raison de l'incomplétude narcissique et maturative que nous n'avons cessé de mettre en évidence dans toutes les organisations limites et leurs dérivés.

Avec plus d'évidence encore que dans toutes les autres catégories de ce même groupe, le Surmoi du pervers n'a pu être formé dans le sens post-œdipien du terme. On parle souvent, à propos du pervers, de « Surmoi permissif » ; l'expression paraît abusive quand on sait déjà que dans toute organisation limite le Surmoi demeure bien incomplet, faute de vécu œdipien suffisant sur le plan organisateur ; à plus forte raison dans un aménagement si proche de la lignée psychotique.

Le pervers fonctionne surtout sur la base d'un Idéal du Moi narcissique, maternel et phallique. Comme il n'a pu réparer convenablement son narcissisme ni rencontrer un objet total et élaborer des processus secondaires suffisamment efficaces, le pervers se trouve dans l'obligation de recourir à des satisfactions bien incomplètes avec des objets partiels et sur des zones érogènes partielles. Pour les mêmes raisons, il ne peut qu'obéir aux impulsions impératives, immédiates et sans lendemain, de ses processus primaires.

Dans l'aménagement pervers, la blessure narcissique se cache derrière toute représentation objectale (et à plus forte raison féminine, vécue comme castrée narcissiquement). La brèche narcissique apparaît comme irréparable ; les processus primaires exigent avec violence des satisfactions liées à des pulsions partielles, à des objets partiels et à des zones érogènes partielles.

F. PASCHE (1962) a montré que le pervers ne pouvait jamais se montrer complet ; malgré son déni spécifique, il se réfère sans cesse au phallus maternel. Son angoisse profonde demeure fixée à l'incomplétude narcissique devant les gens-sans-phallus ; c'est une angoisse de perte d'objet mais de perte de l'objet partiel dans ce cas particulier d'angoisse dépressive. L'enjeu semble donc plus délicat encore en un sens, dans la mesure où la partie représente le tout. Comme chez tous les sujets limites, il ne s'agit pas d'une angoisse de castration génitale.

Parmi tout le groupe des aménagements limites, c'est le pervers qui se défend contre l'angoisse dépressive la plus dramatique ; c'est lui qui se rapproche le plus près du morcellement psychotique sans pouvoir toutefois bénéficier du repos restructurant qu'apporte paradoxalement un véritable délire.

A propos d'un cas de masochisme pervers, M. de M'UZAN (1972) semble apporter au point de vue qui vient d'être exposé, une confirmation structurelle assez rare chez les psychanalystes qui ont si longtemps lié perversion et génitalité. M. de M'UZAN montre que chez le pervers « *le lien fondamental entre mutilation génitale et castration est radicalement modifié, voire détruit* » *;* il parle de primat du phallus, de position orgastique mégalomaniaque. La différenciation entre père et mère serait caractérologique et non sexuelle. La personnalité se trouverait « *structurée* en dehors de la problématique œdipienne » « en marge de l'Œdipe ». L'auteur décrit également la menace de dépersonnalisation et le « triomphe de l'orgueil » du pervers.

M. de M'UZAN fait partir ses réflexions de sa connaissance des régressions psychosomatiques. Nous avons vu ici combien ces genres de régressions avaient des points communs avec notre économie limite et il ne paraît pas surprenant qu'avec des bases aussi proches nous arrivions à des constatations parallèles.

On ne pourrait terminer ce paragraphe sur l'aménagement pervers sans mettre en évidence les raisons qui ont parfois conduit les psychanalystes à commettre certaines confusions sur la nature structurelle des pervers.

Il semble en effet qu'on ne distingue pas de façon assez précise ce qui est réellement perversion et ce qui demeure névrotique (donc génital).

Dans le voyeurisme de statut névrotique, par exemple, il existe une recherche de l'inceste avec la mère en tant qu'épouse du père alors que dans le voyeurisme de statut pervers il ne s'agit que d'un simple corps féminin impersonnel ; dans ce cas il n'y a ni Surmoi en activité, ni culpabilité mais un besoin narcissique compulsif et agressif, seulement tempéré par une éventuelle honte, non par une peur de punition.

L'obsessionnel lutte contre un désir de souiller l'objet œdipien alors que le coprophile souille délibérément n'importe quel objet et en général un objet partiel.

L'artiste de statut génital crée des images plus ou moins détaillées et variées destinées à un nombre illimité d'autres humains, alors que le pervers se limite à des images assez précises, toutes de même type, réservées à son plaisir personnel ou à celui de ses seuls semblables.

Le fétichisme, axé sur l'Idéal du Moi, s'oriente vers une limitation à l'objet partiel féminin, alors que les symbolismes génitaux authentiques représentent toujours un objet total.

L'homosexualité, tout comme le masochisme ou la phobie, peut se retrouver dans n'importe quel mode de structuration. L'homosexualité psychotique se rencontre dans la paranoïa par exemple et constitue un essai de resolidification du Moi sur des positions duelles irréalistes mais rassurantes ; l'homosexualité névrotique ne constitue qu'une défense contre l'Œdipe positif ; quant à l'homosexualité perverse, elle concerne la relation mère-enfant aux stades préœdipiens, c'est-à-dire une recherche de la complétude narcissique par le jeu de l'image en miroir.

Pour bien comprendre la spécificité et la véritable nature économique de l'aménagement pervers, il s'avère indispensable de le séparer sélectivement d'autres entités structurelles voisines conservant le même aspect manifeste mais ne correspondant pas du tout aux mêmes repères métapsychologiques latents.

B) Les aménagements caractériels

A partir du tronc commun aménagé des organisations limites se détachent en direction de la lignée névrotique des aménagements assez stables qui imitent plus ou moins les comportements névrotiques sans toutefois rejoindre la lignée structurelle génitale. Ce sont les aménagements dits « caractériels ».

De tels aménagements prennent naissance lorsque l'angoisse dépressive par peur de perte de l'objet arrivera à être rejetée vers l'extérieur et à y demeurer maintenue de façon assez durable. Ce maintien de l'angoisse à l'extérieur du Moi n'est possible qu'au prix d'une grande dépense énergétique permettant la réussite de formations réactionnelles compliquées mais assez bien adaptées aux conditions de la réalité externe. La consommation d'énergie psychique nécessaire à cette réussite est grande car ces formations réactionnelles doivent être sans cesse entretenues sous peine de voir réapparaître l'angoisse à l'intérieur du Moi, ce qui peut toujours se produire à l'occasion d'un moment dépressif dont les « caractériels » ne se trouvent pas absolument indemnes.

P. C. RACAMIER (1963) a décrit trois « maladies du caractère » qui correspondent sensiblement à nos aménagements caractériels, à la « névrose » de caractère, la « psychose » de caractère et la « perversion » de caractère.

Dans le souci de rigueur terminologique dont je n'ai cessé, tout au long de mon travail, de proclamer les exigences, il ne m'est évidemment pas possible d'accepter les termes de « névrose », « psychose » et « perversion » accolés à l'expression « de caractère » par P. C. RACAMIER pour définir ces trois entités.

Par contre, comme mon aversion pour les néologismes inutiles s'avère également très profonde et comme je n'ai pas encore conçu de définitions meilleures jusqu'à présent, je me contenterai donc d'une part de manifester mon insatisfaction et d'autre part je sacrifierai à la modestie, sans dépression, en usant de termes qui ne me conviennent pas mais qui illustrent cependant assez bien mon propos. Le compromis provisoire auquel j'ai finalement abouti consiste à toujours placer les termes « névrose », « psychose » et « perversion » entre guillemets toutes les fois où je me trouve dans l'obligation de les employer par nécessité dans un sens qui, de mon point de vue, n'est certainement pas le leur sur le plan structurel.

Par contre, je me trouve tout à fait d'accord avec le contenu que P. C. RACAMIER plaçait dans ses exposés de 1963, sous de telles rubriques.

Je ne m'étendrai pas longuement dans ce chapitre sur ces trois catégories de notions si diverses et si riches de nuances, la deuxième partie de ce travail devant constituer le développement de chacun de ces points, à partir de l'optique clinique et relationnelle (cf. II, 3). Je me limiterai ici à exposer rapidement leurs situations réciproques :

a) « NÉVROSES » DE CARACTÈRE

Les « névroses » de caractère ne peuvent prétendre au statut structurel névrotique car elles ne reposent nullement sur un conflit entre le Ça et le Surmoi. Elles ne succèdent pas à un conflit œdipien parce qu'elles n'ont pas pu le vivre sur le mode organisateur. Leur angoisse demeure prédépressive, de perte d'objet, non de castration. Il n'y a aucun symptôme-compromis de nature névrotique. Ce sont avant tout des maladies de la relation reposant sur des formations réactionnelles utilisant l'anaclitisme, c'est-à-dire la dépendance, sous l'allure d'une apparente domination réussie de l'objet et l'imitation davantage que l'identification.

C'est l'entourage, malmené, qui se plaint, à la longue, à la place du sujet tant que les formations réactionnelles tiennent bon.

Il s'agit donc ici d'un rameau tiré peu à peu du tronc commun des organisations limites *(cf. fig. 8)* et qui constitue le tentacule le plus prononcé émis par ce tronc commun en direction de la lignée structurelle névrotique authentique. La « névrose » de caractère joue « à la névrose » sans en avoir la richesse structurelle génitale. Cette supercherie exige donc une très grosse dépense énergétique placée « à fonds perdus » dans des contre-investissements onéreux et qui dupent fort bien l'entourage familial, professionnel ou social, tant qu'il demeure possible de les entretenir. Ces sujets sont beaucoup plus dociles que les névrotiques en raison de leurs besoins anaclitiques, beaucoup plus zélés et moins inquiétants génitalement, d'où une bonne partie de leur succès auprès des conjoints ou des patrons de tous niveaux (... au moins pendant un certain temps). En effet, ils courent le danger de mal vieillir, de voir leurs défenses ou leurs formations réactionnelles se durcir (et ainsi être plus mal supportées par autrui) ou même éclater (cas de décompensations de la sénescence cités plus haut).

b) LES « PSYCHOSES » DE CARACTÈRE

Les « psychoses » de caractère ne dépendent nullement de la lignée structurelle psychotique car il n'existe pas à ce niveau de difficulté de contact avec la réalité. Il s'agit seulement d'une erreur *d'évaluation affective* de cette réalité. Par suite d'un double fonctionnement du Moi sur un registre réel et sur un registre anaclitique distincts, par suite aussi de l'important développement des projections vers l'extérieur qui en résulte pour tout ce qui concerne les éléments gênants des représentations, le sujet en arrive à commettre des erreurs sensibles dans l'évaluation d'un nombre de plus en plus grand d'aspects objectifs de la réalité.

Il s'agit encore ici d'un rameau tiré à partir du tronc commun des états limites vers les organisations névrotiques *(cf. fig. 8)* mais arrivant, cette fois-ci, beaucoup moins près de la lignée structurelle névrotique, tout en demeurant dans cette direction cependant recherchée. L'infantilisme et le manque de réussite pratique demeure beaucoup plus conséquent dans les « psychoses » de caractère que dans les « névroses » de caractère.

c) LES « PERVERSIONS » DE CARACTÈRE

Les « perversions » de caractère correspondent aux « pervers » atteints de *perversité* et non aux « pervers » atteints de perversion, puisque le même adjectif correspond, en français, à deux substantifs fort différents dans leur signification clinique et théorique.

Il ne s'agit plus dans les « perversions » de caractère d'opérer un déni du sexe de la femme, comme c'est le cas dans les perversions tout court. Le déni des « perversions » de caractère porte seulement sur le droit pour les autres de posséder un narcissisme bien à eux : pour de tels sujets, les autres ne doivent pas posséder d'intérêts propres et encore moins d'investissements en d'autres directions ; tout objet relationnel ne peut servir qu'à rassurer et compléter le narcissisme défaillant du « pervers » de caractère. L'objet est maintenu par le sujet dans une relation sadomasochique très étroite.

Ces aménagements tirent aussi leur origine de l'économie anaclitique du tronc commun des organisations limites *(cf. fig. 8)*. Ils sont moins solides que les « névroses » ou même les « psychoses » de caractère car ils se trouvent en général beaucoup plus mal supportés par l'entourage qui les traite volontiers, en raison de leur agressivité à fleur de peau, de « petits paranoïaques ».

DEUXIÈME PARTIE

HYPOTHÈSES SUR LES PROBLÈMES DU CARACTÈRE

Historique

L'histoire de la caractérologie nous fournit une richesse et une diversité de propositions de classement des individus sur lesquelles il ne me sera pas possible de m'étendre longuement ; ces propositions se sont avérées dès leur publication, pour beaucoup d'entre elles, comme tout autant célèbres qu'aussitôt contestées.

On peut diviser, en gros, et de façon quelque peu arbitraire, les différents systèmes caractérologiques en caractérologies à critères physiques, psychologiques, pathologiques ou psychanalytiques.

Les caractérologies à critères physiques s'efforcent d'atteindre le type d'organisation psychique à travers l'aspect corporel du sujet. Leur démarche va de l'extérieur vers l'intérieur, du manifeste au caché. Les types « mixtes » y abondent rendant bien des descriptions peu claires et discutables.

Les « morphologistes » sont dominés par E. KRETSCHMER (1921 : pycnique, leptosome et athlétique), VIOLA (1928 : brachitypes, longitypes et normotypes), SIGAUD (1912 : le plat et le rond), MAC AULIFE (1926 : les types francs et les types irréguliers), MANOUVRIER (1902 : les asthéniques, les mésosthéniques, les hyposthéniques et les hypersthéniques), THOORIS (1937 : l'arctiligne et le latiligne), KRYLOF (1939 : le gracile et le lipomateux), VERDUN (1950 : relations entre les volumes de la tête et du corps), DUBLINEAU (1951 : le scapulaire, le trochantérien, l'iliaque, l'harmonique), CORMAN (1950 : les dilatés et les rétractés). W. H. SHELDON (1950) établit ses fameuses « corrélations » à partir de clichés photographiques déterminant les trois composantes : endomorphique, mésomorphique et ectomorphique.

Les « physiologistes » s'intéressent aux métabolismes avec FOUILLÉE (1895), ALLENDY (1922), JAENSCH (1927), PENDE (1934), ou aux facteurs neuro-humoraux avec CANON (l'homéostase : 1927), HESS (1926), SELYE (le concept du stress : 1950) ou W. LUTHE (1957).

Les « neurologistes » se trouvent principalement représentés par l'école réflexologique de PAVLOV et MIASNIKOFF qui, entre 1930 et 1950, ont rangé les individus en forts équilibrés mobiles, forts équilibrés peu mobiles, forts déséquilibrés et faibles ; les deux derniers types seulement auraient tendance à la pathogénie. KRASNOGORSKI (1949) définit le sanguin, le flegmatique, le colérique et le faible ; IVANOV-SMOLENSKI les types excité, inhibé, labile et inerte.

Toutes ces caractérologies à critères physiques demeurent infiltrées d'options plus ou moins métaphysiques puisque supposant une corrélation positive entre particularités physiques et psychiques. Il existe pourtant une disproportion évidente entre le petit nombre des différences physiques ou physiologiques distinguant, dans le fond, les êtres humains et leurs très nombreuses différences psychiques. D'autre part, H. REMY et C. KOUPERNIK (1964) ont montré combien il fallait se méfier des idées trop simplistes supposant une action directe des glandes endocrines sur le psychisme ; le fonctionnement hormonal se trouve en effet lui-même notablement modifié sous la dépendance des facteurs psychiques.

Tel sujet particulier ne peut être considéré comme déterminé passivement par sa constitution et son hérédité somato-physiologique ; il l'est aussi, de façon active, dans l'aspect que son mode de fonctionnement mental et son type de relation objectale lui font conférer, *devant les autres* (et à ses propres yeux), à sa morphologie générale, à son faciès, à sa statique, à son genre d'économie physiologique, à sa voix, etc., et ceci indépendamment (en grande partie du moins) des qualités ou des défauts innés existant sur ces divers registres.

Celui qui aura atteint le niveau élaboratif œdipien utilisera, dans sa présentation corporelle et son jeu physiologique corporel, un langage érotisé. La sémantique de ce langage demeurera corporelle et sa syntaxe affective s'avérera triangulaire et génitale. Dans la structure psychotique, au contraire, le corps se verra conçu et médiatisé comme morcelé, menacé d'éclatement par les autres, dans le contact même avec l'autre. Quant aux organisations de type anaclitique et narcissique, leur représentation et leur présentation des aspects corporels demeurent étroitement dépendantes, selon la distance vécue de l'objet, des balancements économiques permanents et irréguliers entre mouvements hypomaniaques et dépressifs.

Ainsi, si les caractérologies à critères physiques ou physiologiques apparaissent comme dépassées et trop focalisées dans leurs descriptions, elles cherchent cependant, dans une certaine mesure, à rendre compte, avec plus ou moins de bonheur, des styles selon lesquels les individus se présentent à eux-mêmes comme aux autres. L'aspect physique pourrait donc, en fin de compte, traduire un aspect relationnel tout à fait intéressant, à condition de ne pas apporter trop de crédit aux facteurs physiques ou physiologiques dits « constitutionnels » seulement.

Les caractérologies à critères psychologiques remontent aux temps les plus anciens. La tradition fait remonter à DÉMOCRITE, HIPPOCRATE et GALIEN l'origine de la célèbre conception des « humeurs » (le bilieux ou colérique, le lymphatique ou flegmatique, le sanguin et le nerveux).

Les humanistes, à la suite de MONTAIGNE, LA BRUYÈRE, LA ROCHEFOUCAULD et VAUVENARGUES, d'auteurs aussi comme SHAKESPEARE, BOILEAU, LA FONTAINE ou MOLIÈRE, entrèrent dans une voie scientifique avec DESCURET (1841), S. PEREZ (1891), Th. RIBOT (1892), Fr. PAULHAN (1894), A. FOUILLÉE (1895 : tempérament d'épargne ou de dépense), A. BINET (1895), W. STERN (1900), FURNEAUX JORDAN (1896 : les actifs, les réflexifs, les inactifs), P. E. LÉVY (1902), RIBERY (1902), P. MALAPERT (1906 : actifs, apathiques, tempérés et inactifs), QUEYRAT (1911 : types purs, mixtes et équilibrés).

L'école de GRONINGUE mérite une place à part : HEYMANS et WIERSMA s'appuient sur trois propriétés fondamentales : émotivité, activité, retentissement des représentations, dont la combinaison donne naissance à huit types de caractères (amorphes — apathiques — sanguins — flegmatiques — nerveux — sentimentaux — colériques et passionnés). En France, LE SENNE reprit et développa ces travaux à partir de 1930.

Toute une série de théoriciens s'intéressent accessoirement à la caractérologie : L. KLAGES (1910 : réactivité, affectivité et vouloir), A. ADLER (1933 : caractères agressifs et non agressifs ; séparation et liaison), C. G. JUNG (1913 : introvertis et extravertis, de fonctions fondamentales : pensée, sentiment, sensation ou intuition), QUERAT (1911 : sensibilité, activité, intelligence), WEBB (1913 : emballement ou sociabilité), G. SIGAUD (1914) et ses élèves, L. VINCENT (1916), A. THOORIS (1937) et MAC AULIFE (1926) ; F. MENTRE (1920), Ach. DELMAS et M. BOLL (1931 : avidité, bonté, sociabilité, activité, émotivité), G. EWALD (1924 : asthéniques, sthéniques, impressionnables, froids), E. R. JAENSCH (1927 : types centraux et périphériques, intégrés ou désintégrés), Ed. SPRANGER (l'esthétique, l'économique, le théoricien, le sociable, l'homme qui veut le pouvoir, l'homme religieux), F. KÜNKEL (1930 : constitution faible ou forte selon les données de la constitution comme de l'éducation), W. BOWEN (1931 : l'eusythyme ou isothyme, l'anisothyme et dysenthyme).

LE SENNE a décrit les correspondances entre les types décrits par HEYMANS et WIERSMA et les types hippocratiques, dans son *Traité de caractérologie* (1945) qui marqua l'arrêt en France des recherches dans le cadre de la caractérologie classique. Citons cependant les travaux de PIÉRON (1957), de WALLON, de Gaston BERGER (1950), de DUBLINEAU (1947), les conséquences caractérologiques des travaux de H. RORSCHACH, reprises par H. FOISSIN (1965), et les apports de J. TOUTLEMONDE (1961 : les généreux, les prodigues, les parcimonieux, les vaniteux, les superbes, les délicats et les indélicats), de J. RAMIREZ (1924) et U. MARQUET (1967).

L'anthropologie culturelle constitue enfin un autre courant de nature à apporter des éléments intéressants aux caractérologies à critères psychologiques. Les travaux de MALINOWSKI, de M. MEAD (1934), de Ruth BENEDICT (1935), de M. DUFRENNE (1953) se prolongèrent dans les recherches de K. HORNEY (1951), de FROMM et SULLIVAN (1953).

Peu de caractérologies à critères psychologiques ont poussé l'investigation relationnelle assez loin ; même chez JUNG ou RORSCHACH, l'importance accordée aux seuls points de vue descriptifs réduit de beaucoup l'intérêt et la portée du type décrit ; c'est sans doute pourquoi, après un certain succès à ce niveau, la recherche semble tarie et la clinique n'y reconnaît pas un terrain très exploitable. Il y est fait état des apports constitutionnels beaucoup plus que des acquis de l'élaboration relationnelle et génétique ; le caractère y est considré comme une somme de traits comportementaux statiques, fixés une fois pour toute. On n'a jamais tenu un compte suffisant de l'importance du mode d'établissement comme de l'évolution de la relation objectale, de la nature de l'angoisse profonde et des mécanismes de défense et d'adaptation ; enfin, le point de vue de l'économie libidinale semble, d'une façon générale, peu évoqué. Comment concevoir en effet une psychologie du caractère sans chercher à définir les limites de l'évolution, des fixations ou des régressions éventuelles de la génitalité ?

Les caractérologies à critères pathologiques sont d'apparition plus récente. Elles s'apparentent parfois à la biotypologie sous l'angle de l'anthropologie criminelle avec C. LOMBROSO (1875), B. di TULLIO, puis VIOLA et PENDE.

E. KRETSCHMER (1927), puis N. KRETSCHMER (1954), ainsi que VERDUN (1950), DUBLINEAU (1949), HOOTON (1939) et SHELDON (1940-1941) s'attachèrent aux facteurs bio-psycho-physiologiques. MORGENTHALER (1921), VINCHON (1924) et VOLMAT (1952) se sont employés à des recherches sur les productions artistiques des malades mentaux et H. EY (1948) à celles des surréalistes.

J. L. LANG et G. RAVAUD (1955) nous rappellent qu'ARISTOTE ramenait les hommes politiques ou les artistes à la folie d'AJAX ou à la misanthropie de BELLÉROPHON. MOREAU de TOURS (1859) et GALTON (1892) cherchent les liens entre génie et névrose.

La psychiatrie moderne avec Th. RIBOT (1893), E. KRAEPELIN (1890), MOREL (1860), KAHLBAUM (1885), E. BLEULER (1911), E. DUPRÉ (1909), DELMAS et BOLL (1927), CLAUDE (1926), E. MINKOWSKI (1932) cherche à établir une caractérologie cohérente à la fois avec les théories classiques du caractère et avec les progrès réalisés dans l'étude des troubles mentaux.

L'école de TUBINGEN a dominé, à partir de 1921, cette tendance. E. KRETSCHMER sépara d'abord le cyclothyme du schizothyme puis de l'épileptoïde. KNIPPEL sépare en 1921 les fatigués, les somnolents et les émotifs. F. MINKOWSKI (1927) distingue trois pouvoirs formels centrés sur l'objet, sur l'être humain ou le cosmos en reprenant une partie des travaux de LOMBROSO (1885), PICHON (1888), E. KRETSCHMER (1927). E. MINKOWSKI s'appuie de son côté sur BLEULER et JUNG pour décrire « l'élan vital », base relationnelle de chaque individu. K. LEWIN (1929) distingue ses « valences » positives ou négatives, W. BOWEN (1931) conçoit une science du caractère basée sur trois types : ensothyme, anisothyme et dysenthyme. L. SZONDI, en 1939, distingue les associations factorielles de l'homosexuel, de l'assassin, de l'épileptique, du mélancolique, de l'hystérique, du catatonique, du paranoïaque et du maniaque. L. MARCHAND et J. de AJURIAGUERRA (1948) se sont penchés sur les problèmes caractériels des épileptiques. J. DUBLINEAU (1947) dégage des types « résistanciels » ou « adaptatifs ». P. ABELY (1949) établit un certain nombre de schémas « endocrino-psychiatriques » et M. VERDUN (1950) se penche sur les dysfonctionnements neuro-sympathico-caractérologiques. Enfin en 1966 L. MICHAUX distingue les caractères émotifs, instables, mythomanes, cyclothymiques, obsédés, paranoïaques, épileptiques, schizoïdes et pervers.

Comme l'ont montré D. WIDLÖCHER et M. BASQUIN (1968), ces classificiations mélangent souvent les simples états de l'humeur avec des altérations de tout autre nature. Cependant il faut remarquer que ce n'est pas n'importe quel comportement caractériel qui correspond (en cas de décompensation) à tel ou tel accident pathologique, de même que toute structure pathologique connue s'accompagne toujours de *possibilités* caractérielles limitées. On ne peut pourtant se borner à une simple nomenclature d'entomologiste sans liens précis entre les divers éléments présentés.

De telles études posent également les délicates questions du « terrain », des prédispositions morbides, du « normal » et du « pathologique », des facteurs d'adaptation. Il y aurait lieu avant tout de déterminer des conditions d'études dynamiques, topiques ou relationnelles comparables ; les moyens ont souvent manqué aux psychopathologues préfreudiens pour se situer dans de telles conditions.

Les caractérologies à critères psychanalytiques ont commencé à se développer avec l'article de FREUD de 1892, *Un cas de guérison par l'hypnose,* où il est question de caractère hystérique. Dans les *Trois essais* (1905), FREUD termine en fixant au caractère une triple origine : les pulsions sexuelles, la sublimation et « d'autres constructions destinées à réprimer les mouvements pervers qui ont été reconnus comme non utilisables ». En 1915, c'est l'article sur *Quelques types de caractères dégagés par la Psychanalyse* (les frustrés qui attendent sans cesse une réparation, ceux qui échouent devant le succès et les criminels par culpabilité). *Le Moi et le Ça* (1923) nous ramène au point de vue topique et à l'aspect narcissique de la formation du caractère qui résulterait des abandons successifs d'objets sexuels et résumerait l'histoire de ces choix d'objets. En 1925, l'étude sur *Quelques conséquences psychologiques de la différence anatomique entre les sexes* s'intéresse aux distinctions, fondamentales sur le plan génétique, des éléments caractériels masculins et féminins. Dans *Malaise dans la civilisation* (1930), FREUD oppose déjà le type érotique au type narcissique.

En 1931, dans *Les types libidinaux* (1931 a), S. FREUD se risque, pour la première et l'unique fois, dans un essai de classification caractérologique. Il s'appuie sur les corrélations existant, à son avis, entre caractère et libido en se refusant à toute caractérologie psychiatrique et en cherchant à combler « *le soi-disant fossé entre normal et pathologique* ». FREUD part de trois types libidinaux principaux : *le type érotique* (libido tournée pour la plus grande partie vers la vie amoureuse avec angoisse de perte de l'amour, donc dépendance des objets externes), *le type obsessionnel* (dominé par la prépondérance du Surmoi et l'angoisse morale, donc dépendance interne des instances interdictrices) et *le type narcissique « sans tension entre Moi et Surmoi ni prédominance des besoins érotiques, orienté vers la conservation de soi-même, autonome et peu intimidable ; s'imposant autour d'eux comme des « personnalités », particulièrement qualifiées pour servir de soutien aux autres, assurer le rôle de leader* (1), *donner au développement culturel de nouvelles impulsions ou porter atteinte à ce qui est établi* ».

Puis, comme dans toute démarche caractérologique classique, peu satisfait de ses types « purs », S. FREUD décrit ensuite des types « mixtes » : *le type érotique-obsessionnel* (vie pulsionnelle forte mais entravée par le Surmoi), *le type érotique-narcissique* (ce serait le plus fréquent ; l'agressivité et l'activité s'y rencontreraient de pair sous le primat du narcissisme), enfin *le type narcissique-obsessionnel.*

(1) On conserve l'habitude de traduire ainsi en anglais le terme original freudien : « Führer ».

Sur le plan scientifique, les hypothèses de FREUD dans cet article paraissent quelque peu insolites par rapport à l'état de ses élaborations conceptuelles de 1931. Décrire le type érotique prédisposé à l'hystérie comme reposant sur une angoisse de perte d'objet n'est guère logique ; mettre sur le même plan érotique, obsessionnel et narcissique constitue une comparaison bien hétéroclite.

A propos des types mixtes enfin, on peut regretter que FREUD n'ait pas précisé comment qualitativement et quantitativement s'opérait cette mixité, car il est bien évident qu'il ne peut s'agir d'un banal ou accidentel mélange.

En 1932 enfin, dans les *Nouvelles Conférences,* FREUD reviendra sur l'influence des facteurs prégénitaux sur la formation du caractère à propos des caractères anal et urétral. Il rappelle les difficultés rencontrées pour définir un caractère et tire la conclusion que le « *caractère doit être attribué au Moi* ».

Les post-freudiens ont avancé peu à peu dans la voie caractérielle : SADGER en 1910 *(Érotisme et caractère anal),* E. JONES en 1913 *(Haine et érotisme anal),* S. FERENCZI en 1916 *(Ontogénèse de l'intérêt porté à l'argent),* H. HELMUTH en 1921 *(Les problèmes du caractère chez l'enfant),* J. JASTROW en 1916 *(Caractère et Tempérament).*

Les travaux les plus importants demeurent ceux de Karl ABRAHAM entre 1920 et 1925 sur le caractère oral, le caractère anal, le caractère urétral et le caractère génital. Puis W. REICH a mis au point de 1927 à 1933 les principes de son « analyse caractérielle ». En 1935, R. de SAUSSURE rédige un article sur les traits de caractère réactionnels. S. NACHT présente en 1938 sa première description du caractère masochiste. H. DEUTSCH publie en 1965 *Névroses et types de caractères,* reprenant d'une part les travaux d'ABRAHAM et de RADO et ses propres recherches de 1942 sur les personnalités « As if ». Par ailleurs, l'approche caractérologique de A. FREUD en 1965 sur les grandes lignes du développement de l'enfant ne doit pas être oubliée dans cette liste.

Les analystes contemporains ont consacré de nombreux travaux aux problèmes caractériels. J. FAVEZ-BOUTONIER nous propose, en 1945 *(Les défaillances de la volonté),* une étude basée sur les relations entre le Moi et le Surmoi et en particulier leurs éventuelles faiblesses ; dans *Angoisse et liberté* (1945), le même auteur s'intéresse aux aspects variés de l'angoisse selon les différents aspects de fonctionnement mental. S. LORAND, en 1948 *(Formation du caractère),* reprend une classification génétique des étapes caractérielles, tandis que E. GLOVER (1948 et 1951) considère les particularités du caractère comme de simples facettes des différents systèmes du Moi.

P. FEDERN (1926) se réfère aux modes de fonctionnement du Moi en dehors des conflits, alors que F. ALEXANDER (1935) s'intéresse aux caractériels « frigides » et que M. BALINT (1955) décrit ses célèbres « philobates » et « ocnophiles ». ZILBORG (1933) vise les défenses caractérielles. BERGLER (1933) revient sur le caractère oral, E. JONES sur le caractère jaloux (1930), O. FENICHEL (1937 et 1939) sur les apports narcissiques et NUNBERG (1956) oppose assez radicalement caractère et symptômes.

E. KESTEMBERG en 1953 distingue traits de caractère pathologiques et formations réactionnelles. Le caractère dans la vie correspondrait pour l'auteur à l'élaboration secondaire dans le rêve.

H. SAUGUET brosse en 1955 une synthèse des différents caractères en référence aussi aux formations réactionnelles.

De 1948 à 1960, M. BOUVET s'est attaché à distinguer les éléments du caractère génital des éléments d'un caractère « prégénital » dont beaucoup d'auteurs ont repris ou développé les composantes principales par la suite.

R. DIATKINE et J. FAVREAU en 1955 ont ouvert la voie à une réflexion sur une éventuelle caractérologie analytique. Ils définissent le caractère comme « l'ensemble des modes relationnels de l'individu avec ce qui l'entoure dans la perspective qui donne à chaque personnage son originalité ». Ils différencient caractère et névrose de caractère. La genèse du caractère comprendrait trois périodes : une période d'identification primaire, une période d'identification secondaire et enfin la période d'appariton du caractère proprement dit, correspondant à la fin de la latence, à l'adolescence et à la maturité.

En 1963, J. LAMPL DE GROOT s'intéresse à la formation du caractère en référence à la formation des symptômes, thème développé également par D. WIDLÖCHER en 1964, puis en 1970.

D. WIDLÖCHER et M. BASQUIN ont par ailleurs établi en 1968 une synthèse de la pathologie du caractère, tout en distinguant caractère, personnalité et tempérament.

Quant à S. NACHT et H. SAUGUET, ils ont publié en 1969 une *Théorie psychanalytique de la formation du caractère* plaçant le caractère comme un équivalent d'un « symptôme du Moi ».

M. H. STEIN enfin (1969) comprend les traits de caractère comme une défense contre les symptômes et considère le caractère comme un principe d'organisation destiné à réduire les conflits avec un minimum d'énergie, une nécessité de trouver une adaptation.

Pour clore cette revue bien rapide et bien incomplète des principaux écrits concernant les caractérologies à critères psychanalytiques, il semble tout à fait opportun de citer le point de vue critique proposé en 1954 par E. GLOVER : « *En ce qui concerne la caractérologie psychanalytique, deux remarques s'imposent :* la première *est que de son temps cette caractérologie analytique révolutionna complètement la psychologie normale ;* la seconde *qu'il est grand temps maintenant de la soumettre à une révision radicale. Comme tant d'autres découvertes psychanalytiques, ce qui apparaît de prime abord comme une série de formulations irréductibles se révéla par la suite n'être qu'approximation grossière... Cette même remarque s'applique à la* « primauté » *des composantes libidinales sur lesquelles sont basées jusqu'à maintenant toutes les caractérologies psychanalytiques. Une telle révision s'impose (...) dès le moment où l'effet des primautés des mécanismes mentaux sur les structures précises du Moi ne peut être mis en évidence (...). Il faut encore ajouter à cela que les anciens travaux sur la caractérologie se trouvaient tous placés sous l'influence d'une évaluation préconsciente d'un processus terminé (end-product). Ils sont le reflet d'une tendance, qui n'est que trop répandue dans les cercles psychanalytiques, de projeter sur le jeune enfant des processus plus élaborés de la seconde enfance et parfois de la vie de l'adulte.* »

1 Le caractère

Nous avons déjà constaté le considérable écart existant entre, d'une part les abondantes connaissances fragmentaires que nous possédons sur les problèmes du caractère et, d'autre part, la précarité des synthèses touchant aux différents niveaux où il nous est habituel de rencontrer des éléments caractériels.

La distinction dialectique entre « névrose de caractère » et « caractère névrotique », habituelle chez les psychanalystes contemporains, ne semble guère avoir fait avancer les choses en ce domaine. J'aurais beau jeu d'accuser, une fois de plus, les psychanalystes de demeurer fixés à leur loupe génitale et œdipienne pour explorer ce domaine, mieux connu des littérateurs ou des biographes en général, et des biographes politiques en particulier, que des psychistes qui ne s'y sentent pas tellement à l'aise, comme toutes les fois où un facteur morbide n'est pas mis en avant de façon manifeste.

Comme je l'ai exposé plus haut, mes travaux depuis 1971 m'ont conduit à des hypothèses délimitant d'abord trois niveaux caractériels très différents :

1. Le « *caractère* » proprement dit.
2. Le plan des « *traits de caractères* ».
3. Le domaine de la *pathologie dite « du caractère »*.

En ceci, peut-être, le lecteur ne verra-t-il qu'un arrangement plus précis de données somme toute peu nouvelles ? Pourtant cette classification m'a semblé une base nécessaire à la poursuite de mes hypothèses, dans le sens de la recherche des articulations existant entre ces trois plans entre eux d'une part, et, d'autre part entre ces trois plans d'un côté et les structures de base de l'autre.

Pour résumer, en gros, les lignes directrices de mes hypothèses, je dirai que je considère le *caractère* comme l'émanation même de la structure profonde dans la vie relationnelle (indépendamment de tout facteur morbide éventuel) ; le caractère constitue donc le témoignage visible de la structure de base de la personnalité, le véritable « *signe extérieur de richesse ou de pauvreté structurelle* ».

Lorsque la crise d'adolescence est terminée, comme je l'ai envisagé *(fig. 8)* dans ma première partie, la structure profonde est établie de façon définitive, ou bien, dans le cas d'astructuration anaclitique, un état d'organisation se prolonge de façon assez durable, bien que pouvant être remis encore en cause.

Mais, dans l'un ou l'autre cas, à ce moment, l'abord relationnel traduit les modes de fonctionnement du Moi sur le plan défensif et adaptatif, la façon dont sont traités les besoins pulsionnels, la nature du choix objectal, le niveau des conflits, le statut des représentations oniriques et fantasmatiques, ou les particularités de l'angoisse latente. Le caractère est ainsi fixé par ses aspects relationnels manifestes dépendant des caractéristiques structurelles latentes et en étroite corrélation avec elles. Comme l'a défini H. EY (1967) « *le caractère c'est la physionomie originale de l'individualité psychique* ».

O. FENICHEL (1953) estime que « *le concept de caractère vise un but plus large que l'étude des mécanismes de défense implantés dans le caractère lui-même. Le Moi protège l'organisme contre les expériences internes ou externes en bloquant ses réactions, mais il réagit aussi. Il filtre et organise les excitations et les pulsions. Il permet à certaines de s'exprimer directement et oblige les autres à se déformer quelque peu. L'organisation dynamique et économique de ses actions positives, la façon dont il combine ses tâches pour trouver une solution adéquate, contribuent aussi à constituer le caractère.* »

Dans la formation du caractère, O. FENICHEL comprend non seulement les divers niveaux de fonctionnement du Moi, mais il fait entrer en ligne de compte de façon directe les influences du milieu.

Le caractère se situe, selon lui, à la jonction entre les exigences pulsionnelles et le monde extérieur ; il ne peut donc que se manifester au niveau d'une des fonctions essentielles du Moi tel que l'a toujours conçu la théorie psychanalytique.

S. RADO (1928) a même été jusqu'à prédire que les recherches futures nous amèneront à conclure que les éléments individuels qui concourent à l'activité de synthèse du Moi constituent le noyau de ce qu'on pourra appeler « *le caractère du Moi* ».

Actuellement, la plupart des auteurs semblent d'accord sur la stabilité et la constance du « caractère ». Cette constance dépendrait aussi bien de données innées du Moi que de facteurs acquis très précocement, puis plus tardivement, au niveau de la structuration et comportant les inévitables fixations et régressions dont le caractère suivrait les contorsions plus ou moins archaïques.

L'organisation du caractère qui correspond aux arrangements relationnels manifestes de la structure latente ne peut procéder autrement qu'en suivant pas à pas les progrès ou les échecs de l'évolution structurelle : statut des zones érogènes, possibilités de changements d'objet, aménagement de l'ambivalence primitive, fonctionnement, réciproques des principes de plaisir et de réalité, jeu des identifications, négociation des décharges pulsionnelles, constitution du Surmoi, etc.

Ainsi, peu à peu, le « caractère », tout comme la structure, pourra ou ne pourra pas se dégager de la relation fusionnelle, puis duelle, puis triadique, puis triangulaire au sens étroit, puis plus large, du terme. Nous aurons ainsi successivement à étudier des caractères « psychotique », « narcissique », ou « névrotique », tout comme nous avons procédé à propos des structures de la personnalité.

On a souvent opposé la démarche caractérologique à la démarche psychanalytique ; la première semble décourageante par la mise en avant d'un certain automatisme qu'on a cherché à distinguer de la compulsion de répétition décrite par les psychanalystes et que ceux-ci cherchent à mettre au jour et à permettre au sujet d'enrayer. Le psychanalyste se trouve en position avantageuse par rapport au caractérologue dans la mesure où il pénètre davantage ce qui spécifie le caractère en tant que mode d'être au monde, dans la mesure aussi où son approche phénoménologique se situe à un niveau topique, économique et dynamique forcément plus profond que celui du psychiatre ou du psychologue. Le psychanalyste ne peut cesser d'employer ses références d'interprétation et ses méthodes d'écoute dans son approche du sujet d'examen, de même que ce sujet, en retour, ne peut ignorer qu'avec lui, psychanalyste, le mode de communication est forcément et foncièrement différent.

1. Les caractères névrotiques

Bien entendu, il y a lieu de ne pas confondre, comme la mise en garde nous en est sans cesse énoncée avec raison de tous côtés, « caractère névrotique » et « névrose de caractère ». Nous verrons plus loin (II,) que la « névrose de caractère » n'a pas tellement de relation avec le caractère proprement dit sur le plan économique, qu'elle ne constitue qu'un effort pour sauver le narcissisme *en imitant* un caractère névrotique quelconque. La « névrose de caractère » ne représente donc pas un état authentiquement « normal » au sens où je l'entendais dans ma première partie et d'autre part la « névrose de caractère » constitue la seule véritable « névrose » *asymptomatique* (bien que je n'aime pas beaucoup employer le terme de névrose, justement dans un cas qui ne relève pas de l'organisation sous le primat du génital) puisque l'aménagement « caractériel » du narcissisme a pour but justement d'éviter les symptômes.

A côté des « névroses » de caractère considérées ici comme des ramifications plus stables développées *à partir* du tronc commun des états limites, il existe aussi de simples « *caractères narcissiques* » correspondant au tronc commun aménagé, *lui-même,* des états limites.

Il ne s'agit pas, comme nous le verrons plus loin, de comportements caractériels aussi solides que les « névroses » de caractère ; en effet, ces caractères témoignent des attitudes antidépressives et préphobiques qui restent le lot du tronc commun, tant qu'il n'est ni mieux aménagé, ni encore décompensé.

Il en est tout autrement du « *caractère névrotique* » qui n'a nullement pour but de masquer, d'éviter, ou de remplacer un symptôme pour la raison fondamentale qu'au niveau « normal » où le caractère s'exprime habituellement il n'existe aucun élément morbide nécessitant le recours au compromis par le mode symptomatique. Le « caractère névrotique » correspond tout simplement au registre d'expression relationnelle banale de la structure névrotique de base tant qu'elle n'est pas décompensée. Il traduit en comportements interpersonnels les lignes directrices de la structure de base, quant à ses caractéristiques d'évolution pulsionnelle et défensive, quant à son mode d'angoisse spécifique, quant au niveau d'élaboration de son fonctionnement fantasmatique ou onirique, de même que quant au degré atteint dans la constitution du Surmoi, aussi bien en fonction des fixations archaïques à ses précurseurs (Moi idéal parental, puis Idéal du Moi personnel), qu'en fonction de l'importance des facteurs organisateurs de maturation œdipienne.

A) Le caractère hystérique de conversion

Le caractère hystérique de conversion correspond à la base structurelle la plus élaborée sur le plan libidinal et à un état du Moi ayant franchi l'étape triangulaire génitale œdipienne sans de trop grosses fixations prégénitales. Le refoulement joue au maximum à ce niveau structurel ; la vie fantasmatique et onirique s'avère riche de représentations érotisées. Il existe une forte possibilité d'expression imaginaire en rapport avec les mentalisations et les vécus de l'enfance, en particulier de la période œdipienne. En dehors même de toute extension morbide il existe, au sein de toute structure de base, un conflit d'instances. Dans les conditions de « normalité » où se présente le « caractère », un tel conflit se limite à un équilibre entre besoins pulsionnels et limitations par les interdits. Mais cet équilibre, tel celui des fléaux d'une balance, correspond tout de même à une tension *physiologique* entre différents systèmes de leviers jouant par couples en systèmes opposés.

Dans tout conflit névrotique il s'agit d'une opposition entre pulsions du Ça et interdictions du Surmoi. Au niveau du caractère hystérique de conversion, il y a tendance à érotiser les relations les plus banales, à rechercher des duplications d'objets infantiles dans les objets actuels ; en cela la suggestibilité demeure toujours assez forte ; les émois émotifs (en apparence irrationnels) et la dramatisation font partie du même système de reproduction des lignes conflictuelles œdipiennes.

Dans la mesure où le Surmoi et le refoulement réduisent l'expansion libidinale, une partie de l'énergie pulsionnelle demeure contenue et inutilisée ; cette énergie se trouve donc complémentairement réinvestie dans des domaines relationnels parallèles car la distance à l'objet de l'hystérique de conversion n'est jamais très grande ; l'alternative entre le besoin et la crainte de la proximité de l'autre se manifeste dans les sautes d'humeur du caractère hystérique de conversion, donc en jouant sur les inversions d'affect mais sans agir sur la réalité et sans s'écarter de l'objet, alors que dans le caractère hystérophobique il existe l'idée d'une situation phobogène pouvant entraîner la fuite et dans le caractère obsessionnel une « mise en maîtrise » à une *certaine* distance, bien réglée, et aménagée avec froideur.

Les « expériences-écrans » décrites par O. FENICHEL (1953) si fréquentes dans la vie relationnelle du caractère hystérique de conversion, sont à considérer d'un double point de vue : d'un côté elles constituent un « écran » au sens protecteur, mais dans l'autre sens du terme, tout comme un écran de projection, elles facilitent la reproduction des scènes archaïques érotisées et significatives.

C'est en fonction de ces doubles aspects que l'on peut rattacher les facilités d'hypnotisation des caractères hystériques de conversion, de même que le succès rencontré par les représentations artistiques en tant qu'écran : cinéma, théâtre, œuvres littéraires, sculpturales ou picturales, évitent au sujet de démasquer lui-même ouvertement ses fantasmes érotiques, tout en lui permettant de les projeter sur les représentations évoquées dans l'œuvre. Et ceci ne vaut pas seulement pour le véritable caractère hystérique de conversion dominant au sein d'une structure hystérique de conversion, mais se retrouve également, à un degré moindre, bien qu'assez constant, dans la plupart des autres structures, à l'état de « trait de caractère hystérique » plus ou moins marqué. Les structures psychotiques les plus serrées, celles dont l'indice d'hystérisation caractérielle se trouve le plus faible, ou même nul, ne peuvent réellement coopérer à une évocation esthétique correspondant à des représentations de type figuratif ; la communication ne peut passer que sur les registres, non d'un inconscient objectal et génital refoulé, mais d'un inconscient beaucoup plus primitif, fusionnel, anachronique et impersonnel, placé hors du champ soumis à la reconnaissance du Moi, bien avant que le refoulement n'ait eu à entrer en jeu sous l'effet de la réprobation sexuelle du Surmoi.

On a souvent présenté le caractère hystérique de conversion comme *menteur.* Il s'agit là encore d'un effet de la riche fantasmatisation dont est coutumier ce genre de caractère. La luxuriance des imagos fantasmatiques ou oniriques vient opérer, comme chez l'enfant, un refus, une dénégation pure et simple de la réalité œdipienne personnelle gênante.

Ruth MAC-BRUNSWICK (1943) estime à ce propos que « *le motif principal de la dénégation infantile et de tous les mensonges pathologiques qui en dépendent est constitué par des événements gravitant autour du complexe de castration qui ont lésé le narcissisme de l'enfant* ».

Cette façon de voir m'a semblé judicieuse, mais je considère cependant comme abusif l'adjectif de « pathologique » accolé au mensonge. Il me paraît dommage en effet qu'on ne puisse envisager une caractérologie sereine profondément psychanalytique, sans pour autant, et sur-le-champ, médicaliser les phénomènes. Il existe pourtant une marge très exploitable entre les descriptions entomologiques et les tableaux pathologiques. Tout mon effort porte en ce sens.

Le caractère hystérique de conversion (comme ses « traits de caractère » mineurs correspondants) pense que « *si ce n'est qu'un rêve* » la représentation peut avoir valeur de faute et il semble bien que l'Église catholique essentiellement obsessionnelle, donc fondamentalement anti-hystérique, ait allergiquement détecté cette supercherie en créant le *péché par pensée* situé dans le « Confiteor » en première position, avant même les péchés « par parole », « par action » ... ou « par omission »... La reconnaissance claire et immédiate par l'obsessionnel de caractère, de la provocation érotique contenue dans le fantasme hystérique, est vécue par l'obsessionnel comme parfaitement insupportable, dans la mesure où il s'estime persécuté ainsi par le caractère hystérique qui lui fait retour par l'extérieur à partir d'un refoulé bien enfoui intérieurement en lui, obsessionnel, grâce aux mécanismes efficaces de défense émanants de sa structure profonde.

Il est même possible de décrire des traits de caractère hystérique de conversion *collectifs* au sein d'une famille, pour masquer certains vécus œdipiens gênants par des « mythes familiaux » avantageux à la fois comme supports et comme masques ; de la même façon il existe des « mythes nationaux » de caractère hystérique de conversion conservant le même but : les cérémonies, pulsionnelles et expiatoires à la fois, du 14 juillet par exemple, cachent tout autant la lâcheté agressive du massacre de quelques pauvres lampistes suisses gardant une douzaine de prisonniers de droit commun, que les satisfactions pulsionnelles réactivées au souvenir déplacé (en date) et symbolisé (en « liberté ») du meurtre du père égoïste, puis à la punition publique de la mère s'abandonnant sexuellement au « bel étranger » ; cependant que d'un autre côté, un caractère paranoïaque par exemple s'affichera comme « rexiste », et vivra cette journée de commémoration comme un évident « deuil national ».

Pour résumer, en quelques notions très simples, les principaux éléments définissant le caractère hystérique de conversion, nous serons amenés à insister sur le mode particulier de *vie relationnelle* avec ses *crises* faisant alterner les moments de *chaleur affective* et de *rétractation* plus ou moins provocatrice ; la facilité du *langage émotionnel* à traduction neuro-végétative assez intense. Quant au *langage* lui-même, il passe de la grande *richesse d'expression* au mutisme *boudeur* (mais de façon très compréhensible et cohérente, contrairement à ce qui se passe dans le caractère schizophrénique). Les *passions* subissent les mêmes *paroxysmes* ; toute position affective, même des plus banales en soi, a tendance à prendre une *forme expressive dramatisée* (au sens étymologique, et non tragique d'ailleurs, du terme). On a parlé, à propos du caractère hystérique, d'un mode « *névrotique d'expression* ».

FREUD (1931 a) a présenté le caractère hystérique de conversion comme essentiellement tourné vers la vie amoureuse : aimer et être aimé. Pour lui ce type d'organisation caractérielle « *représente les revendications pulsionnelles élémentaires du Ça auquel se sont pliées les autres instances psychiques* ». Autrement dit, c'est ce type qui correspond le plus parfaitement à des processus mentaux organisés sous le primat du génital.

Aussi peut-on éprouver une certaine déception, ou une relative amertume, quand on voit, dans la plupart des descriptions caractérologiques, émanant même de psychanalystes, le caractère hystérique de conversion présenté d'abord dans ses aspects exagérés, essentiellement défensifs et rapidement morbides. L'immaturité affective, la mythomanie, les tendances dépressives, l'angoisse de déplaire, l'inconsistance de la personnalité, etc., dont on accable bien souvent le caractère hystérique, ne sont en réalité *déjà plus* du domaine du caractère hystérique de conversion, mais entrent dans le cadre de la névrose hystérique par décompensation morbide de la structure ; ou bien, aussi, ces comportements n'ont *jamais été* le fait d'une structure hystérique et appartenaient en réalité à une organisation narcissique-naclitique de la lignée des états limites sur laquelle nous nous sommes étendus longuement plus haut. Il y a lieu, en effet, d'éviter la confusion facile et classique entre caractère hystérique de conversion et aménagement caractériel de type hystérique frisant déjà la « névrose de caractère hystérique ». Ces deux dernières entités appartiennent aux avatars du narcissisme dans la lignée « limite » et n'ont *structurellement* rien à voir avec le caractère hystérique de conversion, émanation fonctionnelle et relationnelle d'une structure névrotique de type hystérique, non décompensée et bien adaptée, aux identifications sexuelles faciles.

Une autre sorte de confusion peut irriter les cliniciens attentifs : on mêle souvent hystérie de conversion et oralité. C'est un peu comme si on classait dans une même réserve, minerai de fer et cuillères à café. Une cuillère à café contient du fer, mais aussi, un alliage d'autres métaux, et le minerai de fer peut donner naissance, tout de même, à d'autres objets que des cuillères à café.

Il est évident que le côté « anti-obsessionnel » de la structure hystérique s'accorde mal des seules fixations anales en cas de régression morbide, et se sent davantage une affinité orale en raison de la proximité objectale correspondante et du côté plus directement bénéfique des opérations, soit tendres, soit agressives, à ce niveau. Mais nous ne trouvons une conjonction orale hystérique que dans les cas justement de régression morbide et non pas sur le plan *fonctionnel et relationnel « normal »* auquel nous tenons absolument à maintenir le registre *strictement caractériel.*

A. LAZARE, G. L. KLERMAN et D. J. ARMOR (1966) ont cherché à établir une analyse factorielle portant sur les éléments caractéristiques des « personnalités » obsessionnelle, orale et hystérique : ils constatent une intrication des facteurs « oraux » découverts par leurs soins (pessimisme, passivité, agressivé orale, rejet d'autrui, dépendance, parcimonie) avec les facteurs qu'ils décrivent comme « hystériques » (égocentrisme, histrionisme, labilité émotionnelle et affective, suggestibilité, dépendance, érotisation des rapports sociaux, crainte de la sexualité) et reconnaissance que la « personnalité hystérique » s'individualise avec plus de netteté que la « personnalité orale ». Sur ce dernier point notre exemple, à partir de la cuillère à café et du minerai de fer, témoignera de notre accord ; par contre, comment oser parler de « crainte de la sexualité » tant qui'l s'agit simplement d'un *caractère* hystérique proprement dit. Certes, à ce niveau, il existe bien chez le sujet « normal » une défense légitime du Surmoi et du Moi contre tout débordement pulsionnel non conforme aux réalités, mais ceci constitue un aménagement lié au principe de réalité tout en respectant le principe de plaisir. La véritable angoisse génitale liée à la menace fantasmatique de castration n'apparaît dans les faits qu'avec la décompensation morbide de l'équilibre entre Surmoi et pulsions, à l'intérieur du champ d'un Moi qui a perdu déjà, au moins une partie de sa capacité régulatrice.

La place du caractère hystérique de conversion tout en haut de la pyramide des évolutions mentales est due à la richesse de ses investissements relationnels génitaux et nous pouvons conclure avec G. ROSOLATO à la position centrale de la structure de base hystérique par rapport aux conceptions cliniques des diverses possibilités d'aménagements des processus mentaux.

B) Le caractère hystéro-phobique

Il y a lieu de distinguer de façon formelle le caractère hystérique de conversion à la fois du « caractère narcissique » à manifestation corporelle et du « caractère psychosomatique ». Or il existe souvent une difficulté à ne pas confondre en pratique ces trois variétés d'investissements corporels à partir de fonctionnements mentaux typiquement différents : dans le *caractère hystérique de conversion* domine l'aspect symbolique érotisé de l'investissement corporel où la représentation est amenée à se fixer ; dans le caractère hystérique de conversion, en dehors même de symptômes morbides, *c'est le corps qui parle,* les fantasmes se trouvent, en quelque sorte « incarnés ». Dans le « *caractère narcissique* » à manifestation corporelle (décrit habituellement sous le vocable d' « *hypocondrie* ») il ne s'agit que des manifestations relationnelles et fonctionnelles du tronc commun aménagé ; le moindre investissement des décharges libidinales augmente la tension corporelle et le corps est traité comme un véritable objet ; *on parle au corps* comme on parle à l'objet anaclitique. Dans le « *caractère psychosomatique* » enfin, la difficulté de distinguer le somatique du psychique dans la représentation amène le sujet à mentaliser moins facilement et, par cela même à moins verbaliser de façon directe ; le sujet *parle avec son corps,* sans y attacher de valeur symbolique.

Ces trois modes de *langage du corps* paraissent utiles à reconnaître au niveau même du caractère, avant et en dehors de tout épisode morbide, car le mode de relation interpersonnelle à envisager, à espérer ou à craindre, dans tel ou tel cas, se trouvera profondément aidé ou compliqué, selon qu'on y aura reconnu ou non la façon, propre au sujet, d'utiliser la communication corporelle.

Il y a lieu tout d'abord de distinguer très clairement le « *caractère hystéro-phobique* » envisagé maintenant du « *caractère narcissique-phobique* » étudié plus loin (II, 1 c).

Le caractère hystéro-phobique correspond au fonctionnement relationnel « normal », c'est-à-dire bien adapté intérieurement et extérieurement, de la structure hystéro-phobique telle que j'ai tenté de la définir plus haut alors que le caractère narcissique-phobique n'est qu'un des aspects possibles du comportement, instable structurellement, présenté par le tronc commun des états limites, en dehors de toute décompensation franche. Ce dernier caractère fait partie d'une défense antidépressive du registre narcissique nécessitant une dépense énergétique certaine tandis que le simple caractère hystéro-phobique s'accompagne d'un état névrotique économique stable sur une structure névrotique elle-même définitivement fixée.

Cette précision ne me semble pas constituer une recherche de détail, mais intéresser une distinction et structurelle et relationnelle *fondamentale* entre deux modes de fonctionnement mental semblant assez proches par homonymie, mais radicalement divergente tant du point de vue topique que des points de vue dynamique ou économique.

Du point de vue topique, le caractère hystéro-phobique dépend de l'importance des pressions du Surmoi et le caractère narcissique-phobique de la force d'attraction de l'Idéal du Moi.

Sur le plan dynamique, le caractère hystéro-phobique est sous-tendu par les conflits œdipiens et génitaux tempérés par le refoulement (lui-même aidé par le déplacement et l'évitement) sans régression pulsionnelle, alors que dans le caractère narcissique-phobique on découvre un conflit avec les aspects frustrants de la réalité extérieure, réalité au sein de laquelle le système de défense se voit obligé d'opérer un clivage des imagos objectales. Sur le plan économique enfin, le caractère hystéro-phobique comporte un investissement objectal de type essentiellement génital, tandis que de son côté le caractère narcissique-phobique simple n'implique qu'un jeu d'investissements et de contre-investissements narcissiques tels que S. FREUD les a décrits dans son article sur *Le narcissisme,* en 1914.

Il est peut-être ressenti comme lassant pour le lecteur de se voir rappeler, à tous les niveaux de cette étude, les différences structurelles fondamentales entre lignée génitale et lignée narcissique, différences dont les effets ne se limitent nullement à une classification plus rigoureuse des structures, mais dont les conséquences risquent d'entraîner le clinicien de la psychologie dans des confusions caractérielles non négligeables, comme le clinicien de la pathologie dans des erreurs diagnostiques ou thérapeutiques graves.

Il est certain que je ne m'étais déjà pas facilité la tâche en refusant systématiquement de mélanger, du point de vue descriptif, « structure » de la personnalité, « caractère », et « maladie », en raison de l'importance du décalage des plans au niveau desquels s'articulent ces trois notions sur le registre métapsychologique. A plus forte raison paraîtra-t-il téméraire de solliciter une attention et une rigueur supplémentaires en cherchant à différencier tout ce qui répond au groupement structurel d'une personnalité névrotique génitale et œdipienne, de tout ce qui s'y trouve indûment rattaché.

Le caractère hystéro-phobique se manifeste de façon visible par des éléments variés, peu spectaculaires, tant qu'il s'agit de signes caractériels n'atteignant pas le statut de symptôme : ce sont des *angoisses flottantes* mal définies et peu bruyantes ; elles reportent surtout les causes apparentes sur des motifs *extérieurs* et *affectifs* (alors que les angoisses flottantes des caractères narcissiques-phobiques sont surtout reportées sur des motifs rationnels plus qu'affectifs). Les *troubles neuro-végétatifs* sont fréquents et discrets à la fois : *vertiges, céphalées,* et atteignent avec la même discrétion, mais une réelle efficacité, certains secteurs de la *vie relationnelle.* Une apparente *candeur sentimentale,* les affirmations de *visées idéales* masquent mal le côté vivement érotisé des investissements objectaux. Les besoins de *pureté* ou de *vertu* ne touchent pas à une exigence idéale (comme dans le caractère narcissique) mais à une *formation réactionnelle* contre les envies sexuelles ou agressives. Le comportement extérieur, soit *malheureux et souffreteux, soit triomphant,* ne signe pas une réaction contre la perte d'objet, mais de simples aléas du *lien érotisé.*

O. FENICHEL (1953) distingue les comportements destinés à éviter les situations primitivement désirées des comportements « phobiques » proprement dits d'évitement de certains lieux ou objets particuliers.

Le caractère hystéro-phobique constitue l'illustration, sur le plan fonctionnel et relationnel « normal », de la structure hystéro-phobique ; or cette structure, tout en demeurant du cadre hystérique, c'est-à-dire hautement génital, correspond cependant à un certain échec des processus de refoulement ; l'emprise libidinale, pour demeurer en règle avec les exigences tant de la réalité que du Surmoi, doit être tempérée par des opérations complémentaires de déplacement et d'évitement dont l'angoisse sous-jacente arrive à percer modérément, juste assez pour déclencher le signal de mise en route de la défense.

L'échec du refoulement par rapport à la structure hystérique de conversion semble provenir de conditions plus difficiles dans lesquelles s'est déroulée la représentation mentale de la scène primitive chez le sujet. Autrement dit, l'économie hystéro-phobique se situerait, de fait, en position intermédiaire entre l'économie hystérique (où la scène primitive a conservé un statut d'élaboration fantasmatique simple) et l'organisation narcissique-phobique-dépressive-« limite » (où la scène primitive va revêtir un aspect traumatique probablement à la suite de conditions de *réalité* trop intenses ou trop précoces pour le sujet).

L'économie hystéro-phobique se situerait très près de l'économie hystérique dite de conversion, en raison de leur statut authentiquement génital commun, mais elle resterait facile à imiter par l'anaclitique « limite » (non organisé sous le primat du génital) en raison de la commune inquiétude narcissique qui les rapproche tout de même.

Il convient dans ce présent paragraphe de se limiter strictement au statut du *caractère* hystéro-phobique en s'appuyant sur les éléments structurels de base mais en évitant tout ce qui nous rapprocherait des symptômes phobiques traduisant un état morbide névrotique déjà déclaré.

Il demeure évident que le fond du caractère hystéro-phobique allie l'excitation sexuelle à une représentation de danger. Ce danger demeure, ici, un danger de punition sexuelle (castration). Pour que ce danger n'ait pas à passer au niveau de symptômes il faut, et il suffit, que l'équilibre soit effectivement maintenu par un jeu assez souple des investissements et des désinvestissements objectaux.

Toute rupture dans la souplesse de ces fluctuations peut entraîner une impression fâcheuse de « claustrophobie morale » déclenchant des présymptômes diffus, puis, éventuellement, des symptômes véritables, en cas d'augmentation ou de persistance des excitations anxiogènes.

Un des moyens que le caractère hystéro-phobique garde à sa disposition (et non le « caractère narcissique-phobique »), c'est la sexualisation de l'angoisse elle-même, ainsi que l'identification (sexuelle) à l'objet réellement menaçant : image paternelle œdipienne, pour le garçon. Ces deux procédés confèrent au caractère hystérophobique une assez grande faculté adaptative dont se trouve privé le caractère narcissique-phobique moins génitalisé.

L'objet contra-phobique, même à intensité minime, comme on peut en rencontrer de façon qui n'attire pas particulièrement l'attention dans des caractères hystéro-phobiques incontestablement « normaux », demeure un objet *sexuel* et n'est jamais, d'abord, comme dans le caractère narcissique-phobique, un objet anaclitique. Un « caractère hystéro-phobique », par exemple, cherchera à se marier très jeune tandis qu'un caractère narcissique-phobique trouvera plus volontiers sa quiétude personnelle dans une collectivité sympathique comprenant de préférence quelques éléments plus âgés ou plus confirmés socialement, plus sécurisants, peu importera le sexe d'ailleurs.

Le caractère hystéro-phobique demeure extrêmement sensible aux mouvements corporels d'équilibre et de mobilisation dans l'espace. Des sensations érogènes ou anxiogènes mélangées s'y trouvent intimement mêlées. Les excitations ou les inhibitions sexuelles demeurent en rapport étroit avec les phénomènes neuro-végétatifs, mais la crainte des manifestations à ce niveau déclenche dans le caractère hystéro-phobique une résistance et une appréhension à la suggestion, et en particulier à l'hypnose, alors que le caractère hystérique de conversion s'y complaît, et que le caractère obsessionnel y reste insensible, en raison d'un désintérêt causé par une isolation réussie. Dans le caractère hystéro-phobique, l'auto-excitation génitale se trouve projetée sur la réalité extérieure alors qu'elle est maintenue intérieurement dans le caractère hystérique de conversion et parfaitement annulée dans le caractère obsessionnel.

La valeur symbolique de l'objet phobogène sur lequel est projeté l'élément dangereux, même en dehors de tout symptôme vraiment névrotique, demeure du registre *sexuel* dans le caractère hystéro-phobique, alors qu'il opère une menace narcissique dans tout prodrome phobique de mode anaclitique.

A l'état fonctionnel « normal », le déplacement opéré par la projection, à l'extérieur d'abord, puis sur un objet à allure non génitale ensuite, protège le caractère hystéro-phobique contre la décompensation morbide. Celui qui se contente de redouter les serpents ou la pêche sous-marine, peut parfaitement vivre en paix dans ses autres domaines relationnels ; qui le taxerait en cela de morbidité ? ... et qui d'ailleurs peut se vanter de ne pas connaître quelque petite « phobie génitale » ou même quelque petite « phobie anaclitique » sans se trouver pour autant rejeté dans le registre psychiatrique ?...

Les fantasmes, les rêveries diurnes ou les vécus oniriques du caractère hystéro-phobique sont remplis de représentations substitutives autorisant une décharge pulsionnelle, limitée, tant que le sujet demeure en état de vigilance consciente.

L'angoisse flottante, présente mais peu visible, et peu gênante, dans le caractère hystéro-phobique, correspond à un compromis, à un signal, et à une garantie dans l'équilibre pulsions-défenses. La bonne adaptation utilise ce signal sans avoir à en affirmer ni à en nier trop brutalement la cause.

C) Le caractère obsessionnel

Sous le titre de « caractère obsessionnel », ou bien encore de « caractère compulsif », la plupart des traités classiques mettent aussitôt l'accent sur des traits de caractère dits « anaux » ou « sadiques-anaux ». De même que je dénonçais plus haut le danger d'une confusion entre « caractère hystérique » et « traits de caractère oraux », il semble utile de formuler, ici encore, une mise en garde contre la tendance trop fréquente à ramener le « caractère obsessionnel » à de seules composantes tournant autour de l'agressivité anale.

Le caractère obsessionnel, comme tout caractère, traduit essentiellement, dans la relation, les éléments de base de la structure particulière à laquelle il correspond. Du fait de la régression libidinale partielle au stade sadique-anal, à laquelle reste soumise toute structure obsessionnelle, il est tout à fait légitime de rencontrer des traits de caractères anaux, sadiques et masochiques, dans un caractère obsessionnel ; cependant il semble nécessaire de bien se garder de ramener l'essentiel du « caractère obsessionnel » à ces seuls aspects manifestes. En effet, le caractère obsessionnel demeure du cadre des organisations de la lignée névrotique, donc génitale ; l'élément organisateur fondamental de la structure tourne donc autour de l'Œdipe et non du prégénital ; le prégénital à ce niveau ne constitue qu'une défense contre l'Œdipe et le génital, alors que, dans d'autres situations, l'organisation mentale peut fort bien s'effectuer sous le primat du prégénital, avec des éléments génitaux surajoutés, mais ni spécifiques, ni organisateurs ; dans ces derniers cas, la triade anale de S. FREUD (1917 c) : ordre — économie — obstination, se trouve souvent sublimée au lieu de servir de défense, comme dans la structure ou le caractère de mode obsessionnel, et il paraît intéressant de distinguer, par exemple, à propos des réactions devant la propreté, les deux genres forts différents de caractères dits « *de la parfaite ménagère* ».

Un caractère obsessionnel **Obs. n° 13**

Elevée entre un père taciturne et une mère ne tenant pas en place, dans un milieu modeste, mais très « à cheval sur les principes » sociaux et moraux, Agathe, bien que très jolie fille, et désirant foncièrement « fonder un foyer » (davantage que « se marier ») n'a trouvé que vers trente-cinq ans l'homme qui l'a enfin épousée, après deux ans de réflexion d'ailleurs ; il a dix ans de plus qu'elle.

Le ménage « marche bien » car le mari, représentant d'une importante Société de produits alimentaires, a besoin de beaucoup voyager et l'aspect extérieur de son épouse le valorise considérablement auprès de ses clients ou de ses propres agents : dans la mesure où elle ne présente nullement les signes d'un caractère hystérique-provocateur, Agathe arrive à rendre la plupart des hommes admiratifs, sans pour cela (ô merveille, dans une telle fonction commerciale) s'attirer le moins du monde les foudres des autres épouses.

Sa beauté froide et bien réglée flatte l'autre, homme ou femme, sans jamais faire naître une excitation trop forte ou trop consciente pour se trouver ensuite trop vite déçue ou trop coupable.

Tout chez Agathe est fort bien « organisé ». Quand le mari reçoit chez lui des clients, ou des collaborateurs, ou encore son propre patron, l'accueil est si bien agencé dans les moindres détails et sur tous les plans, que le convive se trouve ravi de se voir le centre d'un tel intérêt et de telles prévenances. Il ne revient heureusement pas assez souvent pour s'apercevoir de la rigidité du protocole et de l'effort déployé, sans joie, pour sa venue.

Car, dans l'intimité, Agathe est une esclave de ce que ses parents appellent son « perfectionnisme » (pour minimiser les choses) et les autres « ses manies » (pour traduire leur agacement).

En effet, si Agathe est toujours aussi impeccable sur elle et aussi bien fardée, ou coiffée, c'est parce qu'elle ne peut souffir l'idée qu'un vêtement soit sale, usé, déformé ; que son teint soit altéré par une tache quelconque (qu'on pourrait prendre pour de la malpropreté), que ses cheveux puissent être vus en désordre ou maculés de pellicules, etc., elle aurait eu tôt fait de ruiner son mari si celui-ci avait occupé une situation moins lucrative.

Dans l'appartement d'Agathe, c'est la terreur en pensant qu'un visiteur puisse trouver un mur souillé, un cheveu dans un lavabo, une cuvette de W. C. entartrée (que penserait-il que ce soit ?) ; sur la table tout objet doit être revu sans cesse dans ses détails avant l'arrivée des convives. Ceux-ci ne sont couchés d'ailleurs qu'à l'hôtel et on n'invite aucune famille, car malgré toutes les précautions prises, s'ils découvraient une tache sur un drap, qu'iraient-ils imaginer ?

Chez Agathe on ne mange que des produits de première qualité pour être assuré qu'ils soient sains. On ne fréquente que les grands restaurants pour des raisons de salubrité et encore y ressuie-t-on soigneusement (et avec grande distinction dans la discrétion) ses couverts et le bord de son verre.

Après avoir tyrannisé ses parents, Agathe aurait certainement dépassé le cadre caractériel pour le cadre morbide d'une véritable névrose obsessionnelle si elle ne s'était pas finalement mariée, ou si elle n'avait pas, enfin, rencontré un mari qui se présente comme une « névrose de caractère obsessionnel », lui, dans ses affaires et s'ils n'avaient pas pu, à eux deux, allier leurs mécanismes défensifs complémentaires (et légèrement décalés structurellement) en une véritable « perversion à deux » de type caractériel conjugal, ce que nous souhaiterions à bien de nos « excellentes ménagères » de statut obsessionnel moins chanceuses...

Ce qui frappe dans le cas d'Agathe et spécifie son « caractère obsessionnel », c'est, d'une part sa parfaite adaptation aux conditions internes et externes de ses réalités (ce qui en fait un « *caractère* » et non une « névrose ») et d'autre part son économie centrée non sur le besoin de mettre en avant le « propre » et le « beau » en tant que *tels* (ce qui en ferait un caractère perfectionniste) mais son angoisse de pouvoir éventuellement être vue, malgré toutes ses précautions, par quelqu'un d'autre, dans une attitude ayant laissé passer un besoin de salir, de souiller. C'est là le mécanisme original qu'on ne rencontre que dans les structures *obsessionnelles.*

Bien sûr, s'il s'était agi d'une malade, il aurait été utile de pousser plus loin les investigations concernant la genèse de telles formations réactionnelles.

Tout ce qu'il a été possible de savoir ici c'est qu'il existait un lien *œdipien* tendre au père, facilement décelable quand on rencontrait Agathe en face de ses deux parents. Cette relation affectueuse au père était retournée en son contraire devant le regard réprobateur de la mère. Puis ce mouvement secondaire doublement agressif se trouvait lui-même retourné à nouveau dans un troisième temps en une nécessité d'effacer toute « tache » pouvant laisser apercevoir des traces d'agressivité.

Un caractère narcissique — Obs. n° 14

Bien que mon développement théorique au sujet du « *caractère narcissique* » ne figure que plus loin dans ce chapitre (III 1 c) j'ai cru préférable de placer la présente observation clinique en parallèle avec la forme précédente, qui lui ressemble en bien des points, sur le plan manifeste. De même qu'en pédagogie de la langue anglaise, il semble sans doute plus instructif de rapprocher ici dans l'espace les « faux amis », afin de mettre en évidence de façon plus démonstrative leurs fondamentales divergences.

Noémie a toujours été une attachante petite fille, très attachée à des parents fort riches et la couvant. Elle se trouvait la plus jeune et la « plus faible » (en même temps que « la plus fine ») de la famille, derrière deux frères aînés. Ses parents qui avaient heureusement assez rapidement abandonné les deux garçons « insupportables » à leur libre sort, reportaient au contraire tous leurs soins et toute leur affection sur Noémie qu'ils élevaient en revivant en elle les idéaux de jeunesse qu'ils avaient autrefois chéris, sans avoir jamais pu les atteindre, car leurs propres parents à eux ne leur avaient pas procuré les moyens fondamentaux d'y arriver.

Elle n'avait jamais d'assez « bons » professeurs ; on comblait les vides (supposés) par d'innombrables leçons supplémentaires, puis par des cours de musique, de danse, de cuisine, de maintien, etc.

Si bien que Noémie est passée, assez vite d'ailleurs, du stade de la « charmante petite fille » à celui de la « charmante petite femme ». Toujours habillée avec une recherche réussie, Noémie reçoit chez elle avec un soin merveilleux du plaisir de chacun des invités. Fort aimée des hommes comme des femmes, elle n'a, pas plus que dans le cas d'Agathe, besoin d'utiliser la provocation hystérique. Le plaisir qu'elle crée vient de la satisfaction qu'elle prend visiblement à offrir ce plaisir, mais les hommes n'ont pas envie de demander davantage tant elle apparaît encore comme une adolescente rêveuse et fragile ; les femmes, de leur côté, ne sont nullement inquiètes du même coup devant le peu d'hétérosexualité véritable affirmée ; par contre, le potentiel homosexuel affectif évoqué n'est pas sans doute pour leur déplaire.

Si l'on examine ce qui se passe « derrière le rideau », ou après le départ des convives, on ne découvrira nulle obsession harcelante (par crainte d'un jugement de condamnation portée sur la mauvaise conscience du sujet) comme le cas se présentait pour Agathe.

Chez Noémie il n'y a aucune crainte réellement surmoïque du « mal » (et surtout du mal sexuel, même remanié sous le couvert de l'agressivité anale) ; ce qui l'intéresse c'est que le « bien », le « beau », le « bon » soient remarqués chez elle par les autres. Tous les atours vestimentaires, tous les objets disposés dans l'appartement, toute l'organisation du repas ou des chambres (car elle adore recevoir) concourent à l'effort pour être « bien vue ».

Un détail d'ailleurs mérite d'être noté : les parents de Noémie vivent en grande partie chez elle ; ils sont présents à toutes les réceptions ; c'est leurs jugements à tous deux qui est attendu pendant toute la soirée ; c'est une anticipation de leur satisfaction qui est investie par Noémie quand quelqu'un remercie chaleureusement avant de prendre congé ; c'est enfin leurs compliments que guette et quête Noémie quand tout le monde est parti.

Chez Agathe tout à l'heure, le pauvre mari ne trouvait bien souvent pas même une serviette pour s'essuyer en sortant de son bain, ni aucune réserve dans le frigidaire quand il rentrait tard le soir et à jeun. Peu importait : il n'y avait rien de « *sale* » qui puisse traîner et c'était l'essentiel. Chez Noémie, au contraire, peu importait la notion chez les autres d'un quelconque « péché » ; ceci comptait bien peu pour elle : il fallait seulement que tout soit vu beau, rendant hommage à son narcissisme comme à celui de ses parents ; elle était assurée en retour d'affection et de protection.

Les auteurs psychiatriques anciens, MOREL (1860), MAGNAN (1891), PITRES et RÉGIS (1902), JANET (1908), DUPRÉ (1926), ont décrits les manifestations caractérielles de la structure obsessionnelle sous la forme de tendances aux scrupules et aux crises de conscience, de timidité et d'inhibition, d'une certaine difficulté à vivre les désirs sexuels ; tous ont mis l'accent aussi sur le besoin d'ordre, de règles et d'économie. De plus récents auteurs comme WIDLÖCHER et BASQUIN (1968) mettent en avant les comportements de doute, d'isolation et de pensée magique (par besoin d'annulation) tout ceci contribuant à minimiser les expressions de la vie affective du caractère obsessionnel.

Le caractère obsessionnel demeure dominé à la fois par un désir de satisfaction de la pulsion sexuelle et la nécessité qu'un tel désir ne puisse être reconnu ; la pulsion agressive vient prendre le relai d'une partie de la pulsion sexuelle et les formations réactionnelles, en apparence fort justifiées, viennent masquer à leur tour les expressions agressives. Tout semble bien logique, bien arrangé, pour protéger le sujet, à l'intérieur d'un système qui l'isole et le rigidifie, mais l'économie génitale demeure toujours sous-jacente.

Les choses ne vont pas aussi loin dans le simple caractère obsessionnel, habilement et rationnellement aménagé, que dans la véritable névrose obsessionnelle où le déséquilibre opéré par les exigences pulsionnelles d'un côté, et un plus ou moins relatif débordement du Moi de l'autre, place le Surmoi dans l'obligation de combattre à nu, en terrain découvert en quelque sorte, et contraint le Moi à développer à la fois des symptômes d'alarme et de nouveaux moyens de défense beaucoup moins bien tolérables sur le plan relationnel.

Dans le caractère obsessionnel, les éléments défensifs demeurent adaptés aux jugements « rationnels » du contexte social ; le Moi et le Surmoi s'entendent pour contenir le Ça par les moyens propres au mode de structuration obsessionnel (et que nous avons étudiés dans notre deuxième partie : annulation, isolation, régression, rationalisation, formations réactionnelles en particulier) sans que, ni l'Idéal du Moi, ni la réalité extérieure, ne créent de conflit important. Seules les pulsions sexuelles sortent en définitive perdantes de tels aménagements ; ce sont les pulsions sadiques-anales qui se trouvent gratifiées en compensation régressive pour calmer les tensions du Ça en même temps qu'une partie des besoins et libidinaux et narcissiques se trouvent dérivés au niveau de l'intellectualisation et de la rationalisation, dont le succès vis-à-vis de la société, comme de l'Idéal du Moi, est acquis d'avance. S. FREUD (1931 a) exprime cette fierté intellectuelle du comportement obsessionnel en montrant comment à ce niveau le sujet « *n'est plus dominé par l'angoisse de la perte de l'amour ; il fait preuve d'une dépendance, pour ainsi dire interne et non plus externe, il manifeste une dose élevée de confiance en soi et devient, socialement, le support véritable et surtout conservateur de la culture* ».

LAZARE, KLERMAN et ARMOR (1966) déterminent neuf traits qui composeraient le caractère obsessionnel : ordre, entêtement, parcimonie, mépris d'autrui, constriction émotionnelle, doute de soi-même, Surmoi sévère, rigidité et persévérance.

Mais de telles conceptions nous amènent à nouveau à distinguer d'une part des éléments anaux et agressifs, utilisés secondairement par des mécanismes dépendant de diverses organisations, et d'autre part, ce qui, dans la façon de traiter les fixations et les régressions anales, demeure spécifique du mécanisme obsessionnel.

H. EY, P. BERNARD et Ch. BRISSET (1967) ont proposé un tableau fort intéressant visant à classer les traits de caractère obsessionnels. J'en ai personnellement tiré un schéma *(fig. 9)* centré sur les différentes positions caractérielles dérivées à partir de l'érotisme anal.

Dans le cadran (A) sont rangés les traits liés à l'érotisme anal tel qu'il s'exprime à l'état pulsionnel direct, sans aucune défense, (c'est-à-dire dans les comportements pervers) : froide *méthode, parcimonie* systématique, *entêtement* inflexible.

Dans le cadran (B) l'Idéal du Moi a inversé de tels traits en *propreté, scrupulosité, soumission* qu'il faut affirmer à tous (cas des états limites) pour conserver l'amour.

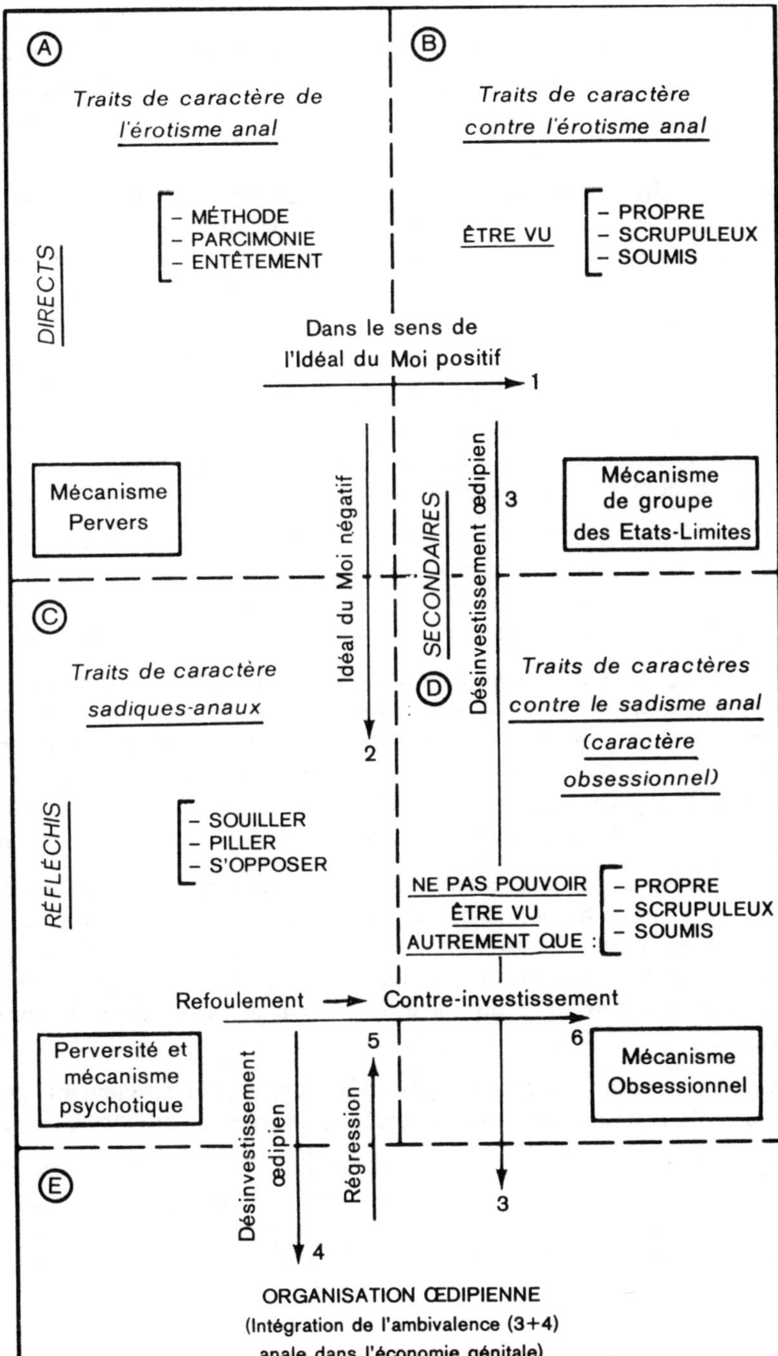

FIGURE 9 : Interaction des éléments caractériels à point de départ anal.

Dans le cadran (C) l'Idéal du Moi a agi de façon négative et a réfléchi ainsi les désirs érotiques anaux primitifs en besoin de *souiller,* de *piller,* de *s'opposer* ; les désirs érotiques anaux se sont infiltrés de larges éléments agressifs (c'est le cas des mécanismes psychotiques ou des comportements de perversité).

Dans le cadran (D) ces éléments sadiques-anaux réfléchis deviennent secondairement refoulés, annulés et transformés aussi par des formations réactionnelles en une nécessité de *ne pas être vus autrement* que *propres, scrupuleux,* soumis (c'est le cas du mécanisme obsessionnel rencontré à l'état non morbide dans le « caractère obsessionnel »).

Enfin, le cadran (E) tient compte de l'interaction de l'organisation œdipienne sur les éléments prégénitaux anaux dans les deux sens : 5) Régression d'un côté et 3-4) désinvestissement œdipien de l'autre côté, pour faciliter le retrait partiel de l'influence génitale dans les comportements décrits plus haut à point de départ anal.

Pour opérer une synthèse des principaux éléments constituant le caractère osbessionnel nous pourrions mettre en avant d'abord la *puissance de l'idée* ; le sujet demeure à la fois esclave et conscient de cette *oppression idéique* qui subit d'ailleurs des éclipses et des mouvements cycliques de va-et-vient.

De véritables *manies mentales* en découlent qui, alliées aux éléments surmoïques puissants de la structure obsessionnelle, conduisent aux fameux *excès de scrupules.* La puissance de l'idée conduit également à des comportements relationnels où *l'angoisse obsessionnelle* se manifeste, soit sous la forme purement psychique et *pseudo-phobique,* soit sous une forme paroxystique avec de petites *incidences psychomotrices* telles que *l'éreutophobie.*

Des caractères aussi stables que les sujets obessionnels non décompensés en arrivent à présenter les signes apparents d'une *pseudo-instabilité,* aussi bien neuro-végétative qu'affective, et même *métaphysique* alors que le sens de l'attitude relationnelle n'a pas varié du tout et reste ambivalent *dans le même temps,* contrairement à ce qui se passe dans le caractère hystérique.

Les *rites conjuratoires* ne sont pas rares sur le plan strictement caractériel, mais ils s'avèrent cependant extrêmement habiles et discrets à ce niveau.

O. FENICHEL (1953) s'étend longuement sur le mode de pensée propre au caractère obsessionnel : les fantasmes sont verbaux et ressusciteraient les attitudes archaïques accompagnant l'usage des premiers mots ; la connaissance des mots permet la maîtrise de l'objet qu'ils définissent, et c'est ainsi que s'établit peu à peu cette fameuse « magie des mots » propre au caractère obsessionnel. Les mots et les pensées qui angoissent se trouvent soit refoulés, si cela suffit, soit annulés, s'il faut en arriver là.

Il en est de même de l'omnipotence des pensées ; la pensée devient abstraite et remplace le désir sexuel dans la mesure où il apparaît comme difficile à contrôler ; cette abstraction de la pensée compulsive, ses systématisations, ses mises en catégories, ses théorisations, protègent contre la réalité angoissante en tenant le réel à distance respectable sans abandonner le contact avec lui pour autant.

La bisexualité et l'ambivalence pulsionnelle obsessionnelles restent présentes, mais modérées et discrètes, sous l'aspect caractériel, tant que les rapports avec les réalités intérieures ou extérieures ne prennent pas un aspect conflictuel assez intense pour devoir passer du côté de l'aspect morbide symptomatique.

Le caractère obsessionnel pense plus qu'il n'agit. La tendance à l'immobilisme évite un risque de perte du contrôle et l'apparition du sens conscient du désir. La peur classique du changement peut amener, dans les formations réactionnelles si fréquentes chez les caractères obsessionnels, une défense par l'attitude opposée de changement. Mais, le plus souvent, il s'agit ici d'organisations preudo-obsessionnelles, en réalité anaclitiques, à défense de mode obsessionnel superficiel venant secondairement en aide à un caractère narcissique ainsi qu'à ses mécanismes propres.

Le mode de pensée particulier au caractère obsessionnel, de même que la régression partielle avec ses éléments bisexuels et ambivalents sur le plan pulsionnel, engendrent une symbolisation complexe où il est parfois difficile de reconnaître ce qui représente pénis, phallus et anus.

On parle bien souvent des attitudes magiques de la pensée obsessionnelle. Là aussi il y a lieu de bien distinguer ce qui demeure nettement obsessionnel (c'est-à-dire le surinvestissement défensif de l'intellect, la régression vers les modes archaïques de pensée superstitieuses) des couvertures obsessionnelles rationalisantes dans les structures psychotiques prédélirantes non décompensées, et collant encore à une bonne part du réel, grâce à des défenses efficaces empruntées au plus régressif des mécanismes névrotiques.

On a souvent rangé dans le groupe des caractères obsessionnels le « *caractère psychasthénique* » basé sur la dépression modérée, la tendance aux scrupules et aux crises de conscience, l'hyposexualité, la velléité. WIDLÖCHER et BASQUIN (1968) y ajoutent l'aspect intelligent, la méticulosité, le sérieux de la pensée, le conservatisme, les inhibitions, les répétitions, et pensent qu'il faut séparer cet aspect caractériel, tout comme les traits de caractère anal, de l'authentique caractère obsessionnel.

Effectivement il semble que nous nous trouvions, en ce qui concerne le caractère dit « psychasthénique », en présence d'un des modes de *caractère narcissique* reposant sur une organisation limite ; l'organisation ne s'est pas effectuée sous le primat du génital et du Surmoi, c'est visiblement l'attraction de l'Idéal du Moi qui domine avec comme corollaires l'absence de structuration solide du Moi, et le besoin de séduire l'objet, de peur de le perdre.

2. Les caractères psychotiques

La notion de « *caractère psychotique* » se trouve relativement peu utilisée en psychologie normale ou pathologique car le qualificatif de psychotique revêt en général un sens pessimiste et assez spécifiquement pathologique.

Cependant, les statistiques sérieuses les plus récentes faisant état d'une proportion de structures psychotiques diverses de l'ordre de 30 % dans une population européenne courante, comme on se trouve loin, heureusement, de rencontrer autant de « malades psychotiques » dans la même population, il est donc nécessaire de penser qu'un bon nombre de sujets ainsi structurés sur un mode psychotique ne produiront jamais de symptômes de psychose pendant toute leur vie et s'arrêteront heureusement à un stade d'adaptation relationnelle de leur structure, de statut seulement caractériel. Autrement dit, il paraît probable que le « caractère psychotique » se trouve beaucoup plus répandu qu'on le suppose et qu'il se rencontre d'ailleurs, avec une fréquence plus grande que le caractère authentiquement névrotique.

D'autre part, quand, en psychopathologie, on observe ce qui s'est passé dans la période de la vie d'un malade psychotique, antérieurement à l'apparition des symptômes, on parle de « prépsychose » et les différents auteurs, ou les différentes écoles, ont décrit de nombreux traits de personnalités « prémorbides », qu'il s'agisse des psychotypes de KRETSCHMER (1948), des introvertis de JUNG (1907), des schizothymes de BLEULER (1920), du caractère sensitif de KRETSCHMER (1948), des idéalistes de GUIRAUD (1950) parmi tant d'autres. Or, ce qui se découvre dans la vie relationnelle adaptée d'un sujet de structure psychotique, avant un épisode de décompensation morbide, doit être considéré de la même façon que ce qui se passe dans la vie relationnelle d'un sujet de structure psychotique chez lequel tout nous porte à croire qu'il ne se décompensera jamais ; il nous faut donc opérer, au niveau relationnel du sujet « normal », de la même façon dans la lignée structurelle psychotique que dans la lignée structurelle névrotique, c'est-à-dire en nous référant à la notion de « *caractère* ».

Dans l'étude de nos différents types de caractères psychotiques, nous aurons à opérer d'emblée une simplification par rapport à notre étude précédente (I-3) portant sur les structures : *le groupe des structures mélancoliques et maniaco-dépressives* ne comporte pas, sur le plan caractériel, d'équivalent particulier pour la raison que nous avions indiquée précédemment ; en effet, ce groupe de structures ne tire pas son origine d'une psychogenèse ayant suivi la lignée psychotique mais, au contraire, l'apparition d'une forme mélancolique ou maniaco-dépressive de psychose correspond à la dégradation, dans le sens psychotique, d'une organisation limite dépressive, ou cyclothymique, de nature simplement anaclitique jusque-là, et se décompensant, soit progressivement à la suite de microtraumatismes affectifs, soit brutalement, après une classique crise d'angoisse aiguë (I-4).

Le « caractère » qui précédait ce mode d'entrée assez particulier dans la lignée psychotique, correspondait donc à un mode caractériel simplement « narcissique », comme nous le décrirons plus loin, et non à un « caractère psychotique » déjà établi, sur le fond d'une structure psychotique de base qui n'existait pas encore à ce moment-là.

Il semble que le « *caractère cyclique* », qui prend place dans les descriptions psychopathologiques entre les minimes variations thymiques visibles dans toute structure et les manifestations véritablement morbides de l'authentique psychose maniaco-dépressive, ne constitue nullement une forme dégradée de la psychose périodique, mais corresponde plutôt aux hésitations, tantôt réactionnelles de type hypomaniaque, tantôt de type abandonnique, du comportement anaclitique limite, devant l'angoisse de perte d'objet.

Que nombre de dysfonctionnements diencéphaliques puissent déclencher de telles dysthymies, ne permet pas de conclure non plus, par ailleurs, à l'origine neurologique du comportement cyclique.

J. FROSH (1972) a insisté de façon très judicieuse sur la nécessité de ne pas confondre « le caractère psychotique » avec « l'état limite » ni sur le plan clinique ni sur le plan métapsychologique. Pour lui le caractère psychotique ne se présente justement ni comme une psychose larvée ou latente, ni comme une phase de transition vers la psychose, le mode de fonctionnement caractériel constituerait une adaptation du sujet contre la décompensation psychotique ; cependant les processus de base demeureraient de type psychotique, tant au niveau du mode de constitution du Moi, de la relation d'objet, du rapport à la réalité.

A) Le caractère schizophrénique

Si j'emploie les termes de « *caractère schizophrénique* » au lieu de l'appellation fréquente dans le passé de « caractère schizoïde », c'est pour mieux me démarquer par rapport aux vieilles descriptions rapportées à propos de notre rappel des théories caractérologiques et opposant souvent d'un côté une notion bien imprécise économiquement de schizoïdie (ou schizothymie) à une notion encore beaucoup plus vague structurellement de cycloïdie (ou cyclothymie).

Pour les tendances constitutionnalistes, toute atteinte psychotique, et en particulier schizophrénique, correspond à l'évolution morbide d'une « constitution » héréditaire préétablie. Cette « constitution » semble comprendre chez nombre d'auteurs, à la fois la « structure » et le « caractère » tels qu'ils se trouvent abordés et définis dans le présent travail. Autrement dit, les constitutionnalistes inclinent en faveur d'un caractère prémorbide, et somme toute prépsychotique, au sens où il y a de fortes chances qu'un tel caractère donne naissance à une psychose déclarée, par la suite.

Personnellement, je ne conçois pas les choses en termes si pessimistes ; je pense que le caractère à l'état fonctionnel « normal » tout comme les symptômes en cas de maladie, témoigne de l'organisation structurelle profonde et fixe de l'individu. Le plus grand nombre de très fréquentes structurations schizophréniques rencontrées dans la vie courante ne se traduisent que par un « caractère schizophrénique », et ne donneront jamais naissance à une schizophrénie. L'identité de structure entre ces deux éventualités, caractère schizophrénique et schizophrénie morbide, semble cependant indéniable.

D'autre part, il ne paraît pas opportun de ranger sous le vocable de « schizoïdie » ou « schizothymie » des entités déjà plus ou moins morbides, comme l'ont fait certains auteurs. Je me suis déjà longuement expliqué à ce sujet dans mon introduction à l'étude des états limites (I-4). Il ne faut pas confondre à mon avis, caractère purement fonctionnel à base structurelle schizophrénique, et défaillances narcissiques plus ou moins dépressives de l'humeur, sortant déjà du cadre de la « normalité », même si l'organisation économique de base se situe à un niveau beaucoup moins régressif que la structure schizophrénique.

C'est pourquoi, aussi, j'emploie de préférence ici les termes de « caractère schizophrénique », de manière à bien spécifier de quelle structure sous-jacente précise j'entends parler.

Pour MINKOWSKI (1953) « *la notion de schizophrénie, en tant que maladie mentale, tend à se décomposer en deux facteurs d'ordre différent : c'est premièrement la schizoïde, facteur constitutionnel, spécifique par excellence, plus ou moins invariable par lui-même au cours de la vie individuelle ; et c'est, deuxièmement, un facteur nocif, de nature évolutive, susceptible de déterminer un processus morbide mental* » et J. GUYOTAT (1963) confirme, dans sa monographie à ce sujet, l'aspect « dihybride » de structure schizophrénique.

Ce qu'il est possible, de notre point de vue, d'opposer aux auteurs parlant en termes de « constitution » c'est qu'ils font allusion aux « structures » à propos des éléments de base des maladies, tout en décrivant seulement les « caractères » dans leurs études cliniques, alors que le caractère n'est pour rien dans l'évolution morbide (au contraire il signe la non-morbidité) et que la véritable structure de base (même si on désire l'appeler « constitution », ce qui n'est pas important en soi) ne peut pas être décrite en termes de phénoménologie, mais doit être abordée seulement sous l'angle d'une méta-psychologie mettant en avant les mécanismes profonds, les investissements et les conflits latents, et non des épiphénomènes manifestes peu spécifiques.

Dans le caractère schizophrénique, les émotions, loin de se limiter, comme chez le sujet de caractère névrotique, à n'être qu'un signal, conduisent au contraire à l'investissement de la plupart des fonctions du Moi encore marquées par nombre de traces mnésiques auxquelles elles se sont trouvées antérieurement liées. K. R. EISSLER (1954) estime que la faiblesse du Moi empêche ce dernier de résister à la réalisation des potentiels affectifs déclenchés en des occasions fortuites extérieures au sujet. Un tel Moi dispose surtout d'une énergie essentiellement prégénitale.

Le caractère schizophrénique se reconnaît à ses oscillations de la régulation émotionnelle, aux aspects particuliers et imprévisibles des processus de pensée, à l'orientation narcissique brutale des investissements, à l'intrication ambivalente des composantes relationnelles de tendresse et d'hostilité.

Ces aspects constituent un fond commun aux différents types du caractère schizophrénique mais il demeure évident qu'il existe des formes cliniques variées d'expression de ce même caractère pouvant revêtir, de façon constante ou variable, des aspects d'allure cyclique ou phobique, ou obsessionnelle, ou hypocondriaque, ou même encore, psychopathique, tout en demeurant foncièrement schizophrénique sur le plan économique.

Les formes les plus purement caractérielles ont attiré l'attention depuis longtemps par leurs traits de comportement marqués de maniérisme, de tendance à l'isolement, à la rêverie, à la bizarrerie ou bien à la jalousie, à l'insécurité. Les difficultés de relations sociales ne sont pas rares ; le caractère schizophrénique n'inspire pas la sympathie ; le plus souvent, on voit se manifester un apragmatisme sexuel plus ou moins marqué. La carence affective est de règle.

Il serait sans doute dommage d'identifier tous ces signes, certes variables, mais centrés sur la faille affective primitive de la structure, à un état d'entrée progressive dans la maladie.

Bien sûr, quand une schizophrénie déclarée commence à manifester ses symptômes, on retrouve, à l'enquête sur le passé, les traits cités plus haut, mais les considérer comme faisant partie du tableau pathologique de début de l'affection serait mélanger fâcheusement les plans ; si toute schizophrénie suppose antérieurement une période de simple « caractère schizophrénique », l'inverse n'est pas exact et un caractère schizophrénique peut fort bien demeurer fixe et exempt de toute manifestation symptomatique pendant une vie entière.

Le caractère schizophrénique se reconnaît extérieurement à sa *carence dans le contact,* sa tendance au *repliement sur soi-même,* à une *activité intérieure assez intense* (quel qu'en soit le domaine d'application) ; on peut cependant apercevoir dans ce fonctionnement quelques petits éléments *illogiques* (ou peu compréhensibles sans paraître pour cela « compliqués », comme dans un caractère névrotique). *Le peu de chaleur affective* qui se dégage du contact, *la froideur du comportement* relationnel, *le désintérêt objectal* souvent assez évident, spécifient l'abord de tels sujets, à l'affectivité très *ambivalente,* avec des *oscillations sentimentales* soudaines et peu explicables entre *l'hyperesthésie et l'anesthésie* de l'affection, sans que l'objet n'ait bougé d'un pouce. On rencontre, dans ce genre de caractère, tout autant *d'intellectuels* que *d'idéalistes* (peu convaincants), d'originaux, timides et renfermés ou « bafoués » (du type des héros passifs des canulards d'étudiants) ; parfois même le genre du vagabond antisocial ou impulsif.

Pour H. EY, P. BERNARD et Ch. BRISSET (1967), le caractère schizophrénique est une forme de caractère qui est restée fixée aux tendances primitives touchant au narcissisme et à l'introversion, dans une sorte de crainte et de refus de la réalité comme du contact avec les autres.

WIDLÖCHER et BASQUIN (1968) considèrent le caractère schizophrénique comme présentant une surface « *lisse et glissante* ». L'expression paraît effectivement assez heureuse pour rendre compte de l'attitude particulière de ces sujet « *ni gais, ni tristes,* dit DELAY (1946), *mais sérieux, présentant une abscence d'humeur, une sorte d'adiaphorie* ». La sensibilité reste toujours distante. Les représentations, souvent abstraites, apparaissent comme déconcertantes pour qui n'a pas le même système de références, ni le même genre d'élaboration mentale. On retrouve, dans l'expression artistique du caractère schizophrénique, la même richesse d'abstraction, conséquence de la façon très particulière dont la structure schizophrénique traite la réalité, en fonction de ses propres incertitudes et de ses propres nécessités narcissiques. La vie fantasmatique est riche, la rêverie luxuriante et le plus souvent facilement consciente. Dans la mesure où ce développement de la vie imaginaire fixe les besoins énergétiques pulsionnels et les retourne vers l'intérieur, la conséquence relationnelle en devient une diminution des investissements dans le domaine de l'action.

On a beaucoup parlé de l'indifférence affective du caractère schizophrénique ; pour certains, il ne s'agirait pas tant d'une anesthésie affective, que d'une affectivité ambivalente parfois même exacerbée mais bien cachée.

Cependant il semble, à l'examen de tels comportements, que le problème ne soit pas tellement de savoir si de tels caractères éprouvent ou n'éprouvent pas des sentiments réels, mais de considérer à partir de quelles données se déclenchent leurs vécus affectifs ; or il paraît certain que les représentations correspondant aux affects éprouvés se trouvent moins liées aux données objectales ou réelles qu'aux créations imaginaires, dont ces données ne constituent qu'un des éléments. Il s'agit d'un support et d'un accessoire à la fois pour l'économie strictement narcissique de base qui préside aux élaborations fantasmatiques et en règle le sens comme l'intensité, de façon difficilement prévisible pour qui demeure beaucoup plus attaché à la nécessité des facteurs objectifs.

Il en découle, pour l'observateur extérieur, une évidente impression d'isolement ; il n'est pas sûr du tout que le caractère schizophrénique considère son monde intérieur de la même façon que le sujet structuré d'une autre façon, et le trouve si démeublé et si vide d'objets. Le sens donné à l'objet, et à la relation objectale en général, diffère et c'est là l'essentiel de ce qu'il nous faut remarquer comme étant spécifique de la vie relationnelle de tels sujets.

La rigidité de l'idéalisme, en rapport bien souvent avec des positions philosophiques ou métaphysiques pouvant sembler curieuses à un caractère névrotique, répondent justement à la fois à une défaillance des fonctions habituelles de synthèse du Moi et à une défaillance aussi des instances organisatrices classiques constituées sur le Surmoi et l'Idéal du Moi. Le narcissisme primaire entraîne sous le primat des processus mentaux élémentaires une rétraction relationnelle en direction de l'économie autistique, jamais nettement atteinte, bien sûr, tant que le sujet demeure dans le cadre caractériel, et qu'il arrive à s'y maintenir fonctionnellement adapté.

Un exemple clinique de caractère schizophrénique nous est donné dans l'observation n° 1, avant l'épisode aigu qui s'est d'ailleurs assez rapidement dissipé.

B) Le caractère paranoïaque

Dans ce cas encore, il est souvent difficile de distinguer ce qui constitue un « caractère paranoïaque » de ce qui appartient déjà à des manifestations paranoïaques morbides, d'autant plus que classiquement, les comportements décrits sous le terme de paranoïa varient sensiblement d'un auteur à un autre et d'une forme clinique à une autre forme clinique.

Pour H. EY, P. BERNARD et Ch. BRISSET (1967) le caractère paranoïaque est resté fixé à un tempérament agressif ou à des formes primitives d'expérience de frustration ou de revendication.

Les principaux éléments qui définissent la traduction caractérielle d'une structure paranoïaque se résument à une certaine exaltation assez constante, accompagnée d'un comportement systématiquement raisonneur, revendicatif et rancunier, vindicatif et idéaliste, peu réaliste, fanatique même sur le plan idéologique et en ce qui concerne l'ordre en général, plus spécialement l'ordre social en particulier ; le caractère paranoïaque fait preuve de façon assez constante d'orgueil et de méfiance, de frigidité affective et de déformation dans ses jugements.

Ce qui domine dans un tel mode de caractère, touche à la fois aux défaillances narcissiques primaires et à la vivacité des défenses contre les désirs homosexuels passifs, réparateurs de l'échec de la relation à la mère.

Tout comportement des réactions aux frustrations, ou même d'agressivité manifeste, correspondant à des variabilités de l'humeur, aussi bien que tout comportement ne présentant pas la défense particulière contre l'homosexualité, ne doit pas être confondu avec l'authentique caractère paranoïaque.

De la même façon, la projection utilisée chez le paranoïaque demeure la classique projection *sur* l'objet décrite par FREUD (1895), et ne concerne pas les mécanismes de projection *dans* l'objet pour s'en assurer la maîtrise et la proximité rassurante, du type de l'identification projective de l'école kleinienne. Dans le mécanisme paranoïaque ce sont les représentations, et même globalement les pulsions refusées par le Moi, qui se trouvent projetées *sur* l'objet devenu immédiatement persécuteur et jamais préservé comme utile et rassurant.

Les traités de psychopathologie regorgent de descriptions de « petits paranoïaques ». On nous montre un client grincheux, un parent susceptible, supportant mal les frustrations banales de la vie, un voyageur irascible, un malade se croyant mal traité, un citoyen protestataire, un locataire chicanier, un faux modeste, un idéaliste maladroit, un instable affectif, etc.

Or, sous de tels tableaux, nous avons souvent de la peine à reconnaître les aspects fondamentaux de la structure paranoïaque décrits plus haut ; le plus souvent on confond des cas particuliers de caractère narcissique ou de « névroses de caractère » (cf. II-3) avec l'écho caractériel d'une structure paranoïaque.

La personnalité sensitive de KRETSCHMER (1948) qui entend une fragilité du Moi avec hyperémotivité, indécision, scrupulosité, incapacité de faire face aux chocs affectifs et aux adversités, par *dépression* plus que révolte, ne peut être rangée du côté des organisations de mode paranoïaque mais doit demeurer rattachée au groupe des états limites.

A cet instant du développement de mes hypothèses, en touchant à la fin des descriptions se rapportant aux différents aspects morbides, structurels ou caractériels, que peuvent revêtir les structures tant névrotiques que psychotiques, il faut remarquer, une fois de plus, qu'à tout moment, devant l'examen d'une entité psychopathologique ou fonctionnelle ou structurelle donnée, dépendant de l'une ou l'autre lignée classique, nous voyons se mélanger dans les descriptions les plus courantes, à la fois ce qui appartient à la structure nommée, et à la fois des éléments hétérogènes, de nature narcissique, anaclitique et prédépressive, imitant tout ce que l'on veut du côté des structures névrotiques ou psychotiques de voisinage.

C'est contre cette confusion que ma recherche a voulu s'élever, non par simple intérêt spéculatif ou entomologique, mais en raison des conséquences autant psychosociologiques que psychopathologiques et surtout prophylactiques et thérapeutiques indispensables à tirer de cette distinction.

Les manifestations apparentes du caractère paranoïaque sont bien connues, mais utiles cependant à bien préciser, afin d'éviter la confusion classique avec la perversion de caractère.

La *surestimation du Moi* entraîne l' « *orgueil* » (au sens habituel du terme, c'est-à-dire réprobatif) et la *vanité,* masquée parfois sous une *fausse modestie* qui n'arrive jamais à donner le change (comme dans certains caractères narcissiques) ; le sujet est amené tantôt à des attitudes de *stoïcisme,* tantôt à des *extravagances* au contraire, ou même au *prosélytisme,* plus ou moins allié à un *exhibitionnisme mental.*

La méfiance, habituelle dès l'échelon caractériel, prépare les impressions de *persécution, d'isolement,* et la *susceptibilité* assez constante.

Les *erreurs de jugement* conservent une dialectique mentale (alors que chez les pervers de caractère elles ont besoin de justifications rationnelles). *La logique* dont le caractère paranoïaque semble épris n'emporte pas la conviction des observateurs. Les phases *d'excitation et de dépression* se succèdent mais n'atteignent jamais le comportement physique (comme dans les organisations anaclitiques).

Il en est de même de l'alternance entre les *mouvements égocentriques et pseudo-altruistes. L'inadaptabilité sociale relative* du caractère paranoïaque vient tout autant de ses *interprétations erronées* de la réalité que de son *incapacité de discipline* collective et de son *absence d'esprit de groupe.* Il en résulte une certaine *solitude de vie, des révoltes fréquentes,* parfois un véritable « *vagabondage mental* ».

Un certain nombre des psychopathies de la littérature psychiatrique classique sont à ranger résolument dans le cadre des caractères paranoïaques.

La surestimation de Soi, rencontrée dans le caractère paranoïaque, correspond à une perte des limites raisonnables du narcissisme. L'absence d'autocritique tient au même processus de perte de limite du besoin de pouvoir narcissique compensateur, à la fois du manque narcissique dans les phénomènes essentiels constitutifs du « Soi », et, à la fois aussi, du manque de sécurité dans la maîtrise de l'érotisme anal. Ces deux aspects parfaitement complémentaires ne doivent jamais se trouver dissociés quand on veut parler d'économie profonde de mode paranoïaque. Si l'accent n'est mis que sur le premier mouvement, nous risquons une confusion avec l'économie schizophrénique et si nous ne relevons que le second mouvement, nous nous situons trop près des mécanismes obsessionnels.

Un autre aspect du caractère paranoïaque doit être noté ; c'est le peu de sociabilité des sujets qui se trouvent le plus souvent assez isolés dans la vie alors que les caractères narcissiques avec lesquels le caractère paranoïaque est souvent confondu, recherchent, et obtiennent habituellement, une présence rassurante dans les groupes sociaux.

Les problèmes somatiques entrent pour une bonne part dans la distinction entre caractère paranoïaque d'une part, et lignée narcissique d'autre part, que ce soit un simple « caractère narcissique », ou bien, une « névrose de caractère ». Tout d'abord, ainsi que nous l'avons vu au sujet des caractérologies à critères physiques, la façon dont le sujet présente son corps aux autres dépend de ses propres données caractérielles ; or la structure paranoïaque comporte une rigidité affective et relationnelle qui se traduit de façon assez constante et assez spécifique par un « port altier », souvent caricaturé ; il est rare de rencontrer un caractère paranoïaque authentique chez les obèses, les dépressifs corporels, ou les fameux « sanguins ». La façon corporelle d'affirmer le besoin d'isolement par rapport aux autres, propre au caractère paranoïaque, ne se rencontre jamais dans la lignée narcissique-anaclitique qui cherche au contraire « à se faire bien voir » pour séduire l'autre et se l'attacher afin de se rassurer.

D'autre part, il est banal de rappeler que le caractère paranoïaque jouit d'une « santé de fer ». En réalité, il refuse surtout de laisser l'autre s'attendrir sur les petits ennuis physiques qu'il peut éprouver et cache soigneusement, alors que le narcissique anaclitique met en avant, dans son désir de séduire et de se faire plaindre, le moindre bobo susceptible d'émouvoir son interlocuteur.

Ceci nous amène à une réflexion sur les relations entre le caractère paranoïaque et la démarche masochique. Th. REIK (1940) s'était déjà étendu sur ce sujet, repris depuis par J. NYDES (1963).

Les deux comportements touchent à la fois à l'amour prégénital, sentiment reposant sur l'ambivalence et la dépendance, et au sentiment de force compensatoire, tiré de l'omnipotence infantile pour masquer l'attitude latente de faiblesse et de quémande de protection.

Le caractère paranoïaque renonce à l'amour pour tenter de sauver un sentiment de force, alors que la démarche masochique au contraire renonce à la force pour essayer de préserver le lien d'amour.

D'autre part, le caractère paranoïaque utilise de préférence, comme nous l'avons vu, le mécanisme projectif classique pour se défendre contre la notion de honte, alors que l'identification à l'agresseur demeure davantage dans le registre sadomasochique. Dans les deux cas il n'a pas pu y avoir une identification valable avec le parent de même sexe, demeuré tout-puissant ; le caractère paranoïaque doit se défendre contre cet adversaire présumé, dont accepter l'amour serait considéré comme se soumettre à la castration phallique-narcissique et à la « dégradation » homosexuelle passive.

Je placerai ici une observation caractéristique de caractère paranoïaque pour mieux illustrer mon propos :

Un caractère paranoïque **Obs. n° 15**

Alphonse est tout aussi inconnu dans le reste du département, qu'impossible à ignorer dans l'agglomération importante dans laquelle il sévit. Soixante ans, le port altier, l'allure rigide, redresseur de torts et donneur de conseils, ce curieux personnage importune avec grandiloquence quiconque passe sur sa route, et inquiète particulièrement les faibles ; il s'arrange cependant pour être nommé vice-président de nombre d'associations locales, que ce soit de musique ou d'automobile, le bureau d'entraide cantonal ou l'association sportive municipale, sans être pour autant musicien ou sportif, et encore moins philanthrope. N'ayant aucun contact humain positif, il est devenu avocat d'affaires ; connu pour ses intenses besoins d'argent, il occupe par nécessité les fonctions de « conseil » de plusieurs Sociétés Immobilières importantes, mais assez administratives, car il a rapidement rompu avec toute entreprise à direction plus « personnelle ».

Bien qu'il demeure un « civiliste » médiocre, on l'écoute car on le craint, et on a recours à lui car il est redouté. Son habileté consiste à affirmer avec autorité tout point de vue favorable à sa partie, à s'appuyer sur un seul aspect valable de la conjoncture, puis à écraser les adversaires de sa hargne, à partir de cet îlot de certitude. Dans une troisième étape, se posant d'office en « justicier » hors justice, il ne lui reste plus qu'à présenter un compromis condescendant, tout juste avantageux pour le conseil d'administration anonyme de la S.A.R.L. qu'il représente et pas trop onéreux pour l'adversaire qui redoute de rencontrer au Tribunal un aussi impitoyable et féroce adversaire.

S'il a obtenu toutes les fonctions honorifiques énumérées plus haut dans sa sous-préfecture (plus quelques décorations) ce n'est pas parce qu'on l'aime, ni qu'on l'apprécie, mais on le craint et « on lui doit beaucoup » : en effet, il fait à la plupart des associations locales déclarées sous le couvert de la loi de 1901, des dons « princiers » ; non pas qu'il soit fortuné, non pas qu'il soit « bon », ni même débonnaire, comme un simple narcissique qui voudrait qu'on l'aime... Il se comporte au contraire en dédaigneux, en aristocrate et on ne peut, en retour, le traiter autrement : on ne lui accorde aucune fonction pratique importante, ni la présidence (il est trop redouté), ni le secrétariat (il n'est pas assez bien adapté), mais on lui concède toujours des « vice-présidences », en « potiche » bien représentative. Moyennant quoi, il a réalisé son désir ; en omettant de prononcer verbalement le correctif « vice » devant le terme de « président », il serre les mains, au nom desdites associations, aux mariages, funérailles, inaugurations et cérémonies officielles, ou officieuses, diverses. Il a sa place aux bridges ou aux réceptions du Sous-préfet, du Procureur, du Colonel des transmissions, ou de quelques industriels ou gros commerçants locaux.

Alphonse était-il de riche naissance ? Pas du tout. Né de parents petits commerçants et tôt décédés, il a de grosses difficultés d'argent et des dettes nombreuses.

Tant et si bien que le comptable de la plus grosse des sociétés pour le compte de laquelle il travaille a dû lui faire accepter un curieux arrangement destiné à éviter à Alphonse un remerciement, et éventuellement une saisie : ledit comptable conserve de par lui, les honoraires dûs à l'avocat et règle directement, mois par mois, les principaux créanciers : propriétaire, tailleur, boucher, épicier, etc. Moyennant quoi Alphonse continue à disposer du reste de ses revenus pour ses libéralités multiples sans cesse répétées.

Au fait, Alphonse est marié, mais on sait tout au plus qu'il a épousé une femme timide, plus jeune, ne sortant jamais, et en mauvaise santé ; on sait aussi qu'il a deux enfants, mais on ne les connaît pas davantage ; la fille aînée, 28 ans, asthmatique, est professeur-auxiliaire dans une école privée tenue par une sœur de sa mère ; le fils, 24 ans, n'a pu achever son cycle dans une école de commerce ; il est maintenant « placé » chez un Avoué dans un département voisin. Ni l'un, ni l'autre des deux enfants n'est marié.

Ceux qui connaissent Alphonse se demandent pourquoi cet homme, toujours seul dans la ville et la vie, a cru bon de se marier ; il est certain qu'Alphonse a conçu le mariage comme une obligation sociale de bon aloi, au même titre que de savoir monter à cheval, d'adhérer à « l'Action Française », ou de préparer le peloton des élèves officiers de réserve. Par ailleurs, on ne lui connaît aucune liaison féminine ; il est réputé pour sa rudesse à l'égard des femmes et son sadisme envers les jeunes de l'un ou l'autre sexe (entraîné par ma pensée j'allais écrire : « envers les jeunes des deux sexes »).

Alphonse ne sourit jamais, ne fléchit jamais, ne se plie jamais. Raide comme le glaive de la justice, il est prêt à s'abattre sur qui va défaillir. Alphonse s'irrite pour un rien dès qu'il entrevoit un fantasme, même à peine conscient, dans lequel il pourrait être menacé de turpitude par quiconque ; affichant un profond dédain pour qui l'ignore, toute relation proche devient cependant aussitôt pour lui une menace possible et, à la moindre alerte, plus réelle, une agression. On devine facilement la défense radicale contre l'homosexualité passive latente derrière de tels comportements manifestes, et ceci signe, au point de vue fonctionnel et relationnel, une structuration mentale de mode typiquement paranoïaque. Ce diagnostic est confirmé, s'il en était besoin, par l'énorme défaillance narcissique primaire établie lors des maladies successives puis des décès rapprochés des parents, enfin lors de la mise sous la tutelle d'un oncle maternel, ancien fonctionnaire colonial autoritaire et sadique, ayant assuré par la suite à Alphonse une éducation spartiate.

Dans son maintien corporel, Alphonse a hérité de la rigidité vertébrale de cet oncle bien connu dans le pays pour sa silhouette d'hidalgo. Alphonse, malgré l'âge et les repas d'affaires, reste d'une vigueur, d'une minceur, d'un tonus et d'une santé que lui envient nombre de concitoyens plus jeunes, sans pour autant souhaiter se trouver affectivement « dans sa peau ».

Si le diagnostic de structure paranoïaque ne pose pas de problème particulier, on pourrait discuter, par contre, la situation « caractérielle » du cas d'Alphonse.

L'adaptation extérieure remarquable dont Alphonse a fait preuve en face de conditions extérieures particulièrement compliquées et la façon dont il est arrivé à se faire tolérer par les autres nous permettent de penser qu'Alphonse est bien un « caractère psychotique » de type paranoïaque et non une prépsychose en risque de décompensation. S'il n'avait pas possédé, justement, des aménagements caractériels assez solides de sa structure, il se serait décompensé bien avant d'avoir atteint la soixantaine. Les « faux caractères paranoïaques » que j'ai décrits à propos des « perversions de caractère », ceux qui découlent d'un aménagement plus ou moins solide d'une organisation-limite et non d'une structure psychotique paranoïaque, déclenchent beaucoup plus vite que ne le font les caractères psychotiques des réactions de lassitude et de rejet. En effet, le « caractère psychotique » tient l'autre éloigné affectivement alors que le « pervers de caractère » a besoin d'épuiser narcissiquement son objet, ce que cet objet tolère rapidement fort mal dès qu'il commence à éprouver lui-même un sentiment d'hémorragie narcissique, de « vampirisation » par l'autre le vidant, lui sujet, de sa propre substance.

Tant que la structure paranoïaque demeure sur le registre du caractère, les projections séparent et isolent objet et sujet, alors que dans la « perversion de caractère » les clivages objectaux et les identifications projectives arrivent à placer le sujet dans une situation de véritable « cancer » dévorant, à l'intérieur même de l'objet.

L'objet se défend mieux devant la projection psychotique tant qu'elle demeure caractérielle, donc modérée, et ni très logique ni délirante, que contre l'identification projective intense du « pervers de caractère ». Il est plus facile pour l'objet de se défendre quand il ne reconnaît pas ses propres traits dans les projections du sujet, *sur* lui, que lorsqu'il sent le sujet pénétrer brutalement *en* lui, contre son gré.

Il semble que ces raisons auront toute chance de laisser Alphonse évoluer dans le cadre d'un « caractère paranoïaque » sans arriver à la nécessité d'une décompensation morbide symptomatique et délirante.

Logiquement Alphonse possède assez de ressources de composition avec les réels (interne et externe) authentiques pour n'avoir point besoin de se composer une « néoréalité » sur mesure dans un délire paranoïaque.

3. Les caractères narcissiques

Bien qu'on puisse rencontrer de façon à peu près constante, dans toute lignée structurelle, aussi bien à l'étage purement caractériel qu'à l'étage de la symptomatologie morbide, des « *traits de caractère narcissique* », il y a lieu de bien distinguer de tels aspects fragmentaires sur le plan fonctionnel (en rapport évident avec une plus ou moins grande atteinte narcissique archaïque) de l'ensemble d'éléments, bien articulés entre eux, et constituant le véritable « *caractère narcissique* ».

Le « caractère narcissique » correspond à une adaptation relationnelle de l'organisation narcissique décrite plus haut à propos du groupe des états limites. Il est souvent difficile de distinguer un authentique « caractère narcissique », d'une part parce que ce type de caractère peut prendre des allures variées que nous allons passer en revue dans ce paragraphe, et d'autre part en raison des facilités d'imitation d'autres modes d'évolutions structurelles que revêtent toujours (aussi bien dans la caractérologie que dans la symptomatologie) les différentes entités tirant leur origine, immédiate ou lointaine, du tronc commun aménagé des états limites.

Les caractères narcissiques correspondent aux données de base que S. FREUD décrivait (1931 a) à propos de son type libidinal « narcissique » : FREUD mettait en avant « *essentiellement des facteurs négatifs* » ni tension entre Moi et Surmoi, ni établissement d'un véritable Surmoi, ni primat du génital, mais au contraire prépondérance organisatrice des pulsions du Moi, au sens des « instincts de conservation ». « *Le Moi de telles organisations dispose d'une grande quantité d'agressivité manifestée dans une aptitude à l'action* ».

Mais il existe cependant parmi les organisations narcissiques, des comportements où l'inhibition des pulsions agressives coexiste à côté des inhibitions portant sur les pulsions sexuelles. Certaines tendances dépressives apparaissent d'ailleurs chez des sujets dès que les conditions défensives qui contenaient antérieurement les pulsions agressives arrivent à perdre de leur efficacité. Une certaine passivité correspond à un système caractériel à orientation nettement narcissique ; mais cette passivité peut à son tour, dans un certain contexte, comme le montre O. FENICHEL (1953), soit s'érotiser secondairement sous le registre de la réceptivité orale tout autant que sous celui de l'homosexualité passive, soit se voir surcompensée par une réaction contraphobique basée sur un mécanisme de nature anaclitique.

En effet, comme nous l'avons décrit à de nombreuses reprises jusque-là, l'économie narcissique, au niveau où nous la considérons dans de telles organisations, se réfère toujours à une dialectique soit duelle, soit triadique.

L'économie fusionnelle est structurellement dépassée mais l'économie triangulaire œdipienne n'a pas encore été atteinte. La relation d'objet s'y trouve toujours de mode anaclitique.

L'angoisse qui sous-tend tout le groupe d'économie narcissique demeure une peur de perdre l'amour et la protection de l'objet.

Pour s'assurer ce maintien de la dépendance (et de la maîtrise à la fois) de l'objet, le caractère narcissique, à l'état relationnel et fonctionnel, dispose de différentes solutions donnant naissance à autant de sous-groupes caractériels narcissiques.

A) Le caractère abandonnique

Le « *caractère abandonnique* » est celui qui reflète le plus fidèlement l'angoisse de perte d'objet. Sans parvenir jusqu'à l'aspect pathologique de la « névrose d'abandon » décrite par G. GUEX (1950), on retrouve cependant, à l'état embryonnaire et encore adapté, sur le plan du caractère, des traits communs avec l'entité morbide correspondante. Les trois piliers de la variété abandonnique du caractère narcissique sont l'angoisse d'abandon, la non-valorisation et l'agressivité réactionnelle. Le sujet en effet éprouve une difficulté à s'affirmer, il doute facilement de ses propres capacités à être aimé et à affronter les autres ; cette non-valorisation ne repose d'ailleurs pas seulement sur l'inhibition, mais elle tire ses racines également de l'agressivité sous-jacente, conçue comme une revendication et une vengeance en fonction des frustrations passées ; infliger aux autres les mêmes frustrations demeure un but recherché et interdit, ce deuxième mouvement contribuant pour sa part à entretenir les inhibitions.

Un autre résultat, recherché par l'agressivité sous-jacente, c'est de désemparer, de maîtriser l'objet de manière à le tenir rapproché et, en fin de compte, rassurant. Cependant la susceptibilité du sujet demeure toujours en éveil ; le moindre « manque », affectif ou matérialisé dans le temps ou l'espace, déclenche un vécu hostile quels que soit les liens passés ou l'assurance raisonnable de l'avenir. L'ambivalence archaïque demeure bien vivante, et le moindre fantasme de distance la déclenche très vivement.

Il semble évident, pour la plupart des auteurs, que de tels mécanismes automatiques et brutaux renvoient à des fixations infantiles en rapport avec des séparations des parents, un sevrage, une mise en nourrice ou en pension, des voyages des parents à une époque où le temps exact de la séparation ne pouvait être évalué par l'enfant autrement que comme indéterminé ; aucun repère de retour n'existait pour lui ; seule la réalité du départ était perçue, le concept de retour n'existait pas plus pour le sujet, encore mal équipé, que pour le primitif qui n'est pas convaincu, en voyant le soleil se coucher derrière la montagne, que le même soleil reviendra bien le réchauffer et l'éclairer demain matin.

B) Le caractère de destinée

Le « *caractère de destinée* » se présente, en apparence, de façon contraire au caractère précédent, par une certitude de recommencement d'un cycle inéluctable ; mais ce cycle n'a rien de rassurant pour autant. LAPLANCHE et PONTALIS (1967) ont insisté sur le côté pathologique de ce mécanisme, déjà cité par FREUD dans *Au-delà du principe de plaisir* (1920) à propos des gens qui se croient poursuivis par un destin malheureux, amis trahis, ou bienveillants payés d'ingratitude.

Nous sommes donc très près des comportements abandonniques ainsi que des « *caractères d'échec* ». L'essentiel des mécanismes repose sur un fantasme inconscient appartenant bien au sujet, mais qui lui semble revenir sans cesse de l'extérieur, d'où l'aspect persécutoire et même démoniaque que revêt la composante pulsionnelle agressive contenue dans le fantasme, composante qui agit comme si elle percutait, du dehors, un terrain intérieur déjà tout préparé à la recevoir.

Le mouvement initial, donnant naissance ultérieurement à la compulsion de répétition, prend donc sa source, dans un premier temps, au cours d'une opération projective, en expulsant l'élément pulsionnel coupable, et du conscient et de la personne, vers le dehors.

De telles conduites se trouvent par ailleurs secondairement infiltrées de traits masochistes et autopunitifs, même quand elles demeurent sur le registre du caractère et ne débordent pas encore dans le domaine de la pathologie caractérielle.

Les répétitions de vécus engendrent des répétitions de réactions identiques ; et la tendance au retour du refoulé engendre à son tour les répétitions de vécus ; narcissiquement, cette répétition d'événements fâcheux sur le plan manifeste est utilisée pourtant comme moyen avantageux de maîtriser la situation en évitant le retour trop brutal de l'excitation liée à des représentations latentes que risque de ramener à la conscience le retour d'un refoulé encore plus effrayant.

C) Le caractère narcissique-phobique

Le « *caractère narcissique-phobique* » a été envisagé au début de ce chapitre en opposition au caractère hystéro-phobique avec lequel il se trouve si souvent confondu.

Le phobique-narcissique attire l'attention par l'aspect déficitaire et négatif de son comportement d'inhibition portant sur des domaines souvent assez étendus. Mais, alors que cette inhibition s'adresse dans le caractère hystéro-phobique aux représentations sexualisées, dans le caractère narcissique-phobique il s'agit avant tout d'une inhibition de l'ambivalence dépendance-agression, qui se retrouve au contraire manifestée de façon très positive (bien que camouflée habituellement) dans la relation à l'objet contra-phobique de type narcissique qu'il convient de garder sous la maîtrise du sujet.

Ce type d'objet contra-phobique protège le sujet, alors que l'objet contra-phobique de type hystéro-phobique opère comme objet sexuel et comme défense contre l'objet sexuel à la fois.

Le caractère narcissique-phobique est marqué à la fois par la fragilité du Moi, qui bien qu'unifié (il ne s'agit jamais d'un Moi psychotique) n'est jamais assez complet narcissiquement et, à la fois aussi, par une hyperémotivité à fleur de peau pouvant déclencher à tout moment des orages affectifs.

Des formations réactionnelles plus ou moins puissantes peuvent, à partir d'un tel caractère, conduire à des comportements *perfectionnistes* dont le zèle vise à mieux captiver l'objet parental ou ses substituts. Un tel exemple clinique se trouve décrit dans notre observation clinique n° 14 citée plus haut en parallèle avec le perfectionnisme obsessionnel.

Le caractère phobique-narcissique ne comportant pas autant de conduites symbolisées que le caractère hystéro-phobique, on rencontre dans le premier cas moins de conduites « incompréhensibles » que dans le second. Cependant les comportements paradoxaux de fuite en avant ou de *peur d'avoir peur* restent l'apanage du caractère phobique-narcissique, moins élaboré, plus archaïque et plus brutal, quant au fonctionnement mental de base, que les caractères du registre névrotique.

L'attitude passive habituelle à l'état direct chez le phobique-narcissique se réfléchit facilement et rapidement en comportement de défi réactionnel, souvent inattendu chez l'interlocuteur, ce qui ne facilite pas les relations avec ce genre de sujets.

D) Le caractère phallique

Le « *caractère phallique* » concerne le comportement des sujets d'organisation narcissique-anaclitique qui cherchent une partie de leur réassurance dans un amour d'eux-mêmes ou d'objets partiels les représentant, ou bien aussi d'objets totaux auxquels ils s'identifient.

WIDLÖCHER et BASQUIN (1968) mettent en avant le côté ambitieux d'un caractère de cette nature pour lequel il s'agit avant tout de nier la castration narcissique-phallique.

L'affirmation de la possession du phallus permet au sujet de récupérer la confiance en soi et la compétition avec les objets non sexuels. En effet même s'il veut paraître « super-viril », le caractère phallique ne joue pas sur le plan de la puissance sexuelle. Son hétérosexualité demeure fragile. L'appel à une homosexualité vécue sur un mode affectif et actif calme l'angoisse et satisfait du même coup la tendance agressive. Le caractère phallique se présente aussi comme une défense contre la position caractérielle dépressive dont la présence sous-jacente, constante dans toutes les organisations narcissiques, constitue un élément sélectif sur le plan nosologique, mais toujours inquiétant, tout de même, quant à ses conséquences morbides imprévisibles.

E) Le caractère dépressif

Le « *caractère dépressif* » constitue, même quand on ne le rencontre pas à l'état pur, un élément de base de toute la caractérologie narcissique. Le penchant dépressif, rencontré chez tous les narcissiques à plus ou moins grande intensité, se trouve en rapport avec la situation prégénitale des organisations narcissiques, d'où découle un retour à l'ambivalence archaïque. Le fonctionnement mental du caractère dépressif est sous-tendu par l'ambivalence. Les tendances tendres et hostiles mènent entre elles une lutte indécise, dans laquelle aucune des deux n'arrive à dominer.

K. ABRAHAM (1924) a montré la corrélation existant entre les éléments dépressifs et les fixations orales. Pour lui, le fondement de l'ambivalence se situe au niveau de l'érotisme oral.

A côté du caractère dépressif, on rencontre des comportements narcissiques très voisins.

F) Le caractère hypocondriaque

Le « *caractère hypocondriaque* » se traduit, en dehors de toute atteinte morbide, par des soucis au sujet de l'état de santé du sujet à propos de telle ou telle partie du corps. Cette partie n'a ni une valeur symbolique génitale comme dans le caractère hystérique, ni valeur de communication non mentalisée comme dans le caractère psychosomatique, mais correspond à une fixation dépressive reportée sur un point précis de l'organisme devenu mauvais objet partiel narcissique, un objet partiel à la fois inculpé et persécuteur grâce auquel le lien anaclitique avec l'objet total tend à être entretenu, de force, à l'ombre du risque fantasmatique.

Il serait certainement abusif de considérer tout caractère hypocondriaque comme du domaine morbide ; dans la mesure où justement le « jeu du corps » est accepté par l'objet, comme par le sujet lui-même, dans le cadre de la relation anaclitique, dans la mesure aussi où, ainsi, les choses ne vont pas trop loin, nous restons dans un domaine caractériel, fonctionnel et simplement relationnel, spécifique ici de l'économie narcissique.

Il est sans doute fâcheux que dans bien des traités classiques soient rangés pêle-mêle sous le vocable général d'hypocondrie (ou « hypochondrie », pour ajouter encore à l'incertitude de cette entité) à la fois des données hautement pathologiques, et des situations simplement caractérielles ; à la fois aussi des mécanismes strictement narcissiques mais en même temps des comportements manifestes de nature soit hystérique, soit psychosomatique, soit même parfois nettement psychotique.

Le véritable mécanisme hypocondriaque, tel qu'on le rencontre à l'état fonctionnel dans le caractère hypocondriaque, traduit un retrait de l'investissement libidinal de l'objet extérieur avec report de cet investissement sur un objet narcissique intérieur au corps du sujet. C'est l'imago objectale, la représentation intrapsychique de l'objet extérieur qui se limite, dans le repliement narcissique, au champ d'un organe corporel interne.

Il faut cependant remarquer que, dans nombre de cas, ce repliement narcissique ne concerne pas que le corps propre, mais peut, par analogie, s'étendre aux vêtements, à l'automobile, à la demeure, ou aux autres membres de l'entourage, investis des mêmes valeurs narcissiques et des mêmes défaillances ou des mêmes attaques frustrantes que le corps propre. Il existe donc un surinvestissement narcissique à ces niveaux, une sorte d' « hypertonie » affective.

Contrairement au vécu corporel hystérique, l'angoisse sous-jacente dans le caractère hypocondriaque ne concerne pas la castration génitale mais simplement l'angoisse de perte d'objet. L'introjection hypocondriaque prend déjà, mais a minima, la même direction que l'intropection mélancolique ; elle correspond à une régression orale, elle concerne le phallus et l'agressivité à l'égard de l'objet qui peut arriver à manquer ; la répression de cette agressivité fait retourner le reproche contre une partie du corps propre et représente ainsi, du même coup, une manœuvre préventive d'autopunition.

G) Le caractère psychasthénique

Le « *caractère psychasthénique* » a souvent été rangé parmi les caractères obsessionnels. En fait, il semble qu'on ait, comme en beaucoup d'endroits en ces domaines caractériels, rangé des mécanismes très différents sous la même étiquette.

Beaucoup de psychasthéniques se reconnaissent davantage par leurs comportements dépressifs que par des aspects compulsionnels. Les tendances aux scrupules et aux crises de conscience répondent souvent aux besoins perfectionnistes narcissiques et non aux annulations obsessionnelles. L'introspection peut concerner le besoin de satisfaire l'Idéal du Moi, beaucoup plus que la peur d'un Surmoi sévère.

Ce qui apparaît comme un détail manifeste dans bien des descriptions devait pourtant éveiller l'attention sur le plan de l'économie latente : l'hyposexualité habituellement décrite attire l'attention sur le primat organisateur de type narcissique et non œdipien.

Quant au conservatisme doctrinaire, au besoin d'abstraction, à la difficulté des affirmations, à la rigidité morale, tous ces facteurs semblent pouvoir s'expliquer fort bien (pour un bon nombre de cas tout du moins) par une crainte de défaillir à l'idéal parental sans avoir à faire appel à un écrasement par le Surmoi, au sens plénier du terme.

H) Le caractère psychopathique

Le « *caractère psychopathique* » continue à remplir les descriptions cliniques et théoriques, bien que la plupart des auteurs se sentent mal à l'aise avec la notion de psychopathie.

Il paraît évident que, le plus souvent, le « psychopathe » en état *pathologique* correspond à une « perversité de caractère » telle que nous la définirons plus loin. Cependant, au niveau caractériel, nous nous trouvons dans une économie purement narcissique vivant au grand jour la partie agressive de son anaclitisme, au lieu de l'inhiber ou de la retourner contre soi-même comme dans nombre de cas que nous venons de passer en revue.

L' « antisocialité » du caractère psychopathique ne poursuit d'autre but que d'attirer l'attention de l'objet anaclitique dont il s'estime oublié, frustré, mal aimé.

La révolte du psychopathe n'est pas indépendance, mais simple débordement affectif ; l'instabilité émotionnelle traduit la faiblesse prégénitale du Moi ; la labilité affective, la suggestibilité correspondent à la grande dépendance anaclitique. Le suicide si fréquent signe l'immensité du facteur dépressif latent derrière la violence des aberrations manifestes.

Il existe une forte relation sadique-orale sans que les conflits puissent être vécus intérieurement, tant le principe de plaisir réussit à créer des décharges instantanées. Mais la dépendance à l'égard des objets investis, et la violence du lien affectif, signent, encore ici, une économie narcissique, d'un type particulier, mais profondément anaclitique sous des affirmations bien opposées.

I) Le caractère hypomaniaque

Le « *caractère hypomaniaque* » correspond à une réaction contre la tendance dépressive. C'est une fuite en avant dans le domaine de l'activité.

L'exubérance des idées, du langage ou de l'action, parfois même de la sexualité, ne sert qu'à couvrir habilement la faille narcissique ancienne.

Pour certains, cette défense réussit de façon constante, pour d'autres, le mouvement dépressif latent réapparaît à certains moments, créant ainsi un « *caractère maniaco-dépressif* » de statut structurel visiblement non psychotique et pouvant fort bien demeurer pendant toute l'existence du sujet dans le registre caractériel relationnel et fonctionnel, témoignant d'une organisation narcissique profonde, sans jamais passer à un registre morbide.

L'hypomanie représente un moment caractériel de non-souffrance, mais peu constructif en élaborations mentales, alors que le moment caractériel dépressif, accompagné de quelques difficultés (même au simple étage purement caractériel), offre de meilleures possibilités élaboratives et il n'est pas interdit de penser que le Moi d'un caractère dépressif soit plus indépendant malgré tout qu'un Moi de caractère hypomaniaque.

4. Les caractères psychosomatiques

La complexité des recherches menées actuellement par les spécialistes de la psychopathologie psychosomatique ne permet pas de développer longuement ici, un type de caractère « psychosomatique », mais il me semble essentiel de citer tout de même, au niveau caractériel, quelques points de repère concernant la façon dont, sur le plan relationnel et fonctionnel, en dehors de toute symptomatologie nettement morbide, se traduit un fonctionnement mental particulier aux organisations psychosomatiques. Il paraît intéressant aussi d'opposer cette variété de fonctionnement mental à ceux des autres groupes caractériels.

C. DAVID (1961) a montré les difficultés de la conceptualisation psychosomatique, mais situe le spectre psychosomatique au niveau où les manifestations somatiques et l'intentionnalité se trouvaient encore confondues, avant que la valeur symbolique du symptôme ait pris un sens par rapport au contenu psychique.

M. FAIN et P. MARTY (1964) se réfèrent à la deuxième phase anale de K. ABRAHAM, pour concevoir un érotisme lié à la rétention de l'objet à l'intérieur du corps ne pouvant trouver sa pleine expression que s'il existe une division nette entre activités mentales et dynamisme somatique.

Une telle érotisation pourrait donc, sur le plan caractériel, se réaliser sans aucune manifestation extérieure apparente.

L'économie psychosomatique correspond, comme chez les états limites, à un mode de transformation de la libido objectale en libido narcissique, mais la régression psychosomatique, beaucoup plus poussée, transforme le langage psychique en langage somatique qui, par ailleurs, se différencie nettement du langage hystérique de conversion, dans la mesure où cette dernière communication demeure symbolisée, sexualisée et reste toujours en rapport étroit avec le registre mental. Dans le registre psychosomatique au contraire, il n'y a plus de symbolisation, le langage du corps n'est pas seulement utilitaire, comme le précisent P. MARTY et M. de M'UZAN (1963), ce langage devient expression d'une véritable pensée *opératoire.* L'activité fantasmatique se réduit automatiquement d'autant, en s'accompagnant du phénomène de désexualisation si souvent décrit. Les tendances agressives se trouvent libérées dans les manifestations corporelles en même temps que les fantasmes agressifs, quant à eux, se trouvent justement éloignés du domaine corporel.

Le caractère psychosomatique ne se réfère à aucune signification symbolique comme dans le caractère hystérique, ni à un lieu précis d'investissement narcissique comme dans le caractère hypocondriaque. Ce qui marque le caractère psychosomatique, de façon tout à fait originale, c'est le mode de fonctionnement mécanisé de la pensée, la rationalisation des comportements par des causes extérieures elles-mêmes mécaniques et désaffectées, le peu d'impact des affects, la grande habileté pour de tels sujets à la fois de se montrer à l'objet comme ne vivant pas d'émotion et à la fois de créer *chez l'autre* et dans l'autre une véritable émotion ([1]).

On remarque, dans le dialogue avec de tels caractères, que l'auditeur voit en action devant lui le narrateur d'une histoire dramatique vécue sans drame par le sujet, mais reçue par lui, et *en lui* qui écoute, comme intensément dramatique. Cet auditeur se sent d'ailleurs beaucoup plus impliqué, comme s'il était lui-même sujet, que comme simple objet pour le narrateur. Il se sent tenté de quitter son plan d'observateur pour entrer dans le récit qu'on lui propose et tenté aussi de réagir par un engagement personnel au sein du récit au lieu de demeurer un simple témoin extérieur.

Comme l'a fait remarquer M. FAIN (1969), devant le caractère psychosomatique qui tient pour totalement inconnu le conflit œdipien, l'interlocuteur de caractère névrotique se met peu à peu à éprouver un étrange sentiment d'aliénation.

([1]) Cf. BERGERET J., Les « inaffectifs », *Rev. fr. psychanal.*, *34*, 5-6 septembre 1970, 1183-1191.

Le caractère psychosomatique fait preuve, par contre, d'un mode d'adaptation très solide à la réalité ; il est considéré comme sage et équilibré. Le caractère psychosomatique n'attache pas beaucoup d'importance aux problèmes affectifs ([1]).

L'objet interne du caractère psychosomatique se trouve, comme l'ont montré P. MARTY, M. de M'UZAN et C. DAVID (1963), opacifié, dénié, vidé de sens apparent. Son inconscient est cadenassé, isolé et farouche. Il y a peu de fantasmes et peu de rêves vraiment élaborés, peu d'échanges interpersonnels. L'expression verbale est plutôt desséchée, le langage employé dans le sens strictement fonctionnel de l'expression, il apparaît comme pragmatique et instrumental.

Par contre de tels sujets s'identifient très facilement, sans grand problème et sans grande émotion, aux uns comme aux autres rencontrés sur leur route mais il s'agit plutôt d'identification de surface : c'est la fameuse « reduplication affective » des auteurs de l'École de Paris.

Deux cas de caractère psychosomatique méritent d'être rapidement cités : d'une part le « caractère allergique », d'autre part le « caractère migraineux ».

Le « *caractère allergique* » correspond à un besoin de « *se rapprocher le plus possible de l'objet jusqu'à se confondre avec lui* » (P. MARTY, 1958). On constate une identification profonde et sans limite, une certaine confusion avec l'objet. Il en résulte un mode d'aménagement de l'objet qui diminue les limites de séparation vis-à-vis du sujet. Dans un double mouvement d'échanges identificatoires, le sujet pare l'objet de ses propres qualités et, en retour, se pare des qualités de l'objet.

Mais un tel échange reste soumis à des critères convenables pour l'Idéal du Moi du sujet ; le choix des objets aménageables doit répondre aux exigences caractérielles de l'allergique.

La relation de ce type de caractère peut se faire sur tous les plans (sensoriel, moteur, fantasmatique, intellectuel, ou humoral) ; c'est la fusion à la mère que le caractère allergique cherche à revivre. Le peu de solidité réelle de leur Moi est compensé par la facilité des échanges d'objet.

Les caractères allergiques réussissent ce paradoxe relationnel qu'on pourrait les considérer comme des *caractères psychotiques avec lesquels on aurait un contact étroit* : comme des psychotiques, en raison de l'isolement qu'ils affichent sur le plan des affects, mais comme des hystériques, par ailleurs, en raison de leurs besoins de proximité objectale.

([1]) BERGERET J., Chapitre sur le diagnostic différentiel des mécanismes psychosomatiques in *La dépression et les Etats Limites* (à paraître aux éditions Payot, Paris).

La parenté représentée, à propos du schéma n° 8, entre les organisations limites et les régressions psychosomatiques, se manifeste particulièrement au niveau des caractères allergiques chez lesquels des mouvements dépressifs se constatent à l'occasion d'une dérobade objectale.

On a constaté également des formes caractérielles hypomaniaques chez les allergiques et ceci ne semble constituer qu'un négatif réactionnel des mouvements dépressifs précédents. P. MARTY (1958) a même parlé de formes pseudo-paranoïaques ; le terme paraît, peut-être, un peu forcé, d'autant plus que l'auteur reconnaît la souplesse du sujet à l'occasion de telles poussées, comme l'enkystement du domaine où elles se manifestent ; à mon avis, nous sommes très près des développements caractériels limites en direction des psychoses et principalement des parapsychoses.

L'influence du Surmoi et la structuration de mode œdipien sont nettement éliminées du caractère allergique par la plupart des auteurs. M. FAIN (1969) pense qu'il s'agit plutôt de la reproduction d'un lien entre le Moi onirique et le Moi endormi, de l'union établie entre la satisfaction hallucinatoire du désir et le narcissisme primaire. L'irruption subite d'un élément œdipien, dans une telle économie, l'image du père par exemple, aurait valeur d'allergène, mais le mode anaclitique demeure essentiel sur le plan relationnel puisque de tels sujets ne fonctionnent bien au registre caractériel que si la présence *physique* de l'objet est préservée, alors que dans le caractère narcissique, la seule idée de la présence suffit à maintenir l'équilibre. Nous trouvons à ce niveau une preuve de plus de la plus grande régression des mécanismes allergiques qui se réfèrent à des périodes antérieures à toute mentalisation authentique.

L'inconscient allergique serait devenu le siège du désir de la mère de le faire régresser au narcissisme primaire, rappelant la complétude élationnelle. C'est sur un mode ensuite répétitif relationnel que le caractère allergique lutterait contre son objet, halluciné par lui allergique comme désirant le voir régresser au narcissisme primitif.

P. MARTY (1969) a beaucoup nuancé les opinions de l'École de Paris en situant cliniquement toute une série de régressions psychosomatiques partielles, et de fixations archaïques partielles, pouvant coexister avec des organisations libidinales plus souples que celles jusque-là décrites à propos du caractère allergique « pur ». Et son tableau des « inorganisations libidinales », faisant le lit de traits allergiques, semble se situer bien près des caractères narcissiques du type « limite », auxquels j'ai consacré toute une partie de mes propres recherches cliniques.

Le « *caractère migraineux* » est une autre catégorie caractérielle psychosomatique qui a suscité bien des travaux et bien des controverses.

A. GARMA (1962) pense que n'importe quel niveau de conflit peut se manifester par un terrain migraineux et il cherche à définir la signification de la sensibilité migraineuse, tout autant dans les structures hystériques ou obsessionnelles, que dans des organisations structurelles de mode psychotique. Cependant, le degré d'immaturité affective, la faille dans la génitalisation, la peur de la perte de l'objet d'amour, qui sont cités comme prédispositions particulières au caractère migraineux, situent ce caractère bien près aussi de nos « caractères narcissiques-anaclitiques » et les erreurs d'interprétations psychanalytiques auxquelles A. GARMA fait allusion semblent bien aller dans le sens des conceptions soutenues dans le présent travail.

Le caractère migraineux correspondrait à une façon de sortir du cadre du conflit non réglé, entre dépendance et agressivité, à un niveau de tension interne niant le besoin d'activité tout autant mentale que corporelle.

S. FREUD (1901) parle lui-même de ses migraines en ce sens. Avant une crise migraineuse il commençait par sentir qu'il oubliait quelques mots puis, pendant la crise elle-même, il perdait l'usage de tous les noms propres.

P. MARTY, dès 1951, se montrait déjà fort nuancé sur les modes de structurations sous-tendant le caractère migraineux. Il découvrait des comportements migraineux chez des sujets de structure tout autant psychotique que névrotique. Cependant, tout comme dans le cas des allergies, le caractère migraineux est le plus souvent décrit comme se référant à une organisation mentale peu génitalisée, en relation de conflit anaclitique avec l'objet et reposant sur des carences narcissiques, archaïques, survenues antérieurement aux possibilités d'expression mentale.

Les écrits consacrés aux phénomènes migraineux, ainsi qu'à leurs mécanismes psychiques de base, foisonnent dans la littérature psychanalytique, parapsychanalytique et pseudo-psychanalytique. On en retire d'une part une impression pénible de confusion, mais d'autre part deux faits demeurent certains : tout d'abord la fréquence des « terrains » migraineux pouvant entrer dans une catégorie caractérielle, ensuite l'apparente multiplicité des structures de base qui pourraient supporter un aménagement caractériel migraineux.

Des recherches bibliographiques nombreuses amenant difficilement à conclure à l'existence, ou non, d'un élément caractériel commun aux divers comportements migraineux, il m'a semblé nécessaire de me tourner vers l'expérience clinique et de chercher à réfléchir sur les cas rencontrés en pratique ou simplement dans la vie, de confronter de tels cas avec les réflexions de S. FREUD (1901) sur ses expériences d'oublis personnels pendant les épisodes migraineux et d'autre part avec le point de vue défendu par P. MARTY (1951) et par M. FAIN (1969) touchant à la dialectique entre Moi onirique et Moi endormi.

Il m'a paru intéressant de chercher à vérifier les hypothèses plaçant le « caractère migraineux » comme une capacité spécifique de *brouillage,* non seulement des élaborations fantasmatiques gênantes, mais, plus profondément encore, de leurs fondements élémentaires au niveau des pensées associatives.

Autrement dit, le mécanisme migraineux opère de la même façon que les Allemands pendant leur occupation de la France brouillaient les émissions radiophoniques britanniques en langue française destinées à faire connaître aux Français des informations de nature à les amener à s'opposer à leur oppresseur et à leur redonner une part active dans le conflit du moment.

Si l'on préfère une comparaison moins guerrière, et plus proche du phénomène migraineux sur le plan de l'économie mentale, je dirai que la crise migraineuse apparaîtrait à un moment où il s'agit d'interrompre défensivement la chaîne associative, à l'instant où celle-ci va réveiller le conflit latent de façon dangereuse pour le Moi comme pour ses autres adversaires. La migraine troublerait donc l'accession au conscient de pensées belliqueuses, de la même façon que le réveil arrête ou supprime l'élaboration onirique au moment où celle-ci risque de devenir trop gênante.

On situe, avec raison, habituellement, le rêve comme gardien du sommeil, mais on ne pense peut-être pas assez à ces variétés d'insomniaques pour lesquels le réveil demeure « *le gardien du rêve* », gardien dans un sens qui, alors, n'a plus rien de protecteur mais revêt un aspect strictement interdicteur comme le gardien de prison, ou plus ironiquement encore, le « gardien de la paix » présent dans la ville pour faire respecter les interdits émis par le « législateur ».

Le sujet se réveille probablement au moment où l'élaboration onirique (ou même la simple trame latente du rêve encore bien imprécise sur le plan manifeste) risque de déclencher l'évocation d'une représentation touchant à ce pédicule de la chaîne associative qui s'enfonce profondément dans l'inconscient et que J. GUILLAUMIN (1972) a étudié dans son *Ombilic du rêve* en référence à *Die Traumdeutung* (FREUD, 1900).

Lorsque les éléments qui émergent peu à peu de la chaîne associative ne se limitent plus exclusivement à la partie de l'inconscient qui jouxte le préconscient (c'est-à-dire dans la zone où l'angoisse, même dans le flou d'un rêve, demeure supportable) et plongent plus profondément dans le « cordon ombilical » jusqu'aux couches souterraines de la fantasmatique primitive, l'angoisse ne peut être contenue, même dans un cadre aussi ouaté que la mise en scène secondaire d'un rêve.

Les choses se passeraient de la même façon pour l'accès migraineux que pour l'insomnie, le seuil à partir duquel s'opère l'action défensive peut parfaitement se trouver abaissé par des points faibles, occasionnels ou durables, dans le système psychique ou dans le système corporel (fatigue, conflits, maladies organiques, vécus présents trop intenses ou trop investis, incitations ou investissements alimentaires oraux ou anaux, relationnels sadiques-anaux ou génitaux, trop vifs sur le moment, etc.).

Mais en dehors de tous les facteurs occasionnels possibles il semble exister une catégorie d'individus dont *l'occultation* mentale par voie migraineuse devient automatiquement indispensable dès que la chaîne associative apporte des éléments risquant de constituer le point de départ de fantasmes gênants pour la tranquillité du Moi.

Le « caractère migraineux » serait constitué en tant que mécanisme spécifique à ce niveau ; il se présenterait donc comme fort différent du mécanisme allergique, mais se comporterait, tout de même, bien en « caractère psychosomatique », dans la mesure où il s'agirait pratiquement, encore, de faire disparaître une représentation mentale, tout en mettant l'accent relationnel sur un phénomène d'allure physique.

5. Le caractère pervers

Il y a lieu, tout d'abord, de se demander s'il existe réellement un « caractère pervers », à côté de la situation particulière du pervers authentique d'une part, et à côté aussi de ce que nous appelons habituellement « perversion de caractère ».

Il semble, en effet, que selon la psychogenèse de la situation perverse, il existe un trajet partant de la lignée anaclitique-narcissique du tronc commun des états limites *(Figure n° 8)* en direction de la lignée psychotique, avant laquelle s'arrête l'organisation perverse sur le déni de réalité focalisé au sexe de la femme ; sur ce trajet on pourrait situer un mode caractériel relationnel, et non encore pathologique, de type pervers.

Il paraît donc plausible d'envisager un état caractériel, c'est-à-dire fonctionnel et relationnel, reposant sur un mode d'organisation mentale de type pervers, mais ne se traduisant pas par des inadaptations comportementales rencontrées chez le pervers déjà déclaré.

Il existe en effet des sujets qui répondent aux critères exprimés par FREUD dans les *Nouvelles Conférences* (1933 a) et définissant comme de nature perverse le fait de réagir à des frustrations par une régression à la sexualité infantile.

Comme le montre O. FENICHEL (1953), nous nous trouvons ainsi en présence de « pervers polymorphes » de type infantile et non pas forcément de pervers typiques tels qu'on les représente habituellement.

Ces « pervers polymorphes » correspondent au « caractère pervers ». La partie principale de leur satisfaction est déplacée sur un plaisir préliminaire, sur une pulsion partielle, sur un objet partiel. Il est difficile de séparer la stimulation préalable de la satisfaction terminale. Plaisir et tension demeurent plus ou moins confondus ; il n'existe pas chez eux cette chute de tension correspondant à la satisfaction totale du désir génital.

Un tel mode de fonctionnement mental se retrouve tout autant sur les autres registres (et en particulier sur le registre narcissique ou sur le registre agressif) que sur le registre sexuel.

Le mécanisme pervers implique des conditions précises et assez formelles pour obtenir le plaisir. Et cette nécessité différencie de façon radicale les conditions génitales banales des conditions perverses d'obtention du plaisir : s'il n'est nullement interdit aux structures génitales de conserver leur statut génital en utilisant, *accessoirement*, et dans une certaine *diversité*, tel ou tel trait pervers fragmentaire lors des préludes au plaisir, ou parfois dans les conditions même d'obtention du plaisir, la nature même du véritable mécanisme pervers implique de façon *constante* et *fixe*, un mode *unique* d'obtention du plaisir lié à un objet partiel, à une pulsion parteille et, en définitive, à un plaisir partiel. Le caractère pervers n'irait pas si loin. Il s'arrêterait encore à un aspect « polymorphique » et infantile des situations déclenchant le plaisir.

Le « caractère pervers » correspondrait donc à un fonctionnement non pathologique basé sur une organisation mentale perverse, c'est-à-dire de type narcissique-phallique, avec déni du sexe féminin, mais réalisant sa relation amoureuse sans avoir besoin de passages à l'acte impliquant d'uniques symptômes pervers. Sous le couvert d'une vie relationnelle en apparence sans grand conflit et sans grand bruit, grâce d'une part à des choix d'objets qui s'y prêtent et grâce aussi à un relatif pourcentage d'éléments sadiques et partiels suffisant pour permettre un jeu sexuel manifeste adapté aux conditions extérieures dites « normales », dans le cas du simple « caractère pervers », on pourrait dire que l'arrangement entre fantasmes et agis est habile : il y aurait juste assez de fantasmes pervers discrets pour obtenir le plaisir en trompant le vrai désir du Ça par une réalisation demeurant d'allure sexuelle banale sur le plan manifeste, de même que cette allure manifeste sexuelle opérerait une tricherie semblable, parallèle et complémentaire, en mystifiant les objets, ou même les simples observateurs extérieurs, dans la mesure où leur serait caché le véritable détonateur pervers du plaisir obtenu.

Je pense, d'une part que les « caractères pervers » sont plus nombreux qu'on ne croit, et d'autre part qu'ils ne peuvent cependant se voir confondus avec les « petits-à-côté-(pervers)-du-péché » chantés dans la « Samba brésilienne » et qui ne constituent qu'un peu de piment complémentaire, bien courant dans toute organisation génitale « normale ».

Le caractère pervers, quant à lui, continue à vivre une pseudo-hétérosexualité socialement bien adaptée, et, en cela, il se distingue du « pervers » tout court. Par contre il repose, comme le pervers (dont il possède l'organisation de base), sur un déni du sexe de la femme. Je ferai peut-être sourire ceux qui croient au progressisme en ce domaine, en affirmant que si, heureusement, les « Surmois » se trouvent de nos jours bien souvent moins rigides, et si, donc, en retour, il existe moins de conflits névrotiques de nature hautement morbide, il demeure cependant beaucoup moins évident que, du fait même de la civilisation du « dénudé tapageur », l'individu fasse de meilleures identifications sexuelles, et, en contrepartie, ait une meilleure connaissance de la signification génitale *profonde,* sur le plan des mentalisations, des organes autrefois « honteux » que des exhibitionnistes leur lancent agressivement au visage, dans des postures ou des contextes incontestablement pervers, bien avant que l'équipement maturatif de ces voyeurs non volontaires se trouve en mesure d'enregistrer de telles perceptions sur un registre authentiquement génital.

Ne jamais cacher à un enfant, pas plus qu'à un adulte, la totalité d'un corps et la différence anatomique entre les sexes, en lui laissant découvrir peu à peu le *sens* que sa progressive maturation affective aura à donner aux représentations perçues, est une chose, mais percer agressivement le pare-excitation d'un système de défenses non préparées, par une scène perverse ridiculisant les efforts d'élaboration féconde intime des fantasmes touchant à la scène primitive, est autre chose.

L'effet traumatique bloquant l'évolution génitale ultérieure est évident. Le maintien à l'immaturité affective, la fixation au primat du prégénital en découle, quand ce n'est pas un aménagement pervers évoluant à bas bruit vers un « caractère pervers » en attendant plus...

On connaît depuis longtemps les effets désastreux, sur le développement maturatif mental, de l'intervention soudaine d'un classique exhibitionniste entrevu dans le coin d'un jardin public ou d'un escalier, quand cette agression psychique survient à un moment clé du développement affectif d'un enfant occupé alors à élaborer des fantasmatisations d'autant plus délicates qu'il cherche bien souvent, en ces moments de « crise », à combler les lacunes que son éducation, toujours imparfaite, comportait.

Il n'est pas interdit de penser que des « caractères pervers » se créent, en très grand nombre, dans la conjonction des agressions perceptives, agressives et érotisées sur un mode pervers, dont la société gave actuellement des jeunes qui s'y trouvent, malheureusement, encore bien mal préparés par leurs aînés.

6. Remarques sur les problèmes du caractère chez l'enfant

Déjà assez complexes malgré leur statut structurel fixe, chez l'adulte, et souvent difficiles à préciser d'un seul coup d'œil clinique, les problèmes du caractère se trouvent encore plus compliqués chez l'enfant, d'une part parce qu'un diagnostic structurel de base rencontre une plus grande diversité catégorielle, et d'autre part parce que ces structures ne sont pas, la plupart du temps, encore définitivement fixées.

A un plus grand nombre de combinaisons possibles, s'ajoute une relative mobilité des points fixés ; rien n'est fait, chez l'enfant, pour simplifier les choses.

Il paraît pourtant fort intéressant de chercher à déterminer chez un enfant ce qui, sans être pathologique, demeure dans le domaine fonctionnel et relationnel du caractère pour témoigner, déjà, au moins, d'un pointillé structurel profond.

En dehors justement de la présence de symptômes, c'est bien par l'examen du genre de caractère présenté par l'enfant qu'on cherche à déterminer le type de relation d'objet (autistique, symbiotique, anaclitique, partielle, etc.), le mode d'organisation des défenses (dénis, clivages, refoulements, identifications projectives, etc.), le niveau atteint par le développement libidinal, le degré d'intégration des pulsions agressives, le statut des représentations fantasmatiques ou oniriques, la variété la plus courante d'angoisse profonde, le registre autorisé à l'expression pulsionnelle, le progrès des identifications, le parallélisme (ou non) entre le développement du Moi et celui des exigences pulsionnelles, le rôle réciproque dévolu à chaque instance topique, etc.

De tous ces facteurs on peut tirer une sorte de « profil caractériel » variant, sans aucun doute, avec le temps, avec des arrêts et des crises ou des évolutions rapides alternant dans le cheminement maturatif, mais, le plus souvent, selon une ligne structurelle déjà préétablie par les éléments, imposés ou acquis antérieurement dans les échanges avec l'extérieur, tout autant sur le plan biologique qu'affectif. Un pronostic de structure possible (ou de plusieurs modes de structurations possibles, avec une fourchette de probabilités) sera formulé en ce sens, et souvent fort utile, en vue de correctifs éventuels, tant sur le plan psychopédagogique, que sur le plan psychopathologique, dans certains cas détectables, bien souvent, au seul niveau du caractère et à un moment précoce de bifurcation évolutive fâcheuse ; il demeure en cela hautement utile de reconnaître à temps de tels cas.

Les théories qui ne mettent en jeu, dans la formation du caractère de l'enfant, qu'un seul facteur lié, soit à la seule organisation neurobiologique, soit à la seule action de l'environnement, simplifient considérablement certes, au moins en apparence, les difficultés de compréhension de la genèse du caractère ; cependant elles demeurent, à l'heure actuelle, difficilement soutenables dans leurs positions exclusives et univoques.

Le rôle des facteurs physiques et physiologiques, de la façon aussi dont a été vécu le corps, pour des raisons spécifiquement internes, dans l'élaboration du schéma corporel, tout autant que les échanges relationnels avec les objets extérieurs significatifs, ne sont guère séparables au sein de toute psychogenèse.

Les deux lignées de facteurs se trouvent intimement liés et aucune de ces deux lignées ne peut être niée, de même qu'aucune des deux ne peut agir de façon solitaire. J'ai eu l'occasion de suivre le cas d'une enfant aveugle congénitale, complètement isolée après sa naissance, dans sa famille, et ayant non seulement présenté les classiques comportements psychomoteurs du « *blindisme* », mais ayant également développé parallèlement un évident caractère autistique confirmé radicalement comme le signe d'une psychose avec débilité irrécupérable par la première trilogie « thérapeutique » consultée (psychiatre — assistante sociale — psychologue), en fonction de ce que « *les tests ont dit* ».

Or, il s'est avéré, par la suite, qu'il s'agissait non pas d'un authentique autisme infantile du type décrit par L. KANNER (1943), mais simplement d'un « pseudo-autisme » secondaire du type sur lequel insistent K. MAKITA et J. de AJURIAGUERRA (1971). En effet, placée dans un contexte hospitalier moins formaliste, l'enfant a eu le loisir, enfin, de développer très rapidement une relation d'objet, de type anaclitique d'abord, se traduisant sur le plan caractériel par des manifestations à la fois d'attachement et de jalousie, alternant au début avec de petits retours au blindisme dès qu'elle se rerouvait seule dans sa chambre ; puis ces traces d'isolement affectif ont peu à peu cessé et on a vu s'ébaucher progressivement une relation beaucoup plus objectale avec des « papas » et des « mamans » ainsi qu'une très vive sensibilité témoignant d'une totale absence, tout autant de débilité que de psychose sur le plan structurel, et permettant de partir d'un caractère simplement narcissique, de moins en moins serré, pour commencer, à l'ombre d'échanges relationnels meilleurs, une scolarisation progressive et spécialisée, qui permet beaucoup d'espoirs.

La pathologie du caractère chez l'enfant a trop longtemps été considérée, ne serait-ce que sur le plan hospitalier et administratif, mais aussi sur le plan théorique, en fonction d'une fixité que nous n'avons jamais cessé d'affirmer ici et se rapportant seulement aux éléments caractériels de l'adulte.

Il semble indispensable de prendre, en ce qui concerne l'évolution du caractère chez l'enfant, une position radicalement différente qu'il m'a semblé bon de préciser en cette fin de chapitre.

Tout comme chez l'adulte, on ne peut s'appuyer sur un symptôme pour établir la nature véritable du mode de structuration qui se trouve en voie de développement chez un enfant. Mais, dans ce dernier cas, la chose paraît encore beaucoup plus difficile à déterminer que chez l'adulte en raison, d'abord, de la mobilité structurelle encore possible d'une part, et d'autre part en raison du fait que les signes prémonitoires d'une future structuration *névrotique,* par exemple, ne se situent justement pas, le plus souvent chez l'enfant, au niveau d'une symptomatologie que chez l'adulte on appellerait « *névrotique* ».

Il en serait de même des signes prémonitoires d'une évolution structurelle psychotique ultérieure, ou même simplement « caractérielle ». Des comportements *d'allure* phobique, compulsionnelle, ou même de « conversion » apparemment hystérique, ne se trouvent correspondre à l'ébauche d'un véritable caractère *névrotique* que si la dynamique conflictuelle sous-jacente se situe au niveau de l'*Œdipe* authentique et d'une angoisse de castration vraiment *génitale.* Sinon il s'agit d'angoisses et de conflits beaucoup plus archaïques et de nature essentiellement prégénitale (dévoration, morcellement, etc.) et il serait abusif (de même que trop optimiste) de parler déjà en termes de « *névrotisme* » aussi bien dans le simple geste classificateur, que dans le comportement relationnel, beaucoup plus engageant sur le plan socio-éducatif, ou même thérapeutique.

D'autre part, comme l'ont montré L. KREISLER, M. FAIN et M. SOULÉ (1966), les difficultés les plus profondes chez l'enfant pour élaborer un caractère en accord avec des tendances conflictuelles contradictoires, peuvent conduire à une décharge immédiate des tensions internes dans le comportement psychosomatique, en évitant justement, par ce subterfuge, l'élaboration de fantasmes trop effrayants.

Comme le précise J. C. ARFOUILLOUX (1972), les problèmes du caractère chez l'enfant doivent être réévalués en fonction des acquisitions récentes de la pédopsychiatrie et de la « psychanalyse précoce », telle que celle-ci ressort de l'ouvrage de R. DIATKINE et J. SIMON (1972).

Dans le sens général donné au présent travail, il me paraissait important de situer aussi au niveau de l'enfant, la difficile dialectique entre les trois pôles fondamentaux : structure, caractère, symptôme, comme entre les trois lignées fondamentales : fusionnelle, anaclitique et génitale.

7. Existe-t-il un « caractère épileptique » ?

On a souvent parlé de « caractère épileptique » ou de « troubles caractériels épileptiques », de même que de simple « personnalité épileptique », ou encore « d'épileptoïdie », de « tendance glischroïde ».

Sur le plan dynamique la crise épileptoïde a parfois été considérée comme une décharge pulsionnelle agressive, sadique, destructrice dans le sens homicide ou suicidaire, mêlant à la fois le « crime » et le « châtiment ».

H. EY (1954) a comparé l'épileptique à une « *bouteille de LEYDE* » se chargeant et se déchargeant d'un seul coup devant toute mise en contact de ses deux électrodes. H. EY a décrit à ce propos les traits fondamentaux de la personnalité épileptique comme alliant la compression, le ralentissement et la stase, l'explosivité, la résolution par la crise du malaise et de l'angoisse préalables, les satisfactions archaïques retrouvées dans la tempête des mouvements.

Des psychanalystes ont parlé d'érotisation du corps tout entier, ou même « d'orgasme extragénital » au moment des crises.

Devant la multiplicité des descriptions, fort diverses et d'autant plus contradictoires parfois qu'elles se veulent trop précises, on peut se demander s'il existe vraiment et une structure « épileptique » authentique, et un caractère « épileptique » qui traduirait spécifiquement, de façon relationnelle et fonctionnelle, cette structure.

Le trouble épileptique n'agirait-il pas plutôt, tout comme beaucoup d'autres troubles résultant soit d'un déficit organique, soit d'une affection nettement somatique, en créant un mode d'excitation *particulière* sur un psychisme structurellement déjà déterminé chez le sjuet ?

En effet, la corrélation apparaît de moins en moins radicale entre comitialité d'une part et éléments caractériels observés chez les épileptiques d'autre part. L. et A. COVELLO (1971) reconnaissent de nombreuses difficultés pour définir une « personnalité épileptique » ; ils rencontrent dans leur enquête peu de particularités constantes chez les sujets observés ; les personnalités leur apparaissent comme essentiellement composites et constituées à partir d'éléments fort variés de structures.

Il semble possible d'émettre l'hypothèse que le trouble épileptique se trouve superposable à n'importe quel mode de structuration psychique profonde, que ce soit un mode fusionnel, anaclitique ou génital et puisse modifier secondairement le comportement caractériel initial propre à cette structure, en fonction d'éléments spécifiques introduits par la composante morbide épileptique.

L'apport des mécanismes comitiaux jouerait donc sur le plan caractériel chez les sujets atteints d'épilepsie d'une façon parallèle à ce qui se passe pour les modifications caractérielles induites par d'autres composantes morbides, par exemple dans le syndrome de KORSAKOV, dans les encéphalites, dans certaines tumeurs cérébrales ou dans de nombreux cas de traumatismes crâniens, dans des troubles vasculaires, dans des intoxications variées, aiguës ou chroniques, ou même dans des syndromes infectieux ou parasitaires bien connus, comme la syphilis ou l'amibiase chronique.

Tout impact pathologique transforme les manifestations caractérielles de la structure de base préexistante, d'une façon sensible, et souvent spécifique aussi de la nature de la variété pathologique en cause.

Ceci n'est pas seulement évident en ce qui concerne les affections dites « psychosomatiques », mais joue, de la même façon, pour les troubles dont l'origine organique n'est ni discutable, ni secondaire.

L. et A. COVELLO estiment « *évident qu'à partir de la première manifestation critique considérée comme symptôme, la structure psychique du patient, son vécu intercritique, les réactions de l'entourage, les modifications affectives et les possibilités d'investissements réels et fantasmatiques subissent une coupure, une blessure* ».

A cette blessure vécue chez le sujet, s'ajoute pour ces auteurs une blessure également créée dans le milieu familial de l'épileptique.

Ce qui semble particulier, par contre, au problème de l'épilepsie, c'est que le *seuil* d'excitation donnant naissance aux « crises » pathologiques semble, *en plus,* être singulièrement abaissé à la fois par la nature constante de telle ou telle faiblesse *structurelle* de fond, et à la fois abaissé également par des conditions occasionnelles de moindre résistance causées passagèrement par des conflits psychiques, plus ou moins aigus, nés à l'intérieur de la structuration stable et définie du sujet.

De toute évidence, l'épilepsie ne constitue nullement une entité psychosomatique, au sens strictement anorganique et courant du texte, dans la mesure où il n'est question dans l'allergie ou la migraine d'aucun trouble somatique particulier, antérieur et *extérieur* aux phénomènes observés. Mais on peut tout de même envisager un aspect « psychosomatique » de l'épilepsie si l'on considère que, dans cette affection, il existe, comme le remarquent WIDLÖCHER et BASQUIN (1968), une dialectique très intime entre l'organique et l'affectif. Le facteur somatique, en effet, retentit vivement sur le plan psychique, alors que le facteur psychique crée probablement (ou refuse) pour une bonne part, des conditions favorables au délenchement du processus somatique.

Il paraît résulter de la pratique clinique que les crises, dans le vécu des différentes variétés de structures sous-jacentes aux phénomènes épileptiques, peuvent tout aussi bien réaliser une « petite mort » réalisant sur le plan de la fantasmatique œdipienne l'envie de la mère et le désir de la mort du père, que dans d'autres cas, la zone organique conçue comme épileptogène sera vécue en tant que mauvais objet interne à expulser, en parallèle à ce qui se passe chez les hypocondriaques [1] ; dans d'autres cas enfin, on assistera à une régression à l'indifférenciation somato-psychique tout comme dans les organisations psychosomatiques avec un corps fonctionnant comme seul langage possible, de façon globale et fonctionnelle sans aucune élaboration symbolique.

En définitive, au niveau caractériel conçu dans notre hypothèse comme un écho relationnel de la structure de base, il paraît difficile, étant donné la pluralité des facteurs en cause, de conserver l'idée d'un « caractère épileptique », une telle notion, trop directement liée à la notion de structure homologue, ne pouvant se retrouver ici à l'état pur.

[1] L. et A. COVELLO rapprochent certains vécus des epileptiques des vécus des sujets opérés pour un défaut esthétique évident.

2 Les traits de caractère

L'étude des multiples traits de caractère nous entraîne dans un domaine qui ne s'appuie plus seulement, comme le caractère proprement dit, sur la structure de base du sujet, mais fait interférer, chez le même sujet, des mécanismes complémentaires bien divers destinés, soit à maintenir en état d'adaptation « normale » une structure, malgré ses failles ou ses déficiences, soit à aider une structure en état de défaillance pathologique par des mécanismes défensifs accessoires.

a) D'un côté il existe des éléments de caractère correspondant habituellement à des structures et constituant simplement des « caractères » dans le cas où ils se trouvent articulés à une structure *homologue*. Par exemple, un ensemble d'éléments caractériels obsessionnels rencontrés chez un sujet de structure obsessionnelle non décompensée constitue un « caractère obsessionnel ». Mais si, au contraire, les éléments caractériels observés ne correspondent pas à la structure profonde du même sujet, nous ne sommes plus en présence d'un simple « caractère » mais de « *traits de caractère* » : par exemple, si notre structure obsessionnelle décrite plus haut, en plus de son « caractère obsessionnel » obligatoirement dominant, présente des éléments caractériels hystériques surajoutés, nous désignerons ces éléments hétérogènes de caractère par rapport à la structure, sous la dénomination de « traits de caractère » hystériques chez un obsessionnel.

Des « traits de caractère » de cette nature correspondent à ce que nous avions remarqué précédemment au sujet de l'intrication des facteurs structurels hystériques et obsessionnels par exemple. Dans le cas de « traits de caractère hystériques » rencontrés, à côté d'un « caractère obsessionnel » dominant, au sein d'une structure obsessionnelle de base, il s'agit de simples témoins d'un passage transitoire de l'évolution libidinale du sujet à un degré de développement supérieur (degré génital de mode hystérique), atteint à un certain moment, mais mal investi, avant que se produise la régression de la libido au degré correspondant à la structure de base définitive (c'est-à-dire, ici, le degré génital plus archaïque de mode obsessionnel, avec fixations prégénitales au deuxième stade anal).

Dans le cas contraire, « les traits de caractère obsessionnels » rencontrés à côté du « caractère hystérique » dominant au sein d'une structure hystérique de base, correspondent aux reliquats de quelques avatars localisés survenus aux périodes antérieures de l'évolution libidinale en amont du degré hystérique de développement génital et en aval de la « divided-line », c'est-à-dire à la période où aurait pu se constituer, si ces fixations avaient été plus fortes et plus « organisatrices », une structuration de mode obsessionnel. De tels « traits de caractère » ne sont pas significatifs de la structure.

b) D'un autre côté, en dehors des éléments du caractère correspondant à la structure profonde du sujet et des traits de caractère hétérogènes surajoutés correspondant à une autre structure, on peut rencontrer aussi chez le même sujet des éléments caractériels ne correspondant plus à une quelconque structure authentique élaborée de façon maturative, mais qui traduisent simplement une fixation ou une régression développée à un niveau quelconque de l'évolution pulsionnelle, tant libidinale qu'agressive, au sein de la genèse de cette structure. Par exemple, toujours dans le cas d'une structure obsessionnelle de base (non décompensée), on rencontrera d'abord un « caractère obsessionnel » puis éventuellement quelques « traits de caractère hystérique » et en plus, le cas échéant, un « trait de caractère » « urétral » ou « phallique ».

Somme toute, les différents « traits de caractère » représentent sur le plan des manifestations relationnelles une « roue de secours » aux défaillances éventuelles du « caractère » proprement dit ». Dans les registres où il risque d'exister une « *faille de la structure de base* », le « caractère » à ce niveau ne se montrera pas suffisamment équipé lui-même pour remplir sa tâche relationnelle sans quitter le registre de l'adaptation. Le Moi fera donc appel à des opérations caractérielles supplétives en s'adressant à des éléments défensifs (traits de caractère structurels) ou régressifs (traits de caractère pulsionnels) inattendus a priori sur le registre de sa structure profonde originale.

Il est bon de rappeler ici (peut-être ne l'avais-je pas dit assez clairement jusque-là) que malgré toutes les classifications structurelles précises et relationnelles proposées, il ne m'est jamais venu à l'esprit que, dans la pratique, nous puissions rencontrer une seule « *structure pure* », de façon idéale. Toute structure de la personnalité comporte ses failles génétiques.

Tout « caractère » ne peut donc être « complet », en écho à ses obligatoires insuffisances. Il coexiste donc toujours, à côté du caractère, quelques « traits de caractère » complémentaires, de niveaux variés.

L'examen clinique d'une structure « saine », et à plus forte raison d'une structure décompensée, devient donc extrêmement délicat dans la mesure où il est nécessaire d'utiliser pour le diagnostic structurel les éléments caractériels visibles alors qu'il demeure difficile, souvent, de déterminer à première vue, et dans un premier entretien, ce qui appartient au caractère authentique ou ce qui relève des apports accessoires des différents « traits de caractère ». Certains de ces traits, pour des raisons purement occasionnelles et extérieures, ou bien au contraire pour des raisons personnelles liées à l'observateur, sautent même plus vite aux yeux que les véritables éléments de base latents du caractère proprement dit.

C'est dire toute la multiplicité des variétés de traits de caractère rencontrés en psychologie en raison de la diversité de leurs rôles et de la pluralité de leurs origines.

S. FREUD (1940 c) a émis l'hypothèse que le Moi était amené parfois, pour éviter une rupture avec la réalité extérieure, à accepter de se déformer, en se soumettant à une sorte de blessure ou de déchirure. C'est dans l'ordre de ce phénomène qu'il y a lieu de considérer la présence dans une structure déterminée (obsessionnelle par exemple) des traits de caractère hétérogènes appartenant à une autre organisation plus régressive du Moi (narcissique par exemple) de manière à colmater ainsi, tant bien que mal, les brèches créées dans la construction structurelle des mécanismes mentaux par les inévitables concessions, faites par le Moi à des impacts extérieurs particulièrement traumatisants.

Il est possible de voir, aussi, des « traits de caractère », n'ayant rien de pathologique en soi, participer au sein d'une structure homogène ou hétérogène aux opérations économiques et relationnelles destinées, *à côté des symptômes* (marquant l'alarme et la désadaptation plus ou moins importante) à maintenir la structure déjà morbide dans au moins un secteur d'adaptation. Autrement dit, alors que le « *caractère* » ne constitue que l'écho relationnel non morbide d'une structure, les « *traits de caractère* », quant à eux, peuvent se rencontrer tout aussi bien comme participant aux opérations fonctionnelles d'une structure se trouvant dans un état dit « *normal* » qu'aux opérations fonctionnelles d'une structure se trouvant dans un état réputé « *pathologique* ».

S. FREUD (1908 b) a défini le « *trait de caractère* » comme « *le résultat des activités du réseau interchangeable des pulsions originelles, des sublimations et des formations réactionnelles* », c'est donc entre ces trois pôles principaux que vont s'articuler nos réflexions sur les traits de caractère.

O. FENICHEL considère les traits de caractère comme des formations de compromis entre pulsions et défenses du Moi, tantôt pour organiser, tantôt pour bloquer ces pulsions. Les premiers traits de caractère sont en général appelés « sublimatifs » et les seconds « réactionnels ».

Les traits de caractère sublimatifs ont pour but de satisfaire les pulsions en évitant le refoulement ; ils concourent au fonctionnement normal du Moi, sans l'appauvrir par une consommation supplémentaire d'énergie, comme les traits réactionnels. Les traits de caractère sublimatifs agissent tout autant sur les pulsions agressives que sur les pulsions sexuelles. Ils visent à l'intégration de ces pulsions dans le fonctionnement non entravé du Moi et contribuent également à une réunion, à une liaison des deux groupes de pulsions entre eux. Il reste par ailleurs évident que cette convergence positive des pulsions ne peut se faire que sous la prépondérance des éléments libidinaux sinon la tendance à la divergence prévaudrait, et le Moi se trouverait dans l'obligation de rechercher de nouveaux mécanismes défensifs, sortant du cadre caractériel pour le domaine symptomatologique.

Des traits de caractère sublimatifs apparaissent dans la propreté banale de l'enfant lorsque les selles prennent valeur relationnelle positive, vis-à-vis de la mère puis des autres en général, comme à l'intérieur même du corps propre. Puis, si ce jeu anal arrive à investir peu à peu d'autres traits sublimatifs libidinaux, il se constituera dans un deuxième temps, une propreté sublimatoire englobant à ce moment nombre d'éléments œdipiens dans le mouvement régressif partiel, provisoire et indispensable de la latence.

La curiosité peut constituer aussi un trait de caractère sublimatoire permettant, comme l'ont montré S. NACHT et H. SAUGUET (1969), les investigations et les premières élaborations génitales tout en faisant naître, du même coup, des intérêts sociaux et culturels.

Il en serait de même des traits de caractère permettant d'intégrer la partie éventuellement gênante des pulsions partielles, évitant une évolution perverse, exclusivement fixée sur des tendances homosexuelles actives ou passives (comme des compulsions primaires de types polygamiques ou polyandriques) en permettant une vie relationnelle hétérosexuelle relativement stable et heureuse dans la mesure justement où elle se situe dans la marge, tout de même assez large et assez diversifiée, laissée entre la rigidité et l'incohérence.

Les traits de caractère réactionnels correspondent à des éléments constants de la personnalité destinés à opérer, au prix de certaines déformations du Moi, des défenses supplémentaires et coûteuses contre les représentations pulsionnelles gênantes ou leurs élaborations fantasmatiques éventuelles. Le cas de la propreté dans le mécanisme obsessionnel est devenu le trait de caractère réactionnel, le plus souvent cité en exemple. Mais il en est de même de l'excès d'amour affirmé dans le mécanisme hystérique de lutte contre l'agressivité (FREUD, 1926 d).

H. SAUGUET (1955) met en évidence les conséquences, fâcheuses pour le Moi, des traits réactionnels : ils altèrent le Moi, lui font perdre sa plasticité, le rendent beaucoup plus rigide et limitent ainsi ses possibilités d'action. L'impudence, la témérité, l'excès de politesse, l'insensibilité, l'esprit systématique de critique, constituent autant de traits de caractère réactionnels d'origine pulsionnelle, structurelle, ou mixte bien souvent (comme la honte, le dégoût, la pitié ou la pudeur).

Il existe d'ailleurs des traits réactionnels tout autant au niveau des « pulsions du Moi » que des pulsions sexuelles ou agressives : les avatars du narcissisme peuvent engendrer des réactions d'orgueil devant le sentiment d'infériorité tout autant que des réactions de mépris de soi-même contrebalancent parfois un inacceptable besoin de dominer. Les attitudes ambitieuses peuvent tout aussi bien recouvrir une infériorisation affective que des débordements activistes peuvent répondre à une profonde passivité psychique.

Il en est de même chez le frigide ou l'hyperémotif et les travaux récents foisonnent de démonstrations souvent fort intéressantes sur les divers modes réactionnels rencontrés dans le cadre des traits de caractère et sur les mouvements affectifs contre lesquels ils sont destinés à défendre le Moi.

Malheureusement il existe une confusion assez fréquente entre traits de caractère réactionnels et pathologie du caractère.

Le trait de caractère, même « réactionnel », contribue à la défense du Moi dans les limites de l'*adaptation* même quand il intervient à côté de symptômes signant un fonctionnement déjà morbide de l'autre partie de la structure, alors que la pathologie du caractère correspond à des aménagements pseudo-normaux, coûteux et peu sûrs pour le Moi. Le trait de caractère réactionnel se rencontre principalement dans les deux lignées structurelles authentiques, alors que la pathologie du caractère reste l'apanage de la lignée médiane « limite » seulement aménagée et non solidement structurée.

1. Traits de caractère structurels

Il s'agit, comme cela se trouve déjà précisé plus haut, de traits de caractère correspondant à des éléments structurels isolés et ne dépendant pas de la structure de base du sujet; c'est le cas, par exemple, des traits de caractère hystériques rencontrés bien souvent au sein d'une structure obsessionnelle, à côté des éléments logiques du « caractère obsessionnel », qui dominent le comportement relationnel de ladite structure obsessionnelle, tant qu'elle n'est pas décompensée.

Je n'aurai pas beaucoup de choses nouvelles à présenter au sujet de tels traits caractériels pouvant prendre naissance à partir de n'importe quel élément du caractère homologue rencontré dans le fonctionnement relationnel d'une structure de même type. Un trait de caractère hystérique, par exemple, pourra se manifester tout aussi bien au sein d'un caractère « hystérique », au milieu de tout un ensemble d'autres traits de caractère hystérique traduisant en comportements relationnels la structure hystérique profonde et fixe du sujet en cause, mais le même trait pourra se rencontrer également, à titre isolé et complémentaire, au sein d'une structure obsessionnelle à laquelle il assure un complément de cohésion adaptative aux réalités.

Toutes les références caractérielles déjà envisagées en échos aux catégories structurelles de base peuvent donner naissance à des traits de caractère.

A) Les traits de caractère névrotiques

Les traits de caractère névrotiques ne se rencontreront plus à titre isolé, comme le « caractère névrotique » dans le cas seulement d'une structuration homologue ; ils apparaîtront de façon indépendante, soit par-dessus un autre mode de structuration névrotique que celui dont habituellement ils devraient dépendre, soit, aussi, par-dessus une structure non névrotique.

On découvrira, par exemple, un trait de caractère obsessionnel isolé dans le cas d'une structuration hystérique non décompensée à côté de l'ensemble des traits habituels au caractère hystérique, ou bien, dans le cas d'une structure psychotique non décompensée, à côté de l'ensemble des traits liés au caractère spécifique de cette structure.

Dans le premier cas, une faille dans la structuration hystérique se verra comblée par un élément caractériel plus régressif et fragmentaire, mais suffisant pour assurer ce colmatage ; dans le second cas, au contraire, il sera très avantageux pour l'équilibre du sujet de pouvoir disposer d'un élément caractériel plus élaboré libidinalement sous la forme d'une activité caractérielle, même réduite, mais demeurant cependant de registre névrotique.

a) LES TRAITS DE CARACTÈRES HYSTÉRIQUES

correspondent soit à des éléments isolés tirés du *caractère hystérique de conversion (érotisation évidente ; théâtralisme ; mythomanie ; affectivité factice, déplacée et capricieuse ; régression de l'action à la pensée érotisée),* soit à des éléments du *caractère hystérophobique (suggestibilité ; variabilité de la distance relationnelle ; évitements et déplacements dans le comportement extérieur ; érotisation masquée, etc.).* Un trait réactionnel classique de caractère hystérophobique est constitué par la *tendance moralisatrice,* annulant et retournant en son contraire le fantasme inconscient de prostitution correspondant tout autant aux envies sexuelles qu'agressives à l'égard de la femme.

b) LES TRAITS DE CARACTÈRE OBSESSIONNELS

sont constitués logiquement d'éléments rencontrés dans le *caractère obsessionnel : rigidité du mode de pensée ; fixité de l'ordre éthique et esthétique ; permanence des protections physiques et morales ; besoin d'ordre, de propreté, de symétrie, d'exactitude dans l'espace comme dans le temps ; puissance magique de la pensée alternant avec les doutes ; impression d'incomplétude dans le geste, l'action, le temps, etc.*

B) Les traits de caractère psychotiques

Les traits de caractère psychotiques vont, soit se rencontrer dans une structure psychotique différente de l'entité homologue, soit se manifester aussi à l'occasion d'une faille (aiguë ou chronique) au sein d'une structure névrotique. Dans tout mouvement régressif un peu poussé chez un œdipien authentique on peut tout de même voir apparaître, avant tout symptôme, des traits caractériels psychotiques divers qui ne doivent pas nous entraîner à une confusion quant au diagnostic ou au pronostic structurels.

a) LES TRAITS DE CARACTÈRES SCHIZOPHRÉNIQUES

sont des éléments du caractère schizophrénique déjà décrit : *retrait affectif ; impression de maladresse et d'étrangeté corporelle ; angoisse de grande vulnérabilité ; comportement froid et cassant ; solitude sentimentale et difficulté de la communication ; stéréotypies de comportement ; tendances aux ruminations, etc.*

b) LES TRAITS DE CARACTÈRE PARANOÏAQUES

portent sur le caractère paranoïaque en ses deux points principaux, la projection narcissique et la défense antihomosexuelle passive : *raideur de comportement ; reproches persécutoires ; idées grandiloquentes ; déformations de la réalité affective ; revendications agressives ; exubérance de l'humeur ; allergie aux frustrations ; intuitions interprétatives*, etc.

C) Les traits de caractère narcissiques

Les traits de caractère narcissiques correspondent aux formes si nombreuses et si variées que nous avons étudiées à propos du caractère narcissique. Ces traits narcissiques peuvent infiltrer n'importe quelle organisation limite d'une part, et n'importe quelle structure fixe d'autre part, en raison justement de la fluidité des mécanismes qui les sous-tendent. Ils sont rangés habituellement en traits *dépressifs, phobiques* (de nature narcissique), *abandonniques, maniaques, hypocondriaques, phalliques, psychasthéniques, psychopathiques, comportements d'échec, ou de destinée, etc.*

Il paraît parfois difficile de reconnaître la position *isolée* d'un ou deux traits de « tel » caractère agissant dans le cadre d'une structure, décompensée ou non, de statut non homologue. On éprouve le besoin de se laisser entraîner bien souvent par l'habitude (si ces éléments se présentent comme par trop évidents) qui consiste à considérer ces traits isolés comme l'ensemble d'un « *caractère* » de type homologue, quitte à chercher à se justifier en déformant légèrement quelques autres traits, rencontrés à côté des premiers, pour les ramener tous au même cadre caractériel. Par exemple : supposons une structure de type psychotique non décompensée, en partie grâce à l'efficacité de bonnes relations conservées dans un secteur du Moi par l'office d'un ou deux traits de caractère obsessionnel (besoin d'ordre dans une profession méticuleuse et besoin de règles morales respectées scrupuleusement à l'intérieur d'un groupe religieux rassurant) ; l'observateur, frappé par ces deux traits de caractère extérieurs très évidents, va tout de suite penser à un *caractère obsessionnel,* donc à une structure obsessionnelle, et cherchera à étayer son diagnostic par d'autres éléments décelables chez le sujet et pouvant aller dans le même sens : il déclarera ainsi comme de nature caractérielle *obsessionnelle* une rigidité de pensée (portant pourtant en réalité davantage sur la limitation du registre mental, faute de vécus moins régressifs, que sur la défense contre les vécus œdipiens) ou un comportement de doute (alors que celui-ci traduira bien plus une angoisse de morcellement du Moi que la crainte qu'une action réprouvée par le Surmoi se soit réalisée malgré soi) ; or les deux derniers traits constatés dans ce cas particulier s'avèrent, à un examen plus approfondi du contenu latent, comme traduisant tout simplement en éléments caractériels psychotiques bien classiques le fond structurel moins apparent, mais authentiquement psychotique.

La façon dont la multitude des traits de caractère de toutes origines s'articulent entre eux d'une part, et avec les structures profondes d'autre part, constitue une des richesses, et, pourquoi pas, une des beautés de la vie, de même qu'on voit, heureusement, se renforcer ainsi des possibilités défensives qui demeurent relationnelles. Mais le clinicien se trouve placé du même coup devant une mosaïque compliquée, un puzzle aux couleurs inattendues placées côte à côte, un labyrinthe aux changements de direction imprévisibles devant lesquelles il a bien des chances (et bien des droits) de ressentir des risques d'erreur ou d'impuissance...

2. Traits de caractère pulsionnels

Bien entendu, il paraît difficile de séparer les traits de caractère pulsionnels des traits de caractère structurels, dans la mesure où les seconds reposent sur les premiers ; toutefois, les traits de caractère « structurels » nécessitent une étude distincte du fait qu'ils englobent dans leurs processus, non seulement des éléments pulsionnels, mais *aussi,* et *surtout,* une façon *particulière à chaque structure* de traiter le facteur pulsionnel. De la même façon, il paraît obligatoire d'étudier dans une rubrique particulière les traits de caractère pulsionnels, traits où nous retrouvons à l'état pratiquement pur, au moins théoriquement, les caractéristiques des différentes étapes du développement pulsionnel.

Il paraît difficile de parler, comme le font de nombreux auteurs, de « *caractère oral* » ou de « *caractère anal* » ou de « *caractère sadique* », etc., à propos des seuls éléments pulsionnels.

En effet, s'il est loisible de passer en revue les différents traits de caractère correspondant à une pulsion, partielle ou totale, à tout moment de son développement (et tout aussi bien sous un mode direct que réactionnel ou sublimé), on ne peut concevoir une « structure » reposant sur de simples bases pulsionnelles *(émanant seulement du Ça)* sans aucune intervention du Moi d'abord, puis de la réalité, ou du Surmoi et de l'Idéal du Moi. Or, sans structure vraie il ne peut y avoir de « caractère » proprement dit puisque le caractère se limite à la traduction relationnelle de la structure.

En ce qui concerne les éléments caractériels pulsionnels, il n'est donc pas possible d'envisager autre chose que des « *traits de caractère* ».

On peut distinguer, en gros, deux grandes catégories de traits de caractère pulsionnels : les traits de caractère libidinaux et les traits de caractère agressifs. On pourrait sans doute y ajouter les traits se rapportant également aux « pulsions du Moi » telles que S. FREUD les définit dans sa deuxième théorie des pulsions et nous retomberions ainsi très près des éléments du caractère « narcissique » décrit plus haut.

A) Traits de caractère libidinaux

Chaque étape du développement libidinal détermine un mode de relation caractérielle, nullement morbide en soi, qui se retrouve ensuite en colorant plus ou moins sa personnalité, mais sans jamais, bien sûr, s'y retrouver à l'état pur, ni pouvoir de façon indépendante servir à déterminer un mode spécifique de structure.

a) TRAITS DE CARACTÈRE ORAUX

K. ABRAHAM (1924) a distingué deux périodes libidinales de type oral, basées sur le mode particulier des échanges avec la mère : une période de simple « *succion* » où l'enfant accepte de recevoir de la mère son alimentation essentielle tout autant que ses autres satisfactions, et d'autre part une période de « *morsure* » où ayant déjà à sa disposition quelques dents et des muscles plus forts, une relation ambivalente de dépendance et opposition commence à se créer, libido et agressivité pouvant se manifester à l'égard du même objet.

Des traits de caractère différents en découlent chez l'enfant plus âgé tout d'abord, chez l'adulte ensuite, non seulement de façon trop simpliste selon les prototypes de ces deux périodes, mais aussi selon les façons dont ces périodes ont été vécues et intégrées ; on décrit ainsi les traits de caractère de « *l'oral satisfait* » : rondeur et complétude physique, sûreté de soi, gourmet et gourmand satisfait, sachant patienter mais jouir de ce qu'on lui offre, peu décidé à se priver, mais capable de bienveillance et de générosité, cherchant à faire partager son plaisir et reconnaissant à l'égard de celui qui le lui procure ; c'est celui qu'on aime inviter et par lequel on aime être invité. Par contre « *l'oral insatisfait* » arrive à troubler les assemblées les plus paisibles : la bouche sèche et avide, ne pouvant d'ailleurs accepter d'être gratifié, ce qui lui enlèverait des motifs rationnels de revendication, l'oral insatisfait ne supporte aucune frustration, ne s'accorde aucun plaisir venant de l'autre ; il demeure en lutte constante tout autant contre le désir qu'on s'occupe de lui que contre son propre désir de s'occuper de lui-même, il lui faut prendre, arracher, attaquer, abîmer l'autre, chercher à castrer oralement les objets.

K. ABRAHAM (1925) décrit des traits d'avarice orale, de dépendance, de quémande et d'oblativité, alternées, ainsi qu'une sublimation orale dans la sphère intellectuelle, mais si de telles sublimations se trouvent peu réussies, l'ambivalence orale amène le sujet à de fort mauvaises relations sociales dans le besoin de « vomir » aussitôt tout ce qu'il avait cherché à incorporer à l'instant précédent. Nombre d'intellectuels brillants et « parvenus » arrivent à mener une existence antisociale minable en ayant l'air, dans une formation réactionnelle très mal rationalisée, de jouer aux « hypersociaux ».

Le trait oral archaïque peut aussi servir de fixation régressive aux autres satisfactions pulsionnelles interdites ou mal intégrées : c'est alors bien souvent la fonction orale-verbale qui sert de support à ces « renvois pulsionnels ». L'impulsion de parler (tout autant que la démangeaison urétrale pour des sujets plus élaborés), signifie désir d'attaquer, de noyer l'objet. Il existe des traits oraux réactionnels nécessitant la présence constante d'une traînée de bave au coin des lèvres, signifiant à la fois besoin et plaisir de mordre l'autre, tout comme certains glands gardent une goutte de gonococcie chronique inguérissable destinée à ronger toute partenaire.

Le taciturne peu loquace peut développer une défense opposée contre les mêmes conflits profonds.

BERGLER (1933) pense que des sublimations orales peuvent parfois conduire le sujet à s'identifier à l'objet-nourriture, tandis que GLOVER (1925) décrit des échecs oraux conduisant à des mouvements caractériels dépressifs.

La curiosité peut se superposer à la faim et est empreinte des mêmes excès gloutons-sadiques. Il en est de même des cas d'avidité de lecture, tout autant qu'inversement, de certaines réactions dyslexiques défensives.

L'érotisme oral, comme le montre H. SAUGUET (1955), peut être satisfait tant par la nourriture, que par la boisson, le tabac ou le baiser.

La générosité et l'avarice tirent leurs fondements les plus archaïques de l'érotisme oral : des sujets ayant mal intégré cet élan érotique s'avèrent tout aussi incapables de demander quoi que ce soit aux autres que de leur offrir un cadeau, alors que les tendances sadiques-orales opèrent une véritable vampirisation de l'objet qui en arrive souvent à protester tant il se sent « sucé » par le sujet.

Un cas de frustration orale entraînant des traits de caractère réactionnels particuliers est celui d'un enfant en âge œdipien voyant un frère puîné téter le sein maternel ; sa première réaction est que lui-même ne reçoit plus autant sur le plan oral, la seconde réaction, concomitante, est que le rival va lui « manger » sa mère déjà œdipienne, et les deux frustrations vont s'infiltrer réciproquement pour entraver passablement la progression de l'organisation génitale d'une part et donner une coloration érotique œdipienne d'autre part à toute nouvelle frustration orale.

La fréquence des traits de caractère oraux à l'intérieur des comportements, tant caractériels que symptomatiques, de structuration soit hystérique, soit schizophrénique, ne doit pas faire conclure trop rapidement à une corrélation constante entre oralité et hystérie d'une part, comme entre oralité et schizophrénie d'autre part.

Cette remarque semble valoir d'autant plus que beaucoup d'auteurs paraissent avoir trop rapidement tendance à étiqueter « sadisme-anal » toute attitude de revendication assez vive devant la réactivation du souvenir d'une ancienne frustration narcissique. Or nombre de telles réactions, où apparaissent réellement des mouvements et sadiques et anaux, se trouvent infiltrés aussi d'éléments revendicatifs oraux, de même que dans un certain nombre de cas un examen attentif du niveau et de la qualité de la pulsion en cause permet d'éliminer tout apport, soit sadique, soit anal, et de reconnaître l'exclusivité des manifestations pulsionnelles orales.

b) TRAITS DE CARACTÈRE ANAUX

S. FREUD (1908 b) a précisé les traits fondamentaux de caractère anal comme centrés autour de la triade : parcimonie, exactitude et obstination.

Le point de départ érotique réside dans le plaisir de la défécation au niveau de l'anus d'une part, dans la façon dont sont traitées relationnellement les matières fécales d'autre part.

Le problème du contrôle, tant du plaisir que des matières, pose à l'enfant nombre de problèmes dans ses rapports à sa mère et aux éducateurs, l'importance de la situation ontogénétique du stade anal (à cheval sur la « divided line » de séparation des structures psychotiques et névrotiques), la durée de ce stade, sa proximité des stades génitaux et son rôle fondamental dans leur abord, sa réactivation intense au moment de la période de latence, la façon dont il s'accouple si facilement tant aux désirs œdipiens qu'aux désirs agressifs, tous ces facteurs amènent les éléments caractériels anaux à constituer les fondations de toute personnalité.

Depuis les travaux de K. ABRAHAM (1925) il est envisagé deux périodes anales : la période de « *réjection* » et la période de « *rétention* » anales. C'est entre ces deux périodes que passe la « divided line » décrite *(cf. fig. 8)* comme séparant les principales fixations conduisant à la délimitation entre structuration de modes névrotique ou psychotique. *La première période anale,* la période anale de pure réjection, correspond à un comportement caractériel de destruction de l'objet et demeure dans la genèse de l'économie psychotique, tandis que *la deuxième période anale,* liée aux possibilités de rétention objectale, assure déjà un contrôle de l'objet respectant sa réalité et son autonomie ; cette deuxième période se situe dans le cadre de la genèse structurelle névrotique.

Il semble évident que les traits caractériels classiques de parcimonie, exactitude et obstination, se réfèrent beaucoup plus à la seconde période anale qu'à la première où les éléments caractériels semblent représentés davantage par le mépris, la fécalisation, le rejet de l'objet identifié aux matières fécales à rejeter comme inassimilables et dangereuses.

Mais il y a lieu maintenant de refuser l'habituelle collusion entre les éléments caractériels anaux et le sadisme.

Bien sûr le terme même de « *sadisme* » se trouve inspiré d'un nom patronymique invoquant l'érotisation obtenue de concert seulement avec la violence. Or l'emploi habituel du mot sadisme ne veut, en principe, correspondre qu'à un trait *agressif* (somme toute sans teinte érotique).

Si l'on veut respecter le sens des termes et des notions, sans mêler fâcheusement des plans fort différents, il paraît nécessaire de distinguer d'une part un *érotisme anal* qui, même sous la forme liée à la première période anale de réjection, n'a rien de « sadique » (au sens des pulsions agressives) car il reste économiquement libidinal, et d'autre part le « *sadisme* » au sens psychanalytique (et non pornographique) du terme, c'est-à-dire un concept qui demeure sous la pure dépendance des pulsions agressives et n'a rien à devoir en soi aux tendances libidinales.

L'intrication automatique des deux lignées, agressive et libidinale, au niveau anal est un fait indéniable dans la genèse structurelle ; cependant il peut paraître dangereux, sur le plan conceptuel, qu'une telle conjoncture soit considérée comme allant de soi au point qu'on ne se représente plus, sous le vocable hybride de « sadisme-anal », qu'une seule unité conceptuelle inséparable. On risque ainsi de perdre de vue la spécificité de l'érotisme anal tel qu'il peut exister, indépendamment de tout élément agressif, avec tous ses côtés tout aussi authentiquement voluptueux, tout aussi structurants et tout aussi sublimables que nous l'avons envisagé pour l'érotisme oral.

Les traits de caractère anaux se trouvent trop souvent limités habituellement aux aspects restrictifs et pessimistes de l'économie sadique-anale destructrice de la première période anale ; ceci, soit sous forme de traits directs *(saleté, rejet objectal)* ou réactionnels devant les interdits liés à l'expulsion *(allergie à toute autorité, opposition systématique, ironie grinçante, sarcasmes, etc.).*

Mais il existe aussi, de même que pour l'oralité caractérielle, des traits anaux érotiques sublimés de façon réussie, marquant les sujets de *générosité* et d'*originalité,* de *dynamisme* et de *créativité* (littérature, peinture, industrie, architecture, dit SAUGET, 1955).

Pour les psychanalystes, la prégénitalité prend trop souvent valeur de régression restrictive, de défense négative antigénitale, de champ libre ouvert aux débords de l'agressivité. Même si en clinique psychopathologique elle revêt volontiers cet aspect, il n'en reste pas moins vrai que, sur le plan de la genèse des structurations et du caractère, la prégénitalité et l'analité en particulier n'a pas à être maudite à ce point, elle n'est ni antilibidinale, ni pro-agressive en soi ; dans les conditions génétiques et relationnelles banales, la prégénitalité qui est déjà libidinale par hypothèse, prépare et les voies d'une génitalité heureuse et une non moins heureuse intégration sous le primat du génital des pulsions agressives.

Tout ceci se rapportait donc à l'investissement par la libido de la zone anale et à ses conséquences caractérielles. Il y a lieu de considérer par ailleurs le rôle imparti aux problèmes relationnels touchant à l'utilisation des manitères fécales ; c'est la dialectique possession-dépossesion qui se joue à ce niveau sur le plan encore narcissique et bientôt génital : posséder et être possédé, posséder et donner, posséder et échanger, posséder et promettre sans donner, posséder et faire attendre pour donner, posséder et ne plus posséder, posséder et « être possédé », etc.

Beaucoup de traits de caractère réactionnels *contrariés, coléreux, rageurs, rancuneux, aigris, irritables, impulsifs* ou *revendicatifs,* s'inscrivent dans ce registre. Fèces, argent, enfants, prennent à ce niveau le même sens symbolique.

Il semble utile de ne pas étendre à d'autres séries, pourtant bien souvent cités à ce propos, les traits de caractère vraiment anaux. Nous avons déjà vu à propos du « caractère obsessionnel » l'intérêt qu'il y a à ne pas mêler deux plans caractériels bien distincts, l'un s'appuyant sur l'autre mais y ajoutant ses mécanismes propres qui n'ont plus rien de spécifiquement anal. Il en est de même à propos de la paranoïa ou de la perversion.

c) TRAITS DE CARACTÈRE URÉTRAUX

Les éléments de caractère urétral opèrent une transition entre les traits anaux et phalliques dont ils demeurent imprégnés. L'économie urétrale met en avant la *compétition* : c'est le jeu, par exemple, des enfants qui cherchent à reconnaître la puissance de celui qui urinera le plus loin. Mais ce concours touche parfois déjà au génital quand il est question de reconnaître « le sexe qui urine *debout* » (la littérature contemporaine nous précisant d'ailleurs que les « femmes phalliques » opèrent ainsi).

Une manifestation urétrale réactionnelle bien connue se vit dans l'énurésie où se mêle, en plus de la jouissance urétrale proto-orgastique dans l'écoulement voluptueux et chaud caressant les voies génitales, le rappel anal du « souiller », le dégoût du sale et la honte devant l'objet visé par le jet ambivalent.

S. FREUD (1932 a) a rapproché l'érotisme urétral de la seconde phase masturbatoire infantile.

Nombre d'éjaculateurs précoces, et certains comportements exhibitionnistes, manifestent de tels traits caractériels considérés souvent comme « phalliques-passifs » pour bien montrer le sens de l'appel narcissique caché sous l'agression manifeste.

Les traits de caractère urétraux, en caricature, sont l'apanage du « carabin » peut-être appelé ainsi parce qu'il préfère, devant une angoisse et un désir contraires, décharger à tout moment et « en l'air » sa « carabine » plutôt que de l'investir dans une véritable relation objectale et génitale...

Les traits de caractère urétraux demeurent du domaine des « farces et attrapes », du « feu d'artifice », du « tir à blanc » sur le registre génital. En général il se produit la même supercherie sur le registre parallèle des pulsions agressives. L'imitation avec activité réelle ne porte que sur le bruit, l'odeur de poudre, l'éclair de l'explosion et la fumée qui suit ; mais l'objet est demeuré soigneusement protégé... le sujet aussi ; le simulacre a cependant apporté un soulagement pulsionnel.

d) TRAITS DE CARACTÈRE PHALLIQUES

Les traits de caractère phalliques continuent, sur la lancée des traits urétraux, les manifestations compétitives, mais concernent déjà plus spécifiquement la compétition entre les sexes.

Les comportements infatués et impulsifs, la recherche à tout prix du prestige et du respect, l'impossibilité de supporter un échec ou une critique devant les autres, le besoin de se trouver des objets sexuels « identiques », la difficile intégration des tendances homosexuelles passives, puis actives, constituent les bases de formation des éléments caractériels phalliques.

Le « phallus » n'est pas encore le « pénis » ; il existe déjà une amorce de sexualisation, mais celle-ci demeure défensivement incomplète et surinvestie narcissiquement.

On peut dire que l'image du « pénis » est liée à la possibilité de la représentation de son fonctionnement relationnel génital alors que le « phallus » est d'abord destiné à être *montré* et *admiré*.

Dans le trait caractériel phallique, ce n'est pas l'objet qui compte mais le fait d'avoir (ou non) *le* phallus, d'être soi-même (ou non) *le* phallus.

La crainte de la castration *phallique,* à ce niveau caractériel, conduit à une plus ou moins grande phallisation du corps tout entier. L'angoisse devant l'homosexualité passive latente, la crainte et la honte de montrer des tendances érotiques de mode féminin-passif *(dans les deux sexes)* conduisent, tant la femme que l'homme, à revendiquer une attitude manifeste d'homosexualité active, compromis entre les deux lignées de désirs passifs-anaux et hétérosexuels actifs (dans les *deux* sexes) tout en conservant, comme hautement réconfortant, les anciens investissements économiques de type narcissique.

A examiner le comportement de certains mouvements destinés à « libérer » la femme, on s'aperçoit que le phallisme met en cause la condition féminine, aussi bien de la part des femmes que des hommes, tant que la représentation de l'organe masculin correspond pour les uns et pour les autres, non à un pénis relationnel, mais à un phallus concurrentiel et que, du même coup, l'organe féminin ne peut être représenté que comme passif et persécuté et n'a aucun droit actif qui lui soit reconnu dans le jeu relationnel des échanges sexuels.

Le comportement caractériel phallique ne peut aboutir à une reconnaissance sereine de la séparation réelle entre les sexes : au niveau phallique pour demeurer « égaux en droit » il faut rester *semblables.* Seule l'économie génitale apporte des représentations où les humains pourront atteindre le droit d'être *égaux* et *différents* à la fois et la possibilité de se rencontrer justement dans la *différence* n'empêchant ni une égale jouissance, ni une égale activité.

e) TRAITS DE CARACTERE GÉNITAUX

La métabolisation et l'intégration (je n'aime pas beaucoup le terme « d'unification ») des pulsions partielles et des représentations partielles, ainsi que des bruits partiels des zones érogènes partielles et des objets partiels, sous le primat du génital, amènent une reconnaissance du statut de réalité et de parité des deux sexes qui va trouver son premier champ d'expérience, de souffrances et de satisfactions, dans le vécu triangulaire œdipien.

La zone génitale devient alors érogène *en soi,* c'est-à-dire en tant que *génitale* et non en tant que simple support du phallisme ou de l'agressivité.

Il y a lieu de distinguer, à ce niveau, ce qui sépare « *traits de caractère génitaux* » et « *traits de caractère névrotiques* ». A mon avis, ils ne peuvent conceptuellement être confondus.

Le trait de caractère génital demeure un élément réel et objectivement observable dans la mesure où il constitue un fragment *isolé* signant l'accession au statut génital d'une partie au moins de la personnalité. On ne peut concevoir par contre que comme parfaitement *idéale* et irréalisable une personnalité qui se trouverait « génitale » dans sa totalité ; autrement dit, il ne peut exister de « *caractère génital* » à proprement parler.

Le « *caractère* » au sens entier du terme, (celui qui correspond à une structure homologue authentique) qui comprend le maximum de traits de caractère génitaux, se trouve le « *caractère névrotique* » dont nous avons parlé plus haut.

Il convient donc, comme il a été proposé ici, tant à l'occasion des traits de caractère oraux que des traits de caractère anaux, de demeurer également, au niveau des traits de caractère génitaux, strictement attentifs à l'aspect spécifique des échos caractériels correspondant à ce niveau évolutif ultime et précis de la libido, tout en reconnaissant ce que cette dernière étape doit aux stades évolutifs qui l'ont précédée, mais sans s'occuper de ces mêmes étapes antérieures dans l'examen de ce qu'il existe d'original et d'inimitable dans les comportements fonctionnels et relationnels de ce palier *génital*.

C'est seulement au niveau de l'étude des différents « caractères névrotiques » qu'il semble loisible de considérer le côté plus réaliste des choses. Aucun caractère « génital pur » ne peut se rencontrer, puisque l'individu le plus mature traîne cependant obligatoirement au niveau structurel (donc aussi dans les échos caractériels de sa structure) des séquelles de fixations à des stades prégénitaux (oral ou anal) ou protogénitaux (urétral ou phallique). Tout « caractère génital » conservera un aspect imparfait sur le plan théorique idéal, mais du même coup moins absolu, plus nuancé et plus coloré aussi sur le plan de la réalité humaine, toutes les fois (heureusement fréquentes) où les éléments antégénitaux n'entraîneront pas le sujet dans une régression morbide.

Le succès, toujours très relatif, de l'accession du « caractère névrotique » à l'économie génitale se traduira par deux facteurs d'importance : tout d'abord l'organisation structurelle (donc caractérielle également) se fait sous le *primat du génital* et d'autre part même si de nombreux traits caractériels antégénitaux comblent les lacunes structurelles inévitables, il existe néanmoins un grand nombre de traits de caractère génitaux actifs dans le fonctionnement relationnel spontané du psychisme du sujet, et le nombre, comme l'importance qualitative de ces traits dépendront de la façon dont l'enfant aura abordé, vécu, puis résolu les différentes étapes de son conflit œdipien, autrement dit comment il sera sorti de son *ambivalence* prégénitale, de ses économies pulsionnelles et objectales *partielles*.

K. ABRAHAM (1925) situe le « *stade final* » de l'évolution caractérielle comme s'appuyant non seulement sur les inconvénients ou les faiblesses, mais aussi sur tous les avantages rencontrés dans les acquis caractériels des stades précédents : « *Au stade oral, la capacité d'entreprendre est l'énergie, au stade anal, l'endurance, la persévérance, etc., au sadisme, le pouvoir de lutte pour la vie. Si le développement du caractère s'est poursuivi avec succès, le sujet doit être capable de contrôler ses pulsions sans être soumis à l'obligation de les nier...* »

De l'importance des traits génitaux, comme de la diversité des traits partiels antégénitaux, le « caractère névrotique » doit tirer la stabilité et la richesse fonctionnelle et affective de son Moi capable de nuances et de mutations n'entraînant ni rigidité, ni incohérence, ni désordres sérieux, aussi bien chez le sujet que pour les objets. Les pulsions, tout aussi bien les pulsions sexuelles qu'agressives, n'ont plus à être systématiquement déniées, annulées, évitées, déplacées ou refoulées ; une bonne part peut être utilisée relationnellement de façon directe ; une autre part peut aboutir à de valables sublimations ; la part, enfin, qui se verra tout de même contenue par les systèmes défensifs divers n'aura plus une puissance suffisante pour inquiéter le Moi dans l'essentiel de son fonctionnement adaptatif et d'autre part le choix comme le jeu des systèmes défensifs se montreront suffisamment souples et opportuns pour éviter au maximum les grincements affectifs.

Les traits de caractère génitaux correspondent à la fin de l'état ambivalent précédent ; ils autorisent le rapprochement avec un objet qui n'est pas en même temps le support de représentations agressives ou agressées ; ils se manifestent sous forme de *compréhension, respect d'autrui, oblativité, idéal d'union affective,* possibilité *d'échanges,* sans crainte de perte ni besoin de profit, *sentiment amoureux* (dans la mesure où celui-ci arrive au stade génital à allier sur le même objet le désir sensuel et la tendresse affective).

Si l'on en croit M. BOUVET (1956) la relation génitale parfaite serait, pour ainsi dire, « *sans histoire* » au sens, sans doute, où l'on déclare que les « gens heureux n'ont pas d'histoires ». Cependant, comme le montrent LAPLANCHE et PONTALIS (1967) l'objet amoureux doit se trouver à la fois unique (parce que plénier, singulier et original) et interchangeable (parce que le génital ne peut manquer d'objet d'amour ; la perte du précédent le conduit à un changement, non à une dépression).

Un des traits fondamentaux de caractère génital réside donc autant dans la capacité de *stabilité* à l'intérieur du bon échange relationnel que dans la *souplesse* au changement dès que l'échange devient objectivement et objectalement trop désavantageux.

B) Traits de caractère agressifs

A côté des pulsions libidinales, parallèlement, et pendant toute une période évolutive de façon difficilement séparable (quoique différente économiquement), les pulsions agressives donnent naissance à une série de traits de caractère élémentaires très courants et, d'ailleurs, rarement absents, étant donné leur aspect bien banal, dans toute formation caractérielle.

a) TRAITS DE CARACTÈRE SADIQUES

Bien que l'essentiel du trait de caractère de ce type soit très net et consiste avant tout à s'acharner contre les objets, il est bien rare de voir ces genres de traits caractériels décrits de façon pure et sans être associés, soit à des traits anaux (le fameux « sadisme anal »), soit à des traits masochiques (le non moins fameux « sadomasochisme »). S. FREUD a utilisé tout au long de son œuvre le terme de « sadisme », soit dans le sens purement « agressif » (l'école kleinienne s'en est tenue à ce dernier aspect), soit dans un sens mixte (sexuel et agressif).

Le trait de caractère authentiquement sadique se trouve, de fait, difficile à déterminer avec précision car il ne doit pas correspondre à un comportement relationnel agressif dans lequel la souffrance de l'autre n'entre pas en considération ; on ne doit rencontrer corrélativement *ni pitié* (directe ou indirecte) pour l'objet que le sujet fait souffir, *ni plaisir* tiré par le sujet lui-même de la souffrance de l'objet. Seule la satisfaction directe de pulsion entre en ligne de compte.

Les traits de caractères sadiques paraissent par contre étroitement liés à la notion de *Bemächtigunstrieb,* citée par Freud dès 1905 *(Trois essais)* et reprise en 1913 *(Prédisposition à la névrose obsessionnelle),* en 1915 *(Les pulsions et leurs destins)* et 1920 *(Au-delà du principe de plaisir).* LAPLANCHE et PONTALIS (1967) traduisent le terme par « pulsion d'emprise » ; il s'agit pour le sujet de dominer l'objet par la force. Après 1920, ce serait un héritage de la « pulsion de mort ».

Les travaux de I. HENDRICK portent sur un besoin de maîtriser l'objet, besoin de nature en apparence non sexuelle, mais il semble que nous nous retrouvons finalement très près en réalité des traits caractériels décrits à propos de l'urétralité et du phallisme, traits qui restent basés sur une logistique libidinale, tant il s'avère difficile de séparer les pulsions agressives, in vivo, des infiltrations libidinales, et inversement.

Nous pouvons cependant constater qu'il existe, dans le système pulsionnel freudien, entre les pulsions agressives et les pulsions sexuelles, le même genre de rapports complémentaires que nous trouvons décrits dans le fameux schéma du *Yang* et *Yin* chinois où la somme des deux facteurs demeure toujours égale à une constante : dès qu'un des deux éléments diminue quantitativement, l'autre compense cette perte par une augmentation compensatoire de force égale et de sens opposé.

Les hypothèses freudiennes se compliquent encore du fait que, non seulement, la libido défaillante cède le pas aux pulsions agressives, mais que toute défaillance d'une forme élaborée de libido nous ramène à une altération qualitative régressive, donc dégradée, de la quantité de libido restante.

Ceci nous permet de constater que les traits de caractère sadiques sont d'autant plus nets et isolables que la quantité de libido, d'une part, est moins forte, et d'autre part, que nous avons affaire en face d'eux, qualitativement, à des formes archaïques de l'évolution libidinale telles que nous les avons décrites plus haut : formes orale, anale, urétrale ou phallique.

Il semble certain qu'on devrait, à l'occasion de chaque étape du développement affectif, bien distinguer, mais dans l'intrication pulsionnelle la plus légitime et la plus serrée, la part qui revient à la genèse de la lignée pulsionnelle libidinale, et la part, aussi, qui revient à la lignée pulsionnelle agressive. Peut-être même conviendrait-il de faire le bilan, également, sur un troisième plan, du rôle relatif des « pulsions du Moi » dans le sens narcissique et freudien du terme.

Les traits de caractère sadiques reportant l'agressivité *agie, verbale,* ou simplement *mentalisée,* sur l'objet, ne diffèrent pas sensiblement d'aspect qu'on retienne, ou non, l'hypothèse de « l'instinct de mort » puisqu'il s'agit là, de toute façon, d'un trait direct de caractère, d'une manifestation relationnelle de la structure sous-jacente, indépendante, au moins à priori, de l'aspect éventuellement réfléchi du sadisme sur le sujet lui-même.

Comme l'a montré D. LAGACHE (1960), il convient de ne pas confondre les traits de caractère sadiques avec les traits de caractère témoignant d'un simple besoin d'activité. Si le sadisme, en effet, est « actif », il existe, par contre, maintes autres formes d'activité en rapport avec des modes de fonctionnement du Moi qui n'ont rien en soi d'agressif et qui iraient, au contraire, dans le sens créateur et intégratif de l'Eros, alors que l'agressivité quant à elle induit toujours la désorganisation et le morcellement.

b) TRAITS DE CARACTÈRE MASOCHIQUES

Il est tout à fait exceptionnel de retrouver dans la littérature psychopathologique ou psychologique des descriptions d'un masochisme qui ne soient imprégnées ni de sadisme d'une part, ni d'érotisation d'autre part.

S'il s'avère effectivement très rare de rencontrer, en pratique, un élément masochique (tout comme d'ailleurs un élément « sadique ») à l'état pur, il demeure pourtant certain que le mécanisme pulsionnel agressif de mode masochiste existe en parfaite indépendance du point de vue théorique du moins, tant vis-à-vis du mode pulsionnel sadique que des aléas multiples de la libido.

S. FREUD (1924 c) a déterminé trois registres masochiques : un registre « *érogène* », un registre « *féminin* » et un registre « *moral* ».

Le masochisme « érogène » correspond à une organisation perverse : la souffrance sert à la fois à cacher et à attiser le plaisir ; le plaisir est obtenu dans des conditions partielles du but, d'objet, de zone et de réalisations qui signent la perversion du cadre classique ; ce mode masochique ne retiendra pas notre attention ici.

Le masochisme « féminin » est une création freudienne de statut davantage philosophique et même presque métaphysique que strictement psychologique. Une telle notion apparaît comme liée au postulat de la « passivité » féminine, de la « castration » féminine, autrement dit de « l'infériorité » féminine, position qui n'est pas défendue, depuis, par les seuls analystes masculins, et à laquelle les mouvements féministes bruyants apportent une adhésion profonde sous le couvert d'une vigoureuse formation réactionnelle de sens manifeste et apparent diamétralement opposé. La bonne conscience psychanalytique n'exige pas, sur le plan scientifique, un acte d'allégeance à cette conception, somme toute assez peu flatteuse pour la femme.

Notre intérêt sur le plan caractériel se portera au contraire sur le mécanisme du *masochisme* dit « *moral* » dans lequel on cherchera à séparer ce qui touche au narcissisme (mécanismes « d'échecs », de « destinée », « d'abandon », etc.) et ce qui demeure spécifiquement masochique, c'est-à-dire sous la stricte dépendance des pulsions agressives.

Le trait de caractère masochique s'avère, dans cette optique, des plus courants, au milieu de toutes les structures ou organisations psychiques, mais à un niveau essentiellement *pré-œdipien*.

Le masochisme constitue, certes, une agression centrée sur soi, mais en même temps, c'est aussi une habile provocation de l'objet. Or cet objet ne se situe pas dans une économie triangulaire œdipienne. L'interlocuteur du masochiste caractériel c'est toujours *les deux parents à la fois,* que ce soit aussi bien dans les registres psychotique ou névrotique qu'anaclitique. Le reproche mis en avant s'énonce : « *Voyez ce que vous avez fait de moi* », cela s'adresse à tous les « grands ».

Quand le garçon, par exemple, interpelle le père, il désigne en même temps la mère : « *Ce n'est pas moi qui te menace, dit-il au père, c'est* elle *qui t'a châtré, et regarde, tu ne crains rien car elle m'a châtré aussi ; mais* toi *tu m'as bien laissé châtrer par elle.* »

Mais nous demeurons cependant encore dans une économie triadique proto-œdipienne, au sens génital du terme, car il s'agit ici de la *castration phallique-narcissique-anale-agressive* et non de l'authentique castration génitale dont l'angoisse ne pourrait apparaître que dans une économie triangulaire beaucoup plus élaborée sexuellement et nécessitant des vécus œdipiens que le mécanisme masochique a justement évité d'englober et d'intégrer en tant que tels, même quand ils coexistent éventuellement à côté.

Le trait de caractère masochique c'est à la fois l'agression et le camouflage de l'agression grâce à trois subterfuges complémentaires :

a) La projection sur l'objet des fantasmes agressifs du sujet : « *C'est l'autre qui m'attaque, c'est pourquoi je souffre.* »
b) La mystification de l'objet pendant l'attaque agressive : « *Je suis faible et malheureux, je ne peux donc t'attaquer, donc désarme-toi.* »
c) Sous le couvert de la souffrance, les instances idéales ou interdictrices se trouvent réduites au silence : « *On n'accable pas un homme à terre.* »

Il apparaît bien sûr que cette forme de masochisme caractériel ne peut secondairement que venir renforcer les appels de l'érotisme anal pour concourir au mouvement homosexuel passif, tout comme le sadisme, plus direct et plus brutal, vient renforcer les érotismes urétral et phallique dans le mouvement homosexuel actif.

Le fait que FREUD ait parlé, après 1920, d'un « *masochisme primaire* » directement dérivé de l'instinct de mort, parallèlement au sadisme, ne semble pas modifier la présente conception du mécanisme profondément agressif qui sous-tend les traits de caractère masochiques, dans tous les cas.

c) TRAITS DE CARACTERE AUTOPUNITIFS

Il y a lieu de distinguer les comportements autopunitifs tout autant des comportements masochiques, que des « comportements d'échec ». Les attitudes répétitives d'échec correspondent (LAFORGUE, 1939) à une impossibilité de satisfaire la pulsion inconsciente ; le mécanisme masochique, comme nous venons de le voir, permet l'attaque subtile de l'autre à l'ombre du sadisme dirigé contre soi.

Les attitudes autopunitives sont souvent interprétées dans le sens d'une sanction que le sujet s'inflige à lui-même pour satisfaire un *Surmoi* trop exigeant. Cependant dans la ligne de pensée commune à tout ce travail, en acceptant cette interprétation, nous retrouverions ici, avec la notion de « Surmoi », l'héritage de l'Œdipe, donc l'action de la libido, et il peut sembler plus rigoureux de limiter, dans le présent paragraphe, la notion caractérielle d'autopunition à des aspects pulsionnels agressifs sans faire interférer, au moins sur le plan théorique, des éléments génitaux (en général concomitants, bien sûr, mais dépendants d'une lignée pulsionnelle distincte).

En effet, en se référant à *Analyse terminée et analyse interminable* (1937 c), on retrouve la description d'éléments de pulsions agressives que FREUD décrit comme pouvant se manifester, *en dehors de toute liaison avec le Surmoi,* dans certains besoins de punition.

A ce niveau, nous demeurerions dans le cadre du « masochisme secondaire » dans la mesure où il s'agit, dans ce genre de traits de caractère autopunitifs, d'un véritable retour contre soi-même d'une partie des pulsions agressives. Contrairement aux traits de caractère masochiques, les traits de caractère autopunitifs ne pourraient jamais dépendre d'un « masochisme primaire ».

C) Traits de caractère dépendant des pulsions du Moi

S. FREUD n'a jamais complètement abandonné, même après son hypothèse concernant les pulsions de mort, ses notions antérieures portant sur les « pulsions du Moi » définies dans la première théorie des pulsions.

Si bien qu'à côté des traits de caractère se référant aux pulsions sexuelles, puis aux pulsions agressives, nous serions encore en droit de poser le problème de l'existence de traits de caractère représentant les manifestations relationnelles et fonctionnelles des « pulsions du Moi ».

Néanmoins, la deuxième théorie des pulsions fait apparaître la notion capitale de « *Narcissisme* » et c'est sans doute bien là que se situe le nœud conceptuel du problème de la genèse et de la complétude du Moi, de ses rapports aussi avec les orientations pulsionnelles en général et libidinales en particulier.

Tant et si bien qu'il apparaît qu'en voulant décrire des « traits de caractère dépendant des pulsions du Moi » nous revenons au niveau des « *traits de caractère narcissiques* » déjà cités dans ce même chapitre à propos des « traits de caractère structurels ».

Ce « court-circuit » entre ces deux notions de « pulsions du Moi », et d'effort d'organisation narcissique s'arrêtant au niveau d'un simple « aménagement » de ce type, constitue à la fois un corollaire et une confirmation des hypothèses émises ici quant au statut, particulier et pas très stable, de tout notre groupe « limite », que ce soit au niveau structurel, au niveau caractérologique, ou au niveau pathologique.

3 La pathologie du caractère

Nous avons déjà envisagé plus haut les grandes lignes des problèmes touchant à la pathologie du caractère.

J'avais évoqué plus haut la place occupée par les maladies du caractère au sein de la nosographie et l'accent avait été mis également sur la relative stabilité de tels aménagements au milieu d'une lignée qui ne pouvait mériter le vocable de « structurelle » en raison de son habituelle fragilité. Le terme d' « organisation » paraissait mieux convenir à l'ensemble du système « limite » à partir duquel sont censées se différencier les « maladies du caractère ».

Ces « maladies du caractère » ont en commun leur aspect *asymptomatique*. Cet aspect leur a été reconnu par le grand nombre des auteurs qui se sont consacrés à leur étude, principalement ceux qui se sont penchés sur les « névroses » de caractère.

O. FENICHEL (1953) constate que dans la « névrose » de caractère, la lutte entre les forces pulsionnelles et l'angoisse tend à devenir stationnaire et rigide : « *Au lieu d'une guerre de mouvement c'est une guerre de positions qui est menée* », le patient peut alors masquer ses mouvements dépressifs et ses inhibitions derrière une façade caractérielle relativement intacte.

O. KERNBERG (1970) cherche à formuler des repères psychanalytiques concernant la pathologie du caractère. Il s'arrête aux formes prises par le Moi et le Surmoi d'une part, par les relations d'objet internalisées d'autre part, et enfin, par les dérivés pulsionnels. Les paramètres de gravité se situeraient ainsi aux niveaux du développement instinctuel, du développement du Surmoi, de l'établissement des opérations défensives du Moi, et des vicissitudes des relations d'objet internalisées.

Le niveau supérieur « d'organisation caractérielle » pathologique comprendrait les composantes caractérielles hystériques, obsessionnelles et dépressives.

Le niveau moyen regrouperait les éléments de caractère oraux, passifs-agressifs, sadomasochiques, certains éléments narcissiques ou pervers.

Le niveau inférieur enfin toucherait les personnalités infantiles et très narcissiques, les personnalités antisociales, les caractères « as if », les caractères chaotiques, les dérivations sexuelles multiples, les toxicomanes, les personnalités prépsychotiques et, bien entendu, tout en bas du tableau les personnalités psychotiques.

Il y a certainement intérêt à distinguer tout d'abord ce qui, sur le plan économique, sépare radicalement l'économie structurelle des névroses ou des psychoses « classiques » de l'économie des organisations « limites ».

Dans l'économie structurelle de type « classique » *(cf. figure 10)* le *caractère* constitue le mode d'expression relationnelle et fonctionnelle correspondant au statut d'adaptation. Ce caractère se décompose en éléments sublimatifs d'un côté et réactionnels de l'autre. Les éléments sublimatifs assurent une paix totale aux systèmes tant pulsionnels que défensifs en évitant de façon constante un recours aux processus habituels de refoulement ; de leur côté les éléments réactionnels continuent à utiliser de l'énergie transmise par le Moi, mais cette dépense énergétique ne protège pas seulement le Moi contre d'éventuels débordements pulsionnels demeurant dans le cadre caractériel ; elle évite, en plus, au Moi de se décompenser dans la voie symptomatique. Autrement dit, les formations réactionnelles constituent un véritable barrage contre l'évolution symptomatique manifeste, tant qu'elles demeurent au service exclusif du caractère.

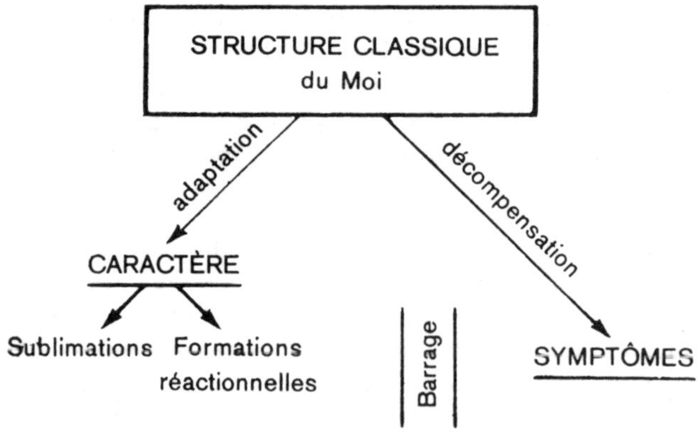

FIGURE 10 : Schéma de fonctionnement de l'économie structurelle classique.

Dans l'économie « limite », il en va tout autrement : comme il n'existe pas de voie symptomatique, le schéma, au lieu d'être « triangulaire » entre structure, caractère et symptôme, devient simplement linéaire : organisation, caractère, dépression. C'est le « caractère » qui défend (comme il peut, dans une « pseudo-normalité » représentant un « *aménagement* » tout relatif) le Moi contre la décompensation (dépression). Si le caractère *(cf. figure 11)* constitué de formations réactionnelles déjà puissantes et de sublimations (et plus spécifiquement encore d' « *Idéalisations* » en rapport avec *l'Idéal du Moi*, donc moins solides) ne suffit plus pour éviter la dépression sous son simple aspect fonctionnel, il va subir (et le Moi avec lui, bien entendu) une déformation dans le sens de la pathologie du caractère, telle la déformation citée par FREUD (1940 e) dans son article sur les mécanismes de clivage.

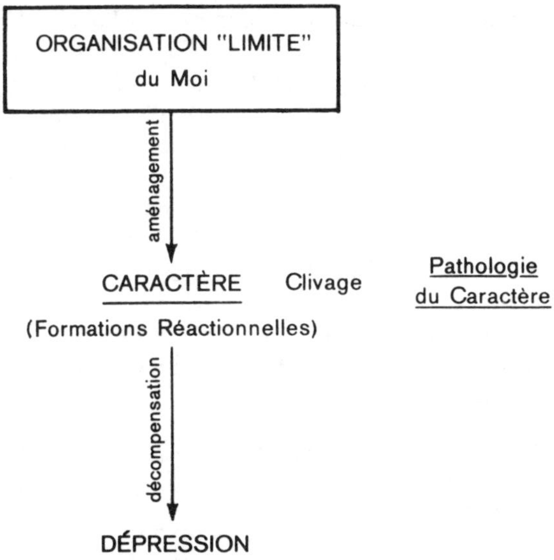

FIGURE 11 : Schéma de fonctionnement de l'économie d'une organisation limite.

C'est, semble-t-il, l'apparition (ou non) de phénomènes importants de clivage qui opérera la séparation entre « caractère » et « pathologie du caractère » au niveau des organisations « limites ».

En effet, il paraît tout aussi important de bien différencier ce qui distingue les entités cliniques comprises dans le cadre général de la « *pathologie du caractère* » des entités structurelles classiques *(névrotiques* ou *psychotiques)* d'une part et d'autre part des entités psychologiques que j'ai rangées dans le cadre des « *caractères narcissiques* ».

En ce qui concerne la séparation entre pathologie du caractère et entités structurelles classiques, les choses paraissent simples et évidentes, tant sur les plans phénoménologique et symptomatique manifestes que sur le plan économique ; je n'ai cessé de montrer les divergences latentes au niveau de l'angoisse, des mécanismes de défense, du mode de relation d'objet, des facteurs topiques en jeu, etc. Il n'est pas nécessaire, sans doute, d'insister à nouveau sur tous ces points.

Par contre la différence entre la pathologie du caractère et les différents caractères « narcissiques » peut revêtir des aspects plus subtils ; ce sont principalement les renforcements quantitatifs des formations réactionnelles des différents mécanismes projectifs et des clivages qui déterminent qualitativement, en fin de compte, le passage du caractère à la pathologie à ce niveau *(cf. figure 11).* En effet, comme je l'avais déjà envisagé au niveau de la « normalité » et aussi à propos des anorganisations, le « caractère » particulier correspondant à la lignée « limite » se trouve dans une position de relative « pseudo-normalité », moins « normale » dans le sens de la réussite adaptative que les caractères névrotique ou psychotique ; c'est pourquoi la figure 11 est conçue sous la forme « linéaire ». La « pathologie du caractère » ne constituerait ainsi qu'une exagération des formations réactionnelles, des projections et des clivages des formes « caractérielles » de type « narcissique limite » et plus ces formations caractérielles, ces projections, ou ces clivages prendraient de l'importance, plus on s'enfoncerait dans les « degrés » de cette pathologie caractérielle dans le sens : « névrose » de caractère → « psychose » de caractère → « perversion » de caractère.

BION (1954) a souligné le moment d'appauvrissement du Moi qui résultait de façon directement proportionnelle à l'intensité des phénomènes défensifs de types projectifs variés.

A force d'expulser des parties de plus en plus importantes de soi-même, le Moi en arrive à se vider aussi d'une partie de sa substance.

De même qu'en ne pouvant plus tolérer les frustrations il deviendra difficile au sujet d'assister progressivement à la formation de l'objet réel, formation basée justement sur l'expérience de frustration, devenue pour lui intolérable.

La « pathologie du caractère » demeure donc une *maladie,* non seulement de la relation objectale, mais aussi du *statut* même de l'objet, liée à un vice plus ou moins grave selon les variétés cliniques de maladies du caractère dans la constitution de la représentation objectale.

Une dernière hypothèse à ce propos concerne l'ordre dans lequel sont proposées ces trois entités : la « perversion » de caractère serait considérée comme la plus aliénante des trois, en raison des dommages plus conséquents qu'elle fait subir à l'objet. En effet comme il s'agit d'une *pathologie de la relation*, beaucoup plus que d'une pathologie du Moi, au sens strict du terme, j'ai cru bon de ranger les trois entités par ordre croissant de leur degré de détérioration de la relation objectale.

En ce qui concerne cette « *Pathologie du caractère* », après avoir, tout au long de ce travail, manifesté autant d'indépendance, et manié bien souvent le sarcasme à l'égard des imperfections des systèmes ou des appellations d'autrui, il m'incombe d'accepter une position de modestie en me contentant d'une terminologie qui ne me satisfait nullement. En effet, pour ne pas tomber dans l'outrecuidance néologique qui ne me tente point, il va falloir me référer aux notions de « névrose » de « caractère », de « psychose » de « caractère » et de « perversion » de « caractère » alors qu'il ne sera question, dans mes développements ultérieurs à ces niveaux, ni de véritables structures névrotiques ou psychotiques, ni de perversion au sens habituel du terme, et que ces entités ne se situent nullement au niveau du « caractère » tel qu'il aura été défini plus haut, mais comportent avant tout des problèmes économiques touchant à la sphère narcissique et déjà prépathologique.

Aucune entreprise humaine réaliste ne peut éviter, hélas, le paradoxe, le compromis ou la limitation...

Bien que je reprenne mot à mot la terminologie psychiatrique habituelle dans l'énumération de mes catégories tant caractérielles que structurelles, je ne pense pas pouvoir être considéré comme ayant eu recours à une classification de type « psychopathologique » au sens où on l'entend généralement.

En effet, les classifications à critères psychopathologiques s'appuient en grande partie d'abord sur les symptômes manifestes constatés dans les organisations morbides pour essayer de remonter ensuite plus ou moins loin dans ce qui permettrait de définir une structure ou un caractère, alors que personnellement je ne conserve la terminologie psychiatrique que pour mieux identifier des lignées de mécanismes *latents* fondamentaux et distincts, en les qualifiant, pour la précision et la simplicité de la communication, à l'aide d'épithètes bien connues et bien délimitées. Je ne cherche jamais à partir de l'avatar morbide d'une structure pour en déterminer les axes directeurs, mais je m'attache au contraire à comprendre le fondement métapsychologique spécifique à chaque structure pour considérer ensuite son évolution logique tant en direction du caractère que des symptômes éventuels qui y correspondent en cas de décompensation.

1. La « névrose » de caractère

Il convient tout d'abord de bien préciser que beaucoup d'auteurs qui se sont penchés au cours de la dernière décennie sur le problème de la pathologie du caractère, rangent sous le titre de « névrose de caractère » l'ensemble des trois entités caractérielles pathologiques. Il me semble que cette confusion peut être évitée, étant donné les différences fondamentales constatées entre ces entités, quant au mode de statut et de maniement des représentations objectales.

Certes les mécanismes réactionnels et de clivage de l'imago objectale demeurent assez parallèles dans les trois variétés de maladies du caractère et associés aux mêmes mouvements projectifs ou de fuite et d'évitement ; mais la façon dont ces mécanismes s'articulent entre eux varie de façon assez nette d'une forme à l'autre de cette pathologie.

Je réserverai l'appellation de « névrose » de caractère à une situation du sujet qui comprend d'une part une *dissociation* entre le *maintien du narcissisme personnel* à un niveau antidépressif suffisant pour autoriser un jeu de cache-cache, tant avec les objets qu'avec la faille narcissique initiale (profession, politique, art, philosophie, technique, réalisations matérielles de tous niveaux) et, d'autre part, *l'échec relationnel* interpersonnel et affectif, ne permettant plus l'apparente stabilité du simple « caractère narcissique » (sa limpidité affective, sa modération pulsionnelle suffisante sous les auspices de l'Idéal du Moi, son pouvoir relationnel séducteur en toutes directions), sans pour cela créer de déformations trop nettes de la réalité (comme dans les « psychoses » de caractère) ou d'amputations trop toxiques du narcissisme d'autrui (comme dans les « perversions » de caractère).

P. C. RACAMIER (1963) semble avoir été un des premiers à s'intéresser aux originalités de chacune de ces entités morbides. Pour lui, la névrose de caractère est réellement une « *maladie* », car elle handicape le sujet de façon permanente bien qu'aucun symptôme classique ne se manifeste de façon évidente. La souffrance du sujet apparaît comme diffuse, imparfaitement consciente, reportée sur des « échecs » ou des « épreuves », matérialisée par les inquiétudes des autres plus que du sujet lui-même.

En effet, c'est bien souvent l'entourage qui amène le sujet à consulter ou qui l'accompagne pour donner les explications, ou l'entraîne même, parfois de force, à la consultation.

Lorsque ce patient peut arriver à s'exprimer avec un certain degré de clarté vis-à-vis de sa souffrance, il ne se met pas du tout en cause, en général ; dans un premier temps s'il avoue une certaine gêne relationnelle, c'est pour demander au thérapeute de l'en guérir de façon « magique » et extérieure, non de l'aider à modifier un comportement qu'il juge comme, à peu de choses près, parfait (traduisons : comme essentiel à sa protection). Tout changement interne l'angoisse énormément. La simple pensée d'une modification de l'équilibre personnel, jugé précaire, crée une appréhension de nature à faire refuser au patient toute aide thérapeutique, si l'offre de cure n'est pas assortie, d'emblée, d'apports narcissiques complémentaires sécurisants et suffisants.

L'entourage de tels sujets joue de façon assez constante le rôle d'objet contraphobique, même quand cela n'apparaît pas à première vue. Il s'agit, bien sûr, avant tout d'un objet contraphobique de type narcissique et anaclitique sur lequel le sujet éprouve le besoin de s'appuyer, de « s'étayer » et non pas d'un objet contraphobique du type rencontré dans les hystérophobies et investi essentiellement d'un potentiel génital pulsionnel et défensif à la fois.

L'objet (et principalement la multiplicité des objets) dans la « névrose » de caractère demeure investi *d'abord* au plan pré-œdipien : c'est à la fois dans le sens protecteur le « *fort* » qui rassure et, à la fois aussi, le « *grand* » contre lequel se dresse la révolte et l'agressivité du sujet qui se déclare lui-même « *petit* » avec toute l'ambivalence narcissique que cela suppose. S'il existe (et il existe presque toujours) un investissement génital, *aussi,* de cet objet, un tel investissement demeure par contre parallèle, secondaire et accessoire, mais ni primordial, ni structurant sur le plan économique. Sans aucun doute des éléments épars de vécus œdipiens partiels (et surtout de « l'Œdipe négatif ») se trouvent présents à tous les niveaux des « organisations limites », mais ces éléments ne jouent qu'à titre fragmentaire, isolé et partiel ; ils ne revêtent aucunement le rôle de primat de l'organisation. Ils demeurent accolés aux éléments prégénitaux anaclitiques autour desquels s'est réalisé l'aménagement narcissique antidépressif du Moi.

L'importance des problèmes économiques du narcissisme, autour desquels se fait l'organisation du Moi, sous l'égide de l'Idéal du Moi (et non du Surmoi) va de pair avec la déficience archaïque ressentie, au niveau narcissique justement, à une période proto-œdipienne de l'évolution affective. Cette incomplétude narcissique primaire (bien moins forte et bien moins précoce que les prédispositions du tout premier âge chez le nouveau-né prépsychotique) déclenche une mise en veilleuse, une véritable « faiblesse » (apparente) des pulsions du Ça. En réalité toute une partie de l'énergie pulsionnelle, ayant subi une très nette régression sur le plan libidinal et simplement déformée sur le plan agressif, se trouve utilisée par des formations réactionnelles plus ou moins luxuriantes, constituant, en fait, à la fois une « combustion pulsionnelle » partielle, et une lutte antipulsionnelle. C'est ce qui rend, aussi, si subtile et si fragile à la fois l'aménagement caractériel de ce type

Une proportion importante de l'énergie libidinale, dégradée, se trouve investie dans la défense, à côté de l'énergie des pulsions agressives et donne aux formations réactionnelles de la « névrose » de caractère cette forme de défense *érotisée* qui séduit le naïf au premier contact, et le rend furieux assez rapidement, par la suite, dès qu'il se reconnaît comme simple « *objet-auxiliaire* » du sujet et non objet à part entière.

De plus, quand l'érotisation de la défense devient trop forte, ou commence à se montrer avec une certaine évidence, il se développe chez le sujet, comme l'a montré P.C. RACAMIER (1963), une sorte de « *défense contre la défense érotisée* ».

La mobilité d'un tel système relationnel destiné avant tout à isoler et à maîtriser l'objet s'accompagne parallèlement de telles intensités de *projections* que maintes « névroses » de caractère sont confondues parfois avec des « caractères psychotiques ». Pourtant, dans le premier cas, la réalité reste astucieusement manipulée, tandis que, dans le second cas, un certain degré de déni et d'introjection se manifeste déjà vis-à-vis de cette réalité.

Les formes cliniques des « névroses » de caractère tiennent compte du niveau de fixation de l'évolution libidinale au moment où s'est réalisé le « *premier traumatisme* ». Les traits caractériels se sont rigidifiés à cet étage et se trouvent parfois comparables aux traits de la névrose classique, imités par la « névrose » de caractère. Une « névrose » de caractère bloquée initialement au second stade anal, imitera le caractère obsessionnel par ses traits réactionnels, mais l'organisation économique demeurera cependant beaucoup plus pauvre, parce que beaucoup moins génitale. Toute « névrose de caractère » imite une névrose classique, mais, d'une part elle ne réalise pas de symptômes nets et, d'autre part elle manifeste ainsi des « *signes extérieurs de richesse* » caractérielle (pseudo-névrotique) bien « *au-dessus de ses moyens* » économiques, des points de vue du statut de la structure du simple Moi anaclitique.

Il en est de même de ces « *pseudo-hystériques* » décrits par H. EY (1967) qui se présentent parfois comme des « *fanfarons du vice* » et se composent un personnage « hypersexuel » bien calculé pour mieux masquer leurs insuffisances organisationnelles au niveau de la génitalité.

La vie fantasmatique de ces « névroses » de caractère demeure faible. M. FAIN (1966) a comparé leur comportement à celui de ces insomniaques qui « allument la lumière » devant tout début de rêve gênant ; de la même façon, les « névroses » de caractère s'accrochent vivement à la réalité dès qu'une élaboration fantasmatique inquiétante semble s'amorcer ; et encore prennent-ils bien soin de ne s'intéresser qu'à un aspect assez fonctionnel et assez pragmatique de la réalité immédiate, afin d'éliminer, autant que faire se peut, toute « incitation associative ».

Un exemple de « névrose » de caractère

BOUVARD ET PÉCUCHET

On a souvent fort maltraité ces deux personnages ridicules pour les autres, mais malheureux pour eux-mêmes, et certains critiques sont même allés jusqu'à déclarer qu'ils en arrivaient « à prendre FLAUBERT en pitié » d'avoir écrit des pages (en apparence) si stupides...

Pourtant la majorité des mêmes auteurs louent les mérites du réalisme sentimental de FLAUBERT à l'occasion des descriptions affectives manifestes qui, chez Madame Bovary, ne témoignent en réalité que d'une génitalité de couverture, par-dessus les énormes problèmes narcissiques latents.

A propos de Bouvard et Pécuchet, nous savons que Flaubert a passé les six dernières années de sa vie dans un labeur de compilation acharnée pour ne pas terminer une œuvre dont il nous dit que « *les femmes y tiendront peu de place et l'amour aucune* »...

Nous voici avertis. De quoi s'agit-il donc ?

De deux pauvres êtres, pas tellement masculins, sans apparaître de façon manifeste comme trop homosexuels cependant, bien que l'érotisme anal de Bouvard, fils naturel et mari trompé, fait pour être malmené par les femmes phalliques (épisode avec la veuve Bordin), soit évident et que la passivité sexuelle de Pécuchet ne fasse aucun doute (épisode de Mélie). Tous deux sortent meurtris et déçus de leurs essais du rapproché sexuel... en dehors du rapproché grivois verbal et sans danger avec la statue de plâtre de la charmille.

Qu'ils se livrent successivement, au déclin de leur vie, à des essais de récupération narcissique, sur les plans rationnels de la chimie ou de l'alchimie, de la culture ou de la cuisine, de l'histoire naturelle ou de la médecine, de l'archéologie ou de la géologie, de l'histoire ou du roman, de la politique ou de la philosophie, de la religion ou du spiritisme, de la pédagogie ou de l'amour, qu'ils recherchent même la mort... tout effort aboutit inévitablement à un échec...

Ce qui devait les restaurer narcissiquement aux yeux des autres, comme à leurs propres yeux, va s'ajouter à la somme des blessures narcissiques antérieures, sans qu'ils réussissent, mais aussi sans qu'ils s'effondrent pour autant. La dépression n'est jamais là, même dans la scène du suicide manqué ; mais le succès n'arrive jamais non plus.

Nous ne sommes donc pas sur le plan d'un simple caractère puisqu'il y a répétition de l'échec, ni au niveau du simple « tronc commun », puisqu'il n'y a pas de dépression. Selon les hypothèses schématisées à la figure 11, nous nous trouvons sur un rameau latéral solidement aménagé à partir de l'économie limite : la pathologie « névrotique » de caractère.

La négation de l'échec, l'absence de souffrance, l'activisme déployé en formations réactionnelles sans cesse renouvelées, tout ceci plaide en faveur de la « névrose » de caractère.

De même que l'activité fébrile, cette hypomanie permanente déniant l'échec constitue un véritable *symptôme sans symptôme* de tels états.

L'anaclitisme se trouve développé, tant vis-à-vis des autres que, d'abord, et essentiellement entre eux-mêmes. Ils n'étaient rien avant de se rencontrer, ensemble ils peuvent tout entreprendre.

Survient un fantasme pseudo-génital — vont-ils devoir se séparer ? Nullement... l'anaclitisme féminin ne risque pas de combler la solidité du lien homosexuel latent ; bien plus, la femme représente un danger pour l'intégrité du Moi financier ou corporel et un affront pour le narcissisme ; qu'à cela ne tienne : on reviendra à la solution habilement mise au point, avec juste assez d'autopunition pour ne pas inquiéter narcissiquement les voisins, et juste assez de satisfactions narcissiques pour se satisfaire en circuit anaclitique fermé.

Le peu de réalisme à l'égard des choses (argent) ou des objets (les gens du village) se trouve compensé par un idéalisme naïf et sans limite. On ne voit jamais poindre un interdit véritablement surmoïque ; le Ça (bien inhibé en dehors de l'autopunition dans le pétard mouillé de chaque échec) demeure faible sur le plan manifeste ; le Moi fait ce qu'il peut, avec des moyens autonomes insuffisants, pour se donner à lui-même l'illusion de sa complétude et de sa sécurité.

Même l'échec final signe de façon admirable leur « névrotisme » caractériel : après avoir joué pendant toute l'œuvre aux « faux autonomes », le canevas non achevé (de fait *réellement* et pour bien des raisons !) de l'œuvre de Flaubert nous montre nos deux fantoches entrant résolument dans l'anaclitisme de renoncement et « d'imitation » : ils deviennent définitivement *copistes.*

Si le roman ne nous renseigne guère sur leur enfance, nous en avons signalé tout de même plus haut les failles narcissiques évidentes pour l'auteur chez l'un comme chez l'autre des deux « héros-paratonnerres-qui-y-mettent-du-leur » pour à la fois maintenir malgré tout un lien relationnel avec la réalité jugée persécutrice et à la fois se trouver sans cesse en échec dans les rapprochés avec elle.

L'objet auxiliaire et fonctionnel extérieur ne peut ni suffire ni être abandonné. La seule relation proximale et durable s'établit entre eux deux ; ils jouent réciproquement entre eux deux le rôle du seul objet narcissique contraphobique efficace possible. La défense par de nouvelles « manies » et de nouvelles projections, sans cesse renouvelées et sans cesse répétées, devient un véritable « symptôme » asymptomatique, noyade et noyage narcissique-phallique des réactions latentes déjà si facilement érotisées. Ces « fanfarons désabusés » de la relation érotique aux fantasmes sexuels de collégien ou de « piou-piou » du duc d'Aumale imitent le statut génital et érotique sans pouvoir nous apporter la moindre preuve d'une élaboration œdipienne ou d'un conflit triangulaire névrotique.

Il s'agit de toute évidence d'une lignée caractérielle fondée sur le primat du narcissisme et non du génital. D'autre part la succession des échecs ne permet pas de demeurer dans la simple ligne du « caractère narcissique ». Par contre il n'y a pas de déformation du réel par clivages, telle qu'en rencontre un comportement psychotique de caractère, ni d'atteinte du narcissisme d'autrui faisant penser à une perversion du même cadre.

Aussi banal que soit, à chaque occasion nouvelle, leur comportement tragi-comique, la répétition systématique de tels comportements signe une « névrose » de caractère et non un « caractère ».

Le peu de gravité des atteintes objectales et réelles leur permet de rester dans le cadre « névrotique » de cette pathologie caractérielle.

2. La « psychose » de caractère

Par suite d'un jeu beaucoup plus intensif des phénomènes projectifs, des formations réactionnelles et, surtout, des clivages des imagos objectales, la « psychose » de caractère, tout en ne déniant nullement la réalité (ce que fait au contraire la psychose tout court), arrive à commettre de sérieuses erreurs dans l'évaluation de cette réalité.

En effet, les défenses caractérielles arrivent dans cette variété morbide caractérielle à scinder deux aspects affectivement investis de cette réalité : des vécus contradictoires, gratifiants d'un côté et inquiétants d'un autre. D'autre part les représentations gênantes se trouvant, pour leur part, immédiatement projetées à l'extérieur, une telle projection vise plus spécifiquement la partie inquiétante, déjà isolée, de la réalité externe, doublement tenue à distance après cette opération.

En définitive, on assiste donc à un double clivage, et interne et externe, des éléments de réalité séparés en gratifiants et en gênants.

Il suffit que s'accentue le mouvement complémentaire de surinvestissement des imagos clivées comme gratifiantes d'une part et de désinvestissement des imagos clivées comme inquiétantes pour le narcissisme d'autre part pour se retrouver finalement devant une fausse évaluation de la réalité, tout à fait typique du mode de fonctionnement mental des « psychoses » de caractère.

C'est le cas de ces sujets qui, par exemple, en voyage dans un pays étranger, éprouvent un tel besoin vital de renforcer leurs investissements narcissiques personnels et un tel besoin complémentaire de désinvestir les éléments touchant à « *l'inquiétante étrangeté* » projetée sur les autres qu'ils pratiquent un clivage des représentations, poussé au point d'en arriver à se rendre insupportables auprès de leurs hôtes et de se voir priés de repartir chez eux plus tôt que prévu, et sans avoir compris ce qui s'était réellement passé sur le plan des objets externes et de la subtile manipulation de leurs objets internes.

Il faut, à de tels sujets, le « choc » déprimant d'un gros traumatisme social, ou d'une expérience collective agressive à leur encontre (groupe social, ou groupe de sensibilisations diverses, recherchant une quelconque « vérité » mais en réalité surtout les failles de la cuirasse caractérielle d'autrui) pour les faire vaciller sur leurs bases caractérielles personnelles jusque-là réputées « inébranlables » ou « incorruptibles » quant on y mêle une notion de valeur, par surcroît.

Souvent quelques symptômes vrais, mais discrets, coexistent d'ailleurs si les éléments caractériels n'arrivent pas à éponger à eux seuls les percées pulsionnelles : quelques phobies ou quelques comportements obsessionnels de couverture, légers et bien rationalisés.

Les réussites des « psychoses de caractère » s'avèrent plus difficiles et moins durables que celles des « névroses » caractérielles. L'échec est vite de règle, même si une particulière intelligence dans les rationalisations, un rare talent dans l'audace relationnelle, une grande maîtrise inconsciente des éléments de clivage et une heureuse proportion des traits sublimatoires et réactionnels arrivent à donner longtemps le change ou permettent une récupération secondaire, à nouveau temporaire, après un précédent échec.

La « *culbute narcissique* » finale survient toujours un jour ou l'autre : au début elle fait porter subitement la lumière sur tout ce qui était passé inaperçu comme appartenant au registre aberrant dans la construction caractérielle.

La colère, et aussi un soulagement, compensateurs du sentiment d'avoir été dupés, conduit alors les objets à nier à leur tour tous les éléments appartenant au secteur positif et non clivé du sujet. Il faut un certain temps, et probablement des objets moins atteints personnellement dans leur narcissisme pour que ces éléments positifs puissent à nouveau être reconnus sereinement.

L'ensemble du comportement de la « psychose » caractérielle prend un aspect strictement défensif ; c'est la fameuse « armure caractérielle ». Elle sied de façon particulièrement heureuse à certains tribuns, à certains hommes politiques, à certains artistes, à certains écrivains.

Les formations réactionnelles, les clivages et les projections, semblent d'importance vitale au « psychotique » de caractère : sa dynamique demeure : *être ou ne pas être*. Tant que le mécanisme n'a pas réussi, la personnalité n'est ni assise intérieurement, ni affirmée à l'extérieur ; dès que le mécanisme fonctionne, c'est la percée des difficultés sociales qui commence ; dès que le mécanisme cède, c'est la retraite ou l'effondrement qui menacent le Moi.

Le mécanisme de la « psychose » de caractère fonctionne comme un délire a minima, non pas focalisé (comme une parapsychose) mais préservant *tous les niveaux* encore en contact avec la *réalité banale et essentielle.* Pour ce qui est du reste, du domaine clivé objectalement, le « psychotique » de caractère arrive à mettre en doute cette partie gênante et clivée, avec une facilité que ne peut concevoir l'individu « normal ». Chez ce dernier, en effet, le déplaisir, interne ou externe, demeure une composante de réalité tout autant que la satisfaction interne. Bien plus, c'est dans l'expérience primitive de frustration que se constitue la représentation d'objet. Mais cette frustration doit demeurer tout de même modérée et située dans un contexte d'amour maternel du type objectal. Dans la genèse du Moi du « psychotique » de caractère, cette frustration a été trop forte et vécue aussi dans un contexte ne comportant pas assez de chaleur affective. Elle n'a pu s'avérer un élément constitutif de la réalité ; bien au contraire les représentations acceptables de la « réalité » du patient doivent se trouver obligatoirement amputées de telles frustrations. Ce n'est plus une différence quantitative. Le statut même des fondements de la représentation de la réalité diffère radicalement.

Le statut topique des « psychoses » de caractère demeure centré sur un Moi fragile mais pouvant donner le change pendant longtemps et sur un Surmoi assez peu organisé. Par contre, l'Idéal du Moi, très puissant, comme dans toutes les branches des aménagements « limites », tient en tyrannie étroite aussi bien le Moi que les objets.

Les pulsions sexuelles sont peu actives et davantage inhibées quant à leur but que réprimées par un refoulement sous la dépendance d'un Surmoi très actif. Par contre les pulsions agressives demeurent mal contrôlées par le Moi prégénital et le Surmoi déficient.

Les tendances aux décharges agressives inattendues sont décrites parfois sous l'expression d'*ego-defect* pour bien marquer leur valeur d'expression directe sadique sans passer par le filtre du Moi organisé de façon objectale et génitale mature.

Un exemple de « psychose » de caractère

ROBESPIERRE

Jules VALLÈS déclarait que l'humanité n'avait connu, après Jésus-Christ, qu'un seul grand homme : Robespierre.

Pourtant le personnage n'est pour beaucoup qu'un monstre sanguinaire, inaccessible à la pitié, ayant livré à la guillotine tous ses anciens amis et combien d'innocents.

Pendant plus d'un siècle, le nom de Robespierre n'a été prononcé qu'avec horreur ; puis, peu à peu, des auteurs d'opinions diverses ont cherché à réhabiliter le « monstre jacobin » et à lui redonner une place de premier plan parmi les personnages de la Révolution française.

Cependant on ne connaît pas pour autant beaucoup de rues portant actuellement le nom de Robespierre. L'impression quelque peu hallucinante laissée par le personnage n'est pas encore près de se dissiper...

Comment peut-il se faire qu'un individu dont la vie fut aussi brève, aussi publique, et aussi bien transcrite, continue à susciter des jugements passionnés et opposés, ne concernant pas tellement ses idées, mais sa personnalité même, autrement dit le rapport qui existe entre ses « symptômes », son caractère, et sa structure ?

En effet rien n'apparaît comme banal en lui, ni sa naissance, ni son enfance, ni sa vie politique, ni sa vie sexuelle, ni ses amitiés, ni ses positions métaphysiques, ni sa défense devant les attaques et ni, surtout, enfin, les circonstances de sa chute et de sa mort.

Il semble exister toujours un décalage sensible entre les réalités extérieures pénibles (et souvent minables) au milieu desquelles il se débattait d'une part et d'autre part la grandiloquence de ses prétentions idéales internes.

Cette grandiloquence n'ayant d'ailleurs, de toute évidence, aucun rapport avec la mégalomanie du type paranoïaque. La grandiloquence reste liée à un effort de manipulation de l'objet ; la mégalomanie constitue une négation de ce dernier.

Aîné de quatre enfants, il naquit quatre mois après le mariage de parents qui ne s'entendaient guère. La mère mourut en couches après cinq grossesses rapprochées. Le père refuse d'assister aux obsèques, abandonne ses enfants et disparaît en dilapidant la succession familiale, puis meurt peu après ; c'était un psychopathe notoire.

Maximilien, élevé par ses grands-parents maternels, entre au collège d'Arras où son caractère s'avère détestable, empreint d'une envie de briller par son labeur et d'un besoin de se démarquer des autres. Boursier à Louis-le-Grand, il souffre de se sentir « pas comme les autres » et en dehors d'un travail intensif, émule de Rousseau, il sombre dans les rêveries ou les promenades solitaires...

Avocat à Arras, il occupe ses loisirs en littérature et en philosophie. Dès la convocation des états généraux, il est élu député du tiers état et entre d'emblée dans l'histoire.

Sa sincérité fait excuser sa violence. « *Ce jeune homme ira loin,* dit de lui très tôt Mirabeau, *il croit tout ce qu'il dit.* »

En 1971 il est nommé « accusateur public » au tribunal criminel de la Seine : placé dans la position de « bourreau » (à laquelle le conduisent logiquement vis-à-vis de l'opinion publique ses diatribes agressives) et de détenteur d'un « pouvoir » assez absolu sur la vie des autres (ce dont il ne cesse d'accuser tous les « tyrans » du monde), le voici qui comme tant d'autres « hommes du destin » (vieux ou moins vieux, civils ou militaires, hommes politiques affamés ou repus) commence par se déclarer victime, faisant don de sa personne au pays. Tout comme dans le premier rêve d'une analyse, tout comme dans l'ouverture de tout opéra, ou le premier propos de deux amants, son discours initial dans cette charge symbolique d'accusateur public contient le résumé prémonitoire de tout ce qui va suivre : « *Je n'envisage pas sans quelque frayeur les travaux pénibles auxquels ma place va me condamner ; mais je suis appelé à une destinée orageuse ; il me faut en suivre le cours jusqu'à ce que j'aie fait le dernier sacrifice que je pourrai offrir à la patrie* (1). »

Il se sépare très vite de ses compagnons des premiers combats (Mirabeau, Lameth, Barnave, etc.) et devient peu à peu, dit MICHELET : « *le grand obstacle de ceux qu'il avait quittés* ».

De la même façon, il commence par accepter la présence du roi, puis par réclamer sa mort.

Membre du « Comité de Salut Public », il ne participe pas au fonctionnement du tribunal révolutionnaire et quand il est sollicité à son domicile par des familles suppliantes, il lui est souvent difficile de ne pas signer un billet libérateur. Il n'a rien d'un pervers, même caractériel. Son narcissisme d'écorché vif supporte mal le face à face individuel accusateur ; il se voudrait terriblement *aimé,* mais, en public, la tension devient trop forte, tout semble l'accuser de ses propres origines malheureuses, de sa propre ascension compensatoire, de sa propre angoisse et de sa propre agressivité interne ; alors tout devient persécuteur et dans un mouvement défensif impulsionnel direct, terriblement coûteux et qui l'épuisera vite, malgré les encouragements excitateurs d'un Idéal du Moi sans mesure, il ne pourra résister au rythme épuisant d'une « course en avant » terriblement endiablée.

Quand il se trouve seul devant ses propres problèmes, comme le 8 ou le 9 thermidor, on le voit osciller, tergiverser, perdre son aplomb, s'angoisser, ne pas choisir ; par contre, dès qu'il se sent en opposition devant un groupe adverse, sa violence renaît aussitôt : Hébert et ses partisans, Danton, Desmoulins et leurs amis, font les frais de cette angoisse dès qu'elle dépasse le seuil du supportable par

(1) Les extraits des discours de ROBESPIERRE cités ici sont tirés de l'édition des *Grands orateurs républicains,* Le Centaure, Paris, 1948.

le conscient, de l'organisable par le Moi, du maintien dans les représentations pas trop clivées de la réalité.

Au-dessus d'une certaine intensité affective, l'angoisse de perte de l'objet halluciné comme indispensable en tant que puissant et aimant, amène Robespierre d'un côté à rejeter comme mauvaise (dans les ténèbres *extérieures* ou la fécalisation de faud) toute représentation non conforme à une fusion prédélirante (dans le sens d'une néo-construction irréelle et rassurante) des images paternelle et maternelle protectrices et gratifiantes ; cependant que, dans un mouvement complémentaire et simultané, il se crée, d'un autre côté, un lien également subdélirant avec la représentation *interne* positive, d'un Etre Suprême doué de toutes les puissances, de toutes les bontés et de toutes les vertus, mais qui resterait strictement l'Etre Suprême *de* Robespierre, le sien, non celui des frères curés (le Dieu de l'Eglise) ni celui des frères révolutionnaires (la déesse « Raison »).

De tels clivages, de telles formations réactionnelles, de telles projections et identifications projectives, au caractère si visiblement autocentré narcissiquement, s'avéreront intolérables pour le propre narcissisme, toujours assez exalté et menacé à la fois dans une si troublante période.

A propos d'un essai de délimitation de la notion de « normalité », j'ai dit (II-1) que l'individu « normal » se réservait le droit de se comporter de façon apparemment aberrante dans des conditions exceptionnellement « anormales ». Ce point de vue peut s'appliquer tout à fait au cas de Robespierre qui, en des conditions de réalité extérieure effectivement exceptionnelles, aurait dû, pour être réputé « normal », se comporter de façon apparemment « aberrante », donc ne pas faire « comme tout le monde » ni suivre avec aussi peu de nuances une ligne idéale trop utopique.

S'il avait pu disposer d'une maturité affective suffisante, lui permettant « *d'aimer* », Robespierre aurait pu utiliser son exceptionnelle intelligence et son incontestable incorruptibilité, non pour attiser par de supplémentaires excès des processus primaires déjà assez déchaînés, mais pour remonter au contraire le courant de cette régression primitive collective et redonner quelque audience au principe de réalité à travers, enfin, une secondarisation et une élaboration qui auraient peut-être évité la perversisation bonapartiste ultérieure et inéluctable de la situation.

Le présent propos n'est point de juger Robespierre (ni quiconque) mais d'essayer de comprendre le niveau de fonctionnement de tels ou tels processus mentaux : ceux de Robespierre, à la fois morbides et asymptomatiques, entrent incontestablement dans la pathologie caractérielle et sous une forme qui semble nettement psychotique étant donné l'importance du clivage des imagos et l'amputation consécutive de la réalité comme l'appauvrissement progressif du Moi en contrepartie inévitable.

Cet homme n'était ni un démagogue, ni un pervers : il souffrait vraiment de la situation dans laquelle il se trouvait ; il souffrait sincèrement de ses actes et n'avait rien de ces petits tribuns de comités divers assoiffés du pouvoir dont ils se fantasment, exclus par leurs pères et manifestant visiblement leur plaisir de souiller les objets actuels de projection de leurs propres désirs de puissance et de leurs propres mouvements persécutoires.

Robespierre, « l'incorruptible » sur le plan libidinal oral (ascète), anal (méprisant l'argent mais toujours propre et élégant) et génital (on ne lui connaît aucune maîtresse et seulement deux fiancées purement platoniques) fait preuve d'une pauvreté et d'une rigidité affectives bien souvent décrites et qui se traduisent dans son langage : on ne rencontre jamais dans ses discours d'élans autres que sadiques (et leurs conséquences masochiques) mais le besoin d'une logique apparente et inflexible, au nom de la colère et de la justice (cette dernière étant d'ailleurs vécue avec un glaive plus qu'avec une balance).

Les clivages altérant la réalité se retrouvent tout autant dans son besoin d'une représentation incarnée en lui dans sa rigueur, ou, à l'extérieur, en l'Etre Suprême dans sa transcendance, comme le besoin de certitude de l'existence de la Nature vertueuse, bonne et juste, omnipotente et immortelle de ses fantasmes de petite enfance, réactivés plus tard à la lecture de Rousseau, pendant que d'un autre côté ses projections, directes ou identificatrices, le mettraient à l'abri des représentations inacceptables de ses pulsions agressives.

Il ne pouvait que se faire rejeter par les violents de son époque en raison de l'ambivalence de ses provocations. Il arrivait, à la fois, à force de clivages et de projections à se comporter avec les autres comme si ceux-ci n'existaient plus et, dans le même moment, il se taillait narcissiquement « la part du lion » sur le plan de l'idéalisation, de la rigueur et de l'intransigeance.

D'un côté il contraignait ses objets à venir s'incliner le 8 juin 1794, lors de la fête de l'Etre Suprême, devant son propre Idéal du Moi qu'il faisait monter à l'autel de la patrie ; d'un autre côté, peu de temps après, le 28 juillet, dans son ultime discours, il accablait ces mêmes objets de ses projections dont la simple énumération semble difficilement croyable : il traite en effet pratiquement l'Assemblée devant laquelle il se présente de rassemblement de *conspirateurs, dictateurs, ennemis du peuple, persécuteurs, traîtres, tyrans, athées, despotes, agents de l'étranger, contre-révolutionnaires, criminels, assassins, fripons, ambitieux, complices des scandales, factieux machiavéliques, vicieux, scélérats et perfides...*

... Après quoi il affirme savoir « *aussi quels sont les devoirs d'un homme qui peut mourir en défendant la cause du genre humain* » et qui estime que « *la mort est le commencement de l'immortalité* ».

On ne peut suivre R. LAFORGUE (1950) quand il soutient l'hypothèse d'un Surmoi trop sévère chez Robespierre ou quand il propose un diagnostic de paranoïa.

Robespierre n'était pas organisé de façon assez œdipienne pour dépasser le stade de l'Idéal du Moi et parvenir à une organisation surmoïque sous le primat du génital. Tout comme sa sœur Charlotte (aigrie et vertueuse), ou son autre sœur Françoise (morte à 22 ans), ou son frère « Bonbon » (guillotiné avec lui), Maximilien n'avait jamais pu rencontrer véritablement l'autre sexe.

Pourtant Robespierre n'était nullement un psychotique de la lignée classique : son Moi n'était nullement morcelé ni clivé. Seules ses représentations objectales avaient subi de notables déformations selon un tel processus défensif ; pas son Moi.

D'autre part Robespierre demeurait trop attaché narcissiquement à l'objet anaclitique idéal et centré sur un Idéal du Moi antidépressif pour s'approcher d'une structure paranoïaque. Il ne nie jamais la réalité, il en clive avec violence les représentations et ne recherche ni satisfaction, ni puissance, seulement une réassurance introuvable, l'amenant à recommencer sans cesse d'inépuisables et plus profonds clivages du monde... à un tel point que, de nos jours encore, les auteurs se battent pour défendre l'une ou l'autre de ses représentations inconciliables et pourtant toutes deux parfaitement authentiques... quoique déroutantes par leur aspect inconciliable... à travers même ses chroniqueurs, et bien après sa mort, « l'incorruptible » n'admet pas de milieu, pas de partage, il lui faut déclencher encore, de façon éternellement répétitive, de nouveaux clivages imagoïques.

3. La « perversion » de caractère

La « perversion » de caractère correspond en réalité, comme il a déjà été dit, aux sujets atteints de *perversité* alors que la perversion authentique, décrite à propos des structures, intéresse les véritables « pervers », au sens habituel du terme.

Il est souvent difficile de distinguer ces patients des caractères paranoïaques. Pourtant, dans le cas présent, il ne s'agit que d'un essai de sauvetage du narcissisme personnel grâce aux apports du narcissisme des autres, ceci au sein d'un Moi simplement lacunaire, relativement incomplet, alors que, dans toute structure paranoïaque, il existe déjà une économie de morcellement du Moi et une rupture de la relation aux autres.

D'autre part, il faut séparer radicalement aussi les « pervers » de caractère des « pervers » de perversion véritable. Ces derniers, en effet, opèrent un déni du sexe de la femme avec un surinvestissement compensatoire du phallus, alors que les premiers, les simples « pervers » de caractère qui nous intéressent ici, se contentent de dénier à autrui le droit de posséder son propre narcissisme.

Nous nous trouvons donc devant une régression, non pas à économie à efficience génitale partielle, mais à économie essentiellement narcissique, quitte à y découvrir associées des « bulles » génitales diverses (hétéro ou homosexuelles) purement juxtaposées et non organisatrices.

Pour le « pervers » de caractère, les objets ne peuvent posséder d'individualité concurrentielle, d'intérêts propres, d'investissements dans des directions qui ne seraient pas centrées sur le sujet lui-même, possessif, intransigeant, exclusif dans ses exigences affectives : tout doit être pensé pour lui et pour lui seul. Les autres sont destinés obligatoirement à compléter le narcissisme défaillant du « pervers » caractériel au prix de leur propre narcissisme. Le « pervers » de caractère tient ses objets dans une relation anaclitique aussi étroite sur le plan sadomasochique et narcissique que le pervers de perversion a besoin de conserver son objet homosexuel en sa possession érotique.

L'existence et la nature du lien homosexuel du « pervers » de caractère sont à préciser également. De même que dans les autres maladies du caractère, l'homosexualité passive n'est jamais absente dans la partie des investissements libidinaux qui se trouve maintenue ; mais cet aspect homosexuel passif se trouve particulièrement évident et opérationnel dans le cas de la « perversion » de caractère.

Un autre trait rapproche la « perversion » de caractère de la perversion véritable ; c'est l'absence et de souffrance et de culpabilité des sujets. Dans l'un et l'autre cas il faut attribuer ces manques, tant au peu d'efficacité du Surmoi, qu'au faible pouvoir du Moi d'éviter que les pulsions passent dans les agis. Cependant, dans le cas de pervers authentique, le passage à l'acte touche aussi bien les composantes génitales partielles que les composantes agressives, alors que, dans la « perversion » de caractère, il s'agit essentiellement des composantes agressives, les éléments sexuels se situant au niveau d'épiphénomènes, principalement homosexuels passifs, ou bien hétérosexuels de couverture, plus que d'investissements génitaux authentiques.

Depuis longtemps on avait décrit les cas « *d'invalides moraux* » n'ayant aucune référence interdictrice introjectée et dont les comportements agressifs se situent au niveau de l'expression directe de la pulsion. Les défenses classiques manquent tout autant, chez de tels sujets, que l'organisation habituelle d'un Surmoi post-œdipien.

La littérature, l'histoire, les gazettes des tribunaux, foisonnent d'exemples de cette sorte et nombre de gens décrits comme « *psychopathes* » correspondent à une véritable organisation « perverse » du caractère.

Les travaux de PINEL (1809) sur la « manie sans délire », d'ESQUIROL (1838) sur la « monomanie instinctive », de MOREL (1857) sur la « folie des dégénérés », de PRICHARD (1835) sur la « moral insanity » ou des auteurs germaniques sur les « moralische Krankheiten » vont dans le même sens, de même que les « déséquilibrés » de MAGNAN (1893).

EY, BERNARD et BRISSET (1967) ont décrit une clinique de « l'impulsivité perverse » qui correspond bien à nos « pervers » de caractère : tension agressive, impulsivité, rancœur, ressentiment, irritabilité, indiscipline, inaffectivité, inadaptabilité, amoralité, rétivité, obstination, insensibilité à l'amour, à l'attachement, au respect, à la douleur personnelle comme à celle des autres, sournoiserie, vindicativité, violence, rébellion, perfidité, traîtrise, cynisme, hypocrisie... la liste des traits exposés ainsi semble inépuisable et toujours aller dans le sens des cas cliniques que nous rencontrons dans notre catégorie des « pervers » de caractère.

J.A. ARLOW (1969) a souligné deux aspects particuliers aux perversions de caractère : tout d'abord l'aspect non réaliste des comportements (ces patients s'arrangent pour *ignorer* les situations désavantageuses alors que les phobiques les *évitent*), ensuite une tendance aux mensonges, peu importants d'ailleurs, mais qui épargnent également de « voir la vérité en face ». Et ARLOW signale des variétés particulières de « pervers » de caractère : les « farceurs » et les « mystificateurs » toujours en train de falsifier la vérité sous des allures peu culpabilisantes. Ce serait, soit un besoin de créer une angoisse chez l'autre, ou une façon de prendre pouvoir sur lui, ou encore le plaisir de lui montrer qu'on l'a « possédé ». Il s'agirait, pour l'auteur, d'éviter par-dessus tout l'émergence des fantasmes inconscients ; la « perversion » de caractère aurait pour but, tout comme le symptôme, de chercher à maîtriser une situation fantasmatique dangereuse.

Dans un travail récent sur la « perversion » affective, C. DAVID (1972) met l'accent sur le soubassement dépressif de tels comportements, sur l'importance de l'Idéal du Moi. Il signale la position nosologique intermédiaire entre névrose et psychose de telles entités cliniques. Chez les sujets de ce type, l'image virtuelle et introjectée jouerait un rôle plus gratifiant que l'objet lui-même dans sa réalité.

« *Le " pervers " affectif,* pense G. DAVID, *lâche la proie pour l'ombre, l'ombre constituant pour lui la véritable proie.* » L'inhibition de la pulsion quant au but remplacerait le refoulement de la névrose classique en donnant naissance à de véritables forces antisexuelles dissociatives qui alimenteraient la tendance autocentrée et l'auto-affectation. On verrait apparaître ainsi un mouvement de fétichisme interne, une sorte de « fétichisme sans fétiche ».

Il y aurait, somme toute, bien des façons inapparentes d'être « pervers »...

Un exemple de « perversion » de caractère

IAGO

Il paraît tout d'abord intéressant de noter que SHAKESPEARE s'est inspiré pour son *Othello* d'une nouvelle parue en 1565 dans l'*Hécatommithi* de Giraldi CINTHIO. Dans sa nouvelle, CINTHIO nous trace un portrait avant tout « *névrotique* » d'un Iago, décrit comme follement amoureux de Desdémone ; c'est sa jalousie sexuelle à l'égard d'Othello qui constitue la trame du drame.

Dans l'œuvre de SHAKESPEARE il va en être tout autrement : de tous les héros diaboliques de SHAKESPEARE (et Dieu sait qu'il en existe beaucoup), Iago est incontestablement présenté comme le plus subtilement perfide et c'est aussi celui des « mauvais génies » de l'auteur qui se trouve dépeint avec le plus de soin, de finesse dans le trait, de précision dans les lignes de forces caractérielles. Iago se montre tout à la fois cynique, vif et habile, agressif et ambitieux mais également *jaloux* : cependant la jalousie du Iago de SHAKESPEARE ne peut se comparer à celle du personnage de CINTHIO ; alors que le second manifestait la classique jalousie amoureuse, le premier se limite à une jalousie narcissique fondamentale, mettant en question, non pas un statut personnel génital, mais une position narcissique-phallique d'une part vis-à-vis de l'ensemble des objets, et homosexuelle, d'autre part, à l'égard des objets particuliers représentatifs de la puissance. Si l'on ne tenait pas compte (scotomisation fréquente chez nombre de commentateurs) de ce ressort, subtil mais très puissant au niveau narcissique, Iago n'aurait aucun motif d'actions aussi noires, il serait atteint de la fameuse « *perversité constitutionnelle* » chère aux anciens psychiatres et légistes, et jugée alors comme incompréhensible rationnellement, mais que nous pensons pouvoir expliquer tout de même avec un peu plus de précision, actuellement, sur le registre justement de la pathologie caractérielle.

On a cru parfois, non sans raisons, bien que peut-être à tort, pouvoir réduire le drame de SHAKESPEARE à un concerto homosexuel entre Othello et Iago. Certains ont même été jusqu'à suggérer que le titre de la pièce serait plus opportunément *Iago* qu' *Othello* tant l'étrangeté inquiétante du personnage de l'enseigne marque l'action de traits obscurs, communs à tous les humains, et qui ne peuvent être reconnus par eux que dans une demi-teinte projective, très estompée, tout empreinte de volupté inavouée et d'épouvante hautement clamée.

Le génie de SHAKESPEARE est de brosser, à la limite du conscient et du préconscient du spectateur, une fascinante allégorie des pulsions narcissiques et sadiques à l'état pur, désintriquées de leurs habituelles composantes sociales adoucissantes, culpabilisées ou génitalisées.

Iago c'est l'avidité fondamentale, « l'envie » au sens kleinien du terme ; c'est chercher à récupérer pour soi ce que les autres ont obtenu et pas soi.

Il n'y a plus chez Iago de culpabilité, ni de peur de la castration, ni de traces défensives d'un Œdipe, même édulcoré ; tout y est narcissiquement grandiose, dans l'indifférence vis-à-vis du Surmoi intériorisé, tout autant que du narcissisme d'autrui. Pour lequel d'entre nous, Iago, en dehors de ses aspects profondément léthaux (et au-delà même de son inévitable conduite d'échec), ne représente-t-il pas, *aussi,* le vengeur « sans peur ni reproche » de toutes les concessions que, depuis notre plus tendre enfance, nous avons dû accorder au narcissisme de nos frères ou de nos sœurs en tant que rivaux ? Quelle puissance dans le mal ! nous font nous exclamer nos instances idéales ; mais une voix secrète (au niveau le plus archaïque de la constitution de notre « non-autre ») nous murmure avec suavité que Iago n'a connu, lui, ni peur, ni honte, ni dégoût...

Et c'est bien là le côté le plus « pervers », *sur le plan caractériel*, du personnage, celui de réveiller en nous « le Iago qui sommeille » au niveau le plus élémentairement narcissique ; cette avidité fondamentale archaïque servira de soubassement tant dans le cadre fusionnel à la haine de l'objet, que dans le cadre homosexuel à la haine de la femme, que dans le cadre, aussi, de l'Œdipe à la haine du parent de même sexe.

D'un bout à l'autre de la pièce, Iago ne varie pas d'un pouce, tant le « pervers » de caractère, comme tout « pervers », est incapable de nuances et de changements.

De la même façon, nos plus préhistoriques racines narcissiques-sadiques demeurent inchangées en nous, sur le plan pulsionnel.

Le spectateur est à la fois un Othello, passionné, sentimental, généreux, spontané et vulnérable dans ses échanges avec des objets sexualisés eux-mêmes non omnipotents et à la fois un Iago froid, cynique et constant dans son « autisme narcissique », ne niant nullement la réalité mais l'utilisant, au contraire, « coup par coup » et « coup pour coup », à des fins strictement égoïstes, fonctionnelles, opératoires et calculées.

Iago c'est l'acide dégagé de nos expériences narcissiques primaires ratées qui s'infiltre dans les failles de nos relations objectales et y ronge, lentement mais sûrement, nos articulations objectales les plus sincèrement amoureuses ; cette action corrosive et sournoise des pulsions de mort semble d'autant plus vouée à l'efficacité qu'Othello en lui-même n'a rien d'un caractère constitué seulement de tendresse idéalisée et édulcorée, sans autre composante hétérogène : son sang maure rappelle l'hérédité du Ça qui bouillonne au-dessous de son « noble » comportement manifeste.

Iago aura beau jeu à la fois de fécaliser l'imprécise et limpide figure féminine et de renverser les défenses antiprégénitales du « sauvage-civilisé » sous-jacent, image beaucoup plus chargée affectivement, bien que moins supportable au grand jour, de tous ceux qui ne sont pas demeurés dans notre iconographie défensive-agressive « des sauvages-tout-court » ce qui eût été plus simple mais trop direct.

L'homosexualité latente de Iago surgit à tous moment. A propos de Desdémone : « *Et moi aussi je l'aime, mais pas par convoitise, plutôt au contraire par besoin de nourrir ma vengeance* (contre Othello) *car je soupçonne le More lascif d'avoir sailli à ma place. Cette pensée, comme un poison, me ronge intérieurement et mon âme ne peut être satisfaite avant que nous ne soyons* manche à manche (sic), femme pour femme (sic) *ou tout du moins avant que j'ai inspiré au More* (1) *une jalousie si forte que la raison ne puisse plus la guérir* » (II, 1) ; ou à propos de Cassio : « *Je mettrai Cassio sur le flanc...* » ou directement à propos d'Othello : « *J'abuserai du More de la façon la plus grossière...* » (sic).

Que ce soit Émilia ou Desdémone, les femmes ne sont considérées par Iago (même dans le fantasme d'être trompé par Othello) que comme un moyen de

(1) En plus il existe, sans doute, un jeu de mots portant sur « More » davantage dans le sens d'une homosexualité « *trans*sexuelle ».

retrouver sexuellement l'homme : tout comme dans les stances de Méphisto devant Marguerite et Faust, les versets de Iago commencent par une apparente galanterie dans le style du compliment courtois le plus classique et se terminent par une amère fécalisation morale. De la même façon que l'homosexuel pervers « singe » la femme et la ridiculise dans ses propres *comportements,* le « pervers » de caractère, lui, ridiculise la féminité par la projection sur les représentations féminines de ses propres *traits de caractère* agressifs.

L'ambivalence narcissique de Iago déclenche des mouvements agressifs et maniaques de surface nécessaires à masquer le mouvement de rapproché passif et latent à l'égard des hommes : Iago ne veut pas supplanter Othello, il désire avec violence conserver seulement la deuxième place auprès de lui, celle de Cassio certes, mais aussi celle de Desdémone, bien sûr.

De la même façon, il prête, *en fantasmes,* sa propre épouse à Othello au premier acte, et à Cassio au second. Il lui faut être le second partout, derrière l'imago masculine puissante.

Ces deux rapprochés se présentent comme presque délirants dans leur évidente irréalité, donc comme « presque psychotiques », mais ils se trouvent également focalisés sur un problème *en apparence* sexuel et *en apparence* féminin, donc ils s'avèrent également comme « presque pervers », mais ici *d'abord* sous la primauté du narcissisme. C'est bien encore cette double ambiguïté purement fantasmatique, et sans passage à l'acte satisfaisant, qui caractérise la « perversion » de caractère.

Un moment également très caractéristique de toute l'ambivalence affective et projective dévorante du personnage nous montre Iago imaginant, pour troubler Othello, une scène ou Cassio l'aurait étreint au cours d'une nuit passée dans son propre lit tout en pensant à Desdémone. L'art suggestif de SHAKESPEARE envoûte le spectateur, le manipule habilement dans la mesure où cet art se limite à une évocation à la fois sûre et discrète, n'exigeant jamais l'approbation du conscient mais entraînant la complicité des mouvements affectifs et projectifs préconscients, ceux qui se situent si près de la réalisation hallucinatoire du désir...

Conclusion

Il paraît bien utopique de se croire en mesure, un jour prochain, d'épuiser dans une synthèse nosologique, descriptive ou théorique quelconque, la multiplicité des arrangements que le clinicien est amené à rencontrer et à démêler au niveau de la multitude des éléments constitutifs des processus mentaux.

Les schémas directeurs proposés ici, à partir d'une approche structurelle latente, pour différencier et articuler à la fois entre elles les données psychiques fondamentales, n'ont nullement la prétention de parvenir à tout inclure, tout classer, et, encore moins, tout expliquer.

Mon propos a consisté, avant tout, à essayer de dégager une vue métapsychologique d'ensemble englobant la plupart des entités cliniques rencontrées, qu'elles soient pathologiques *ou non*, en ne se contentant pas de les classer en groupes et sous-groupes arbitraires, mais en cherchant à comprendre quelles sont les liaisons topiques, économiques et dynamiques pouvant assurer un mode d'articulation, souple mais assez constant, entre toutes ces variétés originales.

La première conclusion à laquelle je suis parvenu, c'est qu'il n'existe qu'un nombre très limité de structures de base, quand on réserve cette appellation à des facteurs à la fois très précis, très profonds et très constants.

Il me semble donc possible de rendre compte, comme d'articuler entre elles, un certain nombre de données, tant caractérologiques que psychiatriques, à partir de cette notion des *formations structurelles de base* sans pour autant tomber dans une classification simplement psychopathologique.

La plupart des études caractérologiques anciennes s'attachent à des descriptions souvent heureuses, mais habituellement fragmentaires et superficielles, sans bases structurelles assez clairement définies. Beaucoup d'essais nosologiques en psychiatrie se limitent à une séparation en groupes de symptômes et de syndromes. Quant aux essais de communication entre les systèmes caractérologiques et psychiatriques, ils ont le plus souvent abouti à une domination du déterminant morbide.

Mon effort de réflexion résulte de vingt-cinq années de pratique psychologique et psychopathologique à des degrés divers, et de neuf années de recherches sur le problème des structures de base ou de leurs manifestations visibles, tout autant non morbides que morbides.

L'hypothèse de travail que j'ai développée ici suppose que toute *organisation structurelle* de la personnalité peut se traduire dans la vie relationnelle aussi bien sous la forme d'éléments de *caractère,* dans l'état normal d'adaptation, que sous la forme de *symptômes,* en cas de désadaptation et de maladie.

Le critère de « normalité » demeure pour moi lié au degré d'adaptation aux réalités internes et externes du sujet et constitue l'arête séparant les deux versants précédents.

Une structure de base se définit par la solidité, la permanence et la relative fixité des mécanismes mentaux essentiels : mode de constitution du Moi, façon dont sont traitées les expressions et les représentations pulsionnelles, rôle des instances idéales et interdictrices, degré d'évolution et d'élaboration libidinale, type de relation d'objet et sa distance, nature du mode d'angoisse profonde, sens de l'équilibre entre investissements narcissiques et objectaux, variété du lien avec la réalité, niveau et conséquences des conflits internes ou externes, influence réciproque des processus primaire et secondaire, statut des rêves et des fantasmes, primauté de tel groupe de mécanismes de défense, dialectique particulière entre principe de plaisir et principe de réalité, etc.

De telles exigences dans l'établissement d'un diagnostic structurel de la personnalité de base m'ont conduit à limiter l'appellation de « *structure* » aux deux seules lignées névrotique et psychotique avec leurs variétés catégorielles intrinsèques : les variétés schizophrénique, paranoïaque et maniaco-dépressive (y compris la variété mélancolique) du côté de la lignée psychotique, et du côté de la lignée névrotique, les variétés obsessionnelle et hystérique (d'angoisse ou de conversion).

Les comportements phobiques pouvant se rencontrer, sans limitation, au sein de n'importe quelle organisation structurelle de base, il ne m'a pas semblé possible de distinguer une catégorie structurelle spécifiquement *phobique.*

Entre ces deux lignées structurelles de base, il paraît conforme à la pratique clinique, comme à l'opinion de nombreux auteurs contemporains, de situer une organisation intermédiaire qui ne présenterait ni la solidité, ni la fixité des structures classiques de la personnalité mais correspondrait à un simple aménagement narcissique inconfortable et supporté par de coûteuses formations réactionnelles, donnant, en temps « normal », l'apparence d'une « hypernormalité », et, en cas de défaillance, une pathologie dépressive. C'est ce qu'on appelle habituellement les « border-lines » ou « *états limites* ».

Une telle lignée peut parfaitement se décompenser dans les directions névrotique, psychotique, ou psychosomatique ; or, de leur côté, les lignées névrotique ou psychotique ne pourraient communiquer entre elles qu'au niveau de la grande crise d'adolescence.

Selon les hypothèses émises dans ce travail, la lignée intermédiaire pourrait également donner naissance à des aménagements plus stables ; aménagements pervers ou aménagements caractériels, sur lesquels je me suis particulièrement étendu en raison de leur situation habituellement assez mal définie, aussi bien du côté de la caractérologie que du côté de la psychopathologie.

Si les observations psychopathologiques se montrent fort utiles pour guider la démarche du psychologue tout au long de sa recherche du fil directeur des organisations mentales de base, de leurs contours et de leurs détours, de leurs divisions comme de leurs connexions, il demeure cependant évident que cette démarche ne peut s'arrêter aux seuls aspects morbides de ce qui est constaté.

Une organisation structurelle de base, telle qu'elle est délimitée dans les présentes hypothèses, ne correspond qu'à un assemblage et à une interaction réciproque de mécanismes psychiques, plus ou moins faciles à détecter de façon isolée, et dont *l'ensemble seulement* constitue l'aspect structurel vivant de la personnalité.

Une organisation structurelle de base ne peut en aucune façon se présenter à l'état pur aux regards ou aux investigations de l'observateur. Elle doit, pour être perçue par un autre sujet situé à l'extérieur d'elle-même, prendre une allure « *opérationnelle* » et relationnelle dont les deux volets principaux se trouvent situés d'un côté, si cette structure fonctionne de façon adaptée, dans le registre du caractère et des traits de caractère, et d'un autre côté, si cette structure fonctionne de façon inadaptée, dans le registre des maladies, des syndromes et des symptômes.

C'est à ce carrefour que semble réalisable une unité de dialogue entre psychologie clinique, caractérologie et psychiatrie, à la lumière de la pensée psychanalytique.

Chaque catégorie structurelle naît, vit, se développe, hésite, régresse et progresse, conserve le droit à la réussite comme à l'échec, quel que soit son statut intrinsèque.

Dans la mesure où les anciennes classifications ne pouvaient rendre compte à la fois des caractères et des structures de la personnalité, les habitudes assez fixistes de cataloguer ne se trouvaient exploitables que dans leurs aspects descriptifs ; ces classifications demeuraient au niveau manifeste et superficiel sans atteindre le plan métapsychologique latent et profond. De la même façon toute catégorisation non reversible entre versant morbide et versant non morbide s'avère de nature à satisfaire le psychiatre mais n'autorise aucune synthèse dépassant le cadre purement médical.

Convaincu de l'importance des trois pôles inséparables, représentés par la structure de la personnalité, le caractère et l'éventuelle symptomatologie, je me suis attaché à éviter la tentation fâcheuse de trop mélanger, en voulant aboutir coûte que coûte à un compromis, les données spécifiques de chacun de ces trois volets.

Je me suis employé d'abord à rassembler une assez grande variété d'observations directes ou indirectes, à comparer mes propres constatations avec les travaux de toutes origines portant sur nombre d'aspects nouveaux et fragmentaires concernant les structures de la personnalité, les caractères et la nosologie psychiatrique. C'est sur cette confrontation que je me suis appuyé au départ ; dans la mesure où tel ou tel élément paraissait recevoir une vérification clinique de divers côtés, j'ai pensé pouvoir élaborer, peu à peu, une synthèse, de jour en jour plus panoramique ; je me suis efforcé de relier entre eux les chaînons cliniques et théoriques éprouvés comme solides auprès des spécialistes de ces problèmes partiels.

Il me restait encore à tirer de mes propres observations et de mes propres réflexions des hypothèses nouvelles permettant d'estomper quelque peu les solutions de continuité qui persistaient entre les diverses positions théoriques apparaissant comme acquises.

C'est ici que se range la conception de la fluctuabilité des états limites, de leur position intermédiaire, non seulement du point de vue nosologique, mais surtout aux niveaux génétique, clinique, et métapsychologique.

J'ai envisagé, dans le même sens, les possibilités de communication entre les deux grandes lignées structurelles de base, au moment de l'adolescence seulement, puis les passages des états limites vers les lignées psychotique, névrotique, ou psychosomatique.

Il m'a semblé, enfin, que l'évolution vers l'organisation perverse d'une part et vers les aménagements du caractère d'autre part, ne pouvait se concevoir qu'à partir d'une économie narcissique et anaclitique de type « limite ».

Toutes ces assises structurelles, ainsi précisées et ainsi articulées entre elles, m'ont paru, enfin, pouvoir rendre compte tout autant des fonctionnements relationnels caractériels que des évolutions pathologiques plus ou moins poussées.

On pourrait considérer l'ensemble de mon système comme trop limitatif, contraignant et prédéterminé ; je pense, au contraire, me contenter de présenter un simple cadre, une sorte *d'arbre généalogique des structures et de leur destin,* une « épine dorsale » conçue comme lieu de rencontre des points de vue génétique et métapsychologique ; c'est sur ces axes conceptuels élémentaires que je propose d'accrocher, ici et là, toutes les entités caractérielles ou nosologiques, bien définies antérieurement, mais de façon plus éparse, et en apportant du même coup à ces descriptions manifestes une dimension structurelle et une profondeur latente qui, à mon avis, leur ont fait, jusque-là, trop souvent défaut.

Ma démarche méthodologique correspond d'une part à l'idée d'une base structurelle constante, assez simple et assez fixe, à partir d'un certain degré et d'un certain moment de l'évolution affective ; elle suppose d'autre part un respect rigoureux et indispensable de l'immense variété des entités originales pouvant évoluer sur cette base conceptuelle avec toutes les nuances, les mobilités relatives, les variations adaptatives, les oscillations entre manifestations relationnelles symptomatiques ou caractérielles... qui constituent en fin de compte, la vie telle que la conçoit le bon sens, ou, autrement dit, la lutte entre pulsions de vie et pulsions de mort, selon la dernière optique freudienne.

Mon propos est demeuré axé sur un but synthétique essayant de mieux éclairer les connexions intimes contenues à l'intérieur du champ triangulaire isocèle partant du sommet structurel pour aboutir à la base relationnelle limitée par les deux pôles, caractériel et morbide.

On peut imaginer que, plus le mode d'organisation psychique se situe comme élaboré (en direction de la maturation libidinale, génitale, œdipienne et névrotique) plus l'angle du sommet structurel sera grand et plus grande

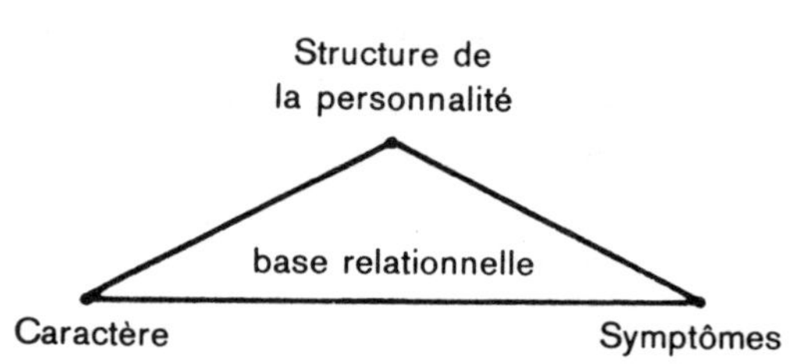

FIGURE 12 : Schéma de l'aire relationnelle névrotique.

aussi sera la base relationnelle *(cf. figure 12)* alors que dans la mesure où la structure ira dans la direction du Moi organisé de façon psychotique *(cf. figure 13)* l'angle au sommet structurel s'avérera au contraire plus aigu et la

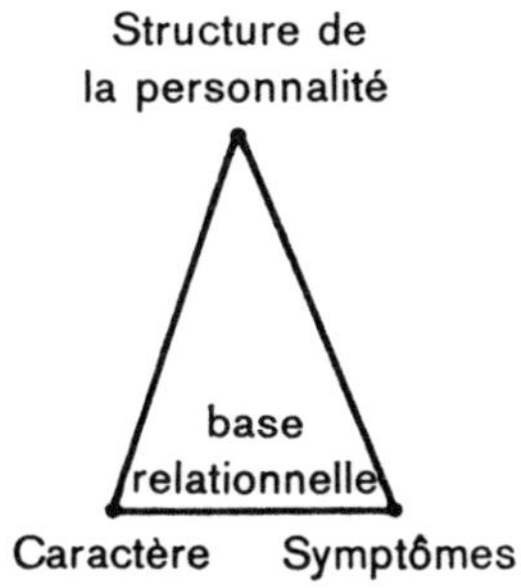

FIGURE 13 : Schéma de l'aire relationnelle psychotique.

base relationnelle se restreindra considérablement ; les symptômes apparaîtront comme beaucoup plus proches du caractère ; la marge de sécurité, la séparation fonctionnelle entre les deux pôles de la base relationnelle diminue.

Je me suis contenté de préciser de façon assez schématique les repères structurels et caractériels essentiels et je me suis efforcé de dire les choses en termes assez simples.

Mon ambition est de susciter des échanges de points de vue assez féconds et des recherches nouvelles dans des directions que je n'ai pu, bien souvent, qu'effleurer, faute de temps, de moyens, ou d'idées personnelles assez nettes.

Certaines de mes hypothèses apparaîtront, peut-être, comme devant être modifiées ou abandonnées par la suite ; l'importance de mes lacunes, en maints domaines, ne m'échappe point.

J'aimerais, en particulier, développer davantage mes recherches en relation avec les psychistes d'enfants pour lesquels je ne me suis pas toujours montré très bienveillant au cours de ce travail. J'estime un dialogue plus profond et plus direct indispensable entre psychistes d'enfants et psychistes d'adultes puisque ces deux catégories de spécialistes se trouvent, de fait, notablement diversifiées sans toujours se rencontrer autant qu'il paraîtrait souhaitable.

Bibliographie

R.F.P.

Revue française de Psychanalyse, P.U.F., Paris.

E.M.C.

Encyclopédie Médico-Chirurgicale, Psychiatrie (3 vol.), Paris.

I.J.P.

The international Journal of Psycho-Analysis, Baillère, Tindall and Cassel, Londres.

P.U.F.

Presses universitaires de France, Paris.

ABRAHAM K.

1912. Notes on the psycho-analytical investigation and treatment of manic-depressive insanity and allied conditions, Basic Books, N. Y., 1953.

1921. Contributions to the theory of anal character (Compléments à la théorie du caractère anal), *in Selected Papers,* Hogarth Press, Londres, 1942. Trad. fr. M. ROBERT et M. de M'UZAN, *R.F.P., 34,* n° 2, mars-avril 1960, 187-206.

1924. *Versuch einer Entwickelunggeschichte der Libido auf grund der Psychoanalyse seelischer störungen,* Internat. Psychoanal. Verlag, Leipzig, Trad. fr. I. BARANDE, *in* K. ABRAHAM, *Œuvres complètes,* t. II, Payot, Paris, 1966, 254-314.

1925. Beträge der Oralerotik zur charackterbildung, *in Psychoanalytische Studien zur charackterbildung,* Internat. Psychoanal. Verlag, Leipzig, Trad. fr. I. BARANDE et S. CHAMBON, in K. ABRAHAM, *Œuvres complètes,* t. II, Payot, Paris, 1966.

ACH N.

1935. *Analyse des Willens.* Urban, Berlin.

ADLER A.

1955 *a. La psychologie de l'enfant difficile.* Payot, Paris.

1955 *b. Connaissance de l'homme.* Trad. fr. MARTY J., Payot, Paris.

AJURIAGUERRA J. (DE).

1949. Vue d'ensemble sur les troubles d'évolution de la motricité, du langage et du caractère à dysfonctionnement conjoint. *Sauvegarde,* 1949, *39,* 1-43.

1971. *Manuel de Psychiatrie de l'enfant,* Masson, Paris.

AJURIAGUERRA J. DE et GARRONE S.

1963. Mécanismes d'organisation et facteurs de désorganisation dans l'évolution de l'enfant, *Méd. et Hyg.,* 1963, *21,* 413-416, 462-464.

ALBY J.

1958. Névroses de caractère et caractères névrotiques, *Encéphale, 47,* 1-16.

ALEXANDER F.

1923. The castration complex in the formation of character, *I.J.P., 4,* 11-42.

1930. The neurotic Character, in *I.J.P., 11.*

ALLENDY R.

1929. Classification des caractères, *Hygiène mentale, 24,* 84-88.

ALLPORT F. H.

1955. *Theories of perception and the concept of structure.* Wiley N. Y.

AMIEL R. et LEBIGRE F.

1970 *a.* Le Test de T. Langner, *Ann. méd. psych., 128,* 1, n° 4, 565-580.

1970 *b.* Un test rapide pour l'appréciation de la santé mentale, *E.M.C., Psychiatrie,* Recueil périodique, n° 30, 1, déc.

ANZIEU A.

1968. Sur quelques traits de la personnalité du bègue, *Bulletin de Psychologie,* 270, *31,* 15-19, 1022-1028.

ANZIEU D.

1956. *Le Psychodrame analytique chez l'enfant,* P.U.F., Paris.

1959. *L'auto-analyse,* P.U.F., Paris.

1965. La notion de structure, *Bulletin de Psychologie,* 239, *38,* 13-15 fév., 710.

1966 *a.* La Méthode projective, *Bulletin de Psychologie,* 248, *19,* 13-15 fév., 829-916.

1966 *b.* Œdipe avant le complexe ou de l'interprétation psychanalytique des mythes, *Les Temps modernes,* n° 245, oct., 675-715.

1967. T.E.E. ou les jeux de la création cinématographique, *Les Temps modernes,* mars, n° 250, 1713-1722.

1968. Observation clinique d'un groupe malade, *Bulletin de Psychologie,* 270, *31,* 15-19, 976-982.

1969 *a.* Difficulté d'une étude psychanalytique de l'interprétation, *Bull. Assoc. psychanal. Fr.,* n° 5, 12-32.

1970 *a. Les méthodes projectives.* P.U.F., Paris.

1970 *b.* Eléments d'une théorie de l'interprétation, *R.F.P., 34,* 5-6 sept., 755-820.

1971 *a.* Le corps et le code dans les contes *de* J. L. Borges, *Nouvelle Revue de Psychanalyse,* Paris, n° 3, printemps.

1971 *b.* L'illusion groupale, *Nouvelle Revue de psychanalyse,* Paris, n° 4, automne.

ANZIEU D. et MARTIN J. Y.

1969 *b. La dynamique des groupes restreints,* P.U.F., Paris.

ARDOINO J.

1954. Propos sur une caractérologie d'une méthode d'analyse du caractère, *Psyché,* 9-87, 47-70.

ARFOUILLOUX J.-C.

1972. Les troubles du caractère chez l'enfant, *Concours médical, 84,* n° 34-35, 5511-5516.

ARLOW J.

1963. Conflit, régression et formation des symptômes, *R.F.P.*

1969. Phantasy, Memory and Reality testing, *Psychoanal. Quarter., 38,* 28-51.

BAER A.

1950. Le Test de Rorschach interprété du point de vue psychanalytique, *R.F.P., 14,* n° 4, oct.

BALINT M.

1952. Character analysis and new beginning 1933, *in* BALINT M., *Primary love and psychoanalytic technique,* Londres, The Hogarth Press, 159-172.

1955. Friendly Expanses-Horrid empty spaces, *I.J.P., 36,* 226-241.

1959. *Thrills and regressions.* Hogarth Press, London.

BARANDE I.

1966. Lecture des « Mémoires » de Schreber, *R.F.P.,* n° 1, 27.

1968. Le vu et l'entendu dans la cure, *R.F.P.,* n° 1, 67-96.

BAUMEYER F.

1956. The Schreber case, *I.J.P., 37,* 61-74.

BECACHE A.

1972. Malades psychosomatiques, *in Abrégé de psychologie pathologique,* Masson, Paris, 197.

BENASSY M.

1951. Etude de la personnalité par la méthode des tests, *Le Travail humain, 14,* n° 2, avril, 103-118.

1956. Evolution de la Psychanalyse, *in La Psychanalyse d'aujourd'hui,* t. II, P.U.F., 761-784.

1967 *a.* Le problème général des Border-Lines. Document de travail de l'Association internationale de psychanalyse (Ronéotypé).

1967 *b.* Psychanalyse théorique, *Bulletin de Psychologie,* 261, *20,* 22, 15 mai.

1969. Le Moi et les mécanismes de défense, *in La théorie psychanalytique,* Paris, P.U.F., 285-348.

BENASSY M. et CHAUFFARD C.

1942. Le Test F de Cattel est-il un test objectif de tempérament, *Année psychologique, 33,* 199-230.

BERGE A.

1970. *L'enfant au caractère difficile.* Paris, Hachette.

BERGER G.

1950. *Traité pratique d'analyse du caractère,* P.U.F., Paris.

1971. *Caractère et personnalité,* P.U.F., Paris, 120.

BERGERET J.

1964. A propos de la pathologie du caractère, *Journal de Médecine de Lyon,* n° spécial.

1968 *a*. Un cas particulier de psychopathologie de la sénescence, *Rev. Hyg. Méd. soc., 16,* n° 6, 617-620.

1968 *b*. A propos de l'Acting-out dit « d'adolescence » et du contre-transfert, *R.F.P.,* n° 56, 1001-1005.

1969. A propos de deux cas d'agoraphobie chez l'homme, *R.F.P.,* n° 4, 577-588.

1970 *a*. Les états limites. Réflexions et hypothèses sur la théorie de la clinique analytique. Conférence donnée à la S.P.P., mars.

1970 *b*. Les « inaffectifs », *R.F.P., 34,* 5-6 sept., 1183-1191.

1970 *c*. La relation médecin-malade, *Information psychiatrique,* n° 3.

1970 *d*. Les états limites, *E.M.C., Psychiatrie.*

1972 *b*. Relations entre déréalisation, dépersonnalisation et délire, *in Abrégé de psychologie pathologique,* Masson, Paris, 174.

1972 *c*. Les états limites et leurs aménagements, *in Abrégé de psychologie pathologique,* Masson, Paris, 179-197.

1972 *d*. La notion de structure, *in Abrégé de psychologie pathologique,* Masson, Paris, 129-135.

1972 *e*. La notion de normalité, *in Abrégé de psychologie pathologique,* Masson, Paris, 125-129.

1972 *f*. Le Problème des défenses, *in Abrégé de psychologie pathologique,* Masson, Paris, 86-109.

BERGERET J., BROUSSOLLE P. et JOURLIN N.

1972 *a*. Les Psychoses tardivement psychotiques, *Information psychiatrique, 48,* 2 févr., 135-141.

BERGLER E.

1934. The problem of oral pessimism (Le problème du pessimisme oral), *Imago, 20,* Londres, 243-292.

1948. *The basis neurosis* (La névrose de base). Grune et Stratton, N. Y. Trad. fr. A. CORMIER, Payot, Paris, 1945, et *R.F.P., 34,* n° 1, 41-123.

BERNARD Cl.

1865. *Introduction à la médecine expérimentale.* Baillère, Paris.

BERNOT J.

1972. Un test de normalité psychique, *Revue médicale de Dijon,* mars, *7,* n° 3, 179-186.

BETTELHEIM B.

1971. *Les enfants du rêve.* Trad. fr. O. WERTHEIMER, Laffont, Paris.

BIBRING Cl.

1964. Some considerations regarding the ego ideal in the psychoanalytic process, *Journal of American Psychoanalytic Association, 12,* n° 3, 517-523.

BINET A.

1900. *La suggestibilité,* Schleicher, Paris.

1903. Les simplistes, les distraits, les interprétateurs, *Année psychologique, 9,* 3.

BINSWANGER L.

1931. Die Ideenflucht, *Schweiz. Arch. Neur. u. Psychiatr., 32,* 28 à 30.

BION W.

1954. Notes on the theory of Schizophrenia, *I.J.P., 35,* n° 2, 964-987.

BLEULER E.

1950. *Dementia praecox or the group of Schizophrenia.* International U. Press, N.Y.

BLEULER M.

1941. Hérédité et pronostic dans la schizophrénie, *Fortschr. Neur. Psych.,* fév., *13,* 49-63.

BOREL J.

1947. *Le déséquilibre psychique.* P.U.F., Paris.

BOURDIER P.

1963. Troubles du caractère chez l'enfant, la relation médecin-parents, *Perspectives psychiatriques,* n° 2, 27-35.

1972. Séminaire sur la pathologie de la normalité, S.P.P., Paris ; à paraître *in R.F.P.*

BOURJADE J.

1948. Principes de caractérologie, *Centre d'Etudes pédagogiques de l'Académie de Lyon,* Lyon, 93.

BOUTONIER J., (cf. aussi à : FAVEZ-BOUTONIER J.).

1945. *Les défaillances de la volonté,* P.U.F., Paris.

BOVET L.

1951. *Aspects de la délinquance juvénile.* Organisation Mondiale de la Santé, Genève.

BOUVET M.

1953. Le Moi dans la névrose obsessionnelle, *R.F.P.*, n° 1-2, 111-196.

1956. La clinique psychanalytique, *in Psychanalyse d'aujourd'hui,* P.U.F., Paris.

1960. La clinique analytique. La relation d'objet, *R.F.P.*, n° 6, 723-790.

1967. *Œuvres psychanalytiques,* 2 vol., Payot, Paris, 436 et 310.

BOWEN W.

1921. Caractère et aliénation mentale, *Journal de Psychologie, 21,* 3.

1946. *Introduction à la caractérologie.* Ronge, Lausanne.

BOWLBY J.

1940. The influence of early environnement in the development of neurosis and neurotic character, *I.J.P., 21,* 154-178.

1944. *Forty-four thieves : their characters and home life.* Timal et Cox, Londres.

BRAUNSCHWEIG D.

1968. De certains mécanismes antidépressifs tels qu'ils apparaissent au cours du traitement psychanalytique des névroses, *R.F.P.*, n° 3, 599-604.

BRAUNSCHWEIG D., LEBOVICI S. et VAN THIEL-GODFRIND J.

1969. La psychopathie chez l'enfant, *Psychiatrie de l'enfant, 12,* fasc. 1, 5-106.

BRENTANO F.

1924. *Psychologie vom empirischen standpunkt,* Meiner, Berlin. Trad. fr., *Psychologie du point de vue empirique,* Aubier, Paris, 1944.

BRISSET Ch.

1960. Anthropologie culturelle et psychiatrie, *E.M.C., Psychiatrie,* 37715, A 10, 1-10.

BURLOUD A.

1942. *Le caractère.* P.U.F., Paris.

CALLIER J.

1968. *L'identification,* Ed. du G.L.P., Lyon.

CALLIER J. et BERGERET J.

1964. A propos de deux cas d'agoraphobie chez l'homme, *R.F.P.*, 1969, n° 4, 557-588.

1970. La relation médecin-malade, *Information Psychiatrique,* n° 3, 681-687.

CANGUILHEM G.

1966. *Le normal et le pathologique.* Paris, P.U.F.

CANNON W. B.

1927. The theory of emotions, *Amer. J. Psychol., 39,* 106, 124.

1966. Caractère et névrose, VIIe séminaire de perfectionnement. *R.F.P., 30,* n° 3, 295-323.

CARLIER M.

1970 *a.* Une des modalités de la pensée divergente : la flexibilité et ses déterminants personnels, *Rev. int. Psych. appl., 19,* n° 1, 83-94.

1970 *b.* Une modalité de la créativité. La flexibilité, ses relations avec l'intelligence et les aptitudes primaires, *Rev. psych. appl., 20,* n° 3, 151-164.

CARR (A. C.)

1963. Observations on paranoïa and their relationship to the Schreber case, *I.J.P., 44,* 2, 113-127.

CATTELL R.

1956. *La personnalité.* P.U.F., Paris.

CHASSEGUET-SMIRGEL J.

1964. *Recherches psychanalytiques nouvelles sur la sexualité féminine,* Paris, Payot.

1966 *a.* Notes de lecture en marge de la révision du cas Schreber, *R.F.P.,* 1, 41-59.

1966 *b.* Notes cliniques sur un fantasme commun à la phobie et à la paranoïa, *R.F.P.,* 1, 121-139.

1966 *c.* Essai sur l'Imago de la mère phallique. Conférence donnée à *l'Institut de Psychanalyse de Paris* le 17 mai.

CHILAND C.

1965. Psychopathologie de l'enfant et de l'adolescent, *Bulletin de Psychologie, 19,* 246, n° 6-7 à *20,* 259, n° 19 (déc. 1965 à avril 1967).

1971 *a. L'enfant de six ans et son avenir.* P.U.F., Paris.

1971 *b.* Le statut du fantasme chez Freud, *R.F.P.,* 203-217.

CHILAND C. et coll.

1966. Renseignements épidémiologiques fournis par l'étude longitudinale d'un groupe d'enfants du XIIIe arrondissement de Paris. *Bull. I.N.S.E.R.M.,* t. 21, n° 3, 455-466.

CLAPARÈDE E.

1931. *Psychologie de l'enfant*. Delachaux et Niestlé, Neuchâtel.

CLAUDE H. et LAFORGUE R.

1925. Sur la schizophrénie et la constitution bipolaire du caractère schizoïde, *Evolution psychiatrique,* 1, 27-36.

1937. Les rapports de l'hystérie avec la schizophrénie. Rapport à la Soc. Médico-Psych., *Ann. méd.-psychol.,* juin.

COMTE A.

1842. Cours de Philosophie positive, III, 40e leçon. Rassmussen, Paris.

CONNOLY C. J.

1939. Constitution physique, *in Studies in Psychology and Psychiatry,* Cat. U. Ann. Washington.

CORIAT I.

1924. The character traits of uretral erotism, *The psychoanalytic Review,* 11, 426-434.

1926. A dynamic interpretation of Kretschmer's character types, *American Journal of Psychiatry,* 6, 259-266.

CORMAN L.

1937. *Quinze leçons de morphopsychologie*. Amédée Legrand, Paris.

1941. *Initiation morphopsychologique*. Amédée Legrand, Paris.

CORMAN L. et LONGUET Y.

1953. *Structures morphopsychologiques en psychiatrie*. Expansion Scientifique Française, Paris.

COVELLO L. et COVELLO A.

1971. *Epilepsie, symptôme ou maladie*. Hachette, Paris.

DAVID Chr.

1961. *L'attitude conceptuelle en médecine psychosomatique*. Thèse de méd., Foulon, Paris.

1964. D'une mythologie masculine touchant la féminité, *in Recherches psychanalytiques nouvelles sur la sexualité féminine,* Payot, Paris, 65-89.

1972 *a*. Pathologie et pathogénie de la normalité, *Séminaire de la S.P.P.* (à paraître *in R.F.P.*).

1972 *b*. La perversion affective, *in La sexualité perverse*. Payot, Paris, 195-230.

DAVID H. P. and VON BRACKEN H.

1957. *Perspectives in personality theory,* Basic Books, N.Y.

DELAY J.

1946. *Les dérèglements de l'humeur,* P.U.F., Paris.

PICHOT P. et PERSE J.

1957. *Méthodes psychométriques en clinique, tests mentaux et interprétation.* Masson, Paris.

DELEUZE G. et GUATTARI F.

1972. *L'anti-Œdipe,* Ed. de Minuit, Paris.

DELMAS A. et BOLL M.

1931. *La personnalité humaine.* Flammarion, Paris.

DESHAIES G.

1959. *Psychologie générale,* P.U.F., Paris.

DEUTSCH H.

1934. Uber einer typus der pseudoaffecktivität (« als ob »), *Intern. zeit. für Psychoan., 20,* 323-335.

1945. Some forms of emotional disturbance and their relationships to schizophrenia, *Yearbook of Psychoanalysis,* t. 1, 121-136.

1964. Some clinical considerations of the ego ideal, *J. Amer. psychoan. Ass., 12,* n° 3, 512-547.

1970. *Neuroses and character types,* Internat. U. Press, N.Y., 1965. Trad. fr. G. RINTZLER, *Névroses et types de caractère.* Payot, Paris, 1970.

DEVEREUX A.

1955. Acting-out in dreams : as reaction to a break-through of the inconscious in a character disorder, *American Journal of Psychotherapy, 9,* 657-660.

DIATKINE R.

1957. La notion de régression, *Evolution psychiatrique,* 3, 405-426.

1967. Du normal et du pathologique dans l'évolution mentale de l'enfant, *Psychiatrie de l'enfant, 10,* n° 1, 2-42.

1968. L'abord psychanalytique de l'hystérie, *Confrontations psychiatriques,* n° 1, sept., 85-100.

1969. L'enfant prépsychotique, *Psychiatrie de l'enfant, 12,* fasc. 2, 413-446.

DIATKINE R. et FAVREAU J.

1956. Le caractère névrotique. *R.F.P., 20,* n° 1-2, 151-236.

DIATKINE R., STEIN C. et KALMANSON D.

1959. Psychoses infantiles, *E.M.C., Psychiatrie,* 37299, M 10.

DIATKINE R. et SIMON J.

1972. *La psychanalyse précoce.* P.U.F., Paris.

DONGIER M. et S.

1964. Les composants paranoïaques dans les névroses de caractère, *in Caractère et névrose de caractère en psychanalyse,* Soc. franç. psychanal. Paris.

DUBLINEAU J. et coll.

1949. Formule sanguine et facteurs typologiques, *Ann. méd.-psych.* Paris, 1, 275.

DUBOR P.

1971. Dissociation de l'économique et du sens chez le psychotique : Utilisation du réel dans l'agir, *R.F.P., 35,* 1058-1081.

DUFRENNE M.

1953. *La personnalité de base.* P.U.F., Paris.

DUMAS G.

1930. *Nouveau traité de psychologie.* Alcan, Paris.

DUPRE E.

1925. *Pathologie de l'imagination et de l'émotivité.* Payot, Paris.

EISENSTEIN V. W.

1956. Psychothérapie différentielle des états limites, *in Techniques spécialisées de la psychothérapie.* P.U.F., Paris, 255-269.

EISSLER K. R.

1944. Balinese character. A critical comment, *Psychiatry, 7,* 139-144.

1954. Notes upon defects of ego structure in schizophrenia, *I.J.P., 35,* n° 2, 141-146.

1956. The effect of the structure of the ego on psychoanalytic technique. *J. Amer. Psychoan. Ass.,* n° 4.

ESQUIROL E.

1838. *Des maladies mentales.* Baillère, Paris.

Ey H.

1950. *Psychogenèse des névroses et des psychoses* (Journées de Bonneval). Desclée de Brouwer, Paris.

1954 *a*. La mélancolie, *in Etudes psychiatriques,* t. III, Étude 22, Desclée de Brouwer, Paris.

1954 *b*. Epilepsie, *Etudes,* n° 26, t. III, Desclée de Brouwer, Paris.

1955 *a*. Le groupe des schizophrénies. *E.M.C., Psychiatrie,* 37281, A 10, 1-41.

1955 *b*. Schizophrénies. *E.M.C., Psychiatrie,* 37281, C 10.

1958. Les problèmes de la schizophrénie. *Evolution psychiatrique,* n° 2, 149-211.

Ey H., Bernard P. et Brisset Ch.

1967. *Manuel de psychiatrie.* Masson, Paris.

Fain M.

1962. Contributions à l'étude des variations de la symptomatologie, *R.F.P.*, 353.

1964. Perspective psychosomatique sur la fonction du fantasme, *R.F.P., 28,* n° 4, 609-623.

1965. A propos du narcissisme et de sa genèse, *R.F.P.*, n° 5-6, 561-572.

1967. Intervention à propos des états limites, *R.F.P.*, n° 2, 262.

1969. Réflexions sur la structure allergique, *R.F.P., 33,* n° 2, 227-243.

Fain M. et Marty P.

1959. Aspects fonctionnels et rôle structurant de l'investissement homosexuel au cours des traitements psychanalytiques d'adultes, *R.F.P.*, 1959, 5, 607.

Favez-Boutonier J., (cf. aussi à Boutonier J.).

1945. *L'angoisse.* P.U.F., Paris.

1963. *Questions de psychologie générale.* C.D.U., Paris.

1965. L'activité volontaire, *Bulletin de Psychologie, 18,* 238, n° 10-12.

Federn P.

1926. Narcissism in the structure of the ego, *I.J.P., 9,* 401-419.

1947. Principles of psychotherapy in latent schizophrenia, *Amer. J. Psychoth., 1,* 129-144.

1953. In ego Psychology and the Psychoses, *in Imago,* Londres.

FENICHEL O.

1930. Zur Prägenitalen Vorgeschichte des Ödipuskomplexes (La préhistoire prégénitale du complexe d'Œdipe), *Intern. Zeitschr. f. Psa, 16.*

1934. *Outline of clinical psychoanalysis.* Norton, New York.

1937. Les stades précoces du développement du Moi, *Imago, 23,* 243.

1942. Notes on a case of character analysis, *Bulletin Forest Sanit., 1,* 22-27.

1945 *a. The psychoanalytic theory of neurosis* (La théorie psychanalytique des névroses), Norton, New York. Trad. fr. M. SCHLUMBERGER, C. PIDOUX, M. CAHEN et M. FAIN, P.U.F., Paris, 1953.

1945 *b.* La manière d'agir névrotique, *Psychan. Rev., 32,* 197.

1953. Psychoanalysis of character, *in* FENICHEL O., *Collected papers,* t. 2, New York, Norton, 1953, 198-214.

FERENCZI S.

1909 *a.* Transfert et Introjection (1909), *in Œuvres complètes,* t. 1. Trad. fr. J. DUPONT, Payot, Paris, 1968.

1909 *b.* Des psychonévroses (1909), *in Œuvres complètes,* t. 1. Trad. fr. J. DUPONT, Payot, Paris, 1968.

1914. The ontogenesis of the Interest in Money, *in Contributions to psychoanalysis,* Basic Books, N.Y.

1916 *a.* Stages in the development of the sense of reality, *in Contributions to psychoanalysis,* Hogarth Press, N.Y.

1916 *b.* Formation composite de traits érotiques et de traits de caractère, *in* FERENCZI S., *Œuvres complètes,* t. 2. Trad. fr. J. DUPONT et M. VILIKER, Payot, Paris, 1970, 253-254.

1927. The adaptation of the family to the child, *in Final contributions to the problems and methods of psychoanalysis,* Basic Books, N.Y.

1952. *First contributions to psychoanalysis.* Hogarth Press, Londres, 40-43.

FLIESS R.

1950. *Psychoanalytic Reader. U.I.P.,* New York, 254.

FLOURNOY Th.

1900. *Des Indes à la planète Mars.* Alcan, Paris.

FOISSIN H.

Mécanismes perceptifs et structure de la personnalité, *in Annales médico-psychologiques.* Masson, Paris, t. 1, *123,* n° 5, 713-724.

FOLLIN S. et CHAZAUD J.

1961. Cas cliniques de psychose hystérique, *Evolution psychiatrique,* n° 2, 257-286.

FOREL A.

1937. *Out of my life and work.* Norton, N.Y.

FOUILLÉE A.

1895. *Tempérament et caractère.* Alcan, Paris.

FREUD A.

1951. *Le traitement psychanalytique des enfants* (1926-1945). Trad. fr. P.U.F., Paris.

1952. *Le Moi, et les mécanismes de défenses* (1946). Trad. fr. P.U.F., Paris, 1952.

1968. *Le normal et le pathologique chez l'enfant* (1965). Trad. fr. Gallimard, Paris.

FREUD S.

G.W. = Gesammelte Werke, 18 vol., Imago, Londres, 1940-1952.

S.E. = The Standard Edition of the complete psychological Works of Sigmund Freud, ed. by Strachey, 24 vol., Hogarth Press, Londres, 1953-1966.

1891 *a. Zur Auffassung der Aphasien. Eine Kritische Studie* (Sur la conception de l'aphasie : Une étude critique). Deuticke, Vienne. Trad. angl. : *On Aphasia. Imago,* Londres, 1953.

1887-1902. *Aus den Anfängen der Psychoanalyse* (Naissance de la psychanalyse). *Imago,* Londres, 1950, *S.E.* I, 175-279. Trad. fr. A. BERMAN, P.U.F., Paris 1956.

1894 *a. Die Abwehr Neuropsychosen* (Les psychonévroses de défense), *G.W.* I, 59-74, *S.E.* III, 45-68.

1895 *b.* Über die Berechtigung von des Neurasthenie einen bestimmten symptome complex als « Angstneurose » alstrennen (Sur les raisons de détacher de la neurasthénie un syndrome précis, la « névrose d'angoisse »). *Neurol. Zentralbl.,* 14 janv. 1895, n° 2, 50-66 (*G.W.I., S.E.* III).

1895 *d. Studien über Hysterie* (Etudes sur l'hystérie), *G.W.* I, 77-3. 2 *S.E.* II, 1-305. Trad. fr. A. BERMAN, P.U.F., Paris, 1955.

1895 *f.* Zur Kritik der « Angstneurose » (à propos de la critique de la « névrose d'angoisse), *G.W.* I, *S.E.* III.

1895 *f.* Entwurf einer Psychologie, *Aus den Anfängen der Psychoanalyse, Imago,* Londres, 1950, *S.E.* I, 295-397. Trad. fr. A. BERMAN (Esquisse d'une psychologie scientifique), *in Naissance de la psychanalyse,* P.U.F., Paris, 1956, 307-396.

1896 *a.* L'hérédité et l'étiologie des névroses, *in Revue de neurologie,* 1896, vol. 4, 6 (article rédigé en français), *G.W.* I, *S.E.* III.

1896 *b. Weitere Bemerkungen über die Abwehr-neurospychosen* (Autres remarques sur les psychonévroses de défense), *G.W.* I, 379-403, *S.E.* III, 162-185.

1900 *a. Die Traumdeutung* (L'interprétation des rêves), Deuticke, Vienne, 1900. Trad. fr. L. Meyerson, Alcan, Paris, 1926, Nouv. éd., P.U.F., 1967, *G.W.* II-III, 1-700, *S.E.* IV-V, 1-631.

1901 *b. Zur Psychopathologie des Alltags lebens* (Psychopathologie de la vie quotidienne). *G.W.* IV, 1-322, *S.E.* VI, 1-279. Trad. fr. S. Jankélévitch, Payot, Paris, 1922.

1904 *a. Die Freudische psychoanalytische Methode* (La méthode psychanalytique de Freud), *in La technique psychanalytique, G.W.* V, 3-10, *S.E.* VII, 249-254. Trad. fr. A. Berman, P.U.F., Paris, 1953.

1905 *a Über Psychatherapie* (De la psychothérapie) *G.W.* V, *S.E.* VII. Trad. fr., *in La technique psychanalytique* par A. Berman, P.U.F., Paris, 1953.

1905 *d. Drei Abhanlungen zur Sexualtheorie* (Trois essais sur la théorie de la sexualité infantile), *G.W.* V, *S.E.* III. Trad. fr. B. Reverchon-Jouve, Gallimard, Paris 1949.

1905 *e.* Bruchstück einer Hysterie-Analyse (Fragment d'une analyse d'hystérie), *G.W.* V, 163-286, *S.E.* VII, 7-122. Trad. fr. M. Bonaparte et A. Berman, *in Cinq Psychanalyses,* P.U.F., 1954.

1906. Psychopathic Characters on the stage (1906). Trad. anglaise, M. Graf, *in The Psychoanalytic quarterly,* XI, 459.

1907 *a. Die Wahn und die Traüme in W. Jensens « Gradiva »* (Délire et rêves dans la Gradiva de Jensen), *G.W.* VII, 31, *S.E.* IX, 3. Trad. fr. M. Bonaparte, Gallimard, Paris, 1931.

1908 *b.* Charakter und Analerotik (Caractère et érotisme anal), *G.W.* VII, *S.E.* IX.

1908 *d.* Die « Kulturelle » Sexualmoral und die moderne Nervosität (la morale sexuelle civilisée et les maladies nerveuses modernes), *G.W.* VII, *S.E.* IX. Trad. fr. D. Berger *in La vie sexuelle,* P.U.F., Paris, 1969.

1908 *e.* Der Dichter und das Phantasieren (La création littéraire et le rêve éveillé), *G.W.* VII, *S.E.* IX. Trad. fr. M. Bonaparte et E. Marty, Gallimard, Paris, 1933.

1909. Analyse der Phobie eines fünfjährigen Knaben (Analyse d'une Phobie d'un petit garçon de cinq ans : le petit Hans), *G.W.* VII, 243-377, *S.E.* X, 5-149. Trad. fr. M. Bonaparte et R. Loewenstein, *in Cinq psychanalyses,* P.U.F., Paris, 1954.

1909 *d.* Bemerkungen über einen Fall von Zwangsneurose (Remarques sur un cas de névrose obsessionnelle — L'homme aux rats), *G.W.* VII, 381-463, *S.E.* X, 153-319. Trad. fr. M. BONAPARTE et R. LOEWENSTEIN, *in Cinq Psychanalyses,* P.U.F., Paris, 1954.

1910 *c.* Eine Kindheitserinnerung des Leonardo da Vinci (Un souvenir d'enfance de Léonard de Vinci), *G.W.* VIII, *S.E.* XI. Trad. fr. M. BONAPARTE, Gallimard, Paris, 1927.

1910 *e.* Über den Gegensinn der Urworte (Des sens opposés dans les mots primitifs), *G.W.* VIII, *S.E.* XI. Trad. fr. M. BONAPARTE et E. MARTY, Gallimard, Paris, 1933.

1910 *h.* Beiträge zur Psychologie des liebenslebens : I/ über einen besonderen Typus der Objektwahl beim Manne (Contributions à la Psychologie de la vie amoureuse : I/ D'un type particulier de choix objectal chez l'homme), *G.W.* VIII, *S.E.* XI. Trad. fr. M. BONAPARTE et A. BERMAN, *R.F.P.,* 1936, n° 1, 2-10.

1910 *i.* Die Psychogene sehstörung in psychoanalytischer aufgang (Troubles psychogénétiques de la vision), *G.W.* VIII, 94-102, *S.E.* XI, 209-219.

1911 *b.* Formulierungen über die zwei Prinzipien des psychischen geschehens (Formulation sur les deux principes du fonctionnement mental), *G.W.* VIII, 230-238, *S.E.* XII, 218-226.

1911 *c.* Psychoanalytische Bemerkungen über einen autobiographisch beschreibenen Fall von Paranoïa (Dementia paranoïdes) (Remarques psychanalytiques sur l'autobiographie d'un cas de Paranoïa, Le président Schreber), *G.W.* VIII, *S.E.* XII. Trad. fr. M. BONATARTE, et R. LOEWENSTEIN, *in Cinq Psychanalyses,* P.U.F., Paris, 1954.

1912 *b.* Zur Dynamik der Übertragung (La dynamique du transfert), *G.W.* VIII, 364-374, *S.E.* XII, 97-108, *in Technique de la Psychanalyse,* P.U.F., Paris, 1953.

1912 *c.* *Über neurotische Erkrankungstypen* (Types de début de névroses), *G.W.* VIII, *S.E.* XII.

1912 *d.* Beiträge zur Psychologie des liebenslebens : II/ Über die allgemeinste Erniedrigung des Liebenslebens (Contribution à la Psychologie de la vie amoureuse : II/ Considération sur le plan commun des ravalements de la vie amoureuse), *G.W.* VIII, *S.E.* XI. Trad. fr. M. BONAPARTE et A. BERMAN, *R.F.P.,* 1936, n° 1, 10-21.

1912 f. Zur onanie discussion (De l'onanisme, contribution à une discussion), *G.W.* VIII, 332-345, *S.E.* XII, 241-254.

1912 *g.* Einige Bemerkingen über den Begriff des Unbewussten in der Psychoanalyse (Quelques observations sur le concept d'inconscient en psychanalyse), *G.W.* VIII, *S.E.* XII. Trad. fr. M. BONAPARTE et A. BERMAN, *in Métapsychologie,* 9-24, Gallimard, Paris, 1952.

1912-1913. *Totem und Tabu* (Totem et Tabou), *G.W.* IX, 1-205, *S.E.* XIII, 1-164. Trad. fr. S. JANKÉLÉVITCH, Payot, Paris, 1923.

1913 *c.* Zur Zinleitung der Behandlung (Le début du traitement), *G.W.* VIII, *S.E.* XII. Trad. fr. A. BERMAN, *in La technique psychanalytique,* P.U.F., Paris, 1953.

1913 *i.* Die Disposition zur Zwangsneurose (La prédisposition à la névrose obsessionnelle), *G.W.* VIII, *S.E.* XII. Trad. fr. E. PICHON et H. HOESLI, *in R.F.P.,* 1934, 7, n° 4, 606-610.

1914 *c. Zur Einführung des Narzissmus* (introduction au narcissisme), *G.W.* X, *S.E.* XIV. Trad. fr. J. LAPLANCHE, *in La Vie sexuelle,* P.U.F., Paris, 1969, 81-105.

1914 *d.* Zur Geschichte der psychoanalytischen Bewegung (Contribution à l'histoire du mouvement psychanalytique), *G.W.* X, *S.E.* XIV. Trad. fr. S. JANKÉLÉVITCH, *in Essais de Psychanalyse,* Payot, Paris, 1936, 266-320.

1914 *g.* Erinnern, Wiederholen und Durcharbeiten (Remémoration, répétition, élaboration), *G.W.* X, *S.E.* XII. Trad. fr. A. BERMAN, *in La technique psychanalytique,* P.U.F., Paris, 1953.

1915 *a.* Bemerküngen über die Übertragungsliebe (Observation sur l'amour de Transfert). Trad. fr. A. BERMAN, *in La technique psychanalytique,* P.U.F., Paris, 1953, 116-130.

1915 *b.* Zeitgemässes über Krieg und Tod (Considérations actuelles sur la guerre et sur la mort). Trad. fr. S. JANKÉLÉVITCH, *in Essais de Psychanalyse,* Payot, Paris, 1951, 219-250.

1915 *c.* Triebe und Triebschicksale (Les pulsions et leurs destins), *G.W.* X, *S.E.* XIV. Trad. fr. M. BONAPARTE et A. BERMAN, *in Métapsychologie,* Gallimard, Paris, 1952, 25-66.

1915 *d.* Die Verdrängung (Le refoulement), *G.W.* X, *S.E.* XIV. Trad. fr. M. BONAPARTE et A. BERMAN, *in Métapsychologie,* Gallimard, Paris, 1952, 67-90.

1915 *e.* Das Unbewusste (L'inconscient), *G.W.* X, *S.E.* XIV. Trad. fr. M. BONAPARTE et A. BERMAN, *in Métapsychologie,* Gallimard, Paris, 1952, 91-161.

1915 *f.* Mitteilung eines der psychoanalytischen Theorie widersprechenden Falles von Paranoïa (Un cas de Paranoïa qui contredisait la théorie psychanalytique de cette affection), *G.W.* X, *S.E.* XIV. Trad. fr. P. JURY, *in R.F.P.,* 1935, *8,* n° 1, 2-11.

1916 *d.* Einige Characktertypen aus der psychoanalytischen Arbeit (Quelques types de caractères dégagés par la psychanalyse), *G.W.* X, *S.E.* XIV. Trad. fr. M. BONAPARTE, *in Essais de Psychanalyse Appliquée,* Gallimard, Paris, 1952, 106-136.

1916-1917. *Vorlesungen zur Einführung in die Psychoanalyse, G.W.* XI, *S.E.* XV-XVI. Trad. fr. S. Jankélévitch, *Introduction à la Psychanalyse,* Payot, Paris, 1921.

1917 *c.* Über Triebumsetzungen, insbesondere der Analerotik (Sur les transformations des pulsions, particulièrement dans l'érotisme anal), *G.W.* X, *S.E.* XVIII. Trad. fr. par E. Pichon et H. Hoesli, *R.F.P.,* 1928, *2,* n° 4, 609-618.

1917 *d.* Metapsychologische Ergänzungen zur Traumlehre (Complément métapsychologique à la doctrine des rêves), *G.W.* X, *S.E.* XIV, Trad. fr. M. Bonaparte et A. Berman, *in Métapsychologie,* Gallimard, Paris, 1952, 162-188.

1917 *e.* Trauer und Melancholie (Deuil et Mélancolie). Trad. fr. M. Bonaparte et A. Berman, *in Métapsychologie,* Gallimard, Paris, 1952, 189-222.

1918 *a.* Beiträge zur Psychologie des liebensleben : III/ Das Tabu der Virginität (Le tabou de la virginité), *G.W.* XII, *S.E.* XI. Trad. fr. M. Bonaparte et A. Berman, *in R.F.P.,* 1933, *6,* n° 4, 606-655.

1918 *b.* Aus der Geschichte einer infantile Neurose (Extrait de l'histoire d'une névrose infantile : l'homme aux loups), *G.W.* XII, *S.E.* XVII. Trad. fr. M. Bonaparte et R. Loewenstein, *in Cinq psychanalyses,* P.U.F., Paris, 1954, 325-420.

1919 *e.* Ein Kind wird geschlagen (On bat un enfant), *G.W.* XII, *S.E.* XVII. Trad. fr. H. Hoesli, *R.F.P., 6,* 1933, n° 3-4, 274-297.

1919 *h.* Das Unheimliche (L'inquiétante étrangeté), *G.W.* XII, *S.E.* XVII. Trad. fr. M. Bonaparte et E. Marty, *in Essais de Psychanalyse appliquée,* Gallimard, Paris, 1933, 163-212.

1920 *a.* Über die Psychogenese eines Falles von weiblicher Homosexualität (Psychogenèse d'un cas d'homosexualité féminine), *G.W.* XII, *S.E.* XVIII. Trad. fr. H. Hoesli, *R.F.P.*, 1933, *6,* n° 2, 130-154.

1920 *g.* Jenseits des Lustprinzips (Au-delà du principe de plaisir), *G.W.* XIII, *S.E.* XVIII. Trad. fr. S. Jankélévitch, *in Essais de Psychanalyse,* Payot, Paris, 1951, 5-75.

1921 *c.* Massenpsychologie und Ich-Analyse (Psychologie collective et analyse du Moi), *G.W.* XIII, *S.E.* XVIII. Trad. fr. S. Jankélévitch, *in Essais de Psychanalyse,* Payot, Paris, 1951, 76-162.

1922 *b.* Über einige neurotische Mecanismen bei Eifertsucht Paranoïa und Homosexualität (De quelques mécanismes névrotiques dans la jalousie, la paranoïa et l'homosexualité), *G.W.* XIII, *S.E.* XVIII. Trad. fr. J. Lacan, *R.F.P.,* 1932, *5,* n° 3, 391-401.

1923 *b.* Das Ich und das Es (Le Moi et le Ça), *G.W.* XIII, *S.E.* XIX. Trad. fr. S. Jankélévitch, *in Essais de Psychanalyse,* Payot, Paris, 1951, 76-162.

1923 *d.* Der Untertragung des « Ödipuskomplexes » (La disparition du complexe d'Œdipe), *G.W.* XIII, *S.E.* XIX. Trad. fr. D. BERGER, *in La vie sexuelle,* P.U.F., Paris, 1969, 117-122.

1923 *e.* Die infantile genital organisation (L'organisation génitale infantile), *G.W.* XIII, *S.E.* XVIII. Trad. fr. J. LAPLANCHE, *in La vie sexuelle,* P.U.F. Paris, 1969, 113-132.

1924 *b.* Neurose und Psychose (Névrose et Psychose), *G.W.* XIII, *S.E.* XIX.

1924 *c.* Das ökonomische Problem des Masochismus (Le problème économique du masochisme), *G.W.* XIII, *S.E.* XIX. Trad. fr. E. PICHON et H. HOESLI, *R.F.P.,* 1928, *2,* n° 2, 211-223.

1924 *e.* Die Realitätsverlust bei Neurose und Psychose (La perte de la réalité dans la névrose et la psychose), *G.W.* XIII, *S.E.* XIX.

1925 *a.* Notiz über den « Wunderblock » (Note sur le bloc magique), *G.W.* XIV, *S.E.* XIX.

1925 *d.* *Selbstdarstellung* (Ma vie et la psychanalyse), *G.W.* XIV, *S.E.* XX. trad. fr. M. BONAPARTE, Gallimard, Paris, 1928.

1925 *h.* Die Verneinung (La négation), *G.W.* XIV, *S.E.* XIX. Trad. fr. H. HOESLI, *R.F.P.,* 1934, *7,* n° 2, 174-177.

1925 *j.* Einige psychische Folgen des anatomischen geschlechtsunterschieds (Quelques conséquences psychologiques de la distinction anatomique entre les sexes), *G.W.* XIV, *S.E.* XX. Trad. fr. J. BERGERET (document *S.P.P.*) et D. BERGER, *in La vie sexuelle,* P.U.F., Paris, 1969, 123-132.

1926 *d.* *Hemmung, Symptom und Angst* (Inhibition, symptôme, angoisse), *G.W.* XIV, *S.E.* XX. trad. fr. M. TORT, P.U.F., Paris, 1965.

1926 *e.* Die Frage der Laienanalyse (La question de l'analyse profane), *G.W.* XIV, *S.E.* XX. Trad. fr. M. BONAPARTE sous le titre « Psychanalyse et Médecine », *in Ma vie et la psychanalyse,* Gallimard, Paris, 1949, 117-239.

1927 *b.* Nachtrag zur Arbeit über den Moses des Michelangelo (Appendice au Moïse de Michel-Ange), *G.W.* XIV, *S.E.* XIII.

1927 *c.* *Die Zukunft einer Illusion* (L'avenir d'une illusion), *G.W.* XIV, *S.E.* XXI. Trad. fr. M. BONAPARTE, Denoël et Steele, Paris, 1932.

1927 *d.* Der Humor (L'humour), *G.W.* XIV, *S.E.* XXI. Trad. fr. M. BONAPARTE et M. NATHAN, *in Le mot d'esprit,* Gallimard, Paris, 1930, 297-283.

1927 *e.* Fetichismus (Le fétichisme), *G.W.* XIV, *S.E.* XXI. Trad. fr. D. BERGER, *in La vie sexuelle,* P.U.F., Paris, 1969, 132-138.

1928 *a*. Ein religiöses Erlebnis (Un événement de la vie religieuse), *G.W.* XIV, *S.E.* XXI. Trad. fr. Ch. et I. ODIER, *in L'avenir d'une illusion,* Denoël et Steele, Paris, 1932.

1928 *b*. Dostoïewski und die Vatertötung (Dostoïewski et le parricide), *G.W.* XIV, *S.E.* XXI. Trad. fr. A. BEUCLER, *in Dostoïewski par sa femme,* Gallimard, Paris, 1930.

1930 *a*. Das Unbehagen in der Kultur (Malaise dans la civilisation), *G.W.* XIV, *S.E.* XXI. Trad. fr. Ch. et I. ODIER, *R.F.P.*, 1934, *7,* n° 4, 692-724.

1931 *a*. Über libidinöse Typen (Les types libidinaux) *G.W.* XIV, *S.E.* XXI. Trad. fr. J. BERGERET (document *S.P.P.*) et D. BERGER, *in La vie sexuelle,* P.U.F., Paris, 1969, 156-159.

1931 *b*. Über die weibliche Sexualität (La sexualité féminine), *G.W.* XIV, *S.E.* XXI. Trad. fr. D. BERGER, *in La vie sexuelle,* P.U.F., Paris, 1969, 139-155.

1932 *a*. Zur Gewinnung des Feners, (La conquête du feu), *G.W.* XVI, 9, *S.E.* XXII, 192.

1933 *a*. Neue Folge der Vorlesungen zur Einführung in die Psychoanalyse (Nouvelles conférences d'introduction sur la psychanalyse), *G.W.* XV, *S.E.* XXII. Trad. fr. A. BERMAN, Gallimard, Paris, 1936.

1937 *c*. Die endliche und die unendliche Analyse (Analyse terminée et analyse interminable), *G.W.* XVI, *S.E.* XXIII. Trad. fr. A. BERMAN, *in R.F.P.,* 1939, *11,* n° 1, 3-38.

1937 *d*. Konstructionen in der Analyse (Construction en psychanalyse), *G.W.* XVI, *S.E.* XXIII.

1939 *a*. Der Mann Moses und die monotheistische Religion (Moïse et le monothéisme), *G.W.* XVI, *S.E.* XXIII. Trad. fr. A. BERMAN, Gallimard, Paris, 1948.

1940 *a*. *Abriss der Psychoanalyse* (Abrégé de Psychanalyse), *G.W.* XVII, *S.E.* XXIII. Trad. fr. A. BERMAN, P.U.F., Paris, 1951.

1940 *e*. Die Ichspaltung in Abwehrvorgung (Le clivage du Moi dans les névroses de défense), *G.W.* XVII, *S.E.* XXIII.

FRIEDLANDER K.

1945. Formation of entisocial Character, *The psychoanalytic study of the child,* vol. 1, N.Y., International Universities Press, 189-204.

FRIES R.

1937. Factors in character development neuroses, psychoses, and deliquency, *American Journal of Orthopsychiatry, 7,* 142-181.

FROMM E.

1955. Character, *in* THOMPSON C. et Coll. Eds, *The outline of psychoanalysis,* 338-386.

FROSCH J.

1970. *Psychoanalytic considerations of the psychotic character, J. Amer. Psychoan. Assoc., 18,* n° 1, 24-50.

GARMA A.

1962. *Les maux de tête,* P.U.F., Paris.

GEMELLI A. et ZUNINI G.

1949. *Introduzione alla Psicologia,* Vallardi, Milan.

GENDROT J. A. et RACAMIER P. C.

1955. Névrose d'angoisse, *E.M.C., Psychiatrie,* t. II, 37.330 A. 10.

GILLESPIE R. D.

1928. Contribution of psychological medicine to the estimation of character and temperament, *British Journal of medical Psychology, 8,* 165-185.

GLOVER E.

1925. Notes on oral character formation, *I.J.P., 6,* 131-154.

1926. The neurotic character, *I.J.P., 7,* 11-30.

1932. A psychoanalytical approach to classification of mental disordern *J. ment. scient.,* 78.

1948. Pathological character formation, *in* S. LORAND, *Psychoanalysis Today,* Allen and Unwin, Londres, 218-226.

1951. Vue analytique des troubles nerveux du caractère et des psychoses de l'enfant, *in* KOUPERNIK, *Psychiatrie sociale de l'enfant,* Centre intern. enfance, Paris, 101-105.

1954. Le caractère et le conscient, *in Freud ou Jung* (1950), P.U.F., Paris.

1958 *a. Technique de la Psychanalyse.* Trad. fr. Paris, P.U.F.

1958 *b.* Ego distorsion, *I.J.P., 39.*

GOLDSTEIN K.

1951. *La structure de l'organisme,* Paris, Gallimard.

GOTTSCHALDT K.

1950. *Probleme der Jungendverwahrlosung,* Bath, Leipzig.

GREEN A.

1962. Pour une nosographie psychanalytique freudienne. Conférence donnée à l'Institut psychanalytique de Paris le 18 décembre.

1963. Une variante de la position phallique-narcissique, *R.F.P.*, *27*.

1965. Névrose obsessionnelle, *E.M.C.*, *Psychiatrie*, 37.370. A. 10.

1967. Le narcissisme primaire : structure ou état ? *L'inconscient*, n°s 1 et 3, 127-156 et 89-116.

1969. Le narcissime moral, 1967, *R.F.P.*, *33*, n° 3, 341-374.

GREENSON R.

1959. Phobia, Anxiety, and depression, *I. Amer. Psychoanal. Ass.*, *7*, n° 4, 663.

GRESSOT M.

1956. Intervention sur le caractère névrotique, *R.F.P.*, *20*, n° 1-2, 215-217.

1960. L'idée de composante psychotique dans les cas limites accessibles à la psychothérapie, *L'encéphale*, *49*, n° 4, 290-305.

GRIESINGER W.

1865. *Traité des maladies mentales*. Baillère, Paris.

GRODDECK G.

Caractère et type, *in La maladie, l'art et le symbole*, 256-274.

GRUNBERGER B.

1958. Préliminaire à une étude topique du narcissisme, *R.F.P.*, *22*, 269-296.

1959. Contribution sur l'oralité et la relation d'objet orale, *R.F.P.*, n° 2.

1960. Etude sur la relation objectale anale, *R.F.P.*, n° 2.

1962. Considérations sur le clivage entre le narcissisme et la maturité pulsionnelle, *R.F.P.*, *26*, n° 2-3, 179-240.

1964. De l'image phallique, *R.F.P.*, *28*, n° 2, 217-234.

1965 *a*. Etude sur la dépression, *R.F.P.*, *29*, n° 2-3, 163-190.

1965 *b*. Etude sur le narcissisme, *R.F.P.*, *29*, n° 5-6, 573-588.

GUEX G.

1950. *La névrose d'abandon*, P.U.F., Paris.

GUILFORD J.-P.

1934. Personality Factors, *J. abnorm. soc. Psychol.*, *28*, 377-399.

1936. *Psychometric methods. MacGraw hill book Company*, N.Y.

GUILLAUME P.

1943. *Introduction à la psychologie*. Vrin, Paris.

GUILLAUMIN J.

1961. Quelques faits et quelques réflexions à propos de l'orientation des profils humains, *Enfance,* Paris, 1-2, n° 1, 57-75.

1965 *a.* Origine et développement du sentiment de mort, *in La Mort et l'homme du XXe siècle,* Spes, Paris, 61-122.

1965 *b. La dynamique de l'examen psychologique.* P.U.F., Paris.

1968. *Le genèse du souvenir.* P.U.F., Paris.

1971. Réel et surréel : le traitement « poétique » de la réalité dans la cure et ailleurs, *R.F.P., 35,* n° 5-6, 882-919.

1972. L'ombilic du rêve, *S.P.P.* (ronéotypé).

GUIRAUD P.

1950. *Psychiatrie générale,* Le François, Paris.

GUYOTAT J.

1963. *Les schizophrénies.* Les Monographies médicales, Garnier, Paris.

1969. Aspects du narcissisme dans les psychoses ; conférence donnée à *L'évolution psychiatrique,* janv.

HAAG M. et FELINE A.

1968. Une stylistique quantitative du langage oral des hystéries, *Confrontations psychiatriques,* n° 1, sept., 119-129.

HARTMANN H.

1950. Comments on the psychoanalytic theory of the ego, *in Essays on Ego Psychology.* Hogarth, Londres.

HARTMANN H., KRIS E. et LOWENSTEIN R.

1946. Comments on the formation of psychic structure, *The Psychoanalytic Study of child, 2, Imago,* Londres, 11-38.

HARTMANN H. et LOWENSTEIN R.

1962. Notes on the superego, *Psychoanalytic Study of the Child, 17.*

HAYNAL A.

1971. La notion de normalité en psychiatrie, *Méd. d'Hyg.,* 30 juil., n° 972, 1193-1199.

HENDERSON D. et GILLESPIE R. D.

1955. Manuel de psychiatrie. Trad. fr. D. ANZIEU, P.U.F., Paris.

HENDRICK I.

1933. Pregenital anxiety in a passive feminine character, *The Psychoanalytic quarterly, 2,* 68-93.

1936. Ego development and certain character problems, *The Psychoanalytic quarterly,* 320-346.

1942. Work and the pleasme principle, *The Psychoanalytic Quarterly, 11,* 40.

1950. Ego genesis, identification, and certain character types, *Bulletin of the American Psychoanalytic Association, 6,* 43.

1956. The structure of the total personality, *in* LINSCOTT R. H. et STEIN J., *Why you do what do ?* N.Y., Random House, 10-16.

HESS W. R.

1926. Funktionsgesetze des vegetativen Nervensystems, *Klin.-Wschr.,* 1353-1354.

HEUYER G.

1937 *a.* Les troubles du caractère chez l'enfant, *Journal de l'Enfance, 11,* 6.

HEUYER G. et LAUTMANN Fr.

1937 *b.* Troubles du caractère et inadaptation sociale chez des enfants métis, *Arch. Méd. Enfants, 40.*

HEUYER G. et LEBOVICI S.

1947. Troubles du caractère et cinéma, *Psyché, Paris, 2,* 1106-1108.

HEYMANS G.

1911. Classification des caractères, *Revue du mois, 15,* 10, mars.

1930. La Psychologie des femmes. Trad. fr. LE SENNE, P.U.F., Paris, 249.

JACOBSON E.

1964. *The self and the object world.* N.Y., International U. Press.

JAENSCH E. R.

1929. *Grundformen menslischen seins,* Berlin.

JANET P.

1908. *Les obsessions et la psychasthénie.* Alcan, Paris.

1927. *Les Névroses.* Flammarion, Paris.

1929. *Evolution psychologique de la personnalité.* Alcan, Paris.

JASPERS K.

1933. *Psychopathologie générale.* Alcan, Paris.

JASTROW J.

1916. *Character and Temperament.* Appleton and Co., N.Y.

JONES E.

1915. Urethralerotik une Ehrgeiz, *Int. Zeitschr. of Psa., 3,* 156.

1925. *Traité pratique et théorique de psychanalyse.* Trad. fr. Payot, Paris.

1928. Die erste Entwicklung der weiblichen sexualität (Le premier développement de la sexualité féminine), *Intern. Zeitschr. f. Psa., 14.*

1929. Développement primaire de la sexualité chez la femme, *I.J.P.*, 1927, *8,* 459-472, Trad. fr. *R.F.P.*, 1929, *3,* 92-109.

1930. The anxiety character, *Med. Rev. of Reviews, 36,* 175-185.

1948. Anal-Erotic Character traits, *Papers on Psycho-Analysis,* Baillère et Tindall, Londres.

JUNG C. G.

1913. Contribution à l'étude des types psychologiques, *Archives de psychologie, 13,* 72-183.

1938. *Le Moi et l'Inconscient.* Trad. fr. ADAMOV, Gallimard, Paris.

1951. *Psychologie de l'inconscient.* Trad. fr. R. CAHEN, Georg, Genève.

1958. *Types psychologiques.* Trad. fr. LE LAY, Georg, Genève, 504.

KAHLBAUM K.

1863. *Classification des maladies mentales.* Hirschwald, Berlin.

KANNER L.

1943. Autistic disturbances of affective contact, *The nervous child, 2,* 217-250.

KANT E.

1788. *Critique de la raison pratique.* P.U.F., Paris, 1949.

KATAN M.

1952. Further remarks about Schreber hallucinations, *I.J.P., 33,* 429-432.

KAUFMAN I.

1959. The impact of adolescence on girls with delinquent character formation, *American journal of orthopsychiatry, 29,* 130-143.

KERNBERG O.

1966. Structural derivatives of object relationships, *I.J.P., 47,* 236-260.

1967. Border-line personality organization, *J. Amer. Psychoanal. Ass., 15.*

1968. The treatment of patients with borderline organization, *I.J.P., 49,* 600-619.

1970. A psychoanalytic classification of character pathology, *J. Amer. Psychoanal. Assoc.,* vol. 18, n° 4, 800-822.

KESTEMBERG E.

1953. Contribution à l'étude des névroses de caractère, *R.F.P., 17.*

1958. Quelques considérations à propos de la fin du traitement chez des malades à structure psychotique, *R.F.P.*

1962. L'identité et l'identification chez les adolescents, *Psychiatrie de l'enfant, 5,* n° 2, 441-522.

KLAGES L.

1930. *Principes de caractérologie.* Real, Paris.

KLEIN M.

1921. Contribution à l'étude de la psychogenèse des états maniaco-dépressifs, 1921, *Essais de Psychanalyse.* Trad. fr. M. DERRIDA, Payot, Paris.

1928. Frühstadien des Ödipus Kouflikter (Les premiers stades du complexe d'Œdipe) *Intern. Zeitschr. fr. Psa., 14.* Trad. fr., *R.F.P., 4,* n° 4, 1930-1, 634-649.

1932. *The Psycho-Analysis of children* (La Psychanalyse des enfants). Trad. fr. J. B. BOULANGER, P.U.F., Paris, 1966.

1952. Notes sur quelques mécanismes schizoïdes, 1952. Trad. fr., *in Développements de la psychanalyse,* trad. W. BARANGER, P.U.F., 1966, 247-300.

1966. *Developments in Psycho-Analysis* (Développements de la Psychanalyse). Trad. fr. W. BARANGER, Payot, Paris, 1966.

KNIGHT R.

1954 *a.* Management and Psychotherapy of border-line schizophrenic patient, *Psychoanal. Psychiat. and Psychol.,* N.Y., Internat. U. Press, 110-122.

1954 *b.* Borderlines states, *Psychoanal. Psychiat. and Psychol.,* N.Y., Internat. U. Press, 97-108.

KRAEPELIN E.

1913. *Lehrbuch der Psychiatrie* (8e édition), Barth, Leipzig.

KREISLER L., FAIN M. et SOULE M.

1966. La clinique psychosomatique de l'enfant, *Psychiatrie de l'enfant, 9,* fasc. 1, 89-222.

1969. La clinique psychosomatique de l'enfant, *Psychiatrie de l'enfant, 12,* fasc. 2, 413-446.

KRETSCHMER E.

1927. *Manuel théorique et pratique de psychologie médicale.* Payot, Paris.

1948. *Structure du corps et caractère.* Payot, Paris.

1952. Psychothérapie de la schizophrénie et ses limites, *Zsch. Psychoth. Med. Psych., 2,* 53-59.

1956. *Psychologie médicale,* Doin, Paris, 424.

KRIS E.

1949. Panel on technical implications of ego psychology and character analysis, *Bulletin of the American psychoanalytic association, 5,* 40-43.

KRUEGER F.

1924. Der Strukturbegriff in der Psychologie. *8e Kongress für experimentale Psychologie.* Fischer, Iéna.

KÜNKEL F.

1938. *Character, growth, and education,* Philadelphie, J. B. Lippincott.

1959. *Psychothérapie du caractère,* Vitte, Lyon.

LABOUCARIE J.

1958. Les schizophrénies aiguës, *Evolution psychiatrique, 3,* 549-571.

LACAN J.

1932. *La psychose paranoïaque dans ses rapports avec la personnalité.* Thèse de médecine, Le François, Paris.

1966. *Ecrits,* Le Seuil, Paris.

LAFORGUE R.

1939. *Psychopathologie de l'échec.* Payot, Paris.

LAGACHE D.

1947. *La jalousie amoureuse.* Paris, P.U.F.

1960. Situation de l'agressivité, *Bulletin de psychologie, 14,* n° 1, 92-112.

LAMPL DE GROOT J.

1963. Formation de symptômes et formation du caractère, *R.F.P., 27.*

LANG J. L.

1964. Caractère et névrose de caractère en psychanalyse, Document ronéoté, *Société psychanalytique de Paris.*

LANG J. L. et RAVAUD G.

1955. Constitutions et biotypes, *E.M.C., Psychiatrie,* 37700 C 20, 1-14.

LAPLANCHE J.

1969. La Sexualité, *Bulletin de psychologie,* 1969-1970, *23,* nos 9 à 12, 283-284.

LAPLANCHE J. et PONTALIS J.-B.

1963. Délimitation du concept freudien de projection, *Bulletin de psychologie, 18,* n° 225, 2-7 nov., 62-66.

1964. Fantasme originaire, fantasmes des origines, origine du fantasme, *Les Temps modernes,* n° 215, 1833-1868.

1967. *Vocabulaire de la Psychanalyse,* P.U.F., Paris.

LAROCHE J.

1963. Troubles du caractère chez l'enfant, leur place dans l'évolution de l'enfant, *Perspectives psychiatriques,* n° 2, 713.

LAZARE A., KLERMAN G. L. et ARMOR D. J.

1966. Oral, obsessive and hysterical personality patterns, *Arch. gen. Psych., 14,* 624-630.

LEBOVICI S.

1955. Contribution à la compréhension et au traitement de la mélancolie, *Evolution psychiatrique,* n° 3, 504-531.

1961. La relation objectale chez l'enfant, *Psychiatrie de l'Enfant, 3,* n° 1.

LEBOVICI S. et BRAUNSCHWEIG D.

1967. A propos de la névrose infantile, *Psychiatrie de l'Enfant, 10,* n° 1, 43-122.

LE GALL A.

1950. *Caractérologie des enfants et des adolescents.* P.U.F., Paris.

LE GUERINEL N.

1970. Contribution à l'étude des mécanismes de l'adaptation chez les consultans africains en voie de changement rapide, *Mémoire de l'Ecole pratique des Hautes Etudes,* 6e section.

LEHMANN J. P.

1972. Le vécu corporel et ses interprétations en pathologie africaine, *Revue de Médecine psychosomatique, 14,* n° 1, 43-67.

LEIBNITZ G. W.

1866. Nouveaux essais, *Œuvres,* Janet, Paris.

LERICHE R.

1953. *Où commence la maladie ? où finit la santé ?* Spes, Paris.

LE SENNE E.

1945. *Traité de caractérologie.* P.U.F., Paris.

LEUBA J.

1936. La famille névrotique, *R.F.P.,* n° 1, 360.

LÉVI-STRAUSS Cl.

1961. *Race et histoire.* Gonthier, Paris.

LEWIN B. D.

1930. The compulsive character (Le caractère compulsif), *Amer. Med. rev.*

LEWIN D.

1929. *Die entwiekling der experimentalen willenspsychologie und der psychotherapie.* Hirzel, Leipzig.

LOCKE J.

1680. Essai concernant l'entendement humain, *Œuvres choisies,* Colin, Paris, 1923.

LORAND S.

1927. A horse phobia. A character analysis of an anxiety hysteria, *The Psychoanalytic Review, 14,* 172-188.

1930. The reactive character, *Med. Review of Reviews,* 200-216.

1931. *The morbid personality : Psychoanalytical studies in the structure of character and personality,* A. A. Knopf, N.Y.

1939. Role of the female penis fantasy in male character formation, *I.J.P., 20,* 171-181.

1948. Character Formation, *Psychoanalysis Today,* Allen and Unwin, Londres, 207-217.

LUQUET-PARAT C.

1967. L'organisation œdipienne du stade génital, *R.F.P., 31,* n° 5-6, 743-913.

LUQUET P.

1962. Les identifications précoces dans la structuration et la restructuration du Moi, *R.F.P., 26,* n° spécial, 117-293.

LUTHE W.

1957. Neuro-humoral factors and personality, *in* DAVID H. et VON BRACKEN H., *Perspectives in personality theory,* Basic Books, N.Y., 111-130.

MACALPINE I. et HUNTER R. A.

1963. The Schreber case, *Psychoanalytic Quarterly, 22,* 328-371.

MAC AULIFFE L.

1939. *La personnalité et l'hérédité.* Legrand, Paris.

MAC BRUNSWICK R.

1943. The accepted lie, *Psychoanalytic Quarterly, 12,* 736.

MAC DOUGALL W.

1927. *Character and the conduct of life. Practical psychology for everyman.* Methuen, Londres.

MAGNAN J.

1891. *Leçons cliniques.* Alcan, Paris.

MAHLER M.

1958. Autism and symbiosis, two extreme disturbances of identity, *I.J.P., 39,* 77-83.

MALAPERT P.

1902. *Le caractère.* Doin, Paris.

MALE P.

1932. La genèse des troubles du caractère chez l'enfant, *Evolution psychiatrique,* 2e série, *3,* 37-56.

1936. La formation du caractère chez l'enfant. La part de la structure et celle des événements, *Evolution psychiatrique, 1,* 31-60.

1958. Les préschizophrénies de l'adolescence, *Evolution psychiatrique, 2,* 323-374.

1964. *La Psychothérapie de l'adolescent.* P.U.F., Paris.

MALLET J.

1955 *a.* Hystérie de Conversion, *E.M.C., Psychiatrie,* 37340, A 10.

1955 *b.* La dépression névrotique, *Evolution psychiatrique, 3,* 480-501.

1956. Les troubles névrotiques de la sexualité, *Psychanclyse d'aujourd'hui,* P.U.F., Paris.

1966. Une théorie de la paranoïa, *R.F.P., 1,* 63.

MARCHAND L. et AJURIAGUERRA J. (de)

1948. *Les épilepsies, leurs formes cliniques et leurs traitements.* Desclée de Brouwer, Paris.

MARKOVITCH P.

1961. *Contribution à l'étude des états limites,* Thèse de médecine, Paris.

MARQUET U.

1967. *Le Caractère.* Aubier-Montaigne, Paris.

MARTY P.

1951. Aspects psychodynamiques de l'étude clinique de quelques cas de céphalalgies, *R.F.P., 15,* n° 2, 216-253.

1958. La relation d'objet allergique, *R.F.P., 22,* n° 1, 5-37.

1968. La dépression essentielle, *R.F.P., 32,* n° 3, 594-599.

1969. Notes cliniques et hypothèses à propos de l'économie allergique, *R.F.P., 33,* n° 2, 243-255.

MARTY P. et FAIN M.

1954. Importance du rôle de la motricité dans la relation d'objet, *R.F.P.*

MARTY P., M'UZAN M. (de) et DAVID Chr.

1963. *L'investigation psychosomatique.* P.U.F.

MASSUCCO-COSTA A.

1950. *Orrizzonti della caracterrologia contemporanea.* Gheroni, Turin.

MAUDSLEY H.

1867. *The physiology and pathology of the mind.* University Press, Londres.

1907. *Physiologie de l'esprit.* U.P., Londres.

MENDEL G.

1968. *La révolte contre le père.* Payot, Paris.

MENNINGER K.

1938. *L'homme contre lui-même.* Harcourt, N.Y.

1958. The character of therapist, MENNINGER K., *Theory of the psychoanalytic technique, Imago.*

1963. *The vital balance.* Viking, N.Y.

MERLEAU-PONTY M.

1961. *Phénoménologie de la perception.* P.U.F., Paris (1re édit., 1945).

MERTENS DE WILMARS Ch.

1968. Le rôle de l'identification dans l'induction du changement social, 2e colloque africain de psychiatrie, Dakar, Audecam, Paris, 150-176.

MEYER A.

1910. *Collected papers.* John Hopkins Press, N.Y.

MEYNERT Th.

1890. *Leçons cliniques de psychiatrie.* U. Verlag, Vienne.

MIASNIKOFF S.

1913. *Œuvres complètes.* Trad. fr. *Orientation médicale en U.R.S.S.,* Moscou, 1951.

MICHAUX L.

1964. *Les troubles du caractère.* Hachette, Paris.

MIERKE K.

1955. *Wille und Leistung.* Hogrefe, Göttingen.

MILLET L.

1969. *Introduction à la caractérologie.* Bordas, Paris.

MINKOWSKA F.

1931. Le test de Rorschach dans l'épilepsie essentielle, *Ann. méd-psychol.,* fév.

MINKOWSKI E.

1930. Etude sur la structure des états de dépression, *Schweiz. Arch. Neurol. U. Psych., 26.*

1932. La notion de constitution, *Evolution psychiatrique,* n° 4.

1938. A la recherche de la norme en psychopathologie, *Evolution psychiatrique,* n° 1.

1953. *La schizophrénie. Psychopathologie des schizoïdes et des schizophrènes.* Desclée de Brouwer, Paris.

MISÈS R.

1966 *a.* Introduction à la discussion sur les aspects cliniques de la régression dans les formes psychopathologiques de l'adulte, *R.F.P., 30,* n° 4, 421-428.

1966 *b.* Le concept de psychose chez l'enfant, *Evolution psychiatrique, 31,* fasc. 4, 741-768.

1968. Problèmes nosologiques posés par les psychoses de l'enfant, *Psychiatrie de l'Enfant, 11,* n° 2, 493-511.

1969. Origines et évolution du concept de psychose chez l'enfant, *Confrontations psychiatriques,* n° 3, 9-29.

MONAKOW C. Von et MOURGUE R.

1928. *Introduction à la neurologie et à la psychologie.* Alcan, Paris.

MOREIGNE J. P. et DUREAU J.

1963. Quelques considérations sur l'emploi parallèle du Rorschach et du M.M.P.I., *Bulletin de Psychologie, 17,* 225, n° 2-7, 158-166.

MOREL B.

1860. *Traité des maladies mentales*. Baillère, Paris.

MOUNIER E.

1947. *Traité du caractère*. Seuil, Paris.

MULLER C., KAUFMANN L. et CIOMPI L.

1967. Le concept psychodynamique, *E.M.C., Psychiatrie,* 37290, A 10.

M'UZAN M. de

1969. Une troisième catégorie de phobie, *R.F.P., 33,* n° 4, 603-606.

1972. Un cas de masochisme pervers, *La sexualité perverse,* Payot, Paris, 13-50.

M.UZAN M. de et MARTY P.

1963. La pensée giratoire, *R.F.P., 27,* n° spécial, 345-355.

NACHT S.

1938. *Le Masochisme*. Denoël, Paris.

1950. Le rôle du Moi dans la structure du caractère et du comportement, *Evolution psychiatrique,* 1947, *De la pratique à la théorie psychanalytique,* P.U.F., 1950.

1957 *b*. Causes et mécanismes des déformations névrotiques du Moi, *R.F.P.*, n° 6.

1959 *a*. Les états dépressifs, étude psychanalytique, *R.F.P., 23,* n° 5, 567-607.

1959 *b*. Les enfants dépressifs, *R.F.P., 23,* n° 5, 567-605.

1963. *Présence du psychanalyste*. Paris, P.U.F.

1966. *De la pratique à la théorie psychanalytique*. Paris, P.U.F.

1968 *a*. Névrose de caractère, in NACHT S., *Guérir avec Freud*, P.U.F., Paris, 76-79.

1968 *b*. La dépression, *R.F.P., 32,* n° 3, 569-674.

NACHT S., DIATKINE R. et RACAMIER P. C.

1957. Psychanalyse et sociologie, *R.F.P.,* 1957, *21,* n° 2, 244-282.

NACHT S. et RACAMIER P. C.

1958 *a*. La théorie psychanalytique du délire, *R.F.P., 22,* n° 4-5, 417-574.

NACHT S. et SAUGUET H.

1969. La théorie psychanalytique de la formation du caractère, *La théorie psychanalytique*, P.U.F., Paris, 349-380.

NIEDERLAND W. G.

1951. Three notes on Schreber case, *Psychoanalytic Quarterly, 20,* 579-591.

NOIZET G. et PICHEVIN C.

1966. Organisation paradigmatique et organisation syntagmatique du discours, *Ann. Psychol.*, 66, n° 1, 91-110.

NUNBERG H.

1956. Character and neurosis, *I.J.P., 37,* 36-45.

NYDES J.

1963. The paranoïd-masochistic character, *Psychoanalytic Review, 50,* n° 2, 55-91.

ODIER Ch.

1952. Insécurité et troubles du caractère, *Schweiz Z. Psychol. Anwend, 11,* 295-308.

PALMADE G.

1958. *La caractérologie.* P.U.F., Paris.

PASCHE F.

1955. Intervention sur la névrose narcissique, *R.F.P., 19,* n° 3, 436-439.

1958. Réactions pathologiques à la réalité, *R.F.P.,* n° 6.

1965. L'antinarcissisme, *R.F.P., 29,* n° 5-6, 503-518.

1969. De la dépression, *A partir de Freud,* Payot, Paris, 181-200.

PASCHE F. et RENARD M.

1956. Les problèmes essentiels de la perversion, *Psychanalyse d'aujourd'hui,* P.U.F.

PAULHAN F.

1893. *Les caractères.* Alcan, Paris.

PAVLOV I.

1955. *Typologie et pathologie de l'activité nerveuse supérieure.* Trad. fr. BAUMSTEIN, P.U.F., Paris.

1955 *b. Œuvres choisies.* Ed. étrangères, Moscou.

1961. *La psychopathologie et la psychiatrie.* Ed. Langues étrangères, Moscou.

PENDE N.

1939. *Traité de biotypologie humaine.* Vallardi, Milan.

PETERS W.

1915. Über Vererbung psychischer Fähigkeiten, *Fortsch. Psychol., 3,* 185.

PFISTER O.

1922. *Die liebe des Kindes unde Ihre Fehlentwicklungen.* Bircher, Berne.

1939. Psychoanalyse und Sittlichkeit, FEDERN P. et MENG H., *Das psychoanalytische Wolkbuch,* H. Huber, 618-635.

PIAGET J.

1949. *La psychologie de l'intelligence.* Colin, Paris.

PICHON E.

1937. Le rôle de la famille dans le développement affectif et moral, *Rev. méd. sociale enfance, 5.*

PICHOT P.

1959. *Les tests mentaux.* P.U.F., Paris.

1965. Les personnalités pathologiques, *Bulletin de psychologie, 18,* n° 239.

1968. Histoire des idées sur l'Hystérie, *Confrontations psychiatriques,* n° 1, 9-28.

PIERON H.

1949. *La psychologie différentielle.* P.U.F., Paris.

1957. *Vocabulaire de psychologie.* P.U.F., Paris.

PINEL Ph.

1801. *Sur l'aliénation mentale.* Richard, Paris.

PIOTROWSKI Z. A.

1950. A new evaluation, of the T.A.T., *Psychoanal. Rev., 37,* n° 2, 101-187.

1958. Psychoanalytic concepts and principles discernible in projective personality tests, *Americ. Journ. Orthopsych., 28,* n° 1, 36-84.

PITRES A. et RÉGIS E.

1902. *Les obsessions et les impulsions,* Doin, Paris,

PONTALIS J.-B.

1968. Le petit groupe comme objet, *Après Freud,* Gallimard, Paris.

POROT M.

1965. Mode d'entrée dans la schizophrénie, *Rev. Prat.*, oct., *15*.

POROT A. et Coll.

1960. *Manuel alphabétique de psychiatrie.* P.U.F., Paris.

PRICHARD J. C.

1835. *A treatise on insanity.* Sherwood, Londres.

Le pronostic des troubles de caractère chez l'enfant ; Travaux et communications ; 1er Congrès mondial de Psychiatrie, Paris, sept., *Sauvegarde de l'enfance,* 1951.

QUEYRAT M.

1937. Les caractères et l'éducation morale, *Ann. Congrès Psych. inf.*, Paris,

RACAMIER P. C.

1953 *a.* Sur les psychothérapies d'orientation psychanalytique, *Evolution psychiatrique, 4,* 623-657.

1953 *b,* 1954. Etude des frustrations précoces, *R.F.P.,* 1953, *17* n° 3, 328-350 et 1954, *18,* n° 4, 576-631.

1955. Troubles de la Sémantique, *E.M.C., Psychiatrie,* tome I, 37130 C 10, 1-7.

1956. Psychothérapies psychanalytiques des psychoses, *Psychanalyse d'aujourd'hui,* P.U.F., 573-690.

1962. Propos sur la réalité dans la théorie psychanalytique, *R.F.P., 26,* n° 6, 675-711.

1963 *a.* Le Moi, le Soi et la Psychose, *Evolution psychiatrique, 28,* n° 4, 525-553.

1963 *b. Névroses de caractère et caractères névrotiques.* Document G.L.P., Lyon.

1966 *b.* Esquisse d'une clinique psychanalytique de la paranoïa, *R.F.P.,* n° 1, 145-159.

RACAMIER P. C. et CHASSEGUET-SMIRGEL J.

1966 *a.* La révision du cas Schreber : revue, *R.F.P.,* n° 1, 3-21.

RADO S.

1928 *a.* An anxious mother, *I.J.P., 9,* 14-20.

1928 *b.* An anxious mother, *I.J.P., 9,* 219-226.

1928 *c.* The problem of Melancolia, *I.J.P., 9,* 420.

RAMIREZ J.

1964. *Tipologica.* Aranzadi, Pamplona.

RANGELL L.

1956. The borderline base, *J. Amer. psychanal. Assoc., 4,* n° 1-4.

1960. An examination of nosology according to psychanalytic concepts, *J. Amer. Psychoanal. Assoc.,* n° 8.

1965. Some comments on psychoanalytic nosology, Max SCHUR, *Drives, effects, behavior,* I.U.P., N.Y.

RANK O.

1914. Le Sosie. *Imago,* 3.

1925. *Der kunstler und andere Beiträge zur Psychoanalyse des Dichterischen Schaffers,* Leipzig, Internationale Psychoanalytischer Verlag.

RAPAPORT D.

1944. *Diagnostic psychological testing.* Yearbook, Chicago, 2 vol., 1944-6.

1951. Sur la théorie psychanalytique de la pensée. *I.J.P., 31.*

1953. *Organisation et pathologie de la pensée.* Columbia U. Press, N.Y.

RÉGIS E.

1890. *Précis de psychiatrie.* Maloine, Paris.

REICH W.

1925. Der Triebhafte charakter (Le caractère pulsionnel), *Intern. Zeitsch. Psychoan., 11.*

1971. *Charakteranalyse* (L'analyse caractérielle). Trad. fr. P. KAMNITZER, Payot, Paris.

RÉMY H. et KOUPERNIK C.

1964. Glandes sexuelles, *E.M.C., Psychiatrie,* 37 640 K 10, 1-13.

RENARD M..

1955. La conception freudienne de la névrose narcissique, *R.F.P., 19,* n° 3, 415-431.

RIBOT Th.

1923. *Psychologie des sentiments.* Alcan, Paris.

ROGERS C. R.

1951. *Client-centered therapy* (La thérapie centrée sur le patient). Houghton Mifflin Ed., Boston.

1953. The structure of verbal fluency, *Brit. J. Psych., 44,* 368-380

1955. Persons or Science ? A philosophical question, *Amer. Psychol. Rev., 10,* 275.

RÓHEIM G.

1934. The study of character formation and the ontogenetic theory of culture, Evans-Pritchard E., *Essays presented to C. G. Seligman,* Londres, Kegan Paul, 281-292.

RORSCHACH H.

1941. *Psychodiagnostic*, trad. fr. P.U.F., Paris, 1953.

ROSEN J. N.

1960. *L'analyse directe*, P.U.F., Paris.

ROSEN V.

1964. Some effect of artistic talent on character style, *Psychoanalytic Quarterly, 33*, n° 1 ,1-24.

ROSOLATO G.

1962. Introduction à l'étude de l'hystérie, *E.M.C. Psychiatrie*, 37335, A 10, 1-6.

ROUART J.

1955. Les névroses, *E.M.C., Psychiatrie*, 37300, A 10 à A 40.

RUSH B.

1812. *Medical inquieries and observations upon the diseas of the mind,* David, Chicago.

SANDLER A.

1957. Inconsistency in the mother as a factor in character development, a comparative study of three cases, *The psychoanalytic study of the child, 12*, International Universities Press, N. Y., 209-225.

SANDLER et HAZARI

1960. The « obsessional » : on the psychological classification character traits and symptoms, *Brit. J. Med. Chir. Psychiatry, 33,* 113.

SAUGUET H.

1955. Névroses de caractère — Caractères névrotiques, *E.M.C., Psychiatrie,* 37320, A 10, 1-6.

SAUSSURE R. de.

1935. Les traits de caractère réactionnels et leur importance en psychanalyse, *R.F.P., 8*, n° 3, 432-446.

SCHLEGEL J.

1963. L'emploi des tests projectifs en sélection et orientation professionnelle, *Bulletin de Psychologie, 17*, 225, n° 2-7, 115-124.

SCHLUMBERGER M. et CHASSEGUET-SMIRGEL J.

1960. Théorie psychanalytique du rêve, *La théorie psychanalytique,* Paris, P.U.F., 83-108.

SCHMIDEBERG M.

1959. The border-line patient, *American Handbook of Psychiatry, 1*, 398-416.

SCHMITZ B.

1966. Aspects cliniques de la régression, Régression et psychose, *R.F.P., 30*, n° 4, 447-450.

1967. Les états limites : introduction pour une discussion, *R.F.P., 31,* n° 2 245-266.

SCHNEIDER K.

1955. *Les personnalités psychopathiques*. P.U.F., Paris.

SCHOPENHAUER A.

1818. *Le monde comme volonté et comme représentation.* Trad. fr., P.U.F., Paris, 1956.

SCOTT W.

1962. A reclassification of psychopathological states, *Internat. J. Psych. Ass.*, n° 43.

SÉCHEHAYE M. A.

1954. *Introduction à une psychothérapie des schizophrènes.* P.U.F., Paris.

SEGAL H.

1957. Notes on symbol formation, *I.J.P.*, n° 6, 391-397.

1969. *Introduction à l'œuvre de M. Klein.* Trad. fr., P.U.F., Paris.

SELYE H.

1950. *Stress*, Acta, Montréal.

SELZ O.

1913. *Die gesetze des geordnete Denkverlaufs.* Verlag, Stuttgart.

SHELDON W. H.

1950. *Les variétés de la constitution physique de l'homme*, P.U.F., Paris.

SHENTOUB S. A.

1950. Etude du comportement d'enfants caractériels au cours d'une psychothérapie dans un établissement hospitalier fermé, *Premier Congrès international de Psychiatrie.*

SHENTOUB V. et SHENTOUB S. A.

1958. Contribution à la recherche de la validation du TAT, *Rev. Psych. appl., 8*, n° 4, 275-341.

SIGAUD C.

1914. *La forme humaine, Sa signification*, Maloine, Paris.

SIGAUD C. et VINCENT L.

1912. *Essai sur l'évolution de la forme du corps humain,* Maloine, Paris.

SMIRNOFF V.

1964. Caractères et névrose de caractère en psychanalyse, *Document de la Société française de Psychanalyse.*

SOCCARAS F.

1957. Shizophrénie pseudo-névrotique et schizophrénie pseudo-caractérielle, *R.F.P., 21*, n° 4, 535-551.

SPEARMAN C.

1939. *Personnalité volontaire. Personnalité intellectuelle.* Trad. fr. HERMANN, Paris.

SPITZ R.

1958. *La première année de la vie de l'enfant.* Trad. fr., P.U.F., Paris, 1958.

1968. *De la naissance à la parole* (1965). Trad. fr., P.U.F., Paris, 1968.

STEIN M.

1969. The problem of character types, *Journal of the american psychoanalytic Association, 17*, n° 3, 675-701.

STERN A.

1945 *a*. Psychoanalytic therapy in the borderline nevroses, *Psychoanal. Quart., 14*, n° 2, 190-198.

1945 *b*. Thérapeutique psychanalytique dans les états limites, *Psychoanal. Quart., 14*, n° 2, 190-198.

STERN W.

1919. *Die menschlische Persönlichkeit.* Barth, Leipzig.

SZONDI L.

1952. *Diagnostic expérimental des pulsions.* Trad. fr., P.U.F., Paris, 1952.

THIEL J. H.

1966. Psychanalyse et nosologie, *I.J.P., 47*, 416.

TOUTLEMONDE J.

1961. *La caractérologie.* Payot, Paris.

TRILLAT E.

1955. Les déséquilibrés, *E.M.C. Psychiatrie*, t. 2, 37310, A 10.

TUKE D.

1892. *Dictionnary of medical psychology.* Trench, Londres.

VIDERMAN S.

1968. Narcissisme et relation d'objet dans la situation analytique, *R.F.P, 32*, n° 1, 97-126.

VIOLA G.

1932. *La constitutione individuale.* Rizzoli, Bologne

WALLON H.

1926. *Psychologie pathologique.* P.U.F., Paris.

1949. *Les origines du caractère chez l'enfant.* Paris, P.U.F.

WEINIGER J.

1940. *Les méthodes anthropologiques des recherches génétiques humaines.* Springer, Berlin.

WERNICKE K.

1900. *Traité de psychiatrie.* Barth, Leipzig.

WERTHEIMER M.

1945. *Productive thinking.* Harper, N. Y.

WHITE W.

1924. *Mechanisms of character formation, an introduction to psychoanalysis.* Boston, Mifflin.

1926. Physique and character. *The psychoanalytic Review, 13*, 98-105.

WHITE R. B. Le cas Schreber reconsidéré sous l'objectif psychosocial, *I.J.P.*, *44,* 213-221.

WIDLÖCHER D.

1964. Personnalité de l'hystérie et problème du caractère, *Caractère et névrose de caractère.* Société française de Psychanalyse (ronéotypé).

1970. *Freud et le problème du changement.* P.U.F., Paris.

WIDLÖCHER D. et BASQUIN M.

1968. Pathologie du caractère. *E.M.C., Psychiatrie,* 37320 A 10 1-10.

WINNICOTT D. W.

1953. Objets transitionnels et phénomènes transitionnels — Etude de la première not-me possession. Trad. fr. *in Psychanalyse* n° 5, 1959, 21-42.

1961. La théorie de la relation parent-nourrisson, *R.F.P.,* n° 1.

1962. La première année de la vie, *R.F.P.,* 477-498.

1969. *De la pédiatrie à la psychanalyse.* Trad. fr. J. KALMANOVITCH, Payot, Paris.

1970. *Processus de maturation chez l'enfant.* Trad. fr., Payot, Paris.

WOODWORTH R. S.

1945. *Psychologie expérimentale.* Trad. fr. P.U.F., Paris, 1949.

ZAZZO R.

1957. Current french concepts of characterology and the study of character in DAVID H. and Von BRACKEN H., *Perspectives in personality theory,* Basic Book, N. Y., 101-108.

1964 *a. Le test des deux barrages.* Delachaux et Niestlé, Neuchâtel.

ZAZZO R. et STAMBAK M.

1964 *b. Un test de persévération.* Delachaux et Niestlé, Neuchâtel.

ZULLIGER H.

1954. *Schwierige Kinder.* Huber, Berne.

Table des figures

Table des observations

Index

R

S

T

Aubin Imprimeur
LIGUGÉ, POITIERS

IMPRESSION – FINITION

Dépôt légal : septembre 1991
Dépôt légal de la 1re édition : 3e trimestre 1974
N° d'impression : L 38638
Imprimé en France